TERAPIA ESTRUCTURAL DEL AURA

Una guía de psicología desde lo energético

Francisco Moreno Téllez

Terapia Estructural del Aura

Reservados todos los derechos. No se permite la reproducción total o parcial de esta obra, ni su incorporación a un sistema informático, ni su transmisión en cualquier forma o por cualquier medio (electrónico, mecánico, fotocopia, grabación u otros) sin autorización previa y por escrito de los titulares del copyright. La infracción de dichos derechos puede constituir un delito contra la propiedad intelectual.

Maquetación: www.editatulibro.net

© Francisco Moreno Téllez, 2024

A mi Octavia

ÍNDICE

PARTE PRIMERA: UN PSICÓLOGO EN EL MUNDO DE LA "ENERGÍA" 15

    Un aura herida 17
    Iniciándome en el mundo de la energía 25
    Aprendiz de sanador 31
    Las estructuras 35
    El aura y la mente 38
    Una primera clasificación 42
    Conceptos espirituales 44
    El enfoque estructural del aura 45
    Principios del aura sana 48
    Dinámica del campo 49
    Las esencias florales 52
    Ampliando el círculo 53
    Aprendizajes y descubrimientos 58
    Colaboración y expansión 67
    Tony 70
    La demonología 76
    Nuevos entendimientos 79
    Integración y dificultades 83
    Éxodo 87

PARTE SEGUNDA: TEORÍA Y PRÁCTICA DE LA TERAPIA ESTRUCTURAL DEL AURA (TEEA) 91

    Capítulo 1: Realidades energéticas 93
    Capítulo 2: El aura humana 107

Capítulo 3: Las estructuras de campo emocional 117

Capítulo 4: Bloques emocionales 141

Capítulo 5: Heridas emocionales 165

Capítulo 6: Vacíos emocionales 181

Capítulo 7: Los lazos 211

Capítulo 8: Promesas, juramentos y votos 243

Capítulo 9: Los yoes 251

Capítulo 10: Planos internos de realidad 281

Capítulo 11: Psicoterapia del campo emocional 291

Capítulo 12: El campo magnético 313

Capítulo 13: Los parásitos energéticos 331

Capítulo 14: Las heridas del campo magnético 343

Capítulo 15: Los seres de luz 349

Capítulo 16: La canalización 383

Capítulo 17: Las entidades 407

Capítulo 18: Magia negativa y ataques psíquicos 447

Capítulo 19: Magia positiva 463

Capítulo 20: El karma, la muerte y los desencarnados 481

Capítulo 21: La naturaleza 497

Capítulo 22: La humanidad 505

PARTE TERCERA: DEL PLOMO AL ORO 511

Un nuevo camino 513

Incertidumbre 516

Ensimismamiento 520

La vieja herida 523

La noche oscura del alma 525

El vacío de valor 533

El maestro lobo 540

Un corazón salvaje 545

Viaje al centro del valor 549

Valor humano y valor vital 554

Honor y gloria 560

El hogar interior 563

Enseñar la sanación 567

La energía alfa masculina 571

El rey herido 578

La energía primordial 582

Sombra y anima/animus 595

Asentando los cambios 600

La energía femenina 610

El final 611

NOTA INICIAL

Este libro es en gran medida una crónica: la de un viaje iniciado hace más de una década por el mundo de la sanación energética. Y si bien podría considerarse también una suerte de tratado sobre el aura y su relación con la psique, es principalmente un testimonio. En efecto, de las tres partes que lo componen, sólo la segunda posee un estilo expositivo; las otras dos son el relato en primera persona de hechos y vivencias, y las reflexiones y conclusiones nacidas a partir de ellos.

La idea original surgió hace mucho, cuando con el fin de ordenarme empecé a sistematizar y poner por escrito los aprendizajes que iba obteniendo. Era un ejercicio que mi mente analítica, acostumbrada a esquemas y mapas conceptuales, me pedía a gritos. A través de él, lograba convertir todo ese conocimiento "en bruto" en entendimientos y herramientas no sólo para mi trabajo como terapeuta, sino para mi propia vida. Desde ahí, me pareció que ese esfuerzo por comprender y clasificar podría —y debía— algún día transformarse en un libro. De tal forma, contribuiría a nutrir el pozo del saber humano, psicológico y espiritual del cual yo mismo había bebido.

Como psicólogo, admiraba profundamente a autores como Jung, Freud, Klein, Winnicott, Reich, Perls, Wilber y muchos otros. Sus planteamientos habían aportado a la comprensión de la psique y al consecuente desarrollo de lo que algunos llaman "psicología profunda". Y para mí, lo que yo había visto y aprendido trabajando la realidad "energética" de las personas (y mis ideas al respecto) tenían un valor similar. Me habían entregado una perspectiva totalmente distinta pero complementaria de los problemas de salud emocional del ser humano. Estas ideas a la vez enlazaban dos mundos: el de la psicología, por un lado, y el de la magia o "energía", por otro. Se relacionaban estrechamente y contribuían a "iluminarse" el uno al otro. Y por supuesto sé que mis colegas más ortodoxos me tacharán, por decir lo menos, de pseudocientífico. Para ellos, el mundo de las "energías" es sólo una fantasía en la que algunos preferimos creer para escapar de la realidad, cuando no una ilusión bien montada a través de la que buscamos aprovecharnos de otros. Este libro no va dirigido a ellos, sino a quienes saben o intuyen que el mundo de "lo energético" no sólo es real, sino enormemente complejo.

Ahora bien, con el paso del tiempo, se me hizo evidente que mi libro quedaría muy incompleto si sólo presentaba ideas y descripciones. Los lectores necesitaban saber de qué forma yo había llegado a ellas. Y recordé la obra "El Hombre en Busca de Sentido" de Viktor Frankl, que leí en tiempos de estudiante. En su primera parte, titulada "Un psicólogo en un campo de concentración", el autor relata sus experiencias como judío en los campos nazis de exterminio y cómo éstas le llevaron a dar forma a su método, la logoterapia. Esa especie de introducción vivencial otorgaba muchísima fuerza a su segunda parte "Conceptos básicos de logoterapia", mucho más teórica. Es también probablemente la razón de que "El hombre en busca de sentido" sea hoy uno de los libros más vendidos y traducidos en toda la historia.

De la misma manera, decidí que mi libro iba a tener una primera parte que narraría la forma en que como psicólogo clínico llegué a interesarme en la sanación del aura. Describiría lo que allí pude experimentar y observar, y cómo eso me llevó a pensar el método o enfoque que llamé Terapia Estructural del Aura (T.E.E.A.). Esa primera parte se llamaría —emulando a Frankl— "Un psicólogo en el mundo de la energía" y sería el preámbulo para la segunda, "Teoría y Práctica de la T.E.E.A.", la más extensa y de mayor desarrollo a nivel conceptual.

En esta segunda parte, a lo largo de más de veinte capítulos, mi intención sería explicar qué es el aura y sus dos principales ámbitos: el interno o "emocional", y el externo o "magnético". Mostraría los distintos elementos que encontramos en cada uno y cómo se relacionan con nuestros estados de salud y malestar, especialmente emocional. Me interesaba, más que una mera descripción, profundizar en una mirada o entendimiento "a la luz de" estos conceptos. Por supuesto, para hacerlo práctico, abundarían los ejemplos y casos de pacientes y presentaría una gran cantidad de procedimientos, técnicas y ejercicios que los lectores podrían llevar a cabo.

Por último, existiría una tercera y última parte que sería una continuación y profundización de la primera. En ella retomaría el relato el primera persona para narrar la etapa de crisis y proceso alquímico de duelo y sanación tras mi primer intento de dar forma al sistema. Si bien tiene mucho de confesión íntima, para mí terminaría siendo una especie de "trabajo de tesis" que somete a prueba y, hasta cierto punto, humaniza todo lo expuesto antes. Porque —me gusta pensarlo así— ¿qué es más humano que el duelo? Si un sistema o método de terapia no sirve a la hora de transitarlo, carece de toda profundidad. Y es allí también donde surge la humildad de aceptar que, aun teniendo todo el conocimiento y las técnicas, ante la pérdida somos siempre principiantes.

Para finalizar, quizás lo que más da unidad al libro es que a lo largo de sus tres partes hallamos en todo momento el mito de Quirón: el "sanador herido" que nos recuerda que hemos venido tanto a sanar como a sanarnos. Como tal, está dirigido a quienes sufren o conocen —o trabajan o lidian con— las heridas del alma. Terapeutas, sanadores, pacientes y muy especialmente mis colegas psicólogos son a quienes tuve en mente mientras escribía. Y también buscadores espirituales y personas con alta sensibilidad o capacidades psíquicas. Entre todos inspiraron cada uno de sus párrafos.

En el texto, para resguardar la identidad y los derechos de las personas a quienes menciono (y porque con muchas no mantengo hoy una relación de cercanía) en la mayoría de los casos sus nombres han sido cambiados. Son los hechos los que importan y en ellos sí doy fe de haberme ceñido en todo momento a la verdad. Agradezco el aprendizaje, y muy especialmente el apoyo y la ayuda (y la paciencia) de mi familia y los amigos, pacientes y colegas que nunca dejaron de creer en mí.

Francisco Moreno Téllez
Psicólogo clínico y terapeuta estructural del aura

PARTE PRIMERA

Un psicólogo en el mundo de la "energía"

Un aura herida

Yo no tenía mayor idea del aura ni de cuánto podía tener que ver ésta con el sufrimiento mental o emocional. Como psicólogo siempre me había ceñido al esquema tradicional de la psicoterapia, con el cliente en un cómodo sofá y yo en frente escuchándolo con atención. Y no era un mal terapeuta. Tuve una buena formación en la universidad y había estudiado y profundizado después por mi cuenta. A eso se sumaban siete años en mi propio psicoanálisis con un muy buen terapeuta.

Pero ese otoño me encontraba en una crisis personal muy profunda a raíz de una ruptura emocional con una chica. Al principio todo había andado bien, pero ella era varios años menor y su madre se oponía a la relación. Además, ella vivía en otra ciudad, lo que añadía un obstáculo adicional. Recuerdo la noche en que discutiendo por teléfono ella me decía que su mamá la controlaba en todo y que le resultaba muy difícil contrariarla. Y aunque acordamos de todas formas seguir viéndonos, al colgar sentí apoderarse de mí una notoria sensación de angustia, inseguridad y desazón. Recuerdo que pensé: «Voy a dormir y mañana seguramente estaré mejor».

Desperté de madrugada con el corazón oprimido y un dolor profundo y casi físico en la boca del estómago como si algo allí estuviese literalmente roto. La cabeza me pesaba y en ella se me repetía una y otra vez el pensamiento: «Tengo que terminar con ella, esta relación no va para ningún lado».

Como no podía dejar de sentirme agobiado, lo primero que hice fue acudir a un psiquiatra amigo que de inmediato me recetó ansiolíticos. Éstos me ayudaron, pero no me quitaron la sensación como si algo dentro se me estuviera rompiendo. Aunque no me consideraba alguien especialmente inseguro, era como si se hubiese abierto un agujero en el piso y el agua hubiera comenzado a entrar dentro del bote. Empecé a sentir un miedo visceral de dolor casi físico que me paralizaba, en especial cada vez que pensaba en la chica. Por las noches hablaba por teléfono con ella y trataba de aparentar que todo estaba normal. Pero los pensamientos seguían una y otra vez y yo buscaba sin cesar información en internet para ver qué podía hacer con lo que me estaba pasando. Junto con eso, comencé a dar largas caminatas y tratar de ejercitarme físicamente con el fin de controlar la angustia. Intentaba meditar y analizar qué contenidos emocionales eran los que se me habían activado, y con mi psicólogo pasamos largas horas hablando al respecto.

Debo reconocer que yo siempre había tenido tendencia a sufrir penas y depresiones de amor y de hecho era una de las razones por las que había tomado psicoterapia. Creía haber avanzado bastante, pero lo que me estaba ocurriendo me revelaba que había una situación o trauma en alguna parte de mi inconsciente que al parecer no había superado. Es más, con la chica ni siquiera había ocurrido pérdida o separación, sino que era algo que estaba ocurriendo anticipadamente en mi cabeza. Era una sensación inexplicable de angustia y fatalidad, como si una voz interna me dijera: «No va a resultar y vas a sufrir». Me sentía frágil y era como si la angustia y demás emociones hubieran llegado para quedarse.

Como conocía bastante gente que atendía o se trataba con medicina complementaria, decidí experimentar con ella. Con un amigo tomé sesiones de *reiki* y "alineación de *chakras*", y de verdad tuve la impresión de que, por un rato tras cada sesión, se me despejaba la cabeza y la angustia cesaba. No obstante, horas después los síntomas volvían con igual intensidad.

Entonces decidí probar también inscribiéndome en una jornada de constelaciones familiares con un terapeuta bien conocido. Me tocó participar activamente, pero tampoco noté grandes cambios en mi malestar. Visité a una terapeuta de flores de Bach y también a un acupunturista chino y tampoco hubo resultados. Tomé sesiones con una psicóloga que hacía terapia regresiva y otra que me practicó "liberación emocional" (*tapping*), y nada.

Sé que no se puede juzgar la efectividad de un tratamiento por asistir sólo una o dos veces, pero yo sentía que algún avance, aunque fuera mínimo, tenía que experimentar. Necesitaba urgentemente salir de mi estado y pensaba que podía haber algo a nivel corporal o "energético" que una terapia menos tradicional podía llegar a descubrir.

De hecho, aparte de la sensación de agujero en la zona del estómago, había comenzado a sentir como si en mi bajo vientre hubiese una especie de pelota como si fuese una "hernia". Y se lo comentaba a los terapeutas con los que me atendía sin que pudieran darme alguna idea de qué podía ser. Busqué en internet "sensación de bulto en el abdomen" por si alguien en alguna parte había experimentado algo parecido y me pareció tragicómico que sólo me aparecían páginas de dietas y fitness. En un acto desesperado, llegué a amarrarme un cuarzo bajo el ombligo con la idea de que quizás me ayudara a contener el nerviosismo y la fuga energética que allí sentía.

En verdad creía estar enamorado y lo que menos quería era terminar con la chica. Pero por otro lado sentía que esas sensaciones, que aumentaban al pensar en ella, me estaban matando. Pensé "quizás me estoy volviendo loco", porque era como si algo o alguien dentro de mí, más fuerte que yo, manejara mis emociones.

Como psicoterapeuta incluso comencé a tener problemas para atender y estoy seguro de que mis pacientes notaban que algo no andaba bien. Intentaba escucharlos con atención, pero por dentro sentía sólo ganas de salir corriendo. Un gran pesimismo me invadió y pensé: «Llevo siete años haciéndome psicoterapia y estoy peor que cualquiera de ellos… ¿qué diablos me está pasando?».

Finalmente me vi obligado a confesar a la chica lo que me ocurría y que, pese a que no quería, necesitaba poner fin a la relación. Incrédula, en un primer momento quiso quedarse a mi lado, pero terminó por alejarse. Esto sólo empeoró mi estado, ya que me sumió en un sentimiento de culpa y contradicción. Por un lado, quería estar con ella, pero por otro sólo deseaba huir.

Así pasaron los días y tuve que mudarme a casa de mi madre porque la soledad de mi departamento sólo potenciaba mis pensamientos autodestructivos. Miraba las ventanas y para mí era ver y sentir una cortina oscura, como una nube negra, que me envolvía. En el pecho y zona del plexo solar percibía una sensación de agujero profundo y punzante. Me daba cuenta de que estaba con depresión y la podía sentir por todo mi cuerpo, pero no entendía por qué y cómo se había desencadenado. Recuerdo que mi psiquiatra se encogió de hombros y se limitó a decir: «Así es el inconsciente… se llama inconsciente justamente porque no somos conscientes de él».

Por esos días, un amigo me llamó para invitarme a un evento que estaba organizando. Era una especie de taberna medieval que él esmeradamente se había encargado de montar y ambientar. Mi amigo era músico, luthier, artesano y fanático de todo lo relacionado al medioevo y se había conseguido lugar y financiamiento para su idea.

Le respondí que no tenía ganas de ir, pero ante su insistencia terminé aceptando. Al llegar me llamó la atención que entre los presentes había muchos conocidos y entre ellos estaba Sonia. Nunca había conversado con ella profundamente, pero teníamos amigos en común y había buena onda mutua. Yo sabía que era médico, pero dedicada hacía años a la terapia "energética". De hecho, había fundado su propia escuela para acoger a lo que ella llamaba "gente con sensibilidad especial". Allí realizaba cursos de sanación y atendía pacientes.

Nos saludamos y alegremente me preguntó cómo estaba. Por cortesía le respondí que bien, pero como se me quedó mirando me sinceré:

—Bueno, no tan bien en realidad —le confesé—. Emocionalmente he estado un poco complicado.

Entonces sin decirme nada cerró los ojos como si estuviera escuchando o captando algo y al abrirlos exclamó:

—¡Por dios, Fran, estás hecho pedazos!

Y no sé con qué cara la debo haber mirado, pero ella con expresión seria continuó:

—Tienes dos heridas de amor en tu aura con la misma persona, una actual y otra de vidas pasadas. Y estás como desangrándote

—¿A qué te refieres? —atiné a preguntarle—. ¿Cómo es eso de que tengo heridas? ¿Tú lo ves?

Sonia entonces acercó la palma de su mano y la puso frente a mí a unos 30 centímetros. La movió lentamente de arriba abajo y me preguntó: «¿Sientes eso?», y para mi sorpresa percibí muy claramente una sensación rasposa, como si ella estuviera pasando sus dedos por una especie de borde que se extendía desde mi esternón hasta mi estómago. Aunque no me estaba tocando, podía sentirlo de manera muy vívida.

—Esto es una herida en tu aura —me dijo— y a través de ella estás perdiendo muchísima energía emocional como si realmente te estuvieras desangrando. ¡No sé cómo estás en pie porque yo, por lo menos, no podría!

—El aura es como un tejido que —continuó—, bajo ciertas circunstancias como las rupturas o los traumas emocionales, se rompe o se agrieta. Y entonces se dicen expresiones como «tengo el alma rota» o «me partieron el corazón» porque se llega a sentir como si de verdad algo estuviera roto dentro. En tu caso tú eres de dolor porque naciste con esto; lo traes de vidas pasadas. Es algo que seguramente has venido sintiendo desde niño porque eres bien sensible.

Yo estaba impresionado porque ningún terapeuta me había explicado las cosas de una manera tan concreta y que me hiciera inmediato sentido. Además, ella había dicho "herida de amor" sin que yo le hubiese comunicado previamente nada. Cuando le conté lo que me había pasado con la chica me dijo que "veía" que ella y yo teníamos un vínculo desde vidas pasadas teñido de separaciones forzadas, traiciones y violencia. Por eso en esta vida, al supuestamente reencontrarla, dichas memorias se habían reactivado y las heridas se me habían vuelto a abrir.

—¿Cómo es eso de que se vuelven a abrir? —le pregunté.

—Las heridas del aura son como los volcanes —me explicó—. Pueden pasar mucho tiempo inactivas, pero alguna situación del presente puede hacer que vuelvan a "entrar en erupción". Y si la herida es importante, es como si te empezaras a desangrar emocionalmente y hasta una depresión te puede dar.

Luego agregó:

—Mira, anda a mi consulta y yo encantada te ayudo con sanación. No pidas hora ni nada porque te la van a dar para dos meses más. Simplemente llega y yo entre pacientes me hago un tiempo para atenderte.

Por último, remató diciendo:

—Pero por favor no dejes de ir porque si no, esa herida te va a matar.

Esa última frase resonó fuerte en mí porque la dijo muy en serio y yo verdaderamente había llegado a sentir como si me estuviera muriendo. Por ende, le dije que iría a verla a la brevedad.

Esa noche, ya en casa, recuerdo que quise investigar si existía alguna información en la web sobre las heridas o grietas del aura. Porque lo que ella me había dicho me parecía extremadamente lógico e importante, y suponía que lo encontraría en más de algún libro o página de internet. Para mi sorpresa, la información sobre el aura que encontré era bastante limitada y tendía a darse vuelta una y otra vez sobre lo mismo. Casi todo era hablar sobre los siete *chakras* y las diferentes capas o "cuerpos" con sus nombres, y de los colores que se podían llegar a ver y lo que podían significar. Pero ni en castellano ni en inglés hallé mayor referencia a lo que Sonia mencionó como "heridas" o "grietas". Para ser justos, encontré un libro llamado *El Gran Libro del Aura*, del norteamericano Joe Slate[1], que entre otras cosas mencionaba que en el aura a menudo se producen fisuras, en ocasiones de afuera hacia adentro y otras, a la inversa. Sin embargo, su descripción era muy básica y no desarrollaba ninguna explicación mayor al respecto.

Finalmente, me atendí con Sonia una tarde de sábado después de un curso que ella estaba dando. Hablamos un poco y me pidió que me recostara de espaldas en una cama de masaje. Cerró los ojos, colocó las manos a cierta distancia de mí y las dejó quietas unos segundos. Empecé a sentir un leve calor y después una presión en la zona del esternón que se mantuvo alrededor de un minuto hasta que poco a poco empezó a ceder. Era como si algo en ese lugar se estuviera "soltando". Entonces puso sus manos frente a frente unos 50 centímetros entre sí como si agarraran un objeto invisible y, en esa posición, comenzó a levantarlas lentamente. Parecía como si estuviera

---

[1] Slate, J. (1999), El Gran Libro del Aura, Buenos Aires: Edaff y Albatros S.A.

retirando una especie de bloque imaginario y en la medida en que lo hacía yo iba sintiendo que algo me jalaba y se desprendía de mí.

Cuando hubo llegado arriba percibí mi pecho ligero como si me hubiera sacado una piedra de encima. Pero sentía también bastante dolor, como si la zona hubiese quedado físicamente resentida. Entonces puso nuevamente sus manos, pero ahora como si a través de ellas me estuviera haciendo *reiki* o algo así. Y poco a poco fui teniendo la sensación de que mi pecho se llenaba e iba aliviándose.

—Te retiré una "estructura" en forma de coraza encima de tu pecho —me dijo al acabar—, y la "herida" de debajo la llené con energía.

Tras breves segundos, cerró los ojos nuevamente como si estuviera escaneando con un sexto sentido, y de pronto agregó:

—Oh, Fran, mira qué hay acá. Esto lo he visto muy pocas veces: tienes un "juramento de pureza". Es una especie de voto que hiciste en la edad media cuando fuiste caballero de una orden religiosa, de practicar y defender la pureza. Es como si fuera una especie de papa metálica con muchas puntas que está metida en la boca de tu estómago.

Yo de inmediato lo asocié con el dolor punzante que sentía justo en esa zona, y recordé que de niño fantaseaba bastante con el deseo de ser blanco porque encontraba que era el color más puro. De hecho, mi abuela tenía unos guantes blancos de dama y yo me los ponía y jugaba a que ésa era mi piel. Si bien esos juegos eran atípicos para un niño de mi edad, habrían pasado sólo por una curiosidad si no fuera porque a veces me obsesionaba. Incluso, llegué a pensar también que debía "ser puro" en un sentido moral, espiritual y físico, y como era católico rezaba a Dios que me "purificara".

—Claro —me comentó Sonia cuando le conté—. Es que los juramentos están hechos para obligarte y para producir dolor cuando no se cumplen. Ese "objeto con puntas" literalmente te empieza a romper por dentro.

—Yo no te puedo sacar esta estructura así no más —agregó—. Eres tú quien tiene que primero anular el juramento porque tú fuiste quien lo hizo en esa vida.

Le pregunté cómo tenía que hacerlo y me hizo repetir un decreto que era una especie de renuncio. En él, yo declaraba que entendía que el don de los seres humanos no era la pureza sino la vida, y que esta última no era pura, sino constante mezcla. Por este motivo, entonces, yo tomaba la decisión de renunciar a ese juramento y lo declaraba nulo. Y cuando llegué a la parte donde decretaba que lo anulaba, sentí como si la rigidez y la tensión aflojaran dentro de mí. En ese momento, Sonia cerró los ojos e hizo como si jalara algo con su mano desde la boca de mi estómago. Sentí que algo salía y me generaba un gran alivio.

Por último, recuerdo que dirigió su mirada a la zona de mi vientre y se quedó algunos segundos observando y sintiendo. A continuación, acercó su mano derecha poco a poco e hizo como que agarraba algo y lo movía hacia fuera. Yo inmediatamente sentí una especie de tirón bajo el ombligo mientras algo pesado y denso del tamaño de una pelota de tenis iba lentamente saliendo. Cuando hubo acabado percibí el vientre liberado y sólo atiné a preguntarle:

—¿Qué fue eso?

—Había una especie de bola de energía sexual acumulada que te estaba bloqueando el *chakra* y te la saqué —me dijo.

E inmediatamente recordé mi sensación de "hernia" en el abdomen que a partir de ese momento ya no tuve más.

Así, al terminar la sesión tenía la impresión de que me hubieran sometido a una verdadera cirugía. Me sentía un poco apaleado, pero experimentando un relajo y bienestar que hace bastante tiempo no sentía. Al llegar a casa mi madre se asombró de verme con un semblante notablemente distinto al que últimamente yo tenía y me dijo: «¿Qué te hiciste? Estás como "luminoso"». Yo estaba contento porque, aunque según Sonia mi sanación iba a demandar tiempo, de alguna manera sentía que el universo había abierto una puerta para mí.

Iniciándome en el mundo de la energía

Si lo que me había dicho Sonia el día de la taberna medieval había sido impactante, lo experimentado cuando me atendió lo fue aún más. No era que la angustia o el dolor ya no estuvieran, pero los sentía mucho menos presentes. Por supuesto, si me ponía a pensar en la chica, y en que ella ya no quería saber nada más de mí, el dolor y la sensación de agujero resurgían con fuerza. Sin embargo, en términos comparativos claramente había una diferencia.

Además, sentía que al fin iba a poder entender lo que había pasado conmigo ese último tiempo y también toda mi vida hacia atrás. Desde adolescente me había interesado por entender no sólo la psicología sino el alma humana en un sentido profundo. Había leído sobre espiritualidad, ciencia, historia, filosofía y religiones de oriente y occidente, magia, esoterismo, y un largo etcétera. Había practicado meditación, *chi kung* y artes marciales, tomado terapia y cultivado el deporte, el arte y la música. Sin embargo, pese a todo, era como si siempre hubiera habido un malestar que yo atribuía al hecho de ser demasiado consciente o sensible. Sobre todo en el terreno amoroso sentía que sufría más que el resto y me costaba mucho sobreponerme a las pérdidas y el rechazo. Desde niño sentía que no encajaba en la sociedad y sentimientos de pena, tristeza y soledad me embargaban.

Pero resulta que ahora surgía esto de que estaban estas "heridas" de las que Sonia me había hablado, que no eran sólo metafóricas sino completamente reales. Las había sentido nítidamente cuando ella puso su mano y me las mostró, y me emocionaba pensar que a través de su método quizás lograría sanarlas.

La verdad es que estaba cansado de la psicoterapia. Llevaba años en ella hablando los mismos temas una y otra vez sin notar grandes diferencias. En cambio, Sonia en una sola sesión me había hecho experimentar mejoría. De paso también, me había hablado de cosas que ocurrían en mí que yo no le había contado y no tenía por qué saber. Yo me preguntaba entonces qué tipo de "magia" era esa que ella hacía. Porque si bien yo había ido a *reiki* y otras terapias similares, nunca había sentido que fueran lo suficientemente específicas como para trabajar temas emocionales concretos.

Y es que Sonia todo el tiempo hablaba de lo que ella llamaba "estructuras", un concepto que se refería a las diferentes "formas energéticas" que podía haber en el aura y que ella buscaba operar. Me explicó que eran la expresión cristalizada de patrones de conducta, pensamiento o emoción de la persona, y se las podía reconocer por ser rígidas y densas.

Le pregunté cuántos tipos de estructuras podía haber y me respondió que muchos. De hecho, las heridas o desgarros eran uno, pero también estaban los lazos, los bloques, las corazas, los vacíos, y un largo etcétera. Si bien era cierto que en su gran mayoría las estructuras eran formas creadas por el propio individuo, había algunas que provenían del exterior, como era el caso de los ataques energéticos y lo que ella llamaba "parásitos".

Estas explicaciones no hicieron más que despertar en mí una profunda inquietud por saber y experimentar más. Quería comprender cuánto de todo esto me podía servir para sentirme mejor, pero al mismo tiempo entrar en un mundo que yo hasta entonces sólo conocía por fuera: el de las "energías intangibles".

Por todo esto, decidí meterme de lleno a atenderme con Sonia, y después de esa primera sesión siguieron muchas otras. Yo resulté ser muy sensible y, cuando ella acercaba las manos sin tocarme, incluso con los ojos cerrados yo notaba en mí tirones, presión y movimiento. Generalmente le preguntaba qué era lo que estaba haciendo porque quería cerciorarme de que no fuera sólo mi imaginación. Para mi sorpresa, mis sensaciones siempre correspondían de manera bien precisa a algo que ella había hecho.

Ella me aseguraba que mis heridas se irían "cicatrizando" en la medida en que se les pusiera suficiente energía sanadora.

—La energía irá recomponiendo el tejido dañado de tu aura —me decía— y así poco a poco irán desapareciendo el dolor, la angustia, la pena y otras emociones que sientes.

Por ese motivo, cada vez que me trataba, Sonia se esmeraba en traspasarme energía con sus manos, o le pedía a alguno de sus estudiantes que lo hiciera. En el proceso también iban apareciendo estructuras en la forma de bloques, corazas, lazos, estacas, etc. que ella me retiraba directamente o bien me hacía repetir decretos con el fin de que se soltaran o disolvieran por sí solas.

El hecho es que comencé a sentir gradualmente que mi estado de angustia y depresión empezaba a disminuir. Si bien no desaparecía, podía percibir con claridad cómo se movilizaban energéticamente las zonas de mi estómago y pecho, que eran las más afectadas. A veces cuando el dolor o la pena eran muy grandes, bastaba que me sacaran una "estructura" o me pusieran energía (o ambas) y la sensación inmediatamente se aminoraba. Aquello me animaba a seguir adelante con las sesiones porque reflexionaba: «Si las sensaciones mejoran en la medida en que se trabaja, es cosa de tiempo lograr que mis heridas se lleguen a curar definitivamente».

Sonia de hecho me hizo elegir si prefería ir lento o rápido en mi proceso de sanarme. Me advirtió que si elegía ir rápido significaba que todo sería más intenso y eso implicaría inevitablemente un mayor dolor.

—Ya lo he pasado tan mal —le dije—, que no me importa un poco más de malestar si con eso conseguiré sentirme pronto mejor.

Así, aunque me daba cuenta de cuánto las sesiones me ayudaban, sentía también como si la sensación de herida se activara cada vez. Sonia me explicaba que lo que ocurría era que la mía era una de las más profundas que le había tocado atender. Para ella, la razón de mi malestar era que estaba "botando" y "drenando" todo tipo de emociones allí acumuladas durante encarnaciones.

En efecto, me señaló que muchas de las "estructuras" que ella lograba ver en mí correspondían a patrones de autoexigencia y autosacrificio porque yo había tenido muchas vidas pasadas como militar. Por el sufrimiento acumulado mi aura tenía mucha rigidez y daño. Tanto por lo que me habían hecho otros como por lo que yo mismo me había causado al ser demasiado duro conmigo.

De hecho, tras la primera sesión, yo había empezado a sentir clavadas en distintas partes del cuerpo. Sonia al examinarme con toda normalidad me decía: «ah, es una lanza enterrada», «es una especie de pica», «es una flecha»… Y hacía el gesto de agarrarlas en su mano y yo podía sentir cómo lenta y cuidadosamente me las retiraba y la molestia se me iba.

Me explicó que, con las experiencias violentas o traumáticas de vidas pasadas y también de ésta, en el aura quedaban huellas energéticas con la forma de los objetos que las habían causado. Así en la sanación era usual toparse con lanzas, flechas, espadas, cadenas, grilletes, sogas, etc.

—Ahora tu aura ha empezado a liberarse de toda la energía de muerte que ha acumulado y por eso estos registros de dolor empiezan a aflorar —me dijo.

De esta manera, las sesiones con Sonia eran siempre instancias donde yo —más allá del resultado— me sorprendía de lo concreto que podía ser el trabajo. Las "estructuras", que ella con su sexto sentido percibía, siempre daban cuenta de algo que me ocurría o que había ocurrido en mi pasado. Eran formas de energía, pero estaban íntimamente ligadas a contenidos psicológicos y emocionales. Aun cuando trataba de mantenerme escéptico, cuando Sonia me describía exactamente un mecanismo o tendencia de mi personalidad que ella no tenía por qué conocer, no podía sino creerle. Además, yo sentía vívidamente las estructuras cuando me las sacaba. No era algo teórico sino sensaciones muy claras en el cuerpo.

Por ejemplo, en una ocasión recuerdo que puso sus manos sobre mi cadera sin tocarme e inmediatamente noté una presión.

—Fran, siente esto —me dijo—. Es una especie de cinturón de castidad, una estructura que pone una barrera con las mujeres. Porque lo que a ti muchas veces te debe haber pasado es que las chicas que te gustaban terminaban siendo tus amigas y no tus novias. Es un mecanismo que creaste en vidas en las que fuiste muy religioso e hiciste votos para controlar tus impulsos hacia el sexo opuesto. Porque en esta vida, aunque sí quieres relacionarte con mujeres, y puede que muchas te encuentren buenmozo e interesante, cuando se te acercan una barrera invisible las tiende a desanimar y terminan viéndote no "como hombre".

Yo por dentro asentía porque sus palabras describían a la perfección lo que sentía que me había pasado durante buena parte de mi vida. De hecho, recordaba que incluso una vez una compañera de universidad llegó a decirme literalmente: «tú pareces sacerdote... ¡eres como un jesuita!». Después de un rato de irradiarla con energía, Sonia me retiró la estructura y me sentí más suelto y liviano.

En otra ocasión recuerdo que llegué sintiendo mucha angustia y dolor, y un gran desánimo. Percibía mi pecho tomado como si mi herida energética estuviera "sangrando" mucho más que de costumbre. Cuando Sonia me vio y puso sus manos, casi al instante me dijo:

—Tienes un parásito pegado. Es una especie de babosa o sanguijuela del tamaño de un melón y se está alimentando de tu herida.

Luego de irradiarlo con la energía de sus manos durante un rato, cuidadosamente lo tomó y lo sacó. Si bien sentí alivio casi inmediato, en el lugar me quedó una fuerte sensación de ardor.

—Es veneno que ha dejado el *bicho* —dijo—; te lo voy a drenar

Entonces puso sus manos y comenzó a gesticular con ellas como si estuviera limpiando. Y como si fuera realmente magia, al minuto volví a sentirme tranquilo sin nada de la angustia con la que había llegado.

Asombrado, le pregunté por los parásitos y me explicó que eran organismos energéticos con vida propia, es decir, no eran estructuras creadas por uno. Al no poder producir su propia energía, se alimentaban de otros seres más evolucionados como nosotros. Como yo tenía esa herida en el pecho, este parásito se había sentido atraído y se me había adherido.

Me dijo que los parásitos estaban más comúnmente en los ambientes con alta carga emocional acumulada como hospitales, salas de clase, vehículos del transporte público, etc., pero que al final podían estar en cualquier parte. Me indicó también que una manera de protegerse y limpiarse era con esencias florales y también tratando de estar cerca de la naturaleza.

En otra ocasión, Sonia me trató lo que ella llamó un "lazo con dioses". Correspondía a un "pacto" hecho por mí en una vida pasada con una especie de divinidad o deidad. Según ella era un dios de la guerra al cual yo había invocado para obtener poder y protección. Me explicó que los "dioses" eran seres que existían en planos paralelos a éste y que a través de magia y rituales el hombre primitivo se relacionaba con ellos. Lo malo es que al hacerlo se creaba una suerte de "lazo de intercambio", lo que significaba entrar a depender energética y emocionalmente del ser. Me explicó que el que yo tenía con este dios estaba metido en mi corazón y era como un alambre de espinas. De hecho, hasta antes que me lo dijera, yo venía sintiendo algo que me estaba pinchando hacia adentro justo en el corazón, acompañado de una sensación de angustia.

Para sacar el lazo, tuve que repetir un decreto donde renunciaba al pacto y a los beneficios que de él había obtenido. Acto seguido, ella lo irradió con energía con su mano, y lo tiró hacia afuera lentamente. Mientras lo hacía, sentí algo saliendo poco a poco desde mi corazón que me provocaba pequeños pinchacitos.

Por último, otra experiencia digna de contar fue una vez que llegué sintiendo una tristeza muy profunda, casi sin fondo.

—Fran, pasa por acá. Tienes un "ser de oscuridad" activado —me dijo Sonia con sólo mirarme, y me hizo entrar a su sala y repetir un decreto como éste:

> Yo Francisco, aquí y ahora renuncio a todo poder o beneficio que alguna vez haya obtenido a partir de seres de oscuridad. Anulo todo pacto o intercambio que yo haya hecho con ellos. Agradezco lo que me dieron ya que aprendí y crecí. Pero aquí y ahora me declaro libre, me declaro libre, me declaro libre de estos seres de oscuridad. Autorizo a Sonia en este momento a retirar los lazos con ellos con la ayuda de mis guías y los seres de luz.

A continuación, uno a uno tomó los lazos y los jaló hacia atrás para cortarlos. Era como si con sus manos estuviera desconectando mangueras invisibles. Al hacerlo me sentí inmediatamente mejor.

Según entendí después, "seres de oscuridad" era sólo otro nombre para "demonios", seres de naturaleza energética pertenecientes a planos o dimensiones "de oscuridad". Me explicó que en tiempos primitivos era usual que los seres humanos nos vinculáramos con ellos para pedirles favores o poderes a cambio de ofrecer partes de nuestra propia alma. Quedábamos así ligados y ellos empezaban a alimentarse de nuestra energía y a causarnos todo tipo de tormentos emocionales, mentales y físicos.

De esta forma, son muchas las anécdotas de esos primeros meses de tratamiento con el método de Sonia. Yo iba bastante seguido porque, según ella, yo estaba en un estado tan crítico que requería curaciones constantes. Por mi parte, no sabía si todas las explicaciones que me daba eran ciertas, pero sí tenía plena certeza de que mis sensaciones sí lo eran. Para mí, eran prueba indiscutible de que lo que estaba ocurriendo era, en algún nivel, real. En otras palabras, las energías "espirituales" o "intangibles", existían de verdad. Y no eran algo que en mi mente crédula yo estuviera inventando. Porque en las sesiones me esforzaba por dejar mi mente lo más en blanco y neutra posible para asegurarme que no fuera sugestión, y aun así seguía percibiendo con claridad las sensaciones. Sólo me preguntaba: «¿Qué pensarían mis profesores dela Facultad de todo esto?»

Y también pensaba: «Soy psicólogo y sé escuchar a la gente y de alguna manera descubrir su "rollo" (conflicto). Pero esto que Sonia hace desafía los paradigmas sobre el trabajo de la psicoterapia a los que yo hasta ahora he estado acostumbrado. De hecho, un paciente a veces no dice una sola palabra e igual en su aura ella consigue ver lo que le pasa. Siento que quiero y necesito aprender a hacer lo mismo».

Aprendiz de sanador

Tomé la decisión y fui a hablar con Sonia. Tímidamente le pregunté si creía que podría aprender lo que ella hacía. Me respondió que sí y que ella encantada me podía enseñar.

—Pero yo no veo auras ni energía —le objeté.

—Eso no importa, porque mucho más importante que aprender a "ver" es aprender a "sentir" —me dijo—. Además, tú tienes ya bastante avanzado por el hecho de ser psicólogo y psicoterapeuta, porque ya sabes "sintonizar" y tienes el entendimiento de lo que son los problemas emocionales.

Aquel día justo yo había ido con una amiga que estaba interesada en atenderse. Ella estaba recostada de espaldas sobre la camilla y Sonia me dijo:

—Mira, te voy a enseñar a percibir lo que es una estructura—. Y me pidió que estirara los brazos, pusiera las manos palmas hacia abajo a unos 80 cm sobre el abdomen de mi amiga y fuese bajándolas lentamente. Mientras lo hacía, me preguntó qué sentía.

—Es como si hubiera una especie de resistencia, como si algo se interpusiera entre ella y yo —le respondí.

—Muy bien —me dijo—. ¿Te das cuenta? Lo que estás sintiendo es una estructura en forma de bloque que ella tiene sobre su abdomen. Tiene que ver con los temores que en este momento la bloquean y le impiden tener voluntad para sacar adelante sus proyectos. Fíjate también cómo cuando tus manos van bajando de repente se topan con una especie de "borde" y la resistencia se intensifica. Ese borde te dice dónde empieza la estructura y date cuenta cómo lo puedes continuar palpando hacia los lados para hacerte una idea de su forma.

Yo estaba emocionado porque podía sentir claramente lo que Sonia me indicaba y repetía una y otra vez los movimientos para asegurarme de que no fuera sugestión.

—Ok, ya que la lograste sentir te voy a enseñar a sacarla —me dijo a continuación—. Pon tus manos como tocando la estructura y empieza a imaginar que a través de ellas inyectas energía con la intención de que se vaya soltando.

Lo hice y agregó:

—Ahora imagina que tus manos se adhieren a la estructura como si tuvieran pegamento y empieza lentamente a llevarla hacia arriba. Pon atención cómo se va desprendiendo

Al hacerlo sentí que estaba levantando algo pesado y, cuando iba llegando arriba, comencé a ponerme nervioso porque no sabía qué tenía que hacer con eso.

—Mentalmente pide a los guías espirituales de ella que la reciban e imagina que lo hacen —me indicó Sonia. Y acto seguido me pidió que volviera a pasar mis manos por el mismo lugar donde antes percibía la resistencia. Al hacerlo la sensación densa de al comienzo simplemente ya no estaba y a cambio sentía como si hubiera quedado una especie de hueco.

—Pide energía al cielo y a través de tus manos imagina que se la entregas para llenar ese espacio que quedó —me indicó por último.

Realizar la operación me pareció maravilloso. Mi amiga me dijo después que había sentido todo y al finalizar se había notado mucho más liviana. Hasta el día de hoy cuando nos encontramos me dice que después de esa ocasión se sintió mucho menos bloqueada, lo que le ayudó a terminar su tesis y obtener su título.

De esta manera, y como si siempre hubiera sido lo más normal para mí, me adentré en el mundo de las energías intangibles. Yo siempre había creído en ellas, pero una cosa era tener una postura intelectual y otra muy diferente era experimentar. Yo le pregunté a Sonia si existía algún problema en que me pusiera a aprender sin sentirme todavía sano de mis heridas. Me respondió que, si esperaba a eso, nunca aprendería, ya que la mayoría de los sanadores eran personas que tenían sus propios dolores. Aprender, aunque significaba un doble esfuerzo, me iba a servir para profundizar en mi propia sanación.

A partir de ese momento, en paralelo a mi propio proceso, comencé a invitar a conocidos para que fueran mis "conejillos". Los pasaba a una sala y les decía que se recostaran. Y allí Sonia me mostraba qué tenían en el aura y cómo había que proceder. Yo observaba con atención, seguía paso a paso lo que ella me decía e iba tomando nota de cada uno de los detalles. Ella dijo que no me cobraría por las lecciones porque, según ella, yo iba a retribuirle más adelante de otra manera.

Durante mi aprendizaje, llegué a entender que mi facilidad para percibir con las manos era porque al parecer yo las tenía naturalmente muy "activadas". Esta condición yo me la explicaba porque mi papá era escultor y yo desde niño había estado con las manos metidas en la arcilla. Había llegado a crear mis propias esculturas, y dominaba el oficio al punto de que mis manos se movían prácticamente solas por ese material. Por otro lado, durante años había practicado artes marciales y *chi kung*. Eso sin duda también había contribuido a incrementar mi conciencia y sensibilidad no sólo de manos, sino también "de cuerpo".

El hecho es que ponía las manos y era capaz de distinguir con claridad las zonas del aura que estaban densas y rígidas versus las que estaban fluidas y livianas. Me entrené en distinguir diversos tipos de estructuras. Por ejemplo, a los bloques y corazas los reconocía por la resistencia, densidad y rigidez que sentía al palpar. A las heridas o fisuras, en cambio, las percibía más como un vientecito frío similar a cuando un neumático tiene una rotura por la que se escapa el aire. Los lazos, por su parte, daban la sensación de mangueras por las que circulaba corriente hacia afuera hasta perderse en el infinito. Los parásitos, por último, eran densos y pinchosos, pero blandos como bolsas de agua, y tenían una leve sensación de latido.

Creo que también me aportaba mucho ser una persona sistemática y metódica. Tenía una "memoria kinestésica" privilegiada que me permitía recordar cualquier sensación una vez que la había experimentado, así como asociarla a algún concepto particular. Así, cuando Sonia me decía, por ejemplo, «esto es un lazo», «esto es una coraza metálica» o «esto es un vacío», yo era capaz de registrar muy bien la sensación y el concepto en la memoria. Cuando después me topaba con lo mismo, fácilmente me acordaba.

Finalmente, entendí también que una parte importante del trabajo estaba en la fe y conexión que uno ponía. Creer que era posible hacer algo, y valerse de la intención y de la imaginación para crearlo, resultaba fundamental. Lo curioso es que uno lo terminaba sintiendo de verdad e incluso el paciente, aun con los ojos cerrados y sin haberle dicho nada, también lo hacía.

Las estructuras

"Estructuras" era el nombre que Sonia le había puesto a las formas de materia sutil en el aura que eran centrales en su forma de hacer terapia. Eran la expresión energética de los patrones emocionales, mentales y conductuales que todos tenemos. En otras palabras, las emociones y maneras de comportarse de una persona en el aura se "mostraban" como determinadas estructuras. Mientras más rígido y estable el patrón, más densas y rígidas eran estas últimas.

Sólo como ejemplo, como me explicó en nuestro primer encuentro, las heridas o el dolor que sentimos emocionalmente podían a la vez en el aura percibirse como verdaderas rajaduras o grietas. Y de igual manera, las llamadas "corazas emocionales" también podían verse y sentirse "áuricamente" como verdaderas armaduras o bloques de energía.

Este paralelismo entre lo psicológico y lo corporal —porque el aura podría considerarse también parte de lo corporal— me hacía recordar a Wilhelm Reich, cuya obra yo había estudiado. Este psicoanalista austríaco planteaba que las corazas de nuestro carácter eran a la vez corazas musculares. Según él, cuando una persona estaba emocional o mentalmente perturbada, sus músculos permanecían también rígidos y "acorazados"[2].

En el caso de las estructuras, no nos referíamos a músculos claro está. Ciertamente eran formas en un plano sutil y por lo tanto invisibles a los sentidos ordinarios. Sin embargo, mucho de lo que afirmaba Reich era a mi parecer perfectamente aplicable a ellas. De hecho, uno de los mayores problemas con las estructuras, y la principal razón por la que debían ser retiradas era también su "acorazamiento". Éste tendía a estancar el flujo natural de la energía en el aura, lo que se traducía como rigidez y malestar psicológico e incluso físico. Disolverlas o retirarlas permitía devolverle al aura su natural fluidez, y que donde estaba rígido, acorazado o roto, se pudieran recuperar el flujo y la continuidad.

---

[2] Reich, W. (2005), Análisis del Carácter, Buenos Aires: Paidós

Investigando, descubrí que todo esto era ya mencionado en términos casi idénticos por la sanadora norteamericana Barbara Brennan en su obra *Manos que Curan*[3]. En ella habla de formas energéticas, sólo que no las llama "estructuras" sino "bloques", los cuales relaciona a mecanismos defensivos. Describe diversos tipos de bloques que ella observa en el aura de sus pacientes y los define como sustancia energética estancada cuya función es «alterar el saludable flujo de energía que corre por el campo aural».

Otra autora que menciona las estructuras pero las llama "ataduras" es la vidente mexicana Olga Menéndez. Señala textualmente:

> Todo lo que vamos sintiendo se va formando en nuestro cuerpo emocional: cuando me comentan que sienten como si trajeran un peso en la espalda, yo veo cómo, efectivamente, es así. O, cuando alguien se siente atado de pies y manos ante una situación, literalmente trae grilletes en ambos miembros. Cuando nos comportamos falsamente, tratando de esconder nuestro verdadero «yo», nos ponemos máscaras astrales para ser aceptados, para que nos quieran, para que nos teman, para poner límites; cuando estamos deprimidos, el cuerpo emocional está en el interior de una bolsa de plástico oscura. Con el tiempo entendí que cuanto más oscuro es el color, la energía es más densa. A veces veo ataduras que parecen de cristal, hecho que me indica que son más recientes, probablemente de esta vida; sin embargo, cuando son muy oscuras o parecen metal o cadenas, significa que llevan siglos estancadas.[4]

> [...] También podemos crear costras en lugar de ataduras. Si alguna persona nos humilla o nos hace daño constantemente, es muy probable que hayamos creado una costra en nuestro corazón para protegernos y aminorar el dolor.[5]

---

[3] Brennan, B. (1993), Manos que Curan, Barcelona: Martínez-Roca.
[4] Menéndez, O. (2008), Rompiendo Lazos, página 63. Obelisco Eds..
[5] Ídem.

Yo mismo cuando me palpaba mi propia herida con las manos, percibía una sensación rígida y dolorosa, como si hubiese allí un bloque muy duro. A veces me pasaba horas tratando de poner de mi propia energía para ver si lograba ablandarlo. Sin embargo, algo no estaba funcionando como se suponía y empecé a intuir que las heridas en el aura eran mucho más complejas que lo que en un principio escuchando a Sonia me habían parecido. No se trataba sólo de ponerles energía sanadora, sino que había muchísimo más que hacer.

De hecho, los guías de Sonia me corroboraron que yo estaba en lo cierto ya que un día le pedí a ella que me ayudara a entender cuál era el verdadero origen de las heridas y cómo se relacionaban con los bloques. Recuerdo que ella me dijo que sus guías habían escuchado mi pregunta y, dado que mi interés era sincero, me iban a explicar.

Lo primero que me dijeron por medio de Sonia fue que la condición previa para que se produjera una herida era que debía haber una zona del aura lo suficientemente rígida como para agrietarse.

—Un martillazo en el agua no producía nada, pero uno en el hielo, sí —señalaban— y lo que rigidiza el aura son las expectativas rígidas que uno insiste en mantener.

—¿Y por eso el budismo y otras filosofías están en lo cierto en que es mejor no tener expectativas y deseos para evitar el sufrimiento? — pregunté.

—El problema no son el deseo o las expectativas en sí, sino la rigidez con que uno los impregna.

También dijeron que era natural que se produjeran heridas a lo largo de la vida, pero que podían sanarse solas si uno simplemente dejaba que esto ocurriera.

—El flujo natural de las energías en el aura borra las heridas de la misma manera en que el mar ola tras ola va borrando los surcos en la arena —decían—. El problema es que esto es doloroso y las personas muchas veces preferimos más bien tapar y olvidarnos del dolor, con lo que impedimos que sane. Esto lo conseguimos poniendo grandes bloques o corazas encima de las heridas para no sentirlas.

Existían muchos mecanismos psicológicos de evasión, negación o represión expresados como estructuras de múltiples tipos. Por ejemplo, repetirse a uno mismo: «No debo ser vulnerable porque es de débiles» o «No me importan los sentimientos» eran maneras típicas como las personas construíamos corazas para tapar heridas. Entonces una herida emocional en el aura era siempre un fenómeno complejo que había que entender vinculado a las demás estructuras de uno. Y esto también involucraba un trabajo profundo por desarrollar entendimientos emocionales y espirituales. Algunas heridas eran tan grandes, profundas y complejas, que algunas personas incluso tenían como misión de vida venir a sanarlas, con todo el aprendizaje "de alma" que eso involucraba.

Lo último que explicaron fue que la sanación de una herida no terminaba sólo cuando la grieta era reparada sino cuando se lograba devolver la fluidez a la zona donde ésta se había producido. Y esto se lograba cuando la persona era capaz de desarrollar una comprensión tan profunda y sabia de la vida que le permitía retirar todas sus expectativas rígidas.

De esta manera, quedó claro que trabajar las estructuras era algo mucho más profundo que solamente llegar y sacarlas. De hecho, involucraba el trabajo de psicoterapia ya que la persona debía desarrollar conciencia de aquellos patrones que necesitaba cambiar. En mi caso, como yo llevaba muchos años en psicoterapia, mucha de esa conciencia ya la tenía. Por eso algunas de mis estructuras eran como frutas maduras que estaban listas para ser sacadas. No obstante, otras requerían todavía un trabajo mucho más profundo.

El aura y la mente

En el paralelismo entre el aura y lo psicológico, hablar en términos de "estructuras" o "formas" me parecía que poseía otras grandes ventajas. Tal como yo ya lo había visto, una de las principales era que permitía hacer diagnósticos mucho más precisos. Decir, por ejemplo: «tienes una herida emocional en el pecho» o «tienes una estructura en forma de papa con puntas», o «hay una especie de coraza metálica en forma de armadura sobre la pelvis», etc. me parecía mucho más específico y útil que solamente decir: « acá hay algo denso» o "percibo una fuga y un *chakra* bloqueado».

Porque las estructuras podían ser tan diversas como bloques, cascos, cinturones, corsés, cuellos, cadenas, vacíos, lazos, etc., y, por si esto fuera poco, su significado también variaba según la zona en que se encontraban. Era como si la imaginación terminaba creando inconscientemente estas formas, y situándolas en alguna zona específica a partir de una determinada "intención". Por ejemplo, si alguien se decía a sí mismo constantemente: «no debo fallar» iba a crear tarde o temprano un bloque de autoexigencia en la zona del estómago; o si alguien se repetía: «no voy a sentir pena» generaba corazas y vacíos de represión emocional normalmente en la zona del pecho; o si alguien decía «debo quedarme callada o callado y no decir nada» acababa cristalizando vacíos y bloques tipo mordaza en la garganta; o si alguien se quejaba contantemente de que no lograba avanzar, solía acabar cristalizando bloques en la zona de las piernas.

El aura entonces era una especie de pantalla tridimensional con la capacidad de dar forma a las ideas y metáforas del pensamiento. En ella podía observarse lo que en la persona estaba ocurriendo en un nivel mental o emocional. Y a mí esto me producía especial fascinación, ya que "objetivar la mente" era algo que la psicología había intentado hacer muchas veces sin éxito. De hecho, lo primero que al entrar a la carrera a uno nos enseñaban era que la mente no podía ser observada directamente sino sólo inferida a través de la conducta o el lenguaje[6]. Por lo tanto, que los contenidos psicológicos tuvieran una expresión como formas en el aura, significaba en otras palabras que el aura era una especie de "cuerpo" de la mente o, si se quiere también, de la psique. Para mí, era un hallazgo tan relevante que era como haber hallado el "eslabón perdido" de la psicología.

De hecho, Barbara Brennan lo señalaba exactamente así:

---

[6] Incluso, en algunas corrientes como el conductismo se llega a negar que la mente exista.

El aura es, en realidad, el "eslabón perdido" entre la biología y la medicina física y la psicoterapia. Es el "lugar" donde se localizan todas las pautas sobre emociones, pensamientos, recuerdos y comportamientos que solemos discutir incansablemente en la terapia. Estas pautas no están simplemente suspendidas en algún lugar de nuestra imaginación, sino que se sitúan en el tiempo y en el espacio.[7]

Por otro lado, yo era testigo directo de cuán tangibles eran las "estructuras". Y podía ver que los pacientes también las sentían cuando eran trabajadas. A mí me gustaba hacer la prueba de presionarles o jalarles las estructuras para preguntarles qué sentían. Muchos me decían: «me estás presionando» o «algo me tira» y otros simplemente se largaban a llorar porque les había "movido" la emoción contenida bajo la coraza. Lo sorprendente para ellos es que abrían sus ojos y veían que yo ni siquiera los estaba tocando. Yo entonces aprovechaba de explicarles que ésas se llamaban "estructuras" y que representaban algo rígido que en ellos había que ir sanando.

Terminada la sesión, y una vez que muchas estructuras les eran trabajadas, los pacientes solían sentirse notablemente mejor. El aura se les sentía distinta: más continua, liviana y fluida. También era común que días después reportaran cambios en su manera de ser o actuar. Por ejemplo, dormir mejor, tener menos miedo o estar menos bloqueados emocionalmente, menos ansiosos o con no tantos pensamientos en la cabeza. Hubo inclusive casos donde se les desaparecía algún dolor crónico, o mujeres que lograron quedar embarazadas luego de haberlo estado intentando por mucho tiempo.

En ocasiones, sin embargo, también llegaban a experimentar fuertes crisis curativas. A veces me comentaban que tras la sesión se habían sentido como si les hubieran "apaleado". Un chico al que atendí una vez con el objetivo de darle una demostración me comentó que, cuando se fue, apenas podía caminar y tuvo que ir agarrándose de las paredes para no caerse. De hecho, como ya lo dije, yo mismo sentía que mientras más

---

[7] Brennan, B., (1993), Manos que Curan, cap. 11

recibía sanación en mis heridas, en ocasiones más se me activaban emociones de dolor y pena. Sonia me decía que así era a veces la sanación, ya que las emociones para ser sanadas primero debían "emerger" a la superficie.

A veces también una estructura podía ser "soltada" o "ablandada" a través de decretos que el terapeuta debía hacer repetir a la persona. Éstos debían apuntar a anular, neutralizar o revertir el patrón o mecanismo que la estructura representaba. Lo que Sonia me hacía decir en nuestras sesiones era claro ejemplo de esto. Por supuesto, para hacer decretos efectivos el requisito era primero tener una cierta idea de lo que la estructura significaba emocionalmente. Había que aprender a "leer la estructura", es decir, decodificarla de tal manera de saber cuál era la "intención" con que se había generado. Eso tenía un valor terapéutico, en la medida en que permitía retroalimentar al paciente para que reflexionara y se hiciera consciente del patrón que él mismo había creado.

En mi caso descubrí que era pésimo para hacer este tipo de lectura de manera directa. Sin embargo, observando a Sonia y varios de sus estudiantes, me di cuenta de que casi siempre las estructuras estaban relacionadas al *chakra* o lugar del cuerpo sobre el cual se situaban. Entonces, por ejemplo, si la estructura estaba sobre la garganta normalmente tenía que ver con expresar o callarse las cosas; si estaba sobre el pecho, con afectos o sentimientos; si estaba en la cabeza, con ideas y pensamientos; etc.

Aplicando esta lógica llegué a hacer muy buenas "lecturas" de los pacientes, que complementaba con toda la capacidad de observación que me había otorgado la práctica clínica como psicoterapeuta. Así, hubo muchas anécdotas de personas que se asombraban enormemente de que yo pudiera describirles en detalle la situación emocional que les acontecía sin que me la hubieran dicho. La creencia de que algunos psicólogos leemos la mente acá se cumplía bastante bien, y claro, el secreto estaba en esta especie de mapa que permitía relacionar la temática de la estructura con la del *chakra* en cuestión. Con el pasar de los años lo fui puliendo cada vez más estos entendimientos hasta desarrollar lo que llamé "Visión Temática de los *Chakras*".

Una primera clasificación

Habían transcurrido varios meses desde que empecé a aprender, y me pareció que había visto, experimentado y preguntado lo suficiente como para intentar una suerte de "clasificación" de las estructuras. Reflexioné cómo podría hacerlo y me di cuenta de que no existía una sola manera. Por ejemplo, había estructuras que no se podían operar de la manera acostumbrada, que era manualmente o a través de esencias florales. Éstas requerían de procedimientos previos como renuncios o afirmaciones específicos, que la persona debía decir para que aflojaran y se pudieran sacar. Por eso es por lo que una primera manera que se me ocurrió fue dividir las estructuras en "simples" y "complejas".

Una segunda forma de clasificación que me pareció útil fue diferenciar a las estructuras por origen. De este modo, teníamos las que eran creadas por la propia persona, otras que llegaban desde afuera, y otras que podían adquirirse a través de vínculos, pactos o intercambios. Comencé a hablar entonces de estructuras "internas", "externas" y "vinculares".

Por último, y quizás la manera más sencilla y descriptiva de clasificación, era por "tipo" y "características". Un primer intento quedó más o menos así:

Estructuras propiamente tal: Eran las estructuras que representaban mecanismos defensivos, o a veces también emociones acumuladas, de la propia persona. Asumían formas variadas siempre densas y relativamente definidas como bloques, cúmulos, corazas, cuellos, cinturones, cascos, mallas, tapas, puntas, etc.

Heridas: Eran la expresión de traumas o lesiones emocionales o físicas que la persona arrastraba. Su forma era la de grieta, rotura o agujero, con bordes generalmente irregulares en cuyo interior se percibía una sensación fría y habitualmente dolorosa.

Lazos: Eran conexiones energéticas ya sea con personas, grupos, lugares, o seres de índole espiritual como entidades, dioses, seres de naturaleza, etc. Su forma era de ducto o manguera que se proyectaba hacia afuera del aura.

Votos, promesas y juramentos: Estructuras normalmente pequeñas y que podían también percibirse como nudos rígidos y a veces pinchosos. Habitualmente los hallábamos en zonas como el pecho, la garganta o el plexo solar.

Parásitos: Organismos energéticos que se adherían al aura y podían tener variadas formas: babosas, medusas, gusanos, amebas, pulpos, etc. Algunos podían comportarse de manera agresiva y atacar o "picar", por lo que el terapeuta debía preocuparse siempre de protegerse e inmovilizarlos con energía antes de retirarlos.

Seres de oscuridad: Eran lo que muchas religiones llamaban "demonios" y que podían presentarse vinculados al aura de las personas. Sonia explicaba que esto normalmente se debía a pactos de vidas pasadas que la persona había hecho con dichos seres, por lo que había que cortar los lazos o conexiones con ellos. Para eso primero tenía que renunciarse al pacto o intercambio con el ser.

Magias: Eran estructuras con una energía bastante corrosiva, tóxica y dañina, por lo que uno debía protegerse muy bien antes de intentar sacarlas. Correspondían a "daños" que a la persona le habían enviado a través de rituales de brujería o magia negra, ya sea en esta misma vida o en otras. A veces estaban vinculadas a seres de oscuridad que servían como guardianes.

Ataques energéticos: Eran estructuras a menudo en forma de púa o gancho que se podían encontrar "clavadas", ya sea por delante o por la espalda de la persona. Se tenían que entender como ataques de otras personas, generalmente por envidia, desprecio, rabia u otras emociones negativas que ellas lanzaban fuera a través de una intención consciente o inconsciente.

Huellas de trauma físico: Eran estructuras con la forma de objetos físicos que causaron la muerte o algún tipo de sufrimiento en la persona en alguna vida pasada. Podían ser lanzas, flechas, balas, picas, máscaras, grilletes, sogas, cadenas, etc.

Vacíos: Eran verdaderos agujeros donde una parte de la persona se encontraba ausente. Esto ocurría cuando ella había rechazado o entregado esa parte, o alguna "energía" particular, en algún momento de esta vida o de otras. La persona debía hacerse consciente de su vacío para así poder anular el rechazo o la entrega y "pedir" ese pedazo de vuelta o bien el terapeuta conseguir traerlo.

Sellos: Se decía que a veces los seres espirituales decidían ponernos "sellos", que eran estructuras "benéficas" a través de las cuales ellos buscaban ayudarnos. Por ejemplo, si una persona necesitaba ser corregida por errores graves que estaba cometiendo, los seres de luz podían intervenir "sellándola". Tenían un alto nivel de vibración y quienes lograban visualizarlas podían distinguir en ellos símbolos y caracteres en idiomas extraños.

Conceptos espirituales

Según Sonia, el sistema que había creado apuntaba a lo que ella denominaba "movimiento de mente profunda", que no era otra cosa que el despertar de nuestra esencia espiritual e incorruptible. Involucraba un aprendizaje tanto emocional como espiritual y la sanación era parte integral de él. Los componentes de este "movimiento" eran, por un lado, conciencia y, por otro, intención. Porque hombres y mujeres encarnábamos muchas veces para ir logrando distintos aprendizajes dentro de este "viaje humano". A todas las lecciones que el alma tenía como tarea aprender, ella les llamaba *karma*; a las que ya había aprendido y por lo tanto ya eran suyas, les llamaba *dharma*.

También, dentro de este proceso de sucesivas encarnaciones, a cada ser humano le eran "asignados" por la divinidad dos "guías" espirituales. Éstos eran seres que ya habían pasado por múltiples vidas humanas y estaban en un nivel superior de evolución. Como su nombre lo dice, su función era guiar al alma, protegerla y asistirla. Sonia decía escuchar a sus guías y animaba a todos sus pacientes y estudiantes a también establecer comunicación con los propios. De aspecto eran seres luminosos y generalmente altos, y a menudo era posible percibirlos parados a los lados o por detrás de la persona. En las sesiones siempre se recurría a su asistencia para entregar alguna "energía" que el paciente necesitaba, o retirarle alguna estructura. Se podía también entrar en conexión telepática con ellos para canalizar respuestas o entendimientos sobre la problemática del paciente.

Sobre los ángeles, por su parte, Sonia decía que eran mucho más lejanos a la esencia humana, motivo por el cual prácticamente no trabajaba con ellos. Esta condición de "lejanía" era porque los ángeles, según ella, no poseían el don humano del libre albedrío por haber sido creados como "sólo luz" y no "luz y sombra" como nosotros. A esta dualidad ella le llamaba "ser plateados", ya que según ella el metal plata era un símbolo de la integración negrura y luz, o *yin* y *yang*. Era sinónimo también de la cualidad incorruptible de la Mente Profunda, la cual poseyendo ambos polos no podía corromperse.

Por último, en su clasificación, estaban también los "maestros", a quienes definía como "almas que ya habían terminado sus encarnaciones humanas y habían decidido voluntariamente quedarse en la tierra en forma espiritual para cumplir alguna misión". Así, por ejemplo, maestros eran Jesús, María y los santos en general, Saint Germain, Krishna, los Budas orientales, etc., y también podían ser simplemente personas sabias y buenas que tras morir y pudiendo irse prefirieron quedarse a ayudar o guiar. En todos los casos, contaban con un permiso especial de los seres de luz para permanecer acá. La diferencia con los fantasmas o desencarnados era justamente que estos últimos no contaban con dicho permiso. De acuerdo con Sonia, estos últimos eran almas atormentadas a las que ella decía que había que ayudar a "cruzar" y de esta forma pudieran "continuar su camino".

El enfoque estructural del aura

Mientras más aprendía sobre las "estructuras" más me llamaba la atención que la inmensa mayoría de los libros sobre el aura mencionaba poco o nada sobre ellas. Tampoco los reikistas o terapeutas energéticos en general parecían conocerlas, pese a sus años de experiencia. En ocasiones me decían: «sí, yo a veces percibo en el aura zonas que están más densas o cargadas, o se sienten allí cosas, pero no sé decir qué son».

Para mí resultaba tan extraño como si un libro de medicina no enseñara nada sobre los órganos y tejidos del cuerpo, o bien cosas tan simples como saber reconocer un hueso roto o una infección. Por supuesto, existían excepciones y una de ellas era el libro *Manos que Curan* que ya mencioné.

Esta aparente ignorancia me sorprendía y me llevó a pensar que no se debía a una falta de sensibilidad, sino a una falta de entendimiento y de contar con el mapa adecuado. Incluso yo mismo me daba cuenta de que percibía mucho más y mejor las estructuras mientras más sabía o entendía sobre ellas. Y esto me parecía lógico, ya que lo que hacía que un médico pudiera interpretar fácilmente una ecografía o una radiografía era su conocimiento y no sus capacidades visuales.

De esta manera, se me ocurrió que lo que pasaba con casi todos los practicantes y teóricos de la sanación era que tenían un entendimiento del aura y la realidad energética netamente "funcional". Esto quería decir que trabajaban con nociones de "flujo" por encima de nociones de "forma". Y esto, a mi modo de ver, se debía mayoritariamente a la influencia de las filosofías orientales, de las cuales muchas de las terapias y sistemas de sanación toman sus ideas. Entre estas nociones está, por ejemplo, el que las formas son sólo ilusión y lo único real es la impermanencia y el movimiento y cambio constantes.

Era perfectamente natural entonces que las personas se imaginaran el aura como un lugar donde la energía es un flujo constante en vez de uno donde se expresa en formas estables. La ceguera cognitiva que esto les genera termina finalmente impidiéndoles percibir las estructuras.

Como yo lo entendía, el enfoque "funcional" se centraba en el estado pasajero más que en los elementos o conformación de fondo. Para ejemplificarlo, solamente pensemos en alguien que asiste a un retiro de meditación de varios días. Probablemente al volver su aura va a estar bastante brillante, equilibrada y expandida. Pero si esta misma persona ese mismo día se ve después envuelta en una fuerte discusión, por ese sólo hecho su aura lo más seguro es que se va a tornar menos brillante y más desordenada. Si luego al llegar a casa se acuesta a dormir, nuevamente el estado cambia. La pregunta crucial entonces es: ¿estamos hablando de auras diferentes o sigue siendo la misma?

Porque si bien parece claro que el aura es capaz de mostrar los estados de ánimo e incluso fisiológicos de una persona, también puede mostrar los patrones o características más estables de su personalidad. En ese segundo caso la mirada es mucho más profunda y permite también un trabajo más de fondo que el mero equilibrar o desbloquear de manera pasajera el "estado".

Lo "funcional", entonces, apunta al estado energético del aura que constantemente cambia, ya sea por los estímulos del ambiente o como reflejo de la fisiología del momento. En cambio, lo "estructural" apunta a un nivel más sustancial y permanente: los patrones y mecanismos responsables de sostener una determinada forma de ser.

Así, cuando el terapeuta en su diagnóstico trabaja principalmente con conceptos como "bloqueado", "cerrado", "desequilibrado", "desalineado", "desenergizado", etc. su mirada es funcional porque se está centrando en el estado o funcionamiento de ese momento. Cuando, por el contrario, se centra en conceptos como "herida", "bloque", "fisura", "coraza", "casco", "lazo", "vacío", etc., su mirada es estructural porque pone la atención en los elementos concretos que pueden hallarse a la base y tienen que ver con características más estables.

Ahora bien, en ese entonces comprendí que casi siempre se daba que, para un mismo bloqueo o desequilibrio (conceptos funcionales), podían existir no sólo una sino varias posibles causas estructurales. En el ejemplo dado del *chakra* cardiaco bloqueado, el bloqueo como tal podía estar siendo causado por una herida, pero también por un núcleo de magia negra o bien por un vacío o una coraza emocional. En todos los casos, el resultado funcional es el bloqueo del *chakra*.

Como resultado de toda esta reflexión que me tardó meses, acabé por acuñar el término "Enfoque Estructural del Aura" como forma de llamar a esta mirada que se diferenciaba de la visión funcional.

Principios del aura sana

Otra cosa que también me pregunté por ese entonces fue cómo debía reconocerse o entenderse el estado sano del aura. Me parecía que definir ciertos principios resultaba de vital importancia ya que servirían de guía a la hora no sólo de trabajar con la sanación, sino de explicarla. Los principios a su vez entregaban una justificación a por qué hacíamos lo que hacíamos. Por ejemplo, por qué era necesario deshacerse de las estructuras, o trabajar los lazos de dependencia, o intentar sanar los vacíos, etc.

Después de mucho reflexionar e ir descartando conceptos, concluí que los principios que podían definir el estado sano del aura eran cuatro: Principio de FLUIDEZ, Principio de AUTONOMÍA, Principio de CONEXIÓN y Principio de COMPLETITUD. Les llamé "Principios Funcionales del Campo Energético"

Fluidez significaba que el aura era más sana mientras más fluida era. Porque las estructuras al ser formas rígidas impedían el flujo de la energía. Los terapeutas por lo tanto debían siempre apuntar a devolver al aura su fluidez natural. Si se sentía rigidez o pesadez, era señal de que ese flujo estaba bloqueado y había que descubrir qué estructuras eran las responsables.

Autonomía, por su parte, significaba que el aura era más sana en la medida en que no dependía de sistemas de energía externos. Con esto pensaba esencialmente en los lazos de dependencia que en el aura se veían como flujos o "ductos" dirigiéndose hacia afuera. Los lazos de este tipo no eran otra cosa que ataduras con algo externo, ya sea una persona, un grupo, un lugar, o bien entidades de naturaleza energética. El principio de autonomía indicaba que todo lo que la persona necesitaba para ser sana y feliz estaba en ella misma y no debía buscarlo en esas fuentes externas.

Conexión se refería a cómo las partes entre sí, y también con el sistema total, debían estar intercomunicadas y no aisladas. En muchos casos las estructuras favorecían la desconexión. Por ejemplo, el pensamiento (*chakra* de la cabeza) desconectado de los afectos (*chakra* del corazón), o estos últimos desconectados a su vez del sexo (*chakra* sexual). El principio de conexión señalaba que mientras más [inter]conexión se establecía entre elementos o partes, el estado del aura era más sano.

Por último, Completitud significaba que mientras más completa el aura, más sana era. Y esto refería principalmente a que no hubiera vacíos, es decir zonas del aura que faltaban. Porque era usual que el aura a veces pareciera una especie de rompecabezas al que le faltaban piezas. Esto ocurría cuando las personas entregaban o rechazaban alguna función o atributo de ellos mismos, a menudo a consecuencia de traumas o falta de entendimiento.

Los principios con el tiempo demostraron no estar restringidos sólo al aura. De alguna manera, funcionaban como lecciones de vida a todo nivel. Su gran relevancia era que en la medida en que más se reflexionaba en torno a ellos, más esa reflexión profunda impactaba al alma o "Mente Profunda".

Un quinto principio fue incorporado más adelante: Principio de CONTINUIDAD. Este básicamente hablaba de que lo que era sano siempre evolucionaba. Es decir, existía una continuidad natural, como espiral, entre pasado, presente y futuro, en lo que era en sí el movimiento del alma o "Mente Profunda". Y cuando alguien se estancaba y pretendía quedarse hasta allí y dejar de evolucionar, abandonaba este principio de continuidad. Para mí era el único principio no directamente observable en el aura, sino que pertenecía al alma misma.

Dinámica del campo

Otra noción teórica importante sobre el aura o campo energético desarrollada por entonces fue la que llamé "Dinámica del Campo". Nació de observar que cuando se sacaba una estructura y el aura quedaba aparentemente armónica y fluida, al rato después o a la sesión siguiente aparecían más. De hecho, parecía que no fueran nunca a acabarse y yo le preguntaba a Sonia desde dónde surgían. Ella me decía que el subconsciente mismo iba haciendo que esas estructuras "emergieran", es decir, se hicieran tangibles, cuando uno ya estaba preparado para sanarlas.

Esto me llevó a pensar en primer lugar que el aura no mostraba sino una pequeña parte de las estructuras a la vez. Sólo aquellas que tenían que ver con el conflicto actual o presente de la persona eran las que podían llegar a captarse.

Muchas otras estructuras permanecían latentes e imperceptibles. No se mostraban en el aura hasta que de alguna manera entraban en conflicto. Entonces se activaban y ahí "emergían". El conflicto normalmente era el resultado de la primera "toma de conciencia" que la persona podía llegar a hacer en algún momento sobre sí misma y sus patrones de funcionamiento.

El aura por lo tanto podía ser representada como una especie de *iceberg* donde sólo la punta eran las estructuras visibles y el resto, la parte sumergida, las que permanecían por debajo del nivel consciente. Esto último me hizo pensar inmediatamente, aunque sólo de nombre, en los tres niveles que planteaba Freud: consciente, preconsciente e inconsciente.

Debido a que las estructuras que se mostraban eran sólo las que tenían que ver con el conflicto, cualquier cosa que hiciera que la persona reconociera ese conflicto ayudaba. Y a partir de allí mientras más conciencia tomara la persona de su patrón, lo que le permitía separarse emocionalmente de él, hacía que ésta más se definiera y se llegara incluso a veces a "soltar".

Por ejemplo, si alguien se ponía a hablar de sus traumas de infancia y lograba conectarse emocionalmente con ellos, esas heridas y otras estructuras inmediatamente se iban a empezar a mostrar e incluso algunas a soltar. La persona misma las podía empezar a sentir como algo apretado o doloroso en su cuerpo, y también el terapeuta en la medida en que lograba sintonizarse.

Recuerdo una vez que con dos amigos me encontraba viendo videos de personas practicando "salto base" en los acantilados de Noruega. Miedoso a la altura desde siempre, debo decir que en un momento tuve que parar porque ya no podía más con la sensación de vértigo que me producían. Fue en ese momento que palpando tomé conciencia de que a nivel de mis caderas y piernas tenía un montón de bloques muy rígidos activados cuya sensación era tan física que me llegaban a doler. Entonces experimenté de manera muy gráfica cómo funcionaba la "dinámica" del aura. Los videos habían resultado perturbadores para esa parte mía que tenía que ver con miedo a las alturas, hasta ese momento inconsciente, y la habían "activado". Probablemente tenían que ver con traumas de alguna vida pasada que permanecían latentes (es decir, inconscientes), pero los videos la trajeron a la conciencia.

Así, primero estaba el nivel consciente, representado por la punta del *iceberg* y las estructuras que el paciente traía "activadas". Inmediatamente por debajo encontrábamos las estructuras que estaban "sumergidas", pero próximas a activarse. Era el nivel preconsciente. Y, por último, había toda una vasta zona todavía "más sumergida" que correspondía al nivel inconsciente. En esta última hallábamos muchísimas estructuras en estado latente que sólo se activarían y mostrarían si la persona hacía un trabajo profundo que la llevaba hasta esas honduras, o bien si algún estímulo ambiental las hacía "emerger". Se trataba de aspectos sutiles que para ser descubiertos a menudo requerían de una conciencia mucho más trabajada.

De esa manera, cuando cualquier estructura era retirada o sanada, inmediatamente por debajo podía emerger otra, ya que la primera había dejado ese espacio a la conciencia que ahora se ocupaba de la nueva. El trabajo de la sanación podía durar así todo el tiempo que fuera necesario hasta que todas las estructuras fueran sanadas.

La Dinámica del Campo, por ende, no era más que otro nombre para hablar del "movimiento de la mente profunda" del que Sonia hablaba. Dentro de éste, la "conciencia" era el primer paso que permitía que se activaran las estructuras y la "intención" era el segundo que permitía soltarlas y retirarlas.

Las esencias florales

Una de las cosas que me llamaba la atención en el trabajo con las "estructuras", era la importancia que tenían las esencias florales. En su consulta, Sonia tenía una mesa con cientos de frascos de esencias de diversos sistemas. Eran usadas para "ablandar" las estructuras antes de operarlas o también directamente para disolverlas.

Aunque el Dr. Bach, padre de la terapia floral, nunca habló del aura como tal en su obra, sí se refirió a las flores como "remedios vibracionales". Decía que cada una actuaba sobre diferentes estados o patrones emocionales negativos del ser humano[8].

Cuando la esencia era la correcta para el "tema" o "patrón" de una determinada estructura, tenía un efecto erosivo inmediato sobre la misma. Eso se podía palpar directamente percibiendo el antes y el después en el aura.

Las esencias incorporaban información al campo que hacía que las estructuras que estaban en la parte sumergida del *iceberg* se hicieran "visibles". Era una forma de hacer consciencia desde la energía misma, y en el proceso llegaban a provocar sensaciones, molestias y hasta crisis curativas. Es allí donde muchas estructuras quedaban listas para ser retiradas o bien, si se seguían tomando las flores por un tiempo, podían incluso terminar deshechas. Por lo tanto, los remedios florales resultaban un excelente complemento al trabajo de operación estructural.

Cuando de hecho yo mismo empecé a tomar flores, a menudo percibía sus efectos de manera inmediata. Apenas las ponía bajo mi lengua experimentaba "movimientos energéticos" en distintas partes del cuerpo. Me permitían conocerme y conocer mis estructuras observando qué flores eran las que más tenían un determinado efecto. Aprendí sus usos en detalle y creo que llegaron a jugar un rol muy importante, tanto en mi propia sanación como en la de mis pacientes de práctica.

---

[8] Bach, E. (2017), Obras completas, Madrid: Continente.

En su obra *Campos Energéticos y Flores de Bach*, la española Nuria García Yuste[9] se las arregla para realizar una descripción bastante detallada, gráfica y "estructural" de los efectos energéticos de cada flor a nivel del aura. Es una guía interesante y valiosa que me corroboró mucho de lo que entonces estaba percibiendo.

Ampliando el círculo

El tiempo había pasado y yo había ido abriéndome a un mundo desconocido y extraño, pero que al mismo tiempo y de alguna forma se me hacía natural. No era que desde niño hubiese experimentado fenómenos psíquicos, pero amigos y familiares cercanos sí. Y ahora parecía haber yo también haber despertado a esas capacidades, pero a través del sentido que yo creía en mí el menos desarrollado: el tacto.

Y es que yo siempre me consideré más visual y auditivo que kinestésico, pero en lo que se refería a percepciones sutiles lo mío no era "ver" ni "escuchar", sino "palpar". Por ejemplo, a Sonia y otros de sus aprendices se les hacía fácil la percepción visual de las estructuras, las auras y las energías en general. También muchos lograban escuchar, por ejemplo, los mensajes de sus guías y otros seres al canalizar. Yo en cambio me sentía una especie de "topo": sin ver u oír casi nada, pero capaz de ir abriéndome paso a puro tacto e intuición.

Conseguía lo que para mí era lo principal, que era crearme un mapa mental certero de las estructuras en el aura. No las veía, pero las imaginaba a partir de lo que iban sintiendo mis manos. E integrando esa información con mi propia intuición, más todo lo que me decían o mostraban los pacientes (su reporte verbal y no verbal), llegaba a hacer una lectura bastante precisa de lo que tenían. En lo energético trabajaba por medio de hipótesis que luego sometía a ensayo y error con las herramientas que había aprendido.

Pero a pesar de todo, me ocurría que mientras más aprendía, más inconmensurablemente grande me parecía el mundo donde fenómenos como el aura y la sanación eran posibles. Sonia y otros terapeutas con toda

---

[9] García, N. (2008), Campos energéticos y flores de Bach, Barcelona: Autor-Editor

naturalidad hablaban de viajes a través de planos, encuentros con seres, líneas de tiempo y magia. A mí aquello me parecía inalcanzable y quizás demasiado loco, e intentaba seguir diciéndome que sólo estaba allí para sanarme, ayudar a otros y documentar.

Mi propio proceso de sanación tenía la prioridad porque aún sufría dolor y angustia. Aunque estaba mejor, también era más consciente de que la "herida" que sentía en mi plexo era algo real, y eso me hacía percibirla mucho más. Por alguna razón también, pese a toda la sanación que ya me había hecho, me seguía sintiendo muy contrariado y afectado emocionalmente por mi ruptura con la chica. De hecho, sentía que en el improbable escenario de llegar regresar con ella volverían a activársome los mismos dolores y angustias.

A esas alturas para mí la herida en mi aura en la boca del estómago era una especie de puzle a resolver. Le llamaba la "zona cero" porque me parecía que allí había siempre una grieta profunda. Si bien Sonia había trabajado en ella incorporando energías y haciendo todo tipo de operaciones, parecía que siempre seguía emergiendo de allí nueva información relacionada con el dolor.

Por ejemplo, todavía recuerdo una sesión en que Sonia me ayudó retirando unas estructuras que según ella correspondían a memorias dolorosas de una vida anterior. Le costó bastante hacerlo y, al finalizar, me dijo que se había sentido afectada a tal punto que tendría que suspender sus otras horas de atención de ese día. Al día siguiente me comunicó que no iba a poder continuar tratándome de forma regular porque mis estructuras de alguna manera habían comenzado a resonar con ella. Me dijo que era consciente de que era algo que debía trabajar, pero de todas formas me sugirió que probara atenderme con alguien más de entre los terapeutas que allí trabajaban. De entre todos me decidí por Jaime, un sanador que tenía fama de ser muy bueno, aunque rudo y exigente. Recuerdo que me observó largo rato antes de decirme que sí creía que podría trabajar conmigo.

En nuestra primera sesión, él me señaló que veía una estructura en mi tercer *chakra* que estaba conectada a seres de oscuridad. Me dijo que yo había hecho una especie de "pacto" o "contrato" con ellos en una de mis encarnaciones más antiguas.

—Esta estructura es una especie de "poder" que los seres te entregaron —me dijo—, de seducir y encantar mujeres. A cambio tú les diste una parte de tu identidad: concretamente la que te permite sentirte bien contigo mismo.

—De hecho, con esto lograste alguna vez en vidas pasadas convertirte en una especie de "casanova" —continuó—. Pero ahora está en desuso y lo que queda de ella es esta armazón que tienes acá y que necesitamos retirar para luego pedir de regreso el pedazo de ti que entregaste.

Me dijo que esto afectaba mucho mis relaciones porque, aunque yo lograba atraer parejas, a largo plazo no conseguía ser feliz con ellas. De alguna manera, terminaba desarrollando dependencia más que amor. Luego me preguntó qué había yo logrado entender o aprender sobre el amor y las relaciones. Quería asegurarse de que yo tuviese un entendimiento consciente al respecto, porque decía que de otro modo no lograríamos romper el pacto y traer de vuelta lo entregado en él.

Hablamos un rato y me dijo que, aunque yo aún debía aprender mucho más, con los entendimientos que ya tenía podríamos de todas formas trabajar. Después me hizo repetir una especie de decreto en el cual yo decía renunciar al poder de encantar y seducir mujeres que las entidades me habían dado. Además, que valoraba el sentirme bien conmigo mismo como base para las relaciones sanas. Y, por último, que decretaba la disolución del pacto.

Acto seguido, retiró los lazos, sacó la estructura que abarcaba todo mi torso de arriba abajo, y luego me hizo poner las manos sobre mi pecho en actitud de recibir.

—Toma esto —me dijo—. Es el pedacito tuyo que entregaste. Y luego lo metes lentamente en ti.

La sensación fue indescriptible pues primero en mis manos fue como recibir una esfera suave y tibia del tamaño de un pomelo. Luego, al insertarlo en mi pecho, me invadió una sensación como de estar llenándome. Al terminar la sesión me sentí muy distinto, como si estuviese mucho más entero y contento.

Una segunda sesión con Jaime aconteció aproximadamente un mes después, justo al volver de unas vacaciones. Las recuerdo como una de mis peores vacaciones, en las que me la pasé casi todo el tiempo acostado por el malestar emocional y físico que sentía. Percibía la herida en mi estómago como un gran cráter doloroso y, aunque tomaba flores de Bach y me autoadministraba energía, no conseguía aliviarme. De hecho, el dolor iba acompañado de una sensación de pena y angustia profundas. Me sentía incapaz de disfrutar de las cosas a mi alrededor.

—Tienes un vacío en el tercer *chakra* con una forma redonda bastante perfecta —me dijo Jaime cuando me revisó—. De hecho, el contorno del círculo se aprecia como si estuviera cauterizado. Corresponde a una especie de automutilación energética, donde tú mismo renunciaste y te extirpaste una parte de ti. Esa parte tiene que ver con tus propósitos y ambiciones terrenales, y la capacidad de sentirte contento por ellos. Lo que pasa es que en esa vida pasada tú eras muy fanáticamente religioso y decidiste renunciar a todo eso y entregárselo a Dios. Fue un sacrificio en su nombre, al menos en nombre de ese dios en el que en esa vida tú creías. Entonces, es por eso por lo que está ese vacío allí: tú mismo te lo causaste al rechazar y entregar esa parte tuya.

Yo le pregunté más detalles y me dijo que ésa fue una vida donde yo era una especie de caballero cruzado, totalmente fanático y dispuesto a renunciar a la vida mundana para supuestamente servir a Dios.

Me pidió que me recostara en su cama de masajes y se puso a revisar.

—Ok, lo que veo acá —agregó— es que en el fondo de este agujero hay un "yo", que es el yo del cruzado que fuiste. Fíjate que no es feliz y sin embargo está satisfecho del sacrificio y la entrega que hizo porque le parece que fue correcto. Entonces antes de poder recuperar el pedazo de ti que falta necesitamos retirar este "yo", porque él no está de acuerdo y va a rechazar la energía que reintegremos.

A continuación, me hizo repetir un decreto bastante bello en el cual yo decía que a partir de ese momento me permitía disfrutar de lo espiritual en lo material y viceversa, y de la mezcla de las energías (espirituales y materiales).

Que era legítimo y me permitía valorar la vida y de tener ambiciones, deseos y proyectos. Finalmente, decretaba que por ese motivo anulaba el rechazo y la entrega que había hecho de esa parte mía.

—Ahora pon mucha atención porque van a participar varios seres de luz —me indicó— que van a sacar ese "yo" del cruzado fanático y lo van a llevar a sanar

Y poco a poco comencé a percibir que algo empezaba a salir de mi plexo, que no era una estructura sino algo que percibía como una especie de "humo" fluyendo lentamente hacia arriba. Mientras lo hacía, gradualmente iba sintiendo que aflojaba la tensión y el dolor.

Perdí la noción del tiempo y no sé cuánto estuve así hasta que sentí que todo había acabado de salir. Entonces Jaime levantó sus manos e hizo como que recibía algo desde por encima de su cabeza y lo puso sobre mí.

—Ahora absorbe esto —me dijo.

Y empecé a sentir que algo tibio entraba y empezaba a llenar el vacío que sentía en mi plexo solar. De hecho, al finalizar, sentí como si hubiera quedado una especie de morro y se lo comenté a Jaime.

—Sí, quedó algo levantado justo encima de donde estaba el vacío —agregó sin inmutarse—. Ahora la energía se va a tardar unas cinco semanas en ir amalgamándose con el resto del campo.

Salí de la sesión con menos de una décima parte del dolor y la angustia con que había llegado y había aprendido que, además de las estructuras, existía eso que Jaime llamaba "yoes". Me estaba dando cuenta de que su manera de trabajar era bastante distinta a lo que yo estaba acostumbrado y que con él iba a aprender y avanzar de otra forma.

—Jaime, ¿cómo tú tratas tú las heridas? —le pregunté de hecho en cierta ocasión, esperando que me dijera que ponía energía en ellas.

—Lo que hago —me dijo— es ir a la línea de tiempo de esa herida para encontrar al "yo" de esa vida pasada cuando la herida se originó. Allí lo sano y luego esa energía ya reparada la traigo al presente y la incorporo en la herida para que se sane.

Me dejó callado y casi con temor de continuar preguntándole. Por dentro mi único pensamiento fue: «Dios mío, ahora sí que siento que no sé nada».

De esta manera, comencé a tratarme con Jaime de forma regular cada tres o cuatro semanas. En el intertanto continuaba mi práctica con pacientes y había empezado a redactar mis primeros escritos con las observaciones e ideas que había estado desarrollando. El propósito de a futuro hacer un libro era algo que había comenzado a rondar insistentemente mi mente.

Aprendizajes y descubrimientos

Mi aprendizaje continuó, y yo sentía muy dentro que no era un mero repetidor de lo que Sonia me había mostrado. Deseoso de saber más, buscaba observar lo que los demás sanadores hacían y les preguntaba lo que más podía. Mis propias experiencias como paciente, así como las atenciones a otros haciendo dupla con personas que percibían o canalizaban mucho más que yo, resultaron de vital importancia. Sin proponérmelo estaba creando un entendimiento y una forma de trabajar que eran propios.

Por ejemplo, recuerdo la vez en que atendí a una de mis hermanas, que en ese momento tenía 22 años. La hice recostarse y no percibí estructuras que llamaran mi atención. Sonia la revisó y me dijo que observara bien y me fijara que la zona de su segundo *chakra* se percibía bastante vacía. Me hizo poner mis manos allí y permanecer durante unos 25 minutos entregándole energía. Cuando hube acabado, me señaló que esperáramos una semana para ver qué estructuras emergían para poder tratarlas.

Ése era uno de los métodos preferidos de Sonia: entregar energía en una zona y ver qué ocurría al cabo de un tiempo. A veces para el mismo fin utilizaba esencias florales. La idea era "activar" y "ablandar" las estructuras del paciente que estaban hasta ese momento poco visibles para que se pudieran trabajar.

Mi hermana volvió a la semana siguiente y volvimos a revisarla.

—Percibe lo que hay acá —me dijo Sonia—. Y me hizo acercar las manos a la zona de la entrepierna de mi hermana donde me llamó la atención una pelota de energía cálida y bastante intensa. Miré a Sonia con expresión de interrogación y le dije que no sabía qué era eso.

—Esta estructura que ella tiene acá —me explicó— es la "huella" de un bebé que ella perdió en una vida pasada y que al parecer le causó la muerte. Porque era muy común antes que las mujeres murieran al dar a luz. Esto le debe estar generando un miedo y un bloqueo inconsciente a tener hijos en esta vida.

A continuación y con sumo cuidado, retiró la estructura mientras mi hermana miraba asombrada. En el lugar quedó un "hueco" que rápidamente reparé con energía.

Ese día por la tarde me llamó mi madre y me dijo que mi hermana le acababa de contar lo de la sesión.

—Tú sabes que soy bastante escéptica —me dijo—, pero hace unos días tu hermana se despertó de madrugada con unos dolores terribles que le venían cada cierto rato. Yo pensé inmediatamente en que algo que comió le había caído mal, pero me decía que donde le dolía era mucho más abajo. Y yo conozco los dolores de esa zona donde ella me indicaba porque he sido mamá varias veces. Pero en el caso suyo no sabía qué pensar hasta ahora que me contó lo que le dijeron en la sesión. Es que me parece tan increíble en verdad. Estoy realmente impresionada.

Recién entonces caí en cuenta de que para soltar esa memoria dolorosa, mi hermana había tenido que revivir el trauma. Había vuelto a experimentar los dolores de ese parto de vidas pasadas y la estructura del bebé había quedado "suelta" y lista para ser retirada.

Otra sesión memorable fue con Mary, la novia de un amigo, que sufría de depresión. Como de costumbre, en la primera sesión la recosté en la camilla y comencé palpando su campo y poniendo energía. En eso y sin previo aviso, de la nada Mary comenzó a llorar a y a gritar diciendo que no quería ir a la guerra. Yo asustado le pedía explicaciones, pero noté que ella estaba en una especie de trance del que no lograba salir.

Como había visto a Sonia y otros terapeutas hacer, le puse la mano en el pecho y empecé a tranquilizarla diciéndole que todo estaba bien y que ya nadie la obligaría a nada. Mary poco a poco se fue calmando y terminó sollozando en voz baja. Cuando me aseguré de que había "vuelto al presente", me relató que se había visto una vida pasada, al parecer en la segunda guerra mundial, donde era un adolescente al que obligaron a luchar y terminó mutilado en un hospital donde finalmente murió. Lo increíble es que en el aura se sentía una especie de herida gigante en forma de agujero que le tomaba toda la zona inferior del cuerpo. El trabajo de repararla fue hacer que "dejara ir" dicho recuerdo y pidiera a los seres de luz que el adolescente —que en el fondo era un "yo" o identidad de esa vida pasada de ella— fuera "llevado" a sanar.

En un encuentro posterior, Mary tuvo otra especie de regresión espontánea donde también "emergieron" estructuras. Habíamos comenzado con ella contándome sobre sus síntomas de sentirse triste casi todo el tiempo y, como forma de ver qué estructuras podían estar relacionadas, yo le propuse repetir muchas veces la frase: «yo me permito ser feliz».

A los pocos minutos, noté que en toda la zona de alrededor de la nuca empezó a notarse una estructura en forma de gran bloque. Al percibirlo me daba la impresión, por su forma y la imagen que se me presentó en la mente, de que correspondía a una especie de "cepo". Era ese típico artefacto de madera usado en tiempos antiguos como castigo, que aprisionaba el cuello y las manos de la persona.

—Mary, me parece que lo que tienes allí es una especie de cepo —le dije—. Intentaré sacártelo".

Y empecé poco a poco a "ablandarlo" con energía hasta que se pudo retirar. Mientras lo hacía, Mary se quejaba y hacía gestos de dolor e incomodidad como si realmente le estuvieran sacando algo pesado. Luego, cuando la estructura estuvo fuera, se sentó y en un estado todavía un poco adormecida, se quedó en silencio un rato.

—Veo a un hombre al que dejaron muchos años encerrado en una prisión con uno de estos cepos puesto —me dijo al fin—. Ese hombre terminó muriendo así.

—Ese hombre no pudo ser feliz... Ese hombre era yo —agregó tras otra pausa.

Mary resultó ser una excelente paciente de práctica. Era tremendamente psíquica y me entregaba reportes detallados de lo que yo hacía pero no conseguía "ver". Yo aprovechaba de percibirlo con las manos y tomaba nota de cada sensación que experimentaba para de este modo traducirlo a lo que yo consideraba "mi lenguaje": el tacto. Con el paso del tiempo, cuando ya dijo sentirse mejor de su depresión, me pidió ser mi ayudante comenzamos a atender pacientes entre ambos. Ella, casi sin dificultad, me decía cosas como: «veo un "lazo" activado con seres de oscuridad en su cadera», «hay una estructura en forma de bloque que le toma los pies», «tiene una especie de "armadura" rígida que viene de una vida pasada en que fue soldado», «tiene un "vacío" muy grande en el corazón por un lazo de dependencia con el padre», etc.

Mi estrategia era, como ya dije, intentar percibir las sensaciones táctiles y sutiles de todo lo que Mary me señalaba. Al mismo tiempo, buscaba qué tipo de decreto u operación manual realizar que permitiera trabajarlo. Cuando el procedimiento daba resultado, el aura de la persona inmediatamente se sentía diferente y Mary de nuevo me daba su reporte con el cual yo corroboraba lo que ya estaba sintiendo o intuyendo. Solía decirme cosas como: «ya salió» o «ahora están los guías de la paciente trabajando» o «empezó a llegar una energía que está llenando el vacío», etc.

El aprendizaje que siento que me brindó toda esta estrecha colaboración con Mary fue para mí de un valor incalculable. Además de incrementar mi seguridad en lo que estaba percibiendo, me permitía descubrir y poner a prueba nuevos métodos. Desde una posición de observador, analizaba y sacaba conclusiones de cada caso que abordábamos.

Por ejemplo, recuerdo a una chica de nombre Carolina que estaba muy afectada por una ruptura de pareja. La atendíamos conversando y poniendo energía sobre las heridas en su pecho y plexo solar. Eran heridas y vacíos no sólo de desamor sino también de baja autoestima que ella traía de muy atrás. Sin embargo, por más energía que le irradiábamos, la sensación es que su aura permanecía igual de rota. Carolina estaba muy obsesionada con su ex, y aunque ella sabía que él era alguien que no la valoraba, no se lo podía sacar de la cabeza. Como terapeutas sentíamos que no había avance y ya no sabíamos qué más hacer.

Entonces ocurrió que dejó de venir y pensamos que había abandonado el tratamiento. Pero tras algunas semanas reapareció y, luego de revisarla, nos preguntó: «¿y? ¿cómo me ven?». La verdad es que yo estaba sorprendido porque su aura se percibía mucho mejor que le última vez. Estaba más continua, en calma y con mucho menos vacío. Las roturas estaban más tenues y ella misma manifestó sentirse mucho más tranquila.

—Me inscribí en una terapia grupal con una psicóloga del consultorio —nos dijo cuando le pregunté qué había hecho—. Éramos todas mujeres que habíamos sufrido rupturas de pareja. La psicóloga nos dijo que teníamos que escribir en un papel una lista de todo lo que cada una sentía que nos había arrebatado nuestro ex. Lo que él se había llevado de nosotras. Y luego hizo que lo pidiéramos en voz alta delante del grupo. ¿Y sabes qué? Me sentí mejor

Su relato me dejó impresionado y reflexionando que quizás los "vacíos" se tenían que trabajar de esta manera y no poniéndoles energía. Recordaba un documental sobre chamanismo que explicaba que, según los chamanes, las personas enfermábamos porque perdíamos "partes del alma", las cuales ellos luego tenían que traer de vuelta. Yo también había escuchado a Sonia decir que a veces era necesario ir a buscar los "trozos del alma" del paciente extraviados en algún "plano". Por ende, pensé: «¿Y qué tal si en vez de ir a buscar esos pedazos hacemos mejor que el paciente mismo los pida?».

Así, incorporé a mi trabajo la técnica de "pedir de vuelta" los "trozos" o "fragmentos" perdidos debido a algún trauma o algún otro motivo, y lo empecé a aplicar conmigo mismo y mis pacientes. Para aplicarla había que partir reflexionando qué era lo que la persona había extraviado de sí, ya sea que lo hubiera rechazado o entregado, y pedirlo de vuelta en voz alta.

La técnica era muy efectiva para trabajar casos donde había habido maltrato, o demasiada entrega hacia el otro, o incluso en situaciones de trauma emocional. Al "pedir de vuelta" el movimiento energético podía llegar a ser tan evidente, que muchas personas sentían literalmente como si algo físico estuviera entrando dentro de ellas. Una anécdota al respecto fue la de Marta, una chica a quien yo atendía y cuyo problema era el miedo y la inseguridad vital que constantemente sentía. Reconocía que a partir de eso tenía la tendencia a ser rígida y tratar de controlarlo todo, incluidas sus relaciones.

En una sesión atendiéndola reflexioné de la siguiente forma: «¿Un miedo tan primitivo con qué tiene que ver?... Sin duda con la falta de seguridad básica o primaria. ¿Y eso a qué *chakra* se puede asociar? Sin duda que al primero, en la zona del cóccix».

A partir de ese breve raciocinio, me fui directo a percibir la energía del primer *chakra* y me pareció que además de bloques rígidos había debajo importantes "vacíos" relacionados con "partes" que era necesario traer de vuelta. Se me ocurrió hacerle repetir la siguiente afirmación, que vino a mi mente en ese momento:

> Pido de vuelta las partes de mí que son mi seguridad básica que alguna vez pude haber perdido. Pido mi ancla, mi raíz y mi capacidad de sentirme segura en contacto con la tierra… pido de vuelta la seguridad y la fuerza de estar viva, la energía de mi cuerpo y mi "materialidad".

Después de un rato repitiendo de pronto Marta abrió los ojos, levantó la cabeza y miró un poco asustada hacia la zona de su entrepierna.

—¡Pensé que me estabas tocando! —me dijo—. Porque sentí tal como si me estuvieran tocando "allá abajo".

—¡Cómo te voy a estar tocando allí! —le contesté riéndome—. No soy de "esa clase" de terapeutas.

Esos pedazos de su energía habían vuelto y ella estaba impresionada porque los había sentido de manera vívida. Al terminar percibía la zona más llena e incluso más pesada.

Otro procedimiento que con pacientes empecé a aplicar con éxito fue el de cortar y retirar lazos debidos a pactos o intercambios de vidas pasadas con "dioses" o "seres de oscuridad". Por alguna razón se me hacía muy fácil percibirlos, en especial los de estos últimos. Eran de una sensación eléctrica y densa muy característica, donde la mano sentía que se me agarrotaba.

Sonia ya me había explicado cómo hacer los renuncios a los pactos y cómo retirar luego los lazos, y lo había visto tanto conmigo como con los pacientes. Por mi lado, agregué que al finalizar la persona pidiera también de vuelta las "partes de su alma" que había entregado. Porque en un pacto siempre se entregaba una parte propia a cambio de algo, y yo me preguntaba si aquello era algo consciente o podía en ocasiones ocurrir también de forma inconsciente. Como sea, el hecho es que cuando les hacía repetir los renuncios muchos pacientes sentían que algo en su interior se les sacudía. Algunos explotaban en llanto o decían que sentían como si les estuvieran presionando alguna zona o los estuvieran ahorcando. En otros casos también percibían pinchazos o calambres, y en ocasiones también llegaban a convulsionar. Cuando esto pasaba, yo mantenía la calma y pedía ayuda a los "seres de luz" para que luego de cortar y retirar los lazos alejaran rápido al ser. Por fortuna, muchas veces también la persona sólo se sentía mejor de forma inmediata, sin reacciones adversas. De todas formas era común que sintieran tirones, en especial en aquellos lugares del cuerpo donde los lazos estaban adheridos.

Me sentía un poco como un pequeño exorcista, sólo que en vez de invocar a Jesucristo yo pedía a la misma persona que "renunciara" y pidiera la ayuda a los seres de luz para cortar la vinculación. No experimentaba miedo porque por un lado me sentía protegido y ayudado y, por otro, como no "veía" ni "escuchaba", se cumplía el dicho de que «ojos que no ven corazón que no siente». Ser psíquicamente ciego y sordo era en esto una ventaja.

Podía también ver que muchas emociones angustiosas y sensaciones de vacío se podían aliviar o mejorar de esta manera, lo que me daba mucha satisfacción. Los pacientes en su mayoría se sentían mucho mejor al salir. Esto me llevó a pensar, porque lo estaba evidenciando, que mucho del sufrimiento mental y emocional humano estaba de alguna manera relacionado a la influencia de seres o entidades de oscuridad. Pero yo a veces sentía que a mí mismo se me activaban estos lazos con seres de oscuridad y, aunque sabía hacer los renuncios, me era muy difícil cortármelos y retirármelos yo mismo. A menudo tenía que pedirle ayuda a Sonia, o a Mary u otros terapeutas, con el problema de que no siempre estaban disponibles.

Ocurrió entonces un hecho que iba a romper toda esta limitación, y es que una vez estaba siendo tratado por Mone, una chica también aprendiz de Sonia. Para variar, se hallaba ayudándome a trabajar la "herida" en mi estómago que, pese a que sentía que había mejorado bastante, aún me provocaba todo tipo de sensaciones dolorosas y angustiosas.

—Te vas a tener que quedar solo porque tengo que salir —me dijo de pronto—, pero voy a dejarte a algunos de mis guías trabajando contigo.

Ella decía que tenía no sólo dos guías sino varios más, así que no era problema para ella dejar algunos acompañándome y continuando lo que ella había estado haciendo. De hecho, cuando se fue, comencé a sentir como si una "mano invisible" me estuviera operando. Percibía tirones como si estuviesen sacando estructuras, y después como si me estuvieran llenando de energía. Eso fue por largo rato mientras estuve tendido boca arriba en la camilla y yo quedé muy impresionado de que los seres de luz pudieran trabajar autónomamente, sin un sanador presente.

Entonces pensé: «¿Qué pasaría si yo empezaba a pedirles a mis propios guías que me operaran?». Por ejemplo, que cortaran ellos mismos los lazos con seres de oscuridad una vez que yo hiciera renuncios. O pedirles que me retiraran una estructura o me llenaran un vacío que yo estuviera sintiendo.

Lo puse en práctica y lo más increíble fue que funcionó. Lo único que tenía que hacer era pedir a los guías lo que yo quería específicamente que hicieran. Hacía por ejemplo renuncios y luego agregaba: «y pido a mis guías que corten los lazos con_____, y que me traigan de vuelta las partes de mi alma que yo entregué». Y cada vez que lo hacía sentía movimientos en el cuerpo, y luego un notable alivio frente las sensaciones negativas que pudiera haber estado sintiendo. En ese sentido, fue maravilloso constatar que ya no dependía todo el tiempo de un sanador o terapeuta. Los guías me ayudaban y, aunque no podía ni verlos ni oírlos, los sentía cuando trabajaban y me sacaban estructuras o me ponían energía.

A partir de ese descubrimiento y viendo que se abrían muchas posibilidades, pensé: «¿y por qué no también hacer renuncios a lazos de dependencia con seres humanos, por ejemplo, padre, madre o la chica de la que había estado enamorado? ¿y podrán hacerse también con grupos, o con maestros, o con lugares, etc.?». Porque a través de todo lo que había aprendido, me daba cuenta de que los lazos podían ser con cualquier "sistema externo" de energía: personas, dioses, seres de oscuridad, grupos, lugares, etc.

De ese modo, me di la tarea de realizar renuncios de manera sistemática varias veces al día con distintos seres, personas o "energías". Cada vez que sentía angustia, tristeza o malestar emocional aplicaba los renuncios y veía cuál o cuáles eran los que más me aliviaban. Durante aproximadamente sesenta días practiqué los renuncios a diario, a veces hasta cinco veces por día. Comencé en navidad y a inicios de marzo del año siguiente me sentía transformado. Había recuperado muchísima más confianza en mí mismo, y la angustia ya no era algo que se me hiciera incontrolable. Renunciar a la dependencia con todas esas energías externas y pedir a los guías que cortaran y retiraran los lazos me había devuelto la sensación de autonomía.

En mis sesiones con pacientes comencé a practicar esa misma sistematicidad. Les aplicaba "al hilo" muchos renuncios y pedía a los guías que cortaran los lazos. Pensaba: «Los guías saben mejor donde está cada lazo. Lo mejor es confiar en que ellos los corten. Yo sólo debo preocuparme de hacer un buen renuncio».

Y los pacientes avanzaban de manera mucho más rápida que antes. «¿Será que gran parte de los malestares de las personas tienen que ver con lazos de esta u otras vidas con todo tipo de energías?», me decía a mí mismo. Llegué a pensar que era efectivamente así, y que en vidas pasadas era normal que las personas establecieran pactos y vinculaciones con todo tipo de seres, grupos o personas. Después de todo, en esas épocas el ser humano tenía una conciencia mucho más colectiva que lo llevaba a generar relaciones de dependencia con mucha mayor facilidad. Eso se arrastraba hasta la vida presente, igual que los juramentos y los votos, y por eso resultaba tan ampliamente liberador el efecto de los renuncios.

Fue de esta forma como me hice diestro en hacer renuncios contundentes, y entre los otros aprendices de Sonia se empezó a comentar que yo me había especializado en lazos y renuncios. De hecho, el uso de los renuncios, y mi facilidad con los decretos en general, incrementó mucho mi efectividad como sanador. Era bueno con las palabras —no por nada escribo este libro ahora— y eso compensaba muchísimo las falencias que creía tener en otras áreas. Mis conocimientos, habilidades y experiencia como psicólogo me aportaban el "sustrato" que requería.

Colaboración y expansión

Aunque en un principio me mantuve al margen de la escuela de Sonia, fue inevitable que con el tiempo empezara a vincularme más y más. Lo primero que hice fue ofrecerles mejorar su página web. Aproveché los escritos que había estado desarrollando con información fresca sobre el aura, las estructuras y los conceptos nucleares del método. Aquel trabajo fue muy satisfactorio, porque pude compartir mis ideas con personas que ya llevaban bastante más tiempo estudiando y trabajando con Sonia. Inmediatamente me gané su confianza entre ellos y me ofrecieran ser profesor de los cursos que dictaban.

Reflexioné mucho si aceptar o no, pues yo había en mi vida pasado por muchos grupos y no quería repetir la experiencia de perder mi "libertad de conciencia". Sin embargo, para mis adentros pensaba en lo atractivo que era para mí participar en un proyecto como éste y acepté. Lo hice con la siguiente condición que me puse a mí mismo: «Estaré hasta el día en que me digan que no puedo hacer algo que yo sé que es cierto o correcto». Por supuesto, esa condición me la guardé para mí y a ellos les dije que estaba dispuesto a ser profesor, pero con la sugerencia de reformular la formación. Como yo traía una serie de contenidos y conceptos nuevos, les presenté una propuesta para cambiar los temarios y la metodología de enseñanza. Había trabajado años en capacitación y sabía perfectamente cómo armar programas de cursos.

Aquel fue el inicio de una colaboración de años como profesor y encargado de desarrollo de la escuela. Dicté cursos y charlas, escribí manuales, desarrollé ideas de marketing, di entrevistas y viajé constantemente. A esas alturas yo había renunciado a mi otro trabajo y me dedicaba por entero a la escuela y a la atención de pacientes. Mis colegas me respetaban y Sonia comenzó a referirse a mí como «el capitán de sus ejércitos». Sin embargo, yo siempre pensé en la escuela como un medio y no como un fin. Para mí, su sentido tenía que ver con desarrollar y expandir el conocimiento de la sanación "estructural". Para eso había que ir siempre aprendiendo y profundizando, porque así la técnica iría siendo cada vez más efectiva y habría un beneficio mayor para los pacientes.

Pensaba también en el aporte teórico que esta visión hacía, tanto al entendimiento del aura como al de la psicología. De alguna forma estaba cambiando los paradigmas y en mi mente yo fantaseaba con la idea de una especie de «psicoanálisis del siglo XXI».

Algo que tuve en mente desde el comienzo fue escribir un libro. Era el motivo que me animaba a buscar y a desarrollar entendimientos cada vez más completos, y ponerlos por escrito. Estaba consciente de lo grande de la tarea, pero yo amaba escribir. Antes de llegar con Sonia ya pensaba que me gustaría ser escritor, y admiraba la obra de Freud, Jung y tantos otros que me habían alumbrado como psicólogo. Aunque no creía llegar a igualarlos, me inspiraban con su ejemplo. De hecho, una vez en que me encontraba charlando con varias personas a la salida de la consulta de Sonia, un chico que se atendía con ella y era bastante irreverente (y a veces derechamente "inadecuado") me emplazó frente a todos.

—¿Tú sabes que si escribes un libro sobre esto tu reputación como psicólogo se va a ir a pique? —me dijo—. Porque hablando de magia y de energías vas a quedar como un charlatán.

—No —le contesté con seguridad—, porque lo voy a hacer con tanta profundidad, calidad y sistematicidad que va a ser un aporte frente a los miles de libros que hay sobre el aura y que dicen tan poco.

Recuerdo un día estar tomando un café junto a Sonia cuando comenzamos a hablar de la factibilidad de convertir los múltiples escritos que yo tenía sobre el sistema en un libro. Yo le dije que no sería difícil y que en pocos meses los podría corregir y completar. Fue así como esa primavera, tres años después de llegar a sanarme y aprender, saqué a la luz el libro *ADABA, Sanación Estructural del Aura*[10]. Fue una autoedición de mil ejemplares que se vendieron sólo en ferias, cursos, charlas, y otras actividades de la escuela. Aunque no tuvo distribución en librerías, marcó un hito al ser la primera y única publicación seria acerca del método "estructural".

A consecuencia del libro, el número de pacientes se me duplicó, así como el de personas que querían conocerme o conocer la escuela. Incluso sirvió para ser invitado a México en la primera salida fuera del país a exponer y dictar talleres. Pero yo no estaba cien por ciento satisfecho. Sentía que el libro era un buen ensayo, pero en él no quedaba claro si yo era el autor de esas ideas, o era Sonia. Y sí, efectivamente a través de ella había conocido términos como estructura, intención, movimiento de mente profunda, actitud "plateada", guías y seres de luz, seres de oscuridad, entre otros, pero yo había profundizado esas explicaciones valiéndome de mi conocimiento en el campo de la psicología y la psicoterapia. Al mismo tiempo, conceptos como "perspectiva estructural" y "perspectiva funcional" del campo, "dinámica del campo", "principios del campo", "estructuras simples y complejas", más una buena parte de la clasificación y las definiciones que presenta el libro los había creado y desarrollado yo.

Por otra parte, sentía también que el libro era insuficiente por haber mucho que aún desconocíamos sobre aura y la realidad energética, así como explicaciones que aún no me terminaban de cuadrar. En mi trabajo con pacientes incluso, me había tocado que —pese a poner de su parte— no todos conseguían mejoría en su sanación. Yo mismo me sentía un paciente

---

[10] Moreno, F. (2015). Adaba, Sanación Estructural del Aura. Santiago de Chile: edición de autor.

que, aunque había experimentado mejorar, seguía aún sintiendo la "herida" en la boca de mi estómago. De hecho, la terapia había contribuido a ser infinitamente más consciente de ella, pero no la había sanado. Podría decir que había aprendido a convivir con ella, y aunque había períodos donde me molestaba poco, no dejé nunca de intentar sanarla. Por eso yo siempre estaba abierto a probar y a aprender de otras personas cuando veía en ellos que realmente sabían.

Tony

Fue tras la segunda impresión de mi libro, tres años después de la primera, que decidí comenzar a publicar en redes sociales contenidos sobre el aura y las estructuras. Para entonces yo era un terapeuta bastante consolidado y estaba contento tanto en el plano económico-profesional, como en el personal donde había formado una familia.

En lo que respecta a mis habilidades como terapeuta, había avanzado mucho. Contaba con una amplia gama de recursos dentro de la sanación, no sólo para operar las estructuras sino también para trabajar los "yoes", lo que suponía un dominio de la visualización o imaginación activa. Estaba aprendiendo a manejar con bastante éxito la intervención del campo a distancia y en el ámbito de la canalización había progresado hasta el punto de percibir con claridad los mensajes de lo que yo entendía como "mis guías". Los sentía como "flechazos de sapiencia" casi inmediatos, aunque no los viera o escuchara directamente como si fueran seres aparte de mí. Y esas intuiciones resultaban después ciertas.

Por entonces, mucha gente empezó a escribirme: algunos buscaban terapia; otros, aprender. Un día cualquiera, recibí un mensaje de un chico llamado Tony:

> Estimado Francisco, me interesa tu trabajo. Yo hago terapia energética también, pero me dedico a la demonología. Me dedico a localizar y extraer entidades oscuras del campo energético. Las tengo catalogadas por intensidad.

Canalizo maestros que me enseñan todo eso, pero me interesa aprender más en reconstrucción del aura, para reparar el daño que dejan las entidades de alto rango.

De inmediato le contesté y le dije que también me parecía muy interesante su trabajo, y conversamos un rato. Mi impresión fue de inmediato que era alguien que realmente sabía del tema y no un loco.

Me contó que sus "maestros", que él decía que eran seres de luz, le enseñaban todo directamente y le habían mostrado diferentes "grados" o "rangos" de entidades (seres de oscuridad) que él sabía reconocer. Algunas de ellas tenían también la capacidad de fusionarse entre sí para formar seres aún más grandes. Me dijo que sabía trabajarlos con la ayuda de los arcángeles.

Todo eso no hizo más que despertar en mí el deseo de conocerle para hablar más en profundidad. Si bien yo manejaba lo que Sonia me había explicado sobre las entidades, más lo adquirido desde mi propia experiencia, estaba deseoso de ampliar mi visión y adquirir nuevas técnicas. Como él me manifestó que quería aprovechar de atenderse, le di una cita para el día siguiente.

En la sesión le dije que se recostara y le trabajé algunas estructuras que le percibí activadas. No obstante, pronto derivamos a conversar sobre lo que cada uno hacía. Allí aproveché de hacerle preguntas y me llamó la atención que los seres de oscuridad que él sacaba se hallaban adheridos al aura y no conectados a ésta por lazos. De este modo, lo que él llevaba a cabo era un procedimiento de sacar o "expulsar" a los seres y no de renunciarlos, como hacía yo. Era lo que él llamaba una "extracción".

—Las entidades que saco casi siempre se hallan enganchadas por la espalda de la persona —me señaló en tono categórico—. Es allí donde tienes que buscarlas. Lo que yo hago en todo caso es siempre chequear antes a la persona a distancia y así me preparo. Porque a veces algunas entidades son muy peligrosas y en esos casos los mismos maestros son los que me dan instrucciones para neutralizarlas.

—¿Pero estas entidades pueden venir de vidas pasadas, por ejemplo por pactos que uno haya hecho? —le pregunté— Porque yo las trabajo renunciando a pactos y después pido el corte de los lazos.

—Es que ésas no son entidades que están metidas dentro del aura —me dijo— sino tan sólo vinculadas a través de lazos. Las entidades de las cuales yo te hablo están "metidas" en el aura y son siempre de esta vida, porque al momento de la muerte la persona no se puede llevar una entidad.

—Pero ¿y cómo es un procedimiento de "extracción" como los que tú realizas? —continué.

—Bueno, básicamente lo que hago es primero inmovilizar y debilitar a la entidad —me explicó— y recién cuando es cien por ciento seguro de que está débil y no puede hacer nada, la saco. Para eso pongo a la persona de pie, tomo a la entidad con ayuda de mis maestros y los arcángeles y, la arrojo fuera por un portal especial. Luego limpio capa por capa para sacar los restos adheridos y pongo protecciones a la persona para evitar que se le pueda meter de nuevo.

—Parece simple —le señalé.

—Sí, pero no lo es —se apresuró a decirme—. La verdad es que es muy riesgoso si no sabes bien con qué te estás enfrentando. Las entidades son lo que las religiones llaman "demonios" y en algunos casos pueden ser extremadamente astutas y peligrosas. A mí los maestros son los que me informan de manera anticipada y me dan instrucciones más que precisas para evitar equivocarme. Además, después de extraer debes hacer otras sesiones para cortar el o los ganchos que estos seres ponen en la persona. Porque si esto no se hace seguirán vinculados y tarde o temprano volverán a meterse. Y la reconstrucción también es crucial, porque el campo queda tremendamente dañado. Por último, al final es necesario poner "sellos" especiales que tienen como fin que la persona quede protegida durante todos los meses que durará la cicatrización natural del campo.

—Wow —le dije sin ocultar mi asombro— es muy interesante lo que me cuentas y me hace muchísimo sentido. ¿Crees que yo pueda aprender?

—Mmm… los maestros me dicen que te puedo enseñar algunas cosas —me señaló—. Pero a mí también me gustaría aprender lo que tú haces, porque yo de trabajo emocional no sé nada.

Mientras él me había estado hablando, yo reflexionaba que, si él tenía razón en todo lo que me decía, mis entendimientos —así como los de Sonia y otros sanadores de la escuela— en el mejor de los casos eran verdaderos sólo parcialmente. De hecho, yo tenía varios pacientes a los que sentía que no había podido ayudar con ciertos síntomas que les atormentaban y mi sospecha, por el tipo de sensación que les percibía en el aura, era que tenían seres. No obstante, pese a llevar mucho tiempo trabajando con renuncios, parecían siempre estar allí.

Uno de esos pacientes era Andrés, de 40 años, que venía años con crisis de pánico muy intensas que le impedían una vida normal. Tomaba medicamentos y había estado muchas veces en terapia psicológica. Con él probé todo lo que sabía y tuvo uno que otro avance, e incluso lo derivé con Sonia y Jaime, pero invariablemente las crisis siempre volvían fuertes. Tenía que andar acompañado todo el tiempo cuando salía de casa. Cuando acudía a mi consulta en su camioneta, por seguridad llevaba siempre a su hermana de copiloto.

Le pregunté a Tony si quizás él lo podía revisar.

—Dile a que te autorice a que le eche yo un vistazo —me dijo— y pídele el nombre completo y la fecha de nacimiento.

Cuando Andrés accedió y me envió la información solicitada, Tony cerró los ojos unos instantes y se mantuvo concentrado unos instantes.

—Sí, hay una entidad —me indicó—. Es un ser de tipo "imitador" y mide cerca de 1,80 m. Lo tiene enganchado por la espalda y se esconde en el *chakra* cardiaco.

Recordé que Andrés siempre me señalaba que las crisis le venían con taquicardia como si el corazón se le fuera a salir. Tony me dijo que citara lo citara a mi consulta y que los días previos él a distancia lo iba a comenzar a "preparar". Con esto se refería a los procedimientos con los que él inmovilizaba y debilitaba a la entidad para ese día sacarla sin problema.

La sesión comenzó con Andrés algo nervioso. Yo le había dicho que íbamos a intentar un procedimiento nuevo que me iba a mostrar un amigo y él había accedido. En la conversación inicial, Tony le hizo algunas preguntas para saber cuándo habían iniciado sus crisis. Andrés le relató que todo había comenzado muy de repente durante el periodo que siguió a la muerte de su padre.

—Mi papá había muerto hacía un mes —señaló—, y yo tuve un sueño con él. Soñé que él se ponía a toser (porque él era enfermo del pulmón) y se empezaba a ahogar. En ese momento yo corría hacia él y trataba de ayudarlo, pero como no podía empecé a entrar en pánico y desperté. Desde ese momento empezaron las crisis y ya van nueve años desde entonces.

—La entidad que tienes es un ente "imitador" —Tony le explicó—. Se hizo pasar por tu papá en el sueño y aprovechó que estabas vulnerable para meterse en ti. Lo tienes enganchado al corazón por atrás.

En seguida lo hizo ponerse de pie y cerrar los ojos, y él por la espalda comenzó a trabajar. Yo veía que movía las manos en diferentes direcciones.

—Estoy abriendo las capas del campo una a una para revisar —me indicó y en un momento se detuvo—. Toca acá para que sientas el cuerpo del bicho.

Al palpar, reconocí la misma sensación de seres de oscuridad que ya me era tan familiar, sólo que esto estaba estático y maleable, sin la "resistencia" que era característica. Recorriendo con las manos hacia los lados pude hacerme una idea del tamaño y la forma del ser. Efectivamente era de aproximadamente 1,80 metros de alto y parecía tener muchos brazos con los que "abrazaba" y envolvía a Andrés. Había un sector donde la sensación era más intensa y mucho más "eléctrica"; Tony me dijo que correspondía al "núcleo" del ser.

Después de eso, hizo un gesto especial con la mano apuntando al techo justo sobre la cabeza de Andrés para —según me explicó— "abrir un portal". Y luego se agachó y tomó al ente entre sus brazos como si tomara una gran estructura, lo levantó y lo arrojó por allí. Después de eso me dijo que limpiaría capa por capa para eliminar los restos que habían quedado. Cuando volví a palpar, la sensación de masa densa y pesada que sentí al principio había desaparecido. Ahora sólo sentía vacío, como si hubiese quedado una gran grieta.

—Ya está. Ahora voy a aplicar las protecciones —me dijo después de un rato, e hizo otros gestos con la mano en varios puntos del cuerpo de Andrés. Posterior a eso le pidió a Andrés abrir los ojos y le preguntó cómo se sentía.

—En un momento sentí como que me estaban tirando la espalda —comentó Andrés—. También en otro momento me sentí muy mareado y llegué a pensar que podía desmayarme. Ahora estoy cansado, pero tranquilo. Me siento muy liviano.

Tony le recomendó tomar mucha agua y descansar.

Una semana después, Andrés llegó contando que las crisis no le habían vuelto a dar.

—A ratos siento como si me quisiera venir una, pero no me viene —dijo—. He dormido mucho mejor también y he estado mucho más tranquilo en general.

Al igual que la vez anterior, nuevamente Tony revisó las capas y procedió a operar. Yo lo vi imponer las manos y luego comenzar a hacer movimientos primero como si cortara, y luego como si cerrara y cosiera a lo largo de la espalda de Andrés. Cuando terminó me pidió que palpara y ahora la sensación era mucho más tibia y calmada. No se sentía ni fuga ni vacío. Me dijo que había terminado de desvincular completamente a Andrés del ser de oscuridad y que después había comenzado a repararle el campo roto.

En una tercera sesión dos semanas después, Andrés dijo haberse sentido mucho mejor aún. Había podido salir de casa sin necesitar la compañía de nadie. A ratos a veces de todas formas le venía la sensación de que le iba a dar una crisis, pero no pasaba de eso pues nunca llegaba a producirse.

Tony de nuevo lo colocó de pie y repitió los pasos de revisión que siempre hacía. Esta vez sin embargo comenzó inmediatamente a reparar. De nuevo movía las manos como cerrando y cosiendo, capa a capa.

—Ok, ahora vamos a poner los sellos finales que van a dejar a Andrés protegido por al menos dos años —dijo. E hizo con la mano una serie de movimientos en diferentes puntos del cuerpo.

Andrés me reportó semanas después que las crisis habían cesado del todo y andaba conduciendo su vehículo sin la compañía de nadie.

—Ustedes lograron lo impensado —me comentó emocionado— Hace nueve años que no podía hacer mi vida de manera normal. Había visitado psiquiatras y terapeutas de todo tipo sin ningún éxito. En cambio, ahora después de lo que hicimos hasta pude inscribirme en una aplicación de transporte y recorro la ciudad todo el día sin problemas.

La demonología

Tony llamaba a lo que él se dedicaba "demonología". Le dije que en mi opinión esa palabra era un poco fuerte y que quizás era mejor llamarle "limpieza de entidades". Me respondió que para él "demonología" era mucho más que limpieza. Abarcaba comprender el origen y los rangos, comportamientos y características de los seres, y también todo lo que tenía que ver con el contexto espiritual en que todo esto se daba.

—Las entidades se hallan íntimamente ligadas a la historia nuestra como humanidad—me dijo—. Llevan muchos milenios compartiendo el mundo con nosotros y están mucho más presentes de lo que sospechamos.

Yo había leído libros o escuchado charlas de personas que se dedicaba a estudiar sobre seres y exorcismos y se decían "demonólogos". Y todos eran eruditos que llevaban décadas estudiando libros antiguos y sabían de mitología, religión, latín, y una serie de otros conocimientos intrincados. Tony en cambio era un chico de no más de 25 años que no había leído prácticamente nada del tema.

—Los maestros me lo muestran todo —me explicó— y de hecho me aconsejaron que no buscara ponerme a leer porque había mucha información errónea que no iba a hacer más que confundirme.

—¿Pero y cómo fue que conociste a esos maestros? —con curiosidad le pregunté.

—Fue un poco sin querer —señaló—, ya que tuve la oportunidad de conocer a alguien, una mujer, que se dedicaba a esto cuando fue a limpiar la casa de unos amigos. Yo estaba presente y pude ver cómo trabajaba y me llamó la atención que no era con sahumerios y esas cosas típicas. Más bien lo hacía percibiendo y canalizando directamente, y luego realizaba un diagnóstico y una serie de trabajos muy específicos. Cuando terminó, me acerqué y le pregunté si acaso me podría enseñar. Me miró detenidamente y me dijo que yo tenía "aura de psíquico" muy similar a la de ella y que lo que tenía que hacer era preguntar mentalmente si había maestros seres de luz conmigo y pidiera sus nombres. Si se presentaba alguien podíamos hablar y si no, lo sentía mucho pero no podría decirme nada.

—Esa noche hice la prueba —prosiguió— y me fui a dormir, y a las cinco de la mañana desperté con dos nombres repitiéndoseme en la cabeza. Cuando llamé a esta mujer para decirle qué nombres había recibido, su respuesta fue que eran los mismos maestros que le enseñaron a ella cuando partió. «No tengo nada más que enseñarte porque ellos lo harán. Espero que te vaya bien. Me puedes escribir cuando tengas alguna duda» fue lo único que me dijo. Y así fue como empecé a canalizar a estos maestros que me preguntaron primero si yo quería dedicarme al tema y, como les dije que sí, empezaron a instruirme.

—¿Pero estos maestros son algo así como maestros ascendidos, o tus guías? —le pregunté yo tratando de entender.

—No. Los guías no son lo mismo que los maestros y su función es más en el nivel personal —me aclaro—. Tampoco son maestros ascendidos porque no son seres que hayan estado encarnados como humanos alguna vez. Ellos son enviados directamente por Dios Padre y Madre Universal desde las dimensiones o mundos espirituales. Provienen desde la fuente divina misma.

Su misión es enseñar y colaborar en áreas específicas como el aprendizaje espiritual o la sanación.

—Pero tampoco son como los arcángeles —prosiguió— que, más que maestros, son guerreros de luz. La misión de un arcángel no es enseñar sino ayudar prestando asistencia a todo ser humano que con humildad lo solicite.

—¿Pero los arcángeles cuáles son? —pregunté— Porque la versión que más he escuchado es que son siete y cada uno pertenece a una especie de "rayo".

—No son siete sino sólo cinco —me señaló en tono categórico—. Son Miguel, Gabriel, Zadquiel, Uriel y Rafael. Hay mucha información que está errónea o tergiversada. Hay muchos otros nombres de ángeles o arcángeles que en realidad corresponden a ángeles del lado oscuro, es decir "caídos". Son muy parecidos a los ángeles seres de luz auténticos y mucha gente que no sabe es fácilmente engañada.

—De hecho hay mucha gente que trabaja invocando ángeles —le comenté—. ¿Tú dices entonces que podrían estar siendo engañados?

—Es que sí —me dijo—. Es así. Porque lo que los maestros me han mostrado es que los cinco arcángeles son los únicos ángeles enviados por el Padre-Madre Universal a la tierra. Porque "ángel" es un tipo de ser, o sea una raza que habita en sus propios planetas y en su propia dimensión. No vienen para acá porque por ley no les está permitido.

Yo estaba entusiasmado con todo lo que él me contaba, pero al mismo tiempo un poco perturbado. Porque si lo que él decía resultaba cierto, muchos canalizadores y terapeutas estaban equivocados, ya que el trabajo con ángeles era algo muy extendido en el mundo de la sanación. Sonia misma me había hecho sentir la "energía de ángeles" para que la supiera reconocer, pero según ella era de una naturaleza demasiado luminosa y lejana al ser humano como para ser útil en la sanación. Para ella, los ángeles y arcángeles no poseían libre albedrío pues estaban obligado a ser siempre "sólo buenos"[11].

---

[11] En opinión de ella, «no eran plateados».

—Los arcángeles no son lejanos al ser humano sino todo lo contrario —me dijo Tony al respecto—. Ellos están aquí con la única misión de ayudar a la humanidad. Lo que pasa es que es una energía "guerrera" y es por eso por lo que puede parecernos fuerte o intensa. Pero no es cierto que ellos no tengan libre albedrío ni emociones como los humanos. Ellos, aunque son seres de luz, también experimentan pena, frustración, enojo, preocupación, etc., y cada uno tiene su personalidad. Miguel, por ejemplo, es muy afable, lejos de lo que uno pudiera pensar; Zadquiel en cambio es de muy pocas palabras y bastante parco. Y aunque a nosotros nos parecen seres perfectos, ellos también están en un proceso de crecimiento y aprendizaje, como nosotros.

—Pero ¿qué pasa en sistemas como la cábala donde abundan los nombres de ángeles, o con los oráculos o cartas de ángeles? —le insistía sin resignarme a pensar que todo lo de ángeles fuese malo—. ¿Eso también podría ser estar trabajando con seres del lado oscuro?

—No. Lo que pasa es que eso es más bien filosofía o misticismo —me aclaró—. Em ese caso los nombres de ángeles tienen un sentido más bien simbólico. El problema son los rituales mágicos que la gente empieza a hacer, o las invocaciones con altares y todo eso, porque ahí sí están conectando con energías concretas que en muchas ocasiones son "del otro lado".

Nuevos entendimientos

Estos nuevos entendimientos empezaron a llenar muchos de los grandes vacíos e interrogantes que con los años me habían surgido. Eran el aire nuevo que hace tiempo estaba, sin darme cuenta, necesitando.

Con la madre de mi pequeña hija, también terapeuta, visitamos a Tony en su casa y conversamos de mucho en profundidad. Los temas parecían no agotarse y Tony tenía infinidad de anécdotas e información canalizada sobre entidades, seres de luz, dimensiones, extraterrestres, habilidades psíquicas, auras, alma y espíritu, desdoblamiento astral, muerte, reencarnación, etc. Me sorprendía que supiera tanto sin haber casi estudiado.

Nosotros por nuestra parte le comentamos sobre el trabajo emocional y las estructuras. De hecho, nos parecía bastante curioso que con su nivel de psiquismo no las conociera y nunca las hubiera percibido en el aura.

—Es que yo no me dedico a la parte emocional; más bien la evito porque me da un poco de susto no saber manejarla —nos decía.

Sin embargo, cuando le dijimos «toca acá» señalándole una estructura, logró verla y sentirla al instante, porque según dijo se sintonizó con nosotros. A partir de ese día él empezó también a percibir las estructuras y sus maestros le empezaron a entregar información sobre ellas.

En otra ocasión Tony nos "presentó" a sus maestros. Les pidió que se hicieran presentes para que pudiéramos sentir su energía. Sentimos una especie de luz y sensación muy fuerte de calor que invadió toda la habitación.

—Es muy potente— le comenté.

—Sí —dijo—, así siempre son los maestros. Porque un ser de luz auténtico nunca se negará a mostrarte su energía si se lo pides, porque ellos quieren que les aprendas a reconocer. Y su energía siempre será muy luminosa e incluso calurosa. Y los maestros, a diferencia de las entidades u otros seres, son seres "sólidos". Si uno pudiera tocarlos vería que son de cuerpo sólido como nosotros, pero ellos nunca te tocan o se dejan tocar; es una ley para ellos. De hecho, si alguna vez sientes que un ser te toca el hombro, la mano o cualquier otra parte, es porque no es un ser de luz.

En el terreno práctico empecé a aplicar las nuevas técnicas a mi trabajo con pacientes, y comencé a notar avances significativos. Tony me enseñó a revisar abriendo las capas del campo y a detectar e inmovilizar a las entidades si las había. También aprendí los procedimientos para ir progresivamente debilitándolas y todo lo que era el trabajo de extracción, reparación y sellado del campo.

Era impresionante que en una buena parte de los casos con sólo solicitar a los arcángeles que "inmovilizaran" a la entidad o las entidades que pudiera tener persona, ésta experimentaba cambios. El dolor o la angustia disminuían, además de la molestia en la espalda donde solían estar enganchadas. En otras ocasiones sin embargo el bienestar se demoraba, generalmente debido que la persona tenía el campo demasiado deteriorado.

Me daba cuenta eso sí, de que no con todas las personas funcionaba el procedimiento. Cuando le pregunté a Tony me dijo que era porque o la entidad era de un grado muy alto y yo no estaba todavía capacitado para retirarla, o bien la persona no tenía el "permiso" de los seres de luz para ser ayudada.

—¿A qué te refieres con eso de que no tiene "permiso"? —le pregunté.

—Es que no siempre los seres de luz están dispuestos a ayudar a la persona energéticamente —me dijo—. Va a depender de si tiene el mérito suficiente para recibir esa ayuda.

—Pero ¿no se supone que los seres de luz debieran siempre ayudar? —insistí.

—No siempre —señaló—. Es que este tipo de ayuda hay que entenderla como un "beneficio" y no como un "derecho". Porque puede ser que el paciente no sea buena persona en su vida cotidiana, por ejemplo, que esté haciendo daño a otros, o sea manipulador, o irresponsable, o egocéntrico. ¿En esos casos por qué los seres de luz tendrían que ayudarle a liberarse de una entidad?

—Quizás porque es la entidad la que está haciendo que él sea así —argumenté.

—Las entidades no hacen que seamos emocionalmente inmaduros o malas personas —me explicó—. Eso está en nosotros. Es la elección que hace cada uno y eso es lo que evalúan los seres de luz antes de ayudarnos.

Como yo no sabía chequear ni el grado que una entidad tenía ni si había o no "permiso" para esa persona, Tony me sugirió trabajar con un péndulo. Me dijo que hiciera las preguntas de manera mental, para evitar que las entidades me escucharan y así no pudieran intervenir las respuestas. Lo hice y durante ese tiempo noté que obtenía respuestas bastante precisas que me ayudaban enormemente en los diagnósticos y procedimientos.

Otra cosa que me empezó a llamar mucho la atención era que al revisar a algunos pacientes que había estado atendiendo por años, ahora podía percibir claramente que tenían seres de oscuridad adheridos y no vinculados por medio de lazos. Casi siempre estaban por la espalda, lugar donde solían presentar molestias notorias. Entre ellos había muchos que visitaban desde hacía años a Sonia y otros de mis colegas. Y dado que algunos de estos seres eran más grandes incluso que la propia persona, yo me preguntaba cómo era posible que se nos estuvieran pasando por alto. Porque nosotros trabajábamos supuestamente desde una perspectiva estructural, por lo que debiéramos ser capaces de notar cuando alguien venía con una energía de este tipo adherida.

Le pregunté a Tony sobre esto y en su opinión quizás era lo mismo que le había ocurrido a él con las estructuras, que como no las conocía, no las percibía. Yo le dije que en nuestro caso no era así porque nosotros sí sabíamos reconocer la energía de los seres de oscuridad y sabíamos supuestamente tratarlos. Además, muchos de los sanadores —Sonia misma, por ejemplo— eran psíquicos y canalizaban supuestamente seres de luz que les decían qué le pasaba a la persona. A mi paciente Andrés, por ejemplo, le debieran haber podido detectar la entidad que lo tenía tan mal.

—Es que no toda la gente puede hacer esto ni canaliza maestros originales que puedan guiarlos —me indicó Tony—. Y es que al parecer también muchos terapeutas se especializan en el campo emocional mucho más que en el campo magnético.

—Pero ¿cuál es la diferencia? —le pregunté deseando que me aclarara.

—Es que yo he notado que ustedes —me señaló— trabajan sintonizando en un nivel principalmente emocional. Se van directo a allí, casi sin poder evitarlo. Entonces todo lo que está por fuera que no es emocional como las entidades, se pasa mucho por alto. Y a veces lo captan, pero lo toman como si fuera una estructura emocional más. Y es ahí donde las entidades les engañan haciéndoles pensar que salieron, pero no. A veces, de hecho, salen por un rato y vuelven a ingresar después. Además, si tienen la costumbre de percibir a la persona mientras está recostada en la camilla, no van a notar lo que pudiera estar por la espalda.

—Todas las estructuras —continuó— que tienen un origen emocional, o sea que la propia persona se las ha creado, son en el fondo "internas". Le pertenecen a la persona misma. Es el "campo emocional". En cambio, las estructuras que tienen un origen externo, como las entidades, los parásitos y las magias negras de esta vida, están por fuera. Se hallan más bien en las capas del "campo magnético". No son emocionales, aunque el efecto que provocan a menudo sí puede serlo.

Esta distinción entre "interno" y "externo" que Tony me señalaba se me hizo completamente lógica y esclarecedora. Era como la diferencia entre el *software* y *hardware* de un computador: las estructuras emocionales estaban en el *software* (es decir, lo interno); las de origen externo, en el *hardware*. Se encontraban en niveles diferentes. Y como era natural, había terapeutas que aprendían a sintonizar mucho más con uno que con otro.

Integración y dificultades

Mi primera intención al empezar a aprender todas estas cosas con Tony fue hacer una integración entre lo que él me mostraba y el método de Sonia. Me parecía que, si bien había ciertas diferencias, en lo medular que para mí era la visión y el método "estructural" podían complementarse. Encontraba muy útil, por ejemplo, comenzar a trabajar con las energías de los arcángeles que servían en un sentido amplio para casi todas las operaciones de la sanación. También abrir las capas del campo lo consideraba de mucha utilidad. Y por supuesto todo el entendimiento de la demonología me parecía crucial.

Sin embargo, cuando le conté a Sonia que estaba aprendiendo con Tony, a quien de hecho le presenté, ella no mostró demasiado entusiasmo. Incluso en una ocasión en que me la encontré le comenté que con los nuevos aprendizajes había descubierto que mucha gente que llegaba a atenderse tenía entidades adheridas por la espalda, que las había aprendido a palpar, sentir y dimensionar, y que me llamaba la atención que fuera tan común encontrarlas. Aunque no entré en mayor detalle, la respuesta de ella fue que debía poner mucho "ojo", es decir, cuidado, con ese conocimiento. Preocupado, le pregunté por qué me lo decía y le aseguré que cuidado era lo que más ponía al aprender algo nuevo.

La verdad es que noté reticencia de su parte, como si no le pareciera bien que aprendiera con Tony. Pese a eso, decidí continuar, ya que para mis adentros pensaba que era una gran oportunidad que el destino había puesto ante mí. Por ahora, me enfocaría en seguir practicando hasta aprender bien, y luego lo conversaría con ella más en profundidad. De seguro podríamos integrar algunos hallazgos, pensaba.

Como yo daba clases, no pude evitar comentar a mis alumnos algunas de las cosas que estaba aprendiendo. A algunos de ellos incluso les recomendé contactar a Tony, porque me habían consultado por casos que yo veía que eran delicados y claramente relacionados con entidades. Eso me valió recibir un llamado de atención por parte de la escuela, en el que se me pidió no recomendar a Tony ni hablar de lo que hacía por tratarse de alguien externo. Yo me defendí diciendo que lo había hecho porque lo consideraba un especialista en el área, como cuando a veces había recomendado psiquiatras o terapeutas en regresiones. Pero se me contestó que la escuela sí tenía muchos terapeutas que sabíamos tratar las entidades. Yo les expliqué que yo creía que no era tan así porque había visto que muchas se nos estaban pasando por alto. Para demostrarlo les ofrecí una sesión de prueba con todos los demás profesores donde yo les enseñaría lo que había aprendido. Sin embargo, la respuesta fue un "no" rotundo porque eso estaba por fuera del método y Sonia debía autorizarlo.

A decir verdad, yo estaba forzando un poco las cosas, pero no lo entendía de ese modo. Había participado en la formulación del método de Sonia desarrollando conceptos y técnicas, y ahora me parecía natural hacerlo nuevamente con estos nuevos aportes. Sonia misma me había alentado muchas veces a que siguiéramos ampliando entendimientos sobre todo en el área estructural, y eso era justamente lo que creía estar haciendo. Me costaba entender por qué ahora se me negaba el permiso de integrar estos saberes que a mi juicio enriquecían el conocimiento que teníamos de lo "estructural".

Tony mismo no era partidario de mezclar las cosas. Me dijo que no quería ser el causante de divisiones o problemas que pudiese tener yo con la escuela.

—Yo creo que es mejor que dejes de intentar juntar los dos métodos porque son cosas distintas —me dijo un día en que conversábamos por teléfono— Porque hay varias ideas de fondo que no se van a poder compatibilizar nunca. Por ejemplo, el concepto de los "guías".

—¿Cómo así? —le pregunté.

—Es que los maestros me estuvieron explicando —me señaló— que los guías que cada persona tiene en realidad no son seres de luz externos que estén "asignados", como dice Sonia. Pertenecen más bien al alma de cada uno. Son internos. Son partes "sabias" nuestras, o mejor dicho "yoes" de aquellas encarnaciones donde logramos cumplir nuestras metas y al morir ascendimos. Al volver a encarnar, esos "yoes" quedan como guías, porque ya conocen el camino para llegar al alma.

—Además —prosiguió— el maestro me dice que por qué razón todos los seres humanos deberían tener asignados seres de luz siempre con ellos. Tiene mucho más sentido entender que son partes propias, porque el alma se guía a sí misma.

—Pero ¿y qué pasaba en épocas primitivas cuando las almas recién estaban en sus primeras encarnaciones y nunca habían ascendido? ¿no tenían guías?" —le pregunté

—En esos tiempos la guía le pertenecía a la naturaleza, me dice el maestro —me indicó— que operaba a través de las plantas y animales de poder".

En este punto Tony también me dijo que además los maestros le habían mostrado que todos teníamos un "maestro interno", que era el maestro de nuestra propia alma, y que a él es a quien debíamos aprender a contactar y canalizar. Que ese maestro residía en la zona del plexo solar de cada uno, y que por ende para contactarlo debíamos concentrar la atención allí.

Porque un concepto clave en que había que poner énfasis era el de la "canalización segura".

—La gran mayoría de los canalizadores que he conocido —me señaló— están canalizando de fuentes distintas a auténticos seres de luz. Es así porque se pone el énfasis en el hecho mismo de canalizar antes de cuestionarse con quién realmente se está conectando. Porque hay un montón de seres atentos y deseosos de contactar canalizadores, como ángeles caídos, entidades oscuras, extraterrestres y desencarnados. Y todos ellos pueden disfrazarse de seres de luz, manejar discursos espirituales y entregar información a veces muy correcta y convincente. Sin embargo, a largo plazo hacen que te pierdas o te entretengas en información equivocada o detalles sin importancia.

—De esta manera —continuó—, si se estimula a las personas a buscar el contacto con guías o maestros de afuera sin que haya seres de luz auténticos esperando, existe altísima probabilidad de atraer otros seres. Si por el contrario se estimula a que contacten con el maestro interno de la propia alma y a los propios guías internos, la canalización se vuelve infinitamente más segura".

—Pero tú contactaste maestros externos —le espeté

—Sí, claro —me respondió— pero en mi caso ellos se presentaron muy respetuosamente con sus nombres y me mostraron inmediatamente su energía para que la conociera. Además, yo sé que mis guías son otros. Porque el contacto con un maestro externo no significa perder el contacto con el maestro y guías internos. Es todo lo contrario, el maestro ser de luz externo va a resonar con el maestro de adentro como si fuera casi una extensión de éste. Porque el alma también finalmente es un ser de luz. Entonces esa resonancia permite también saber que el maestro externo no es un falso ser de luz que te está engañando.

Éxodo

Quizás Tony tenía razón y los entendimientos chocaban entre sí, pero yo ya había comenzado a hacer mi propia integración. Había tomado lo que había aprendido con él y lo estaba haciendo parte de una versión propia y reformulada del método que yo mismo había contribuido a desarrollar. Conservaba lo "estructural" y la idea de "movimiento de la mente profunda" como pilares centrales, pero mi comprensión del "trasfondo" había mutado. Mis entendimientos sobre el alma, los seres de luz (guías, maestros, ángeles y arcángeles), las entidades oscuras, la muerte, el karma, Dios, entre otros, no sólo se habían enriquecido y tornado mucho más coherentes para mí, sino que se habían distanciado de lo planteado por Sonia. Además, en la práctica, sobre todo en el diagnóstico y el tratamiento de los seres, yo estaba trabajando completamente distinto a como lo enseñaba la escuela.

Estos cambios son algo que comenté con amigos y exalumnos cercanos. Les presenté a Tony y surgió la idea de hacerles un pequeño curso con él para hablar un poco de todo y aprovechar de enseñar esta nueva mirada sobre las entidades. Tony estuvo de acuerdo y aquel grupo fue una especie de "piloto" en el que de manera semanal nos reuníamos. En la medida en que los encuentros fueron transcurriendo, fueron quedando más de manifiesto las diferencias insalvables con el método de Sonia. Éstas tenían que ver no sólo con los conceptos de base, como ya dije, sino también en los énfasis. Por ejemplo, Tony daba extremada importancia a la idea de "canalización segura" (por encima de cualquier otra habilidad) y al hecho de ser siempre correctos y éticos en el actuar si se pretendía contar con la ayuda de los seres de luz.

También a esas alturas, yo ya había tenido otras desavenencias con la escuela. Se me había amonestado nuevamente por comentar mis aprendizajes con mis alumnos. Yo mismo tuve una situación en una clase sobre "seres de oscuridad" en la cual examiné a unas alumnas y les hice sentir los seres que sin que supieran tenían en sus espaldas. Yo acostumbraba a hacer demostraciones de ese tipo en clases y, después de todo, las entidades eran también para mí un tipo de estructura que los alumnos debían aprender también a percibir. Pero esta vez fue distinto, porque esas alumnas eran pacientes regulares de Sonia y otros profesores y lo que yo había hecho era dejarles en evidencia de que ellos no sabían realmente sacar entidades. Yo intenté explicarles que no todos los terapeutas lograban ver lo mismo, pero eso sólo empeoró las cosas, porque había demostrado que el método de la escuela era insuficiente.

A raíz del problema que vino después, decidí que mi tiempo en la escuela de Sonia llegaba a su fin. Estaba infinitamente agradecido de ellos por todo lo que me habían entregado a lo largo de esos años. Sin embargo, yo no quería continuar pasando por situaciones de constante como ésas y sentía que mis diferencias con Sonia superaban incluso el plano ideológico. Muchas eran en cuanto a valores y estilo de liderazgo. Para mí, las lealtades no debían ser con una persona o institución, sino con la misión, que para mí no era otra que la sanación del ser humano. El conocimiento, entonces, debía servir esta última y no a una organización o a quienquiera que la liderara. En mi mente resonaban fuerte las palabras de Bertrand Russel que desde mis años de universidad habían sido una inspiración para mí:

> Nunca te dejes desviar, ya sea por lo que tú deseas creer o por lo que crees que te traería beneficio si así fuese creído. Observa única e indudablemente cuáles son los hechos.[12]

Y los hechos para mí eran lo que yo había "visto" y comprobado por mí mismo. Mi lealtad estaba primero con el entendimiento que se había vuelto evidente para mí al experimentarlo sistemáticamente en mí y mis pacientes. Y sí se lo expresé a Sonia en una conversación donde ella me comunicó que sentía que yo ya no pertenecía a la escuela y que debía seguir camino propio.

—Fran, remodela de una vez por todas tu diferencia y crea tu técnica —me dijo textual en un diálogo por chat que aún conservo— y si quieres tu escuela. Avanzarás más rápido. Sé que no te gusta la idea, pero es lo que estás haciendo. Ahora yo sólo lo estoy poniendo en palabras que te son poco agradables, pero es lo que ha venido hace rato sucediendo

---

[12] Entrevista a Bertrand Russell en el programa "Face to Face" de la BBC, transmitida el 4 de marzo de 1959.

Sentía dolor y hasta cierto punto decepción, pero para mí las cosas ya estaban claras. Pensé en terminar el semestre académico y luego retirarme, pero Sonia se adelantó. Me llegó un email oficial comunicándome que se me desvinculaba de la escuela. Y, aunque lo esperaba, para mí fue un golpe terminar de esta manera siete años de colaboración e infinito compromiso con aquel proyecto. Pese a todo, en el fondo entendía que ellos tenían derecho a ver y entender las cosas a su manera.

Por mi parte, a partir de ese momento, se iniciaba para mí una nueva etapa y estuvo claro que daría forma a mi propio método. Decidí llamarlo Terapia [Energética] Estructural del Aura (TEEA[13]) en honor al concepto que yo mismo había acuñado años antes. Para hacerlo más completa, Tony se ofreció a canalizar directamente con sus maestros información sobre temas específicos sobre los que tuviéramos dudas. Todas las semanas nos reuníamos y discutíamos sobre lo que le habían estado mostrando.

Al mismo tiempo, con la colaboración de Tony, di también nacimiento a mi escuela a la que nombré "E.L.T.E.A. Escuela Latinoamericana de Terapia Estructural del Aura". Su propósito apuntaba no sólo a enseñar procedimientos y técnicas, sino por sobre todo a "educar". Eso significaba transmitir también los entendimientos tanto espirituales como emocionales que había detrás del "hacer concreto" del trabajo con el aura. Sin éstos —los maestros decían— la técnica perdía todo su sentido.

---

[13] La sigla TEEA lleva dos "E" principalmente para diferenciarla de TEA, que en español normalmente refiere a "Trastorno del Espectro Autista". La confusión fue algo que ocurrió recurrentemente.

PARTE SEGUNDA

Teoría y práctica de la Terapia Estructural del Aura (TEEA)

CAPÍTULO 1
Realidades energéticas

¿Por qué hablamos de energía?

La física define "energía" como la capacidad de un cuerpo de producir trabajo en forma de luz, movimiento, calor, etc. Sin embargo, muchos de nosotros utilizamos el término de manera mucho menos docta. Llamamos "energía" a cualquier cosa invisible que experimentamos como una sensación de corriente, vibración o irradiación, o simplemente a percepciones que nos parecen sin una causa material.

Por ejemplo, mucha gente consigue percibir en el propio cuerpo, a veces con horas o días de anticipación, que se avecina una tormenta. Según la ciencia, estas personas estarían reaccionando a los cambios de presión, temperatura y humedad en la atmósfera, así como a los iones negativos. Pero desde el punto de vista psicológico lo interesante es que muchos de los implicados dirán simplemente: «siento la "energía" de la tormenta».

Pareciera entonces que "energía" es un término intuitivamente usado para hablar de las cosas invisibles o intangibles que logramos de todas formas percibir. Si existe una explicación química o física, la ciencia dirá que la percepción es real. Cuando no la hay, o ésta no da cuenta de la complejidad de lo percibido, la salida más frecuente es decir que es una realidad creada por la creencia, la fantasía o la sugestión.

Sin embargo, la fantasía, la creencia o la sugestión tienen una limitación que las hace fácilmente diferenciables, y es que ellas nunca pueden ofrecer tantos detalles ante la experiencia como la realidad misma. El filósofo Antonio Escohotado lo explica de la siguiente manera:

> ¿En qué se distingue la realidad de cualquier otra cosa? En el infinito pormenor que la rodea. Toda cosa real es interminable. En el espacio, en el tiempo, en los detalles. Toda cosa fantaseada, por ejemplo, una utopía, un sueño, una fantasía… A que ahí no hay infinitud por ninguna parte. Preguntas al personaje que sale en el sueño: «Oye, ¿de qué color son tus calcetines?» No lo sabe porque no es real.
>
> Para cualquier cosa real, aunque sea un fragmento: Fíjate cuando entra un rayo del sol en una habitación y entonces en ese rayo, de repente, aparecen cositas que flotan. Te habrás dado cuenta, ¿no? Todas se mueven… ¡Todas! Si cada una de ellas las sometemos a un microscopio de barrido electrónico, encontraremos ahí semicontinentes como Tasmania. Esa es la realidad: lo inagotable. Lo que no necesita que nosotros lo veamos.[14]

Por ejemplo, mi imagen en el espejo es algo que logro ver con claridad, pero si me acerco a tocarla me doy cuenta de inmediato de que no es otra persona igual a mí la que está al otro lado. Esto lo "sé" porque no me ofrece infinitos detalles al momento de explorarla. Me doy cuenta de que no posee vida independiente, sino que está subordinada todo el tiempo a mí.

Así también, un espejismo en el desierto se diferencia de una verdadera fuente de agua porque se desvanece en cuanto nos acercamos o lo contemplamos desde otro ángulo. Pero si, yendo allá, continuamos viéndolo y conseguimos incluso tocarlo y hasta beber de él, ¿podríamos aún seguir sosteniendo que es mero espejismo o sugestión?

Al hacer este tipo de pruebas con nuestras percepciones podemos ir separando lo ilusorio de lo real. Si al explorar más descubrimos que lo que se percibe no

---

[14] Entrevista de Marta Peirano a Antonio Escohotado (julio de 2019), *Quién decide la verdad*. Disponible en www.podtail.com

sólo se mantiene, sino que se amplía y ofrece incluso más detalles, la conclusión inequívoca va siendo: «esto no puede ser mera fantasía».

Para entrar en el tema de este libro, pongamos el ejemplo de alguien que afirma percibir el aura. Un escéptico puede intentar explicarlo como: «el calor irradiado por el cuerpo» o «un fenómeno óptico que lleva al sujeto a ver halos y colores en los objetos que observa" o, en el peor de los caso dirá: «es un charlatán que intenta engañarnos». En muchos casos en los que la descripción de lo que se dice percibir es relativamente vaga o desorganizada, esas explicaciones funcionan. Pero si quien percibe empieza a hacer descripciones con muchísimos más detalles coherentes entre sí, las explicaciones "escépticas" de este tipo se quedan totalmente cortas. Analicemos, por ejemplo, el relato que entrega Barbara Brennan de una de sus primeras experiencias viendo auras:

> Recuerdo una de las primeras «explosiones» del campo energético humano que he observado como una de las más vívidas. En 1972, durante una sesión práctica en la que se produjo una intensa carga de gritos primarios bioenergéticos, vi a Linda encenderse como un árbol de navidad mientras gritaba por la muerte de su padre, fallecido de cáncer. De su cabeza surgían brillantes rayos de colores rojo, amarillo y naranja y algunos azules. Parpadeé, pero los colores no desaparecieron. Miré de manera indirecta, me moví por la habitación y volví a mirar: el fenómeno seguía estando allí.[15]

Es claro así que, mientras más detalles ofrece una percepción, más probable es que el objeto observado sea real y no fantaseado. De hecho, Brennan presenta en sus libros dibujos muy detallados de los fenómenos que observa, con explicaciones también muy pormenorizadas. Si, además como dice ella, la percepción se mantiene independientemente de cuántas veces se observe, más probable es que se trate de un fenómeno real.

En mi propia experiencia percibiendo y operando el aura, puedo decir que ésta es para mí hoy un hecho completamente objetivo. Lo sé porque a la

---

[15] Brennan, B (1993). Manos que Curan, pág. 66. Barcelona: Martínez-Roca.

hora de percibirla me ofrece miles de detalles que me permiten hacer una lectura bastante precisa de lo que tiene el paciente. Logro percibir sus estructuras y, al operarlas, estar seguro de lo que la persona está sintiendo y dónde. Puedo escribirlo en un papel y luego preguntarle, y comprobar que es así exactamente. Entonces ya no estamos hablando de sensaciones vagas que fácilmente se pueden explicar como "sugestión".

Pero ¿cómo llamar a esa realidad percibida cuando no es algo ni sólido ni líquido ni gaseoso ni, por tanto, material? En mi opinión, referirnos a ella como "realidad energética" queda bien, aun cuando eso pueda enfurecer a muchos científicos de línea dura. Sin embargo, como dije al principio, acá no estamos refiriéndonos al concepto de energía que maneja la física sino al uso intuitivo del término. Según este último, "energía" sería algo así como un cuarto estado de la materia en que cabe todo aquello que se percibe como real pero que no es atribuible a causa física. Sin duda podríamos también llamarle "realidad espiritual", pero el problema es que se va a terminar asociando mucho más a creencias o a ideas que a experiencia. Otra posibilidad es nombrarlo "realidad psíquica", pero para mi gusto podría estar indicando algo que ocurre sólo en la "psiquis" de la persona y no también afuera.

En muchas otras culturas, de hecho, se tomaron desde un inicio muy en serio y con plena naturalidad la existencia de una "realidad energética". En la India, por ejemplo, *prana* es el concepto para hablar de la energía que impregna y pone en conexión todo lo que hay en el universo. A través de ejercicios, los practicantes pueden sentir y dirigir el *prana* en todo su organismo, pudiendo incluso proyectarlo fuera con la voluntad.

En China un concepto equivalente es el del *qi* o *chi* (*ki* en Japón). A partir de él, se desarrollaron una amplia gama de artes y disciplinas como la acupuntura, el *chi-kung*, el *feng-shui*, el *kung-fu* y el *tai-chi*. Para quienes las practican en toda su profundidad, el *chi* resulta algo concreto y tangible que pueden sentir, dirigir y hacer circular. Se concibe igualmente como una "energía" presente no sólo en el humano sino en la naturaleza y el cosmos.

En occidente antiguo también existían términos que aludían a energías no materiales. Uno de éstos era "éter" que para los griegos antiguos era considerado el quinto y más espiritual de los elementos de la naturaleza. El "éter" era invisible, pero se decía que llenaba todo el espacio y constituía el medio transmisor de todas las manifestaciones de la energía tanto física como no física.

Con un significado similar encontramos el término "luz astral", proveniente de la cábala hebrea. El ocultista francés Eliphas Levi lo define como una especie de "éter" o "fluido magnético" en el que los seres y todas las cosas se hallan inmersos. Lo considera una sustancia y una especie de atmósfera que sustenta y fundamenta el mundo físico. Las emociones y la voluntad pueden afectarla, ya que es extremadamente plástica.

Ampliando aún más, quizás el más universal de todos los conceptos que podemos asociar con "realidad energética", presente en prácticamente todas las culturas, sea el de "magia". Si bien no apunta a energía por sí mismo, lleva implícita la idea de una realidad inmaterial paralela a la física. De hecho, opera a través de "efluvios" o "fuerzas psíquicas" que pueden ser sentidas y dirigidas como energía.

Percibir o no percibir

La pregunta que uno puede hacerse en este punto es por qué si la "realidad energética" existe no todos consiguen captarla. Y la verdad es que no hay una sola respuesta.

De hecho, si nos preguntáramos por ejemplo por qué en la edad media había tan poca gente que leía o —incluso menos aún— que hacía ciencia, una respuesta plausible podría ser: «porque no se enseñaba masivamente». Y uno podría seguir preguntando el porqué de los porqués hasta concluir que era la cultura de esa época la que no estaba interesada ni en los libros ni en el conocimiento. La ignorancia llegaba al punto de que incluso reyes y papas solían no estar alfabetizados. Simplemente no les parecía necesario.

Entonces, una primera respuesta podría ser: «en el mundo de hoy mucha gente no percibe ni valida la "realidad energética" porque no ha recibido una educación que le enseñe a hacerlo correctamente». Y esto a su vez sucede porque nuestra cultura, de tradición occidental racionalista y cientificista, considera que dichos fenómenos son inexistentes.

Sin embargo, esta explicación tiene un problema, que es que aun cuando a las personas se les diera una educación que validara y les enseñara a percibir objetivamente la "realidad energética", muchos seguirían ciegos a esta. Y es porque en el fondo no todos los seres humanos tienen las necesarias capacidades perceptivas.

A mí personalmente me costó aceptar este hecho, porque deseaba pensar que eran destrezas que todos los seres humanos teníamos. En efecto, a mí y a muchos de mis conocidos y pacientes se nos daba fácil, e hice también muchas demostraciones en público de cómo percibir auras y estructuras energéticas. En ellas siempre saqué a personas de entre las asistentes para demostrar que sí eran capaces de sentir una estructura en alguien más o en ellos mismos. Casi siempre lo conseguí, y puedo decir que muchos quedaban perplejos de que pudieran estar de verdad teniendo esas sensaciones. En mi opinión, la habilidad de percibir "energías" era como el oído musical, que si no se tenía se podía desarrollar con entrenamiento y práctica.

No obstante, Tony me aclaró al conocerlo que de todas formas existía una condición innata que nos permitía percibir "lo energético". Me explicó que el aura del "psíquico" era predominantemente azul como color "de fábrica". Quienes por el contrario tenían el aura verde, no podrían nunca desarrollar sus capacidades sutiles. Esta última era de personas mucho más enfocadas en el plano físico e insensibles a las percepciones de lo intangible.

El aura azul, me explicó Tony, dispone de mucha más "energía" de tipo psíquico, lo que posibilita no sólo percibir la realidad energética sino también operar en ella con relativa soltura. Por supuesto, quienes la poseen necesitan recibir una educación al respecto. De lo contrario su percepción, o no se desarrollará adecuadamente, o se verá alterada ya sea por su propia subjetividad como por la intervención de seres externos. Porque en las personas de aura azul (psíquicos) las percepciones del mundo intangible son algo que simplemente ocurre de forma involuntaria. En su gran mayoría no saben qué hacer con ellas, e incluso algunas veces las niegan o las bloquean. En otros casos, empiezan a confiar y a adentrarse en las mismas, pero sin dimensionar los peligros o la complejidad que traen consigo.

Porque, aunque a veces se pretenda lo contrario, la realidad energética es un territorio vasto e intrincado donde perderse, equivocarse o sucumbir ante el engaño es fácil. Se requiere de mucho trabajo emocional y psicológico, además de mucha educación espiritual. Es lo mismo que manejar de manera segura un vehículo: se deben conocer las reglas del tránsito, el terreno, y el manejo y mantenimiento del vehículo en sí.

Por todo esto, más allá de enseñar el trabajo terapéutico (y psicoterapéutico) del aura, este libro se propone entregar esos conocimientos, reglas y principios. La idea es que quien los aprenda se sirva de ellos para hacer segura cualquier exploración que desee emprender en el mundo de "lo energético".

Planos, dimensiones y seres

Ya hemos dicho que la "realidad energética" es un vasto territorio, pero ¿de qué se compone y qué encontramos en ella? La pregunta no es menor, porque en primera instancia se podría pensar que se trata del aura y los sucesos paranormales y ya. Sin embargo, lo que debe entenderse es que "realidad energética" es sólo un "término paraguas", es decir global o general, en el cual hacemos caber todo lo que no puede ser catalogado como realidad física aceptada por la ciencia. Y sí tiene que ver con el aura y los fenómenos paranormales, pero también con mucho más.

En mi experiencia y lo que pude aprender de personas como Sonia, Jaime o Tony, "lo energético" se compone de planos y dimensiones. Y, dentro de éstos, mundos y seres de todo tipo. Tony de hecho me lo explicó como sus propios maestros se lo mostraban. Le decían que el universo era como una "casa de varios pisos" en los que en cada uno encontrábamos muchas habitaciones. Querían ejemplificar con esto que existían diferentes dimensiones y en cada una, a la vez, muchísimos planos de realidad. Nuestra realidad física era sólo uno de ellos.

Lo interesante es que también en cada dimensión habitaban diferentes seres, algunos de los cuales podían tener existencia en varios planos a la vez. Era el caso del ser humano, que posee un cuerpo de carne y hueso, correspondiente al "plano físico", y al mismo tiempo "cuerpos" de naturaleza energética y espiritual, como el aura y el alma, que corresponden a otros planos.

La diferencia entre planos y dimensiones es que entre estas últimas existe una mayor distancia. Eso significa que es más difícil cruzar de una a otra y se requiere de "portales interdimensionales". Muchos seres del universo eso es lo que hacen cuando vienen hasta nuestro planeta. No es que se "materialicen" necesariamente porque para eso tendrían no sólo que pasar a nuestra dimensión sino también al plano físico de la tierra. Lo que suelen hacer, en cambio, es que "cruzan" y se quedan en otros planos. Es lo que hacen las entidades oscuras, por ejemplo, que tienen su propia dimensión, pero al venir se quedan en un plano no físico que algunos ocultistas llaman "astral inferior" donde los sentidos ordinarios no nos permiten captarlos.

Realidad energética humana

La dimensión que los seres humanos habitamos se llama la dimensión del espacio-tiempo, la cual es —valga la redundancia— la de las tres dimensiones del espacio más el tiempo. La manera en que está dispuesto que lo hagamos es encarnados, es decir a través de un cuerpo físico y un cuerpo energético o "aura". Y a eso es a lo que comúnmente llamamos "vida".

¿Pero el alma de dónde viene y qué es realmente? Lo que los maestros han señalado es que el alma es nuestra esencia inmortal que proviene directamente desde lo que ellos llaman "El Fuego de la Vida", que es Dios. A éste lo nombran el "Padre-Madre Universal", haciendo alusión a que en el fondo son dos principios: masculino y femenino.

Así, por venir de la llama divina misma, el alma —dicen ellos— es también un ser de luz, una "chispa de Dios". La encarnación es la manera en que estas "chispas" han elegido para venir a aprender y de esta forma ganar en desarrollo y conciencia.

El alma cuando encarna lo hace por la coronilla del bebé, para luego descender y situarse como un núcleo esférico al centro del cuerpo. Desde allí y a la par con el desarrollo físico, comienza poco a poco a crear un "campo energético" o "aura". De esta forma tenemos que el ser humano consta de una realidad física (representada por el cuerpo) más una realidad energética (representada por el aura y el alma). De esta forma son tres los "cuerpos" que nos componen: físico (de carne y hueso), espiritual (alma) y energético (aura).

Por supuesto, lo que estamos haciendo con esta división es una simplificación llevada al máximo, a fin de hacer sencilla la explicación. Lo cierto es que cada uno de estos tres "cuerpos" se compone a su vez de otros. Por ejemplo, en el cuerpo físico hallamos lo sólido, lo líquido y lo gaseoso que si quisiéramos podríamos considerar tres "cuerpos" aparte. De igual forma también el aura se compone de aspectos como lo etérico, lo emocional y lo mental que muchos ocultistas consideran también "cuerpos". Y el alma también posee cosas como lo causal, lo búdico, lo átmico, etc., que también —si uno quiere— puede llamar "cuerpos". Sin embargo, para efectos de este libro, personalmente no creo que exista utilidad en hacer esas distinciones.

Una última cosa importante que es necesario entender es que los seres humanos no estamos llamados a conocer todos los planos y dimensiones del universo. El tipo de aprendizaje que hemos venido a hacer a este mundo es más bien de índole emocional y espiritual y todo lo que necesitamos para conseguirlo ya lo tenemos "instalado". Es más esencial, en ese sentido, aprender a amar y respetar a nuestro prójimo, y conocer las emociones y superar los problemas de la vida, que enterarnos de los secretos del universo. Por esa razón es por lo que también nuestros sentidos son limitados y no necesitamos siquiera salir de este planeta. Y por eso también, como ya dijimos, no todos poseemos facultades de percepción psíquica.

La percepción de la energía

En la década de 1990, la psicóloga Elaine Aron acuñó por primera vez el término Personas Altamente Sensibles (PAS) para referirse a quienes poseen un sistema neurosensorial más fino, sensible y desarrollado que la media. Se trata de una condición hereditaria, y por lo tanto biológica e innata, presente en aproximadamente el 20% de la población. Según la investigación científica, las PAS reciben y procesan de manera simultánea mucha más información sensorial que el individuo promedio.

En mi opinión, aunque no es lo mismo ser PAS que tener habilidades de percepción energética, una PAS parte con cierta ventaja a la hora de desarrollarlas. Porque, aunque estas habilidades se pueden entrenar, que el sistema nervioso venga ya con una configuración de ser más sensible "de fábrica" da un gran punto a favor. De hecho, varios psíquicos y terapeutas que me tocó conocer, así como pacientes que eran capaces de sentir todo lo que yo hacía al trabajar en sus auras, tenían rasgos PAS. Incluso yo mismo pensé, sorprendido al entrar a leer las características PAS: «me está describiendo a mí».

Sin embargo, las habilidades que permiten percibir la realidad energética no son exclusivas de las PAS. En ocasiones pueden darse también en gente con baja empatía, narcisista y con poca sensibilidad emocional, o en personas no necesariamente perversas o dañinas, pero que tienen baja capacidad para reflexionar y analizar las cosas. En efecto, muchos psíquicos usan sus habilidades no para el beneficio sino para el daño, el engaño y la manipulación, o bien tienden a sacar conclusiones equivocadas y se dejan fácilmente engañar.

Esto se da porque según Tony ser "psíquico" es una condición de nacimiento que es independiente de cuán buena o mala, empática o no empática, o capaz o incapaz de procesar la información pueda ser la persona. Tiene que ver con un tipo particular de aura que —ya lo dije antes— es predominantemente azul. Podemos encontrarla en personas con rasgos PAS, pero también en otras.

Por otra parte, existe también el aura turquesa que es la mezcla entre azul y verde. Según Tony, los "turquesas" son sensibles a la realidad emocional y energética, pero tienen también un pie en lo terrenal. Pueden de todas formas desarrollar una que otra habilidad de psíquico, pero con más dificultades y limitaciones. Yo mismo soy ejemplo de un PAS turquesa: con no tantas habilidades de percepción como Tony o Sonia, pero con una mente suficientemente organizada y terrenal como para escribir este libro.

Ahora bien, en adelante llamaremos "habilidades psíquicas" a las habilidades de percepción de la realidad energética. Varias de éstas son la versión ampliada de los mismos sentidos ordinarios, como principalmente vista, oído y tacto, mientras otras corresponden al ámbito de la canalización. Nos abocaremos por ahora en las que tienen que ver con los sentidos físicos, ya que las de canalización las abordaremos en el capítulo dedicado a ésta.

En primer lugar, por ejemplo, si hablamos de la vista tenemos la habilidad psíquica de la "clarividencia", la cual puede ser interna o externa y tiene que ver con el "tercer ojo" situado el entrecejo. El clarividente interno "ve con la mente", es decir, la visión se presenta de manera interna como cuando se imagina o se recuerda algo. En el caso del clarividente externo, en cambio, la visión se da tal cual como si se estuviera viendo realmente con los ojos.

La clarividencia puede entrenarse a través de la práctica de la visualización, y puede potenciarse con ejercicios para activar y desbloquear el sexto *chakra* (entrecejo).

En segundo lugar, si hablamos del oído tenemos la habilidad psíquica de la "clariaudiencia", la cual también puede darse en modalidad interna o externa. Si es interna se siente como un "escuchar con la mente" y, si estamos hablando de comunicación o recepción de mensajes de otros, vamos a llamarle también "telepatía". Por el contrario, clariaudiencia externa es la capacidad de escuchar la realidad energética tal y como si estuviéramos escuchando con los oídos físicos.

La clariaudiencia puede entrenarse a través de la práctica de silenciar la mente e intentar "escuchar" las energías sutiles. Puede potenciarse con ejercicios para activar el quinto *chakra* (garganta)

En tercer lugar, si hablamos de tacto tenemos la habilidad del tacto energético, que supone percibir principalmente con las manos, pero también con todo el cuerpo. Se entrena a través del trabajo de "activar" las manos y utilizarlas para palpar la energía. Aquello se puede favorecer al trabajar desbloqueando el tercer y cuarto *chakras* (plexo solar y corazón, respectivamente).

La habilidad del tacto energético podríamos considerarla dentro de lo que se llama "clarisentencia", es decir, el poder o la facultad de sentir psíquicamente. No obstante, es todavía más amplio, ya que abarca también la "certeza o seguridad de algo".

Todas estas habilidades relacionadas a los sentidos físicos se basan en una meta-habilidad, que es la de colocarse en un estado mental particular en el que nos hacemos receptivos a la percepción de lo sutil. Es como saber "sintonizarnos" desde una intención de percibir. Para eso, es necesario vaciar la mente lo más posible y hacernos conscientes lo más posible de nuestra propia realidad energética sutil.

Percibir nuestra propia energía

Un ejercicio que puede contribuir a desarrollar nuestra percepción energética es el siguiente:

1. Sentémonos cómodamente y hagámonos conscientes de nuestro cuerpo y nuestra respiración. Llevemos esta última un ritmo profundo y lento, imaginando que al inspirar vamos llenando de luz la zona de nuestro plexo solar (área del estómago, justo donde nuestras costillas se juntan al centro). Imaginemos que en ese lugar se va formando poco a poco una esfera dorada que es el ser o "maestro interno" de nuestra alma.

2. En ese instante pedimos al ser o "maestro" de nuestra alma que nos conecte con la capacidad de percibir la propia energía.

3. Imaginemos que, por todo nuestro cuerpo tanto por dentro como por fuera, circulan suaves corrientes de energía. Intentemos sentirlas, pero

si no nos resulta imaginemos como si las estuviésemos sintiendo. Imaginemos nuestro cuerpo envuelto por dichas energías.

4. Imaginemos que esa esfera en nuestro plexo solar comienza a crecer y crecer, hasta que en un momento nuestro cuerpo quede entero metido en ella. Sintamos o imaginemos que la sentimos envolviéndonos. Quedémonos varios minutos en esto.

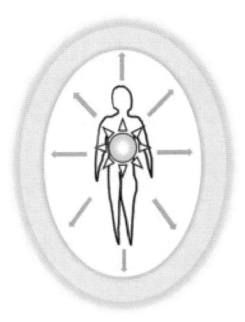

Este ejercicio apunta al desarrollo de la "interocepción", es decir, la percepción hacia uno mismo de las "energías" y estados emocionales. Porque no sólo nos conecta con las energías en sí, sino con la mente o conciencia de nuestro ser o "alma profunda". A este ser le llamamos "maestro interno" y sintonizando con él accedemos no sólo a la percepción sino al entendimiento de lo percibido.

Activación de la energía en las manos

Un segundo ejercicio, que apunta ahora a desarrollar la sensibilidad de las manos como canal de percepción es:

1. Sentados o parados cómodamente hagámonos conscientes de nuestro cuerpo y nuestra respiración.

2. Pongamos ambas manos frente a nuestro pecho, palmas hacia arriba, y con la vista también relajada mirémonos ambas palmas sin moverlas y sin mover tampoco los ojos (la vista debe estar inmóvil y puesta en ambas manos a la vez). Es importante que las manos permanezcan también muy relajadas pero firmes, y que no estén con los dedos completamente estirados. Procuremos también que las manos no se toquen la una con la otra, sino que estén separadas un par de centímetros.

3. Quedémonos un rato observando nuestras palmas de esta manera y vayamos registrando nuestras sensaciones en ellas.

4. Para potenciar el ejercicio podemos también imaginar que por cada brazo comienza a llegar energía a la mano y la inunda completamente. Visualicemos corrientes de energía circulando de ida y vuelta por palma y dedos.

5. Las sensaciones típicas que se logran percibir en la mano son: hormigueo, aumento de peso (sentimos que la mano nos pesa más), aumento de la temperatura (sensación de calor), aumento del tamaño (como si la mano ahora fuese mucho más grande, parecida a un guante de béisbol).

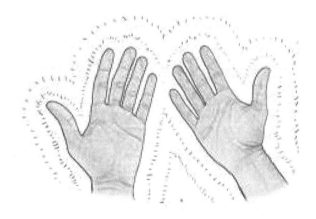

CAPÍTULO 2
El aura humana

¿Qué es el aura?

"Aura" se puede definir como el "campo" de energía sutil que envuelve a nuestro cuerpo físico. Podemos referirnos también a éste indistintamente como "campo áurico", "campo energético" o "campo magnético". Posee la forma de un huevo cuyos límites sobresalen entre 1 y 1,5 metros desde el cuerpo, inclusive por encima de la cabeza y más allá de los pies.

El aura es una especie de mediador entre el alma y el cuerpo físico, y podríamos considerarla un "holograma" de lo que es nuestro sistema completo de energía. En ella hallamos todos los ámbitos y niveles de nuestro ser: físico, vital, emocional, mental y espiritual.

Joe Slate señala al respecto:

> Mucho más que cualquier otra característica humana, el aura manifiesta la suma y la sustancia de nuestra existencia como una fuerza vital infinita en el universo. Como fenómeno de desarrollo ofrece un continuo visible de nuestra evolución desde nuestros más remotos orígenes. Es una extensión de nuestro ser superior y una manifestación de la naturaleza cósmica de nuestro ser. Es la antena de la consciencia, el tesoro hallado del conocimiento y un depósito de ilimitadas posibilidades de crecimiento. [16]

Desde el enfoque de la Terapia Estructural del Aura decimos que el aura se encuentra compuesta de dos partes fundamentales: (1) campo magnético y (2) campo emocional

El campo magnético

El "campo magnético"[17] viene siendo la porción del aura que es creada y desechada en cada vida. Le permite al alma su expresión a la vez que sostiene el funcionamiento del cuerpo físico.

Se compone de siete "capas", cada una de las cuales vibra en una frecuencia particular. Atravesándolas encontramos centros o vórtices llamados "*chakras*" que transforman y procesan la energía desde y hacia afuera del campo. Son siete los *chakras* principales, ubicados en la línea media de cabeza y tronco, y muchos otros los secundarios t terciarios, repartidos por el resto del cuerpo. Por último, interconectándolo todo, hallamos un sinfín de canales o "nadis" que forman una gran red de circulación energética.

Lo importante del campo magnético es que de él dependen la vida, la salud y el buen funcionamiento emocional y mental del individuo. Yo mismo he

---

[16] Slate, J (1999), El Gran Libro del Aura, Buenos Aires: Edaff y Albatros S.A.
[17] En mi opinión, el adjetivo "magnético" debe usarse más en un sentido figurado que real, sin embargo, hay quienes defienden —entre ellos Tony— que debiera ser considerado realmente un campo de naturaleza electromagnética.

visto cómo, cuando el campo magnético se encuentra con algún daño o deterioro, el resultado es angustia, cansancio, emociones negativas o dolores físicos. En algunos casos también vi personas próximas a fallecer, cuyo campo magnético estaba completamente roto y agujereado de arriba a abajo. Algunas partes del campo incluso faltaban o daban la impresión de estar desvaneciéndose. Era señal de que estaba a punto de desprenderse por completo, lo que significaba morir.

La formación del campo magnético se inicia tempranamente, desde la primera vinculación entre el óvulo fecundado y el alma, ocurrida tras la concepción. Y el proceso continúa tras el nacimiento durante toda la infancia hasta terminar de desarrollar su última capa en algún momento de la adolescencia.

Otra cosa que se sostiene en el campo magnético es la personalidad, es decir el carácter y manera de ser de la persona. Registra los recuerdos, la identidad e incluso la apariencia física. Es como si toda esa información quedara de algún modo "impresa" en él.

El campo emocional

El "campo emocional", por otro lado, es la parte del aura que no se desecha sino que permanece vida tras vida. Podríamos considerarlo una especie de "disco duro del alma" debido a que contiene todas las experiencias y aprendizajes de ésta en todas sus encarnaciones.

El adjetivo "emocional" quizás se queda corto para expresar lo que realmente este campo es, ya que no sólo comprende emociones sino todo tipo de contenidos y programaciones psicológicas y mentales. Bien podría ser considerado la psique misma que se presenta de manera energética. Todo lo consciente, lo preconsciente y lo inconsciente está en él.

Lo interesante es que el campo emocional se sirve del campo magnético para manifestarse, pero lo hace de manera acotada. Esto quiere decir que solamente es capaz de mostrar una pequeña porción de la información a la vez[18]. Se dice entonces que dichos contenidos emergen o se activan, y al hacerlo aparecen como formas de energía a las que llamamos "estructuras". Pero no hay que equivocarse, porque tales estructuras no son del campo magnético, sino que sólo están siendo proyectadas en él. El campo magnético es, en ese sentido, el "cuaderno" sobre el cual el campo emocional "dibuja".

En vez de sólo siete capas, el campo emocional posee miles y más bien se les puede considerar "niveles de información" y "planos". Con este último término me refiero específicamente a los planos o "mundos internos" de la persona, que se hallan relacionados con los *chakras* y serán tratados en otro capítulo.

Podríamos, por último, entender al campo emocional como un campo mucho más cercano al alma, ya que encarna y desencarna junto con ésta. Es el depósito único de los aprendizajes que va obteniendo, pero también de todo lo pendiente y que en otra vida le tocará corregir o sanar.

Los campos al morir

La explicación que me dio Tony sobre la muerte es la que los maestros seres de luz le mostraron a él. Según ésta, al morir la persona, su alma deja el cuerpo y tiene la posibilidad de llevarse consigo una "copia emocional" del campo magnético. Esto sólo sucede cuando el alma considera cumplidos los objetivos de aprendizaje que se propuso para esa vida y decide, por tanto, "ascender". Entonces se lleva consigo "grabada" en el campo emocional la copia de esa personalidad (contenida en el campo magnético) que tuvo esa vida a las dimensiones superiores (específicamente a un lugar que Tony llamaba "El *Bardo*", que es equivalente al cielo cristiano).

Cuando el alma siente que no consiguió sus metas, o la persona desencarna de manera demasiado inconsciente como para hacer este tipo de elecciones, el destino es reencarnar de manera relativamente mecánica. Los seres de luz

---

[18] Algo que expliqué en detalle en la primera parte al referirme a la "dinámica del aura".

junto a los guías conducen al alma a tomar contacto con otro óvulo fecundado para iniciar un nuevo ciclo.

Tony también me explicó que en ambos casos el campo magnético era un "desecho" siempre quedaba acá, porque era una energía densa que no podía irse con el alma. De hecho, es por eso por lo que al ascender el alma se lleva sólo una "copia", es decir un registro fiel de esa identidad que tuvo en vida, pero nunca el campo en sí. Tony fue enfático en ese punto y me aseguró que el alma nunca permanece más de 21 días tras fallecer la persona. Lo que después queda, y que la gente llama "desencarnado" o "fantasma", es en realidad sólo el campo magnético que ya es como una "carcasa vacía". El destino natural de esta última es disolverse poco a poco, pero hay casos donde por diversos motivos que se explican en el capítulo sobre la Muerte y los Desencarnados, permanece.

Recuerdo la vez que le pedí a Tony si podía ayudar a un conocido que acababa de fallecer en un accidente. Como no habían transcurrido más de 21 días, accedió.

Hicimos una sesión y con los ojos cerrados pidió a sus maestros que lo llevaran donde mi conocido estaba. Me dijo que lo veía confundido y enojado, y que a pesar de haberse celebrado ya el funeral no parecía entender su situación. Tony entonces se comunicó telepáticamente con él y le explicó que había fallecido y que ahora podía pedir a los seres de luz que le ayudaran a ascender. Mi conocido seguía sin reaccionar, pero cuando Tony le hizo sentir la energía de sus maestros, consiguió conectarse y reconocer su estado. Tony me dijo que en ese momento el campo se le iluminó por completo, porque tomó repentina conciencia de su verdadera naturaleza espiritual. Su actitud también cambió: ya no estaba enojado sino con mucha paz.

—¿Pudiste cumplir lo que tu alma se propuso conseguir en esta vida? —le aprovecho de preguntar Tony.

—Sí —respondió él

—¿Y cuál fue ese aprendizaje?

—Aprender a amar desinteresadamente a mi familia —dijo.

Posterior a eso, Tony le explicó que tenía tres semanas (21 días) para si lo deseaba ir a despedirse de sus seres queridos. Al cumplirse ese plazo, estaba obligado a partir y podía pedir la ayuda los seres de luz que trabajan para el Padre-Madre Universal para que le ayudaran a ascender.

Diferencias entre los campos

Partiré diciendo que durante muchos años trabajando sobre el aura fui totalmente inconsciente de la diferencia entre campo magnético y campo emocional. Sonia se hablaba del aura como una sola y la distinción era inexistente.

Yo mismo pensaba que el aura era lo mismo que la mente o psique y que, como tal, si uno con su libre albedrío renunciaba a energías dañinas éstas no tenían por qué afectarle. Me costaba creer que uno se pudiera simplemente "pegar algo" porque opinaba que, desde una perspectiva psicológica, uno no se anda "pegando" las emociones ni les "pega" emociones a otros. Cuando el otro me afecta o me daña con una energía —teorizaba—, y dado que las energías en el aura son emociones, en realidad lo que está ocurriendo es que en alguna parte le debo estar "dando permiso" a este daño. Por ejemplo, si la persona tenía una entidad, yo me centraba en el renuncio, y La entidad "tenía que irse". O bien, si era una magia negra, me centraba en que pidiera perdón por daños que ella misma pudo haber causado (en esta vida o las anteriores) y luego renunciara a la magia, y la magia "tenía que irse". Es decir, centraba mis esfuerzos en que la persona quitara permiso a todas las energías externas que pudieran estar afectándole. Cuando no conseguía resultados, mi explicación era que quizás les estaba dando alguna autorización "inconsciente".

Sin embargo, con la ayuda de Tony, comprendí al final que el aura tiene dos partes bien diferenciadas: una es el *hardware* y la otra, el *software*. El primero es el campo magnético con sus siete capas, y el segundo es el campo emocional, que sí es un equivalente a "la psiquis". Por supuesto, mientras el alma está encarnada, la psiquis necesita del campo magnético (al igual que del sistema nervioso físico) para funcionar; despúes de desencarnar, ya no.

De este modo, las estructuras energéticas que surgen desde programaciones propias (de esta vida o de otras) pertenecen a la psiquis y, por ende, "son" del campo emocional. Se hallan "proyectadas" como formas holográficas sobre la "pantalla" del campo magnético [19], pero su génesis es "intrapsíquico". Por ese motivo, no son energías que uno se pueda "pegar" o "adherir" desde fuera, puesto que es uno mismo quien las ha formado. Es cierto que, en ocasiones, puede ocurrir que estas formas al tener mucha energía se terminan plasmando también a nivel magnético (extrapsíquico), pero su origen y donde principalmente deben ser tratadas es el campo emocional: la psique.

Por el contrario, estructuras como las entidades, los parásitos, las magias negras, los implantes y los ataques psíquicos sí se adhieren porque provienen de afuera. No pueden estar en otra parte que no sea en el *hardware* o campo magnético, y desde allí pueden eso sí afectar el funcionamiento de la psique. Pero que afecten la psique no quiere decir que su origen esté en ella. Por ende, el trabajo sobre el campo magnético no debe confundirse con el del campo emocional.

Por otra parte, las estructuras que hallamos en el campo magnético no pueden provenir de vidas pasadas porque todo lo magnético, ya lo explicamos, en el momento de la muerte el alma no se lo puede llevar. Lo único que sí puede llevarse es la "copia emocional" de aquello. Una magia de vidas pasadas es sólo eso: no es la magia en sí, sino el "registro emocional" de ésta. Una entidad de vidas pasadas tampoco es la entidad en sí, sino nada más el "holograma" de ésta así como el "lazo" o conexión emocional que pueda haber quedado.

Resumiendo, el campo emocional es netamente "intrapsíquico" mientras el magnético, "extrapsíquico". El campo emocional es uno solo para todas las vidas; el magnético, uno nuevo y diferente cada vez.

Por otra parte, también es necesario entender que el campo magnético cuenta sólo con siete capas y *chakras* principales que se puede aprender a

---

[19] Estas «salen por "puertas" hacia el campo magnético» —me señaló Tony una vez que sus maestros le explicaban.

abrir y revisar. El campo emocional en cambio tiene muchos "niveles" y podríamos representarlo como un *iceberg* donde lo que se muestra a es sólo una pequeña porción. Por este motivo, trabajar el campo emocional suele ser siempre muchísimo más extenso en el tiempo que trabajar el campo magnético.

Trabajar el campo emocional, de hecho, requiere que la persona esté conectando con sus temas o conflictos psicológicos o emocionales. Sólo así esas estructuras se mostrarán y podrán ser percibidas. El campo magnético no requiere de esa conexión, ya que incluso con la persona durmiendo o en coma, las estructuras que contenga pueden ser de todos modos captadas.

En lo que respecta a diferencias en la percepción de estos dos campos, para el magnético se debe procurar percibir sin hacer sintonización o conexión emocional con la persona. Si esta última llegara a ocurrir, terminaríamos percibiendo el campo emocional. Si bien es cierto que con la práctica se pueden llegar a percibir ambos campos de manera simultánea, por una cosa de método resulta mejor diferenciarlos.

Por último, la terapia del campo emocional combina la psicoterapia con la cirugía energética (operación de las estructuras). La terapia del campo magnético, en cambio, es normalmente sólo cirugía energética.

Colores en los campos

Anteriormente decíamos que el aura predominantemente azul es de personas psíquicas; la verde, de personas más bien prácticas, terrenales y muy poco sensibles a lo energético; y la turquesa, una mezcla entre ambas. A eso habría que agregar también el aura de tintes amarillos, que según Tony tenía que ver con "fe"[20].

Ahora bien, tener el aura de uno de estos colores sólo significa una potencialidad. Es una condición natural que puede ser reconocida o no por la persona. Por ejemplo, alguien con aura de psíquico (azul) podría tener

---

[20] Como es algo que he visto muy poco, no logro aún entender a qué se refiere este rasgo.

mentalidad terrenal y ser muy escéptico, a pesar de que probablemente le van a ocurrir fenómenos y percepciones.

Sin embargo, muchos videntes dirán que esto es equivocado porque los colores en el aura en realidad son muchos más y se asocian al estado emocional y al carácter de la persona. De hecho, en muchos libros y páginas web se habla de los "[múltiples] colores" del aura y cómo interpretarlos. Esta aparente contradicción tiene que ver con que lo que en este caso se está percibiendo no los colores del campo magnético, sino los del campo emocional proyectado encima. Es lo mismo que observar la pantalla de un televisor que está encendido. Para ver su verdadero color de "base" habría que apagarlo o bien dejar de proyectar en él imágenes, porque de otro modo los colores serán los de éstas. Por eso es por lo que hay quienes dicen "ver", por ejemplo, rojo cuando se trata de una persona enérgica y dominante, o azul cuando es más sensible y empática, o gris si está deprimida, o incluso negro cuando hay mucha negatividad en ella.

En ocasiones también, algunos videntes asocian los colores tienen con algún aprendizajes que la persona vino a hacer a la tierra, y al estado de pureza que va consiguiendo en su evolución espiritual. Pero de nuevo acá no se trata de colores "de base" o *hardware*. Son más bien percepciones que apuntan casi por entero al campo emocional, es decir al *software* o "programa" con el que funciona la persona. O incluso en ocasiones podría tratarse de algo adherido en el campo magnético que está provocando ese color (por ejemplo, una entidad o una magia negra pueden absorber o cubrir la "luz" del campo y ennegrecerlo).

Además de todo lo anterior, hay que aceptar que en lo que respecta a colores hay mucho de subjetividad, ya que cada vidente tiene hasta cierto punto un "lenguaje" propio para percibir. Yo mismo debo decir que no soy muy "visual" y por tanto no "veo" los colores de base, pero sí "los siento". Resulta un poco raro decirlo de ese modo, pero es como si al palpar percibo cuando la persona es de aura psíquica, sensible o terrenal (que vendrían siendo el color de base azul, turquesa o verde, respectivamente).

Por último, hay que decir que las asociaciones entre colores y rasgos que mencionan libros o sitios web son demasiado generales y bien podrían parecerse a los horóscopos de periódicos y revistas. Si lo que se quiere es una lectura profunda y acabada de cómo es alguien, de sus conflictos y problemas emocionales o energéticos, lo adecuado es examinar e interpretar sus estructuras. Y de eso es de lo que trata este libro justamente.

CAPÍTULO 3
Las estructuras de campo emocional

Qué son las estructuras

Podemos definir "estructuras" como las formas energéticas que se perciben en el aura, relativamente estables en el tiempo y con distintos tamaños, formas, características y densidades.

La principal razón por la que necesitamos encargarnos de ellas es porque impiden el funcionamiento óptimo de nuestro sistema energético. Bloquean o distorsionan el flujo de la energía por canales y *chakras*, lo que deriva en síntomas o problemas a nivel emocional, mental o incluso físico.

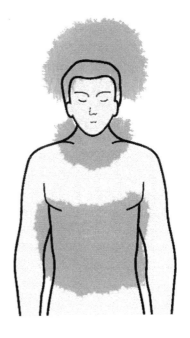

Barbara Brennan, quien las nombra "bloques" señala:

> El efecto de estos bloques, cuando se contemplan desde el punto de vista aural, es alterar el saludable flujo de energía que corre por el campo aural, lo que desemboca en la enfermedad. Se convierte en lo que a veces se denomina alma-sustancia estancada. Son las «manchas» de energía-conciencia que se separan del resto de nosotros.[21]

Podemos decir que son muchos los tipos de estructuras y se presentan en variedad de formas: corazas, bloques, vacíos, heridas, lazos, puentes, juramentos, parásitos, entidades, magias, implantes, portales, etc. Sus características particulares y las maneras en la que se originan pueden ser bastante distintas en cada caso. Sin embargo, una cosa que es común es que todas pueden ser situadas espacialmente dentro del aura. Aunque casi siempre se hallan superpuestas y comparten el mismo espacio, cada una es única. Los terapeutas especializados en trabajarlas podemos reconocerlas —a menudo no sin dificultad— y entender por qué están allí. La mayoría de las veces removerlas o disolverlas demanda no una sola, sino una combinación de técnicas: psicoterapia, trabajo manual, decretos, esencias florales, petición a guías y seres de luz, etc.

También otra característica común es que todas las estructuras de alguna u otra manera nacen de la "intención". Esta, a la que también podríamos llamar "fuerza del pensamiento", no es otra cosa que la "acción" en términos de realidad energética. "Intencionar", así, es el acto de "ordenarle" a la energía que se mueva en cierta dirección y con una determinada característica.

Pero no toda intención crea estructuras, sino sólo la que se encuentra desalineada de la conciencia de nuestra alma (y por ende es de una "vibración" o "frecuencia" inferior a ésta).

Asimismo, podemos también diferenciar la intención que es dirigida conscientemente de aquella que no, ya que el resultado en cada caso es diferente. Por ejemplo, si bien las emociones y los deseos son intención,

---

[21] Brennan, B. (1993), Manos que Curan, Capítulo 14, Barcelona: Martínez-Roca.

tienen una "fuerza de intención" relativamente baja. Logran crear estructuras, pero por un proceso acumulativo que generalmente es lento. El resultado es lo que vamos a llamar "estructuras simples", que pueden ser removidas o disueltas a través de procedimientos simples como la operación manual o las esencias florales. Otras estructuras, en cambio, nacen de intenciones declaradas y dirigidas en las que la persona pone mucho de su ser. Son intenciones "conscientes" y por tanto su "fuerza de intención" es en general muchísimo mayor. Las estructuras que de esa manera se crean quedan —por así decirlo— "con la firma" de la persona y sólo pueden ser disueltas o retiradas si primero se las anula con un decreto u acto igual de consciente. Las llamamos "estructuras complejas" y ejemplos de ellas son los juramentos, las promesas, los votos, los pactos, las auto magias y algunos vacíos y lazos que se generan por rechazo o entrega consciente de una parte.

Las estructuras simples del campo emocional

Cuando el origen de las estructuras es interno decimos que pertenecen al campo emocional o *software* del aura. Esto quiere decir que no son energías que provengan de afuera, sino que emergen desde la propia psique. Su causa, por lo tanto, debe buscarse siempre en el funcionamiento psicológico cuya base es emocional. Esto quiere decir que, aunque no son las emociones en sí, surgen desde éstas. Nacen a partir de la manera en que el aparato psíquico —llamémosle "mente" o "psique"— procesa o "digiere" las emociones.

Lo primero que hay que entender es que las emociones son algo así como la «caja de cambio de nuestro organismo». Le permiten a éste responder de manera adecuada a cada situación. Por ejemplo, se dice que el miedo facilita la respuesta de huir ante el peligro o de paralizarnos para pasar desapercibidos. La ira facilita la respuesta de defendernos, atacar o simplemente actuar vigorosamente ante situaciones desagradables o frustrantes. La tristeza facilita bajar el metabolismo para favorecer el análisis, la reflexión y la empatía. Y así sucesivamente, cada una de las emociones facilita un tipo particular de respuesta ante situaciones.

El problema es que en la práctica no existe una respuesta emocional que pueda considerarse exactamente igual a otra. Aun cuando las emociones básicas —como "cambios" básicos del organismo— sean relativamente pocas, la psique debe desarrollar un aprendizaje que involucra miles de matices. A esto se le ha llamado "inteligencia emocional" y es algo que desarrollamos durante toda la vida.

Por si esto fuera poco, este aprendizaje emocional no es sólo para adaptarnos hacia afuera. En su aspecto profundo tiene también que ver con el alma, ya que ésta se "alimenta" y "crece" a partir de la experiencia emocional. Mas no de las emociones en bruto, sino de los aprendizajes y experiencias obtenidos a partir de su procesamiento.

Porque de la misma manera en que el estómago procesa los alimentos separando los nutrientes de lo que debe ser desechado, el alma a través de la conciencia realiza una "digestión" de las emociones. Los "nutrientes" que resultan de ese proceso es lo que realmente "alimenta" al alma y permite su desarrollo. Es lo que he llegado a llamar: «aprendizaje desde la conciencia del alma». Entonces, cada vez que existe un estímulo ambiental, junto con activarse una respuesta emocional se activa también un procesamiento donde esta respuesta es transformada hasta dar con un aprendizaje consciente.

Ahora bien, desde el punto de vista del aura, podemos decir que una emoción es energía moviéndose a través de distintos canales y *chakras*. De hecho, cada *chakra* es una especie de cerebro sutil que junto al cerebro físico procesa las emociones. El problema radica en que, a diferencia de otros órganos, el cerebro físico y los *chakras* no están obligados a procesar adecuadamente siempre. El estómago, por ejemplo, está programado para digerir todo alimento hasta el final. El pulmón también está programado para intercambiar el oxígeno que ingresa con el dióxido de carbono que sale. Pero el cerebro en cambio no está programado para hacer un procesamiento siempre acabado de las vivencias emocionales. No está obligado ni a reflexionar, ni a analizar, ni menos a pensar con empatía. Y los *chakras*, como los "cerebros" de nuestro sistema energético, tampoco lo están.

Entonces, acá se revela el papel que cumple la conciencia. Es ésta la que debe actuar para que el procesamiento de lo emocional se lleve a cabo de buena forma, tanto a nivel del cerebro físico como a nivel del aura. La conciencia es la que en definitiva opera esta gran "caja de cambios" que es la psique para alinear el "movimiento emocional" con el "movimiento del alma". De esta forma hay dos caminos para el procesamiento de la emoción: cuando media la conciencia y por lo tanto se logra aprendizaje del alma, y cuando no media y lo que resulta es un pseudo aprendizaje al que denomino "patrón rígido aprendido".

Por supuesto estas dos posiciones tienen muchos matices entre sí. Porque la conciencia no se presenta de manera única y absoluta, sino en grados. A un mayor grado de conciencia, más y mejor se logra procesar y conseguir aprendizaje. Y ese aprendizaje retroalimenta el sistema y significa ampliar a su vez la conciencia.

Ahora bien, en el aura lo que ocurre es que la energía de las emociones fluye constantemente y se procesa en los *chakras*. La conciencia allí es un "flujo de intención" que emerge desde el alma bajo la forma de energía de alta vibración. Esta energía penetra y compenetra todo el sistema y dirige sabiamente el procesamiento. Pero cuando la conciencia es baja, el sistema funciona a medias. La energía de las emociones se está moviendo igualmente por el campo, pero no es "digerida". Como resultado, empieza a acumularse y a estancarse en algunas zonas y a faltar en otras. Es como nacen las estructuras.

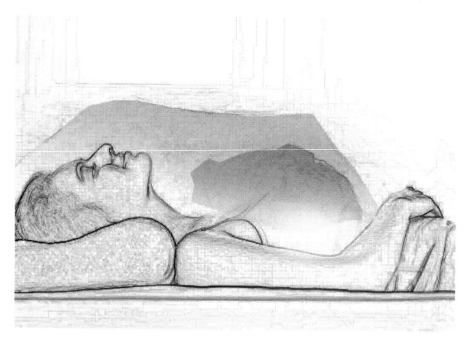

De esta manera, una "estructura simple" es básicamente energía emocional cristalizada y rigidizada a partir de un procesamiento deficiente. Es la expresión en el aura de un aprendizaje del alma que no se alcanzó y en su lugar terminó formándose lo que yo llamo "patrón rígido aprendido".

Otra forma de verlo es cómo me lo explicó Jaime una vez:

—Cuando se produce una emoción —me dijo— la energía se polariza y es como si por ese rato la respectiva zona del campo se "encendiera". Cuando la emoción pasa, la energía se despolariza y la zona regresa a su estado normal. Pero imaginemos que de tanto prenderse una y otra vez, la energía allí termina por quedarse polarizada todo el tiempo. Y en ese estado termina por cristalizarse. Eso es una estructura: una emoción que se polariza y luego se cristaliza en un patrón con una forma energética determinada.

Esta explicación pone de relieve el hecho de que una estructura típica es casi siempre el resultado de la repetición. De tanto producirse la misma respuesta y el mismo movimiento energético, la energía termina engrosándose y densificándose de manera permanente.

Para comprobarlo hagamos por un momento el siguiente experimento: repitamos muchas veces la frase «debo ser perfecto y no cometer errores» concentrando toda nuestra intención en ella. ¿Qué sensación percibimos en el cuerpo al cabo de un rato? Para hacer el contraste, repitamos ahora muchas veces «yo me permito ser imperfecto y perdono cada uno de mis errores» poniendo también toda la intención. Nuevamente, ¿qué sensaciones corporales experimentamos? ¿Cuál de las dos frases produce una sensación más "holgada" y cuál una más "apretada"?

Por supuesto, el ejercicio sólo sirve si somos personas relativamente sensibles, de aquellas capaces de sentir sus propios estados emocionales en el cuerpo. Si somos gente muy "mental", seguramente estaremos bloqueados y necesitaremos bastante terapia para empezar a captar más.

Ahora bien, en relación con el ejercicio, lo más probable es que con la primera frase empecemos a percibir que la zona del estómago se nos empieza a apretar y en algunos casos incluso se presenta dolor. Eso ocurre porque la frase mueve energía en la zona del tercer *chakra*, que tiene que ver con cómo nos proponemos ser. Pero lo hace de manera rígida, porque la frase en el fondo es un mandato: la intención es auto obligarse en ese caso a ser perfecto. Por eso la energía allí "se endurece" en lugar de fluir; está literalmente apretándose y creando una sensación de "nudo. En el caso de la segunda frase, en cambio, encontramos que también mueve la energía en la misma zona, pero con un efecto sustancialmente distinto. No es un mandato sino un permiso, lo cual en lugar de apretar descomprime la energía.

Vemos entonces que no es la repetición en sí misma la que genera estructuras, sino que es el tipo y calidad de la intención la que también importa. La intención que se encuentra alineada a la conciencia del alma siempre descomprime la energía y permite un flujo sano y equilibrado de la energía, mientras que aquella que está desalineada genera todo lo contrario: bloqueos y desequilibrios.

Por último, es importante decir que todos los procedimientos a través de los que se logran sanar y retirar estructuras del campo emocional están trabajando de alguna forma con la energía de la consciencia. En el fondo lo que hacen es producir procesamiento allí donde alguna vez faltó.

Eliminan así el "patrón rígido aprendido" para conseguir verdadero "aprendizaje del alma".

Cómo se perciben las estructuras

Para percibir estructuras necesitamos partir derribando el mito de que percibir necesariamente significa ver. Lo que es tanto o más importante es ser capaz de "sentir". Al menos en mi opinión, sentir entrega información mucho más útil y segura que sólo "ver". Permite captar de manera más profunda y separar mejor lo que es apariencia de lo que es real. Porque, al igual que una fruta decorativa se ve muy auténtica hasta que la tocamos, una particular "energía" puede verse una cosa hasta que la sentimos y nos percatamos de que es algo completamente distinto.

En consecuencia, bajo mi punto de vista, el canal a privilegiar para la percepción de lo energético debiese ser siempre el kinestésico, que aunque no se limita sólo a las manos, suele estar más representado en ellas. Porque además de tener muchísimos receptores del tacto, las manos son herramientas de sanación directamente conectadas al *chakra* corazón. Nos permiten captar con mayor facilidad la "cualidad emocional" de una estructura o energía cualquiera, a la vez que operar en la frecuencia del amor.

Una buena noticia es que la capacidad de sentir energías es algo que las personas emocionalmente sensibles en su gran mayoría tienen medianamente desarrollado. Cuando les toca ser pacientes suelen percibir los movimientos energéticos, en ocasiones de manera muy vívida. Esto quiere decir que sus manos y cuerpos vienen ya naturalmente preparados para percibir. Sólo necesitan un método que les diga cómo y les proporcione criterios para interpretar esas percepciones.

Para percibir con manos y cuerpo necesitamos partir "activando" la sensación de la propia energía[22]. La idea es que nuestra mente logre vaciarse lo más

---

[22] Véase los ejercicios dados al final del capítulo 1

posible y en las manos sintamos un leve y agradable hormigueo. Éste a veces va acompañado de calor y de sensación de aumento de tamaño y peso.

Sin perder esas sensaciones, que son señal de que nuestras manos están ya "despiertas" y listas, debemos lentamente comenzar a palpar el aura de la persona elegida para examinar. Existen tres movimientos básicos que debiéramos aprender a combinar.

MOVIMIENTOS BÁSICOS PARA PALPAR EL CAMPO

1. De atrás hacia adelante: nos paramos de pie a aproximadamente un metro de la persona y, con las palmas hacia delante como si estuviésemos empujando la niebla, empezamos a acercar nuestras manos lentamente. Repetimos el movimiento varias veces en distintas zonas del cuerpo, por ejemplo, cabeza, torso, cadera, piernas, etc. Veamos qué sensaciones diferentes vamos sintiendo a distintas distancias. El ejercicio lo podemos hacer con una sola mano si queremos.

2. De arriba abajo: con la persona en posición horizontal, ponemos nuestras manos a unos 70 centímetros o más sobre su cuerpo. Con las palmas siempre hacia abajo, comenzamos a bajarlas y en el trayecto vamos poniendo atención a toda sensación que nos llegue. Repetimos el ejercicio muchas veces y en diferentes zonas del cuerpo. Lo podemos hacer también con una sola mano.

3. A lo largo: Colocamos nuestra mano a unos 50 o 70 cm de la persona y la desplazamos a lo largo de ésta, ya sea de manera recta o haciendo curvas. Nuevamente buscamos poner atención a las diferentes sensaciones. Podemos repetir el ejercicio a distintas distancias.

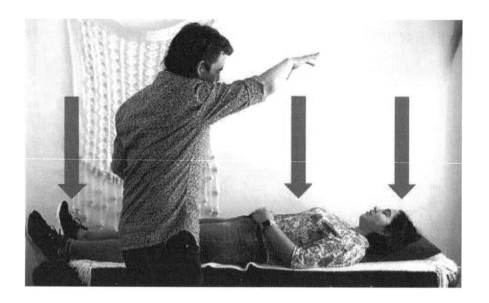

En general, estos movimientos debieran ser siempre muy fluidos. La sensación que necesitamos evocar es la de estar desplazándonos en una especie de gel. Es realmente estar buceando dentro de la energía de la persona. Con ellos, aparte de entrenar las manos, conseguimos tomar conciencia de que el aura no es una energía que se presente igual en todas partes. Podemos encontrar de todo menos homogeneidad. Lo habitual es hallar:

- Zonas que están más frías versus otras más tibias
- Zonas que se sienten más "cargadas" o donde la energía es más fuerte
- Zonas donde se percibe resistencia al avanzar las manos y otras donde avanzar es fácil
- "Corrientes" o "chorros" de energía en alguna dirección determinada
- Zonas donde se siente vacío
- Zonas donde pica o arde
- Zonas en que se nos produce malestar

Lo natural es que alguien que ya sabe distinguir las diferentes estructuras nos pueda ir guiando para reconocer de qué se trata en cada caso. Sin embargo, aunque más difícil, también podemos aprender de manera autodidacta. Este libro intenta en ese sentido describir lo mejor posible cuál es la sensación de cada uno de los tipos de estructura y señala cómo ir testeándolos.

También, un recurso muy útil cuando queremos percibir con mayor claridad es elegir una zona y colocar las manos en ella. Utilizamos la imaginación para intencionar que a través de palmas y dedos traspasamos energía de alta vibración que comienza a saturar el campo. Notaremos no sólo que las estructuras se empiezan a mostrar con mayor definición, sino que la persona misma con mucha probabilidad va a empezar a sentirlas.

Ahora bien, supongamos que estamos haciendo trabajo de percepción y de modo súbito nos empiezan a llegar imágenes o entendimientos. Esto es natural que ocurra y podemos considerarlo un plus a la información obtenida a través del tacto. Puede ser señal de que estamos conectando de manera más profunda, pero debemos ser precavidos y sólo tomarla en cuenta cuando adquiere un sentido claro o delo contrario sólo nos confundirá.

En general, la percepción se profundiza y se hace más clara en la medida en que:

1. Nos sintonizamos mejor con qué o quién estamos percibiendo
2. Manejamos más conocimiento que nos ayuda a diferenciar y dar un sentido a lo que percibimos.

Sobre lo anterior debemos entender que nuestra capacidad perceptiva no se basa sólo en las facultades psíquicas o extrasensoriales que podemos llegar a tener. Tiene que ver más que nada con nuestra capacidad de "sintonizarnos" adecuadamente, que se basa a su vez en gran medida en la atención. Porque un buen observador no es necesariamente alguien con capacidades visuales especiales, y un buen escuchador no es alguien con un oído necesariamente más desarrollado. En ambos casos la capacidad se basa más en saber discernir a qué prestar atención y a qué no.

"Sintonizar", entonces, es una especie de calibración de la atención que realizan nuestro cerebro y nuestro sistema energético, muy similar a cuando el ojo enfoca. En el plano de la realidad energética —donde la mayor parte de la información es irrelevante— resulta algo totalmente necesario.

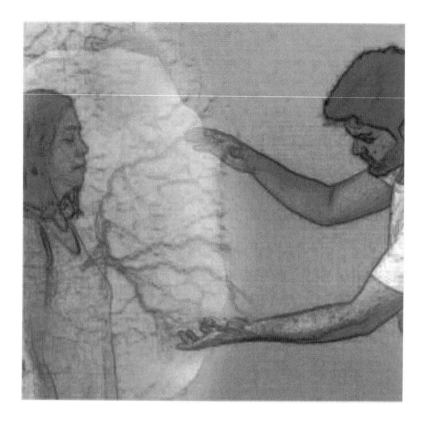

Y aquí entra la importancia de tener "mapas" [cognitivos] adecuados que permitan interpretar e integrar adecuadamente la información. Saber, por ejemplo, reconocer el frío y el picor propios de una entidad; o la sensación de latido característica de un parásito; o la resistencia de un bloque; o la sensación dolorosa de una herida energética. Y más allá de eso, también comprender la "intención" que en cada caso dio origen a esas estructuras.

Porque percibir es algo complejo que se mezcla con comprender. De hecho, después de diez años trabajando el aura no sé si puedo decir dónde está el límite entre ambos. Porque a veces cuando sintonizo y percibo, inmediatamente "comprendo" la situación. Y es similar al médico con experiencia que apenas ve un moretón ya "comprende" que se trata de un golpe y puede decir incluso hace cuántos días se produjo. Pero esto lo logra aplicando los conocimientos de la medicina que ha logrado, y no porque sea alguien con grandes capacidades de percepción.

Antes de concluir, también es importante tener en cuenta que todo nuestro sistema energético está concebido para dar expresión al alma. Cuando sintonizamos, por lo tanto, estamos buscando "captar" lo que el alma nos muestra sobre una realidad. Por eso la mente debe vaciarse lo más posible de prejuicios y abrirse al entendimiento y las percepciones que van surgiendo. Para potenciar este estado de conexión se recomienda fijar la atención en el plexo solar. Es allí donde conectamos con el "maestro interno" o "yo profundo" de nuestra propia alma.

Por último, sintonizar con la problemática emocional de alguien significa percibir en primer plano las estructuras de su campo emocional (intrapsíquicas). Por el contrario, sintonizar evitando conectar con su problemática emocional lleva a percibir las estructuras del campo magnético (externas). Esto resulta clave porque nos dice que al percibir energías debemos ser muy conscientes de cuál es nuestra predisposición. Si estamos pensando en chakras, eso es lo que percibiremos; si en cambio estamos pensando en estructuras emocionales, para allá irá la atención y lo demás será fondo; y si lo que queremos es ver vidas pasadas, seguramente con tal información conectaremos. Todo esto explica por qué hay tantas personas y sistemas haciendo énfasis en cosas distintas en el aura.

Cómo se trabajan las estructuras

Existen muchos procedimientos y técnicas para retirar, disolver o sanar las estructuras, directa o indirectamente. Todos tienen en común que de diferentes maneras trabajan "intencionando".

Por ejemplo, si es operación manual el terapeuta se concentrará en mover las manos con la intención de tomar energía y desplazarla, o puede también que combine dicho movimiento con visualizar que inyecta energía a través de palmas o dedos. Si en cambio la técnica es visualización, el terapeuta se concentrará en su tercer ojo (entrecejo) imaginando el movimiento que desea ejecutar. Mientras más intención logre poner en las imágenes (color y detalles) más logrará un movimiento energético afuera. Si la técnica es decretos, es el paciente quien debe al decirlos poner toda su intención en ellos (en especial en los verbos). Se pueden hacer muchas veces y de diferentes maneras, siempre que se conserve la idea central. En las esencias florales en cambio la intención viene ya imbuida en la esencia misma y se ejecuta en cada dosis que se toma. En la petición a guías y seres de luz, la intención va en la fe con que se hace. Si se trata de uso de velas, éstas se programan o "cargan" con una determinada intención que la vela ejecutará durante el tiempo en que esté prendida. La "intención" es la base de todo, pero el terapeuta debe elegir correctamente la herramienta más idónea y que le queda más cómoda para el tipo de estructura que está trabajando. Eso se consigue con estudio y mucha práctica.

Sin embargo, trabajar las estructuras requiere no sólo de "intención", sino también en mayor o menor medida de "conciencia". Porque es imposible sacar o disolver una estructura con la que aún nos sentimos cómodos o comprometidos. Sería lo mismo que intentar levantar una tabla sin primero asegurarnos de no estar parados sobre ella.

Así, las técnicas "de intención" deben siempre ejecutarse acompañadas de psicoterapia para conseguir que la persona reflexione sobre los conflictos o temas que observamos en sus estructuras. La idea es conseguir una toma de conciencia que le permita "desidentificarse" de sus "patrones rígidos aprendidos". Sin este trabajo de reflexión, puede que la persona no esté realmente cien por ciento convencida de soltar una determinada estructura. Si aún la considera una muleta necesaria en su vida, por muchas técnicas que ejecutemos no conseguiremos soltarla o sanarla.

Por último, como tercer gran factor al trabajar las estructuras, está el diagnóstico. Mientras más preciso es, más y mejores resultados obtendremos. En él debemos buscar siempre en lo posible: (1) identificar el o los tipos de estructuras que se encuentran activados; y (2) identificar el o los temas emocionales con los que estas estructuras pueden estar relacionadas. Esto se obtiene no sólo observando la parte energética, sino también escuchando al paciente en su lenguaje verbal y no verbal, y canalizando, es decir conectando con las intuiciones, mensajes o corazonadas que nos llegan sobre lo que le está ocurriendo a la persona.

Para diagnosticar las estructuras del campo emocional necesitamos también tener un conocimiento acabado de lo que son los problemas emocionales. Este libro entrega bastantes mapas al respecto, pero es imprescindible también estudiar a fondo la psicología humana. No debemos olvidar que las estructuras —al menos las del campo emocional— representan siempre en el fondo "patrones" o "maneras" en que nos comportamos.

Visión temática de los chakras

Los *chakras* son la parte de nuestra anatomía invisible encargada de transformar y procesar la energía en todos nuestros niveles: físico, emocional, mental y espiritual. Es por eso por lo que hay quienes evalúan la salud energética y emocional de alguien midiendo cuán "abiertos", "bloqueados", "alineados" o "desalineados" los *chakras* se encuentran. Sin embargo, si nuestro enfoque es "estructural", estos diagnósticos de tipo "funcional" resultan bastante limitados.

Lo que realmente necesitamos cuando deseamos ser específicos es precisar cuál o cuáles son las estructuras energéticas que están causando los bloqueos y desequilibrios, así como determinar con qué conflictos y aprendizajes tienen que ver. Porque en el trabajo de sanación emocional, si queremos ir profundo, constantemente nos tenemos que preguntar cosas como: ¿qué significa este lazo en el tercer *chakra*?, o ¿de qué me están hablando esta herida y esta coraza en el *chakra* corazón?, o ¿con qué tiene que ver este bloque en la pelvis (segundo *chakra*)?

La "visión temática de los *chakras*", entonces, es el "mapa" que nos muestra la íntima relación existente entre estructuras y *chakras*. Nos dice que podemos deducir la naturaleza o "tema" de una determinada estructura con sólo observar el *chakra* con el que se halla vinculada. Esto es porque la mente o psique humana se halla "corporizada"[23] y, como tal, la "hallamos" en el cuerpo. Bajo esta mirada, cada *chakra* puede ser entendido como un "ámbito particular de la experiencia humana" en el que se juegan un aprendizajes que el alma a través de la psique (o campo emocional) necesita adquirir. Podemos decir entonces que cada *chakra* es una lección particular en la que necesitamos ir vida tras vida profundizando.

Ahora bien, las "lecciones" de cualquier *chakra* van íntimamente de la mano con el conflicto que nos generan, ya que tal como el niño se resiste a ir a la escuela, la personalidad también se resiste a aprender. A modo de ejemplo, imaginemos que alguien no perdona sus propias fallas y se dice a sí mismo

---

[23] Lo que en psicología cognitiva se conoce como *embodiment*, modelo que sostiene que la cognición (o muchas partes de ésta) está determinada por órganos o funciones del cuerpo.

cosas horribles. Sin duda tendrá "bloques", "heridas" y "vacíos" importantes a nivel de su tercer *chakra*. Este emplazamiento dentro del campo está dado porque el tercer *chakra* tiene justamente que ver con la autoestima y sentimiento de valor hacia uno mismo. Las estructura allí, por lo tanto, nos están diciendo que el sujeto: «tiene un conflicto con el aprendizaje de quererse a sí mismo» o, lo que es lo mismo: «tiene un "tema" con apreciarse o quererse».

Por lo tanto —y tal como me lo mostró mi maestro interno en su momento— "tema" se puede definir como aquel «conjunto de conflictos asociados a una determinada lección o aprendizaje». Aplicado a los *chakras*, lo "temático" apunta así a:

1. Entender los aprendizajes (lecciones) y conflictos de cada *chakra*
2. A partir de allí hacer una lectura aproximada de las estructuras que están en la zona de ese *chakra* (facilitando así el entendimiento de qué quieren decir)
3. Poder decirle a la persona cuáles son los "temas" psicológicos o emocionales que debe esforzarse en trabajar.

Revisemos entonces uno a uno los *chakras* y sus principales "temas":

Chakra 1:

Ubicado en la zona del coxis, el *chakra* 1 tiene que ver con la supervivencia y las funciones básicas corporales. Su lección apunta a desarrollar la confianza básica, el cuidado y valoración de nuestra salud e integridad física, y la valoración del dinero y del mundo y la experiencia material en general. Las estructuras que tiene asociadas solemos hallarlas, o sobre el *chakra* mismo, o sobre muslos y piernas, y —según el contexto— podemos "leerlas" como:

- Miedos o traumas relacionados con la muerte o la enfermedad físicas (de esta vida o las pasadas)
- Sacrificios de vidas pasadas donde se entregó la vida, que crean una tendencia al sacrificio hoy

- Esclavitud o prisión (vidas pasadas)
- Conflicto de no desear estar en este mundo, con rechazo a la vida o al propio cuerpo
- Rechazo a todo lo material
- Conflictos con el dinero
- Sentirse con poco "piso" o arraigo

Chakra 2:

Ubicado justo bajo el ombligo (bajo vientre), el *chakra* 2 tiene que ver con el placer, el juego y la sexualidad. Su lección o aprendizaje es confiar en el flujo de la vida (aprender a dejarnos fluir), cosa que experimentamos a través del placer, el juego y la creatividad. Las estructuras directamente asociadas a él solemos hallarlas en toda la zona del abdomen bajo, las caderas y la pelvis. De acuerdo con el contexto, podemos leerlas como:

- Desconfianza que impide dejarse llevar (desconfianza en el flujo de la vida)
- Sensación de que la vida es hostil
- Vulnerabilidad. Miedo a ser dañado
- Abuso o trauma sexual
- Represión del placer o la sexualidad
- Maternidad frustrada
- Bloqueo que impide jugar o disfrutar
- Culpa, responsabilidad
- Daño o maltrato físico
- Bloqueo de la energía femenina o masculina

Chakra 3:

Ubicado en el plexo solar (estómago), el *chakra* 3 tiene que ver con la identidad y el sentimiento de ser uno mismo que conseguimos a partir de aquello que nos proponemos. Su lección es el desarrollo de un ego o identidad sanos. Abarca aspectos como el amor propio, la autovaloración, la autoconfianza y la autoestima, el poder y los límites personales, y el sentido sano de la autoexigencia o voluntad. Las estructuras asociadas directamente a él las encontramos en la zona del estómago y alrededores. Según el contexto, podemos leerlas como:

- Autoestima y valor personal bajos
- Falta o confusión de identidad
- Rechazo o abandono de uno mismo
- Autoexigencia, cumplimiento del deber y honor
- "Falso ego" para compensar la falta de autoestima
- Tendencia a ser controlador
- Miedo a fallar
- Maltrato o automaltrato psicológico
- Duelo (cuando éste implica pérdida de identidad)
- Depender de la validación de otros

Chakra 4:

Ubicado en el centro del pecho (corazón), el *chakra* 4 tiene que ver con los afectos y las relaciones interpersonales. Su lección o aprendizaje es el amor verdadero (a otros y a uno mismo), la compasión y la empatía. Las estructuras directamente asociadas a él asociadas a él las encontramos en la zona del pecho y, de acuerdo con el contexto, podemos leerlas como:

- Depender del amor de otros

- Pena o dolor por pérdidas afectivas
- Desamor, separaciones
- Falta de amor [en la infancia]
- Represión o negación de los afectos o sentimientos ("acorazamiento" emocional)

Chakra 5:

Ubicado en el cuello (laringe), el *chakra* 5 tiene que ver con la expresión de uno mismo. Su lección es aprender a creer en la propia voz y verdad, y no tener miedo ni vergüenza en mostrar y comunicar lo que uno realmente es. Las estructuras directamente asociadas a él las encontramos en la zona del cuello, garganta, boca y oídos. Podemos leerlas como:

- Miedo o vergüenza que lleva a callar la propia "voz" (expresión)
- Miedo o vergüenza de mostrarse (y mostrar el propio rostro)[24]
- Autoimagen falsa o distorsionada
- Traumas de no haber sido escuchado
- Traumas de haber sido callado a la fuerza
- Secretos, y juramentos de silencio

Chakra 6:

Ubicado en la zona de la frente (entrecejo), el *chakra* 6 tiene que ver con la conciencia, el juicio y la capacidad de ver y visionar. Su lección es aprender a juzgar y observar la realidad desde distintos ángulos, así como de nuestra mente o entendimiento profundos. Las estructuras asociadas directamente a él las hallamos en la zona de la frente y podemos leerlas como:

---

[24] Miedo a "salir del closet"

- Juicios rígidos [de lo que es bueno o malo y correcto o incorrecto]. Tener reglas para todo.
- Visión rígida
- Conciencia moral rígida.
- Tendencia a juzgar o criticar
- Tendencia a perderse en fantasías
- Prejuicio
- "Ceguera" (dificultad para ver las cosas), confusión o falta de visión o conciencia

Chakra 7:

Ubicado en la cabeza (corona), el *chakra* 7 tiene que ver con la función del pensamiento. Su lección o aprendizaje es la sabiduría, es decir un pensamiento "conectado" con el alma. Las estructuras directamente asociadas a él las encontramos en toda la zona de la cabeza por detrás y encima del rostro y la frente. Según el contexto, podemos leerlas como:

- Pensamiento rígido o desconectado de la conciencia del alma o de los afectos
- Valores o creencias espirituales desconectadas del alma (se pueden estar usando como escape o refugio)
- Verdades o ideales rígidos o absolutos. Tener el pensamiento atrapado por ideologías o doctrinas.
- Tendencia a racionalizar
- Mecanismos de control afectivo a través del pensamiento
- Tendencia a utilizar el pensamiento como escape o refugio (huir hacia "mundos mentales")
- Excesiva preocupación o actividad mental
- Intentar huir de la angustia u otras emociones a través de racionalizar mucho

- Depender de maestros, guías o líderes (dependencia intelectual)

Además de los *chakras*, es posible interpretar "temáticamente" otras partes del cuerpo. Por ejemplo:

- Piernas y pies. Se relacionan con el primer *chakra*. Las estructuras ahí hablan de la sensación de no de poder (o de sentirse sin la libertad de) avanzar.
- Brazos y manos. Se relacionan con el *chakra* 3. Las estructuras allí hablan de estar de "manos atadas"; falta de poder o voluntad.
- Espalda. Se relaciona al *chakra* 2 y al 3. Sensación de llevar el peso de algo. Estructuras de agobio y responsabilidad. Cargas asociadas con el árbol familiar y los ancestros.
- Rodillas y otras articulaciones: Estructuras relacionadas con rigidez y obstinación. Actitud de resistir hasta el final, no dar el brazo a torcer, falta de flexibilidad.

Es necesario tener en cuenta también que muchas estructuras a menudo abarcan más de un *chakra*. Por ejemplo, un bloque puede cubrir cabeza, pecho y abdomen, o llegar incluso hasta las piernas. O una "herida" puede iniciarse en la garganta y terminar en el vientre. En casos como ésos el "tema" central o de fondo de la estructura va a estar dado por aquel *chakra* que sea su foco, que suele ser donde se halla anclada más profundamente. Podemos descubrirlo al poner con las manos un poco de energía sobre la estructura y observar cuál es el lugar donde normalmente la persona dice que le presiona, le duele o le tira. Necesitamos luego fijarnos en el *chakra* con que ese punto se halla más relacionado.

Por último, también es bueno saber que la cabeza (*chakras* 6 y 7) suele estar siempre conectada a todas las estructuras. Porque allí está —podríamos decir— el "comando central" que sostiene todo desde las formas de pensar. Por ejemplo, aunque una coraza pueda estar localizada en el cuarto *chakra* y significar que la persona reprime sus propios sentimientos, en la cabeza necesariamente encontraremos estructuras complementarias que son las creencias rígidas que validan esas corazas. Así también, si en la zona del tercer *chakra* hallamos un bloque de autoexigencia, en la cabeza con seguridad hallaremos estructuras que son los ideales rígidos que las "validan".

Entonces siempre es necesario tener en cuenta que una estructura está casi siempre relacionada con estructuras en otros *chakras*. La práctica nos muestra que las estructuras emocionales que están al mismo tiempo activadas suelen ser "solidarias" entre sí. Esto quiere decir que se sostienen mutuamente y sus temas o conflictos se hallan vinculados.

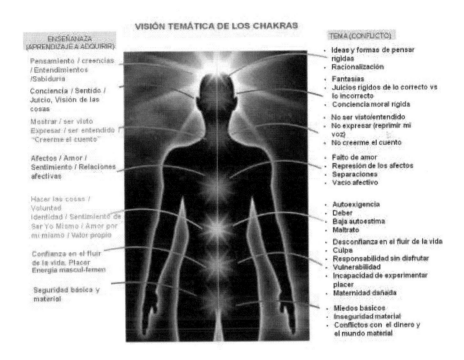

CAPÍTULO 4
Bloques emocionales

Los bloques

Los bloques son probablemente el tipo de estructura más común del campo emocional. Se presentan en muy diversos tamaños, densidades, texturas y formas. Son "masas" o "cuerpos" de energía con consistencia, ubicación y límites relativamente estables.

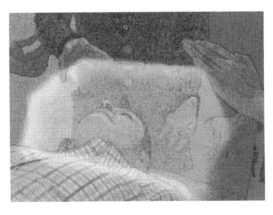

Los bloques más simples son aquellos que tienen apariencia de bulto, roca o pelota. Son en general energía emocional acumulada que terminó por densificarse y rigidizarse bajo algún pensamiento (intención) relativamente simple. Por ejemplo, alguien que ha guardado prolongadamente pena, miedo o dolor podría presentar este tipo en algún punto de su zona media; o alguien que siente que no consigue avanzar, tener uno rodeando pies y piernas; o alguien que se siente vulnerable, mostrarlos en su abdomen como si fueran un escudo; o alguien que tuvo muertes traumáticas en otra vida, presentar uno grande sobre el primer *chakra* con energía y sensación "de muerte".

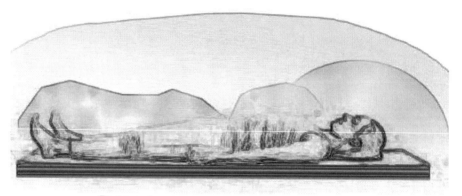

BLOQUES EN CABEZA, PECHO Y PIERNAS

Ahora bien, mientras más compleja es la intención dirigida desde el pensamiento, los bloques comienzan a adquirir formas también más complejas y diferenciadas. Éstas normalmente tienen que ver con la función que el bloque está cumpliendo, que se relaciona a su vez con los temas del o los chakras asociados. Por ejemplo, cuando un bloque tiene forma de coraza o escudo, deducimos que su intención es la de proteger o servir de barrera. Podríamos percibirlo al tacto como hecho de algún material duro, como metal, madera o piedra. Y, si está en la zona del cuarto chakra, deducimos que la persona busca protegerse o pone una barrera frente a los sentimientos; si está en la del tercero, la barrera es para no ser herido en su ego o autoestima; si está frente al rostro (chakra 5), probablemente ya no le llamemos coraza sino "máscara" y su función sea mostrarse de determinada forma o evitar ser visto.

Veamos acá una lista de formas comunes de bloques y su posible función:

- Coraza: protegerse emocional o físicamente, reprimir emociones o impulsos
- Corsé: autoexigirse, obligarse, tratar de ser de cierta forma rígida
- Casco: racionalizar o refugiarse en ideas, pensamientos o creencias
- Cuello: reprimir la voz, quedarse callado
- Máscara: esconder el verdadero rostro, mostrarse como uno no es

- Calzón o cinturón: reprimir o controlar la sexualidad, defenderse frente a posible contacto o tentación sexual
- Grillete y cadenas: amarrarse, aceptar limitación, no ser libre
- Puntas hacia afuera: defenderse agrediendo, mantener a distancia
- Puntas hacia adentro: autoagresión, autocastigo asociado a culpa o deshonor
- Tentáculos: manipular o controlar
- Placas: guardar o proteger algo

No obstante, muchos bloques no tienen una forma que podamos definir como un objeto específico y no debemos preocuparnos demasiado por no poder identificar su aspecto. Lo que realmente importa es que son "programaciones para algo" y es eso lo que debemos buscar dilucidar. Son la expresión de "mecanismos" que la psique ha creado no por azar sino porque cumplen una función.

Por ejemplo, hace años en una feria de terapias en la que participé, había una señora vestida entera de blanco que estaba esperando para recibir una demostración. Cuando su turno llegó y le pedí que se recostara sobre la camilla, me hizo el comentario de que no estaba bien que yo llevara puesto un anillo de metal. Me dijo que un terapeuta energético no debía usar anillos al trabajar. Yo estaba acostumbrado a llevarlo siempre, pero para no entrar en discusión le respondí que no tenía problema en sacármelo y me lo quité.

Durante la sesión me llamó la atención un bloque bastante rígido en su frente que me hizo inmediato sentido con el comportamiento que había observado. Lo sentía frío y duro, y cuando le empecé a poner energía ella sintió de inmediato una presión en la zona seguida de mayor relajo.

—Este bloque en tu frente —le señalé— me muestra una cierta tendencia a la inflexibilidad psicológica y moral. En el fondo hay muchas reglas y conceptos rígidos de lo que es bueno y malo. Eso te quita fluidez y te hace juzgadora.

Ella asintió y me dijo que sin conocerla había descrito muy bien ese rasgo de su carácter que ella sabía que necesitaba trabajar. Como era un bloque bastante duro decidí hacerle repetir un renuncio:

> Yo_____ me permito juzgar con amor y compasión, según la conciencia del corazón. Por lo tanto, renuncio a toda conciencia y juicios rígidos de lo que es bueno o malo, correcto o incorrecto. Renuncio a esas estructuras que en el pasado alimenté, les retiro mi energía.

Gracias al renuncio, el bloque cedió y pudo ser retirado, lo que hizo que al sentirse ligera y despejada en ella brotaran las lágrimas. Me agradeció y me pidió disculpas por haberme criticado el anillo. Me dijo que ella era instructora de yoga y terapeuta de *reiki*, y estaba consciente de que su excesiva rigidez y dureza para juzgar eran aspectos que le jugaban muy en contra.

Bloques como mecanismos internos de defensa

Ya en el capítulo 3 nos referimos al procesamiento de las emociones y señalamos que éste muchas veces no se realiza de una manera consciente. Como resultado, en vez de "aprendizaje de alma", lo que se obtiene es un sinfín de "patrones rígidos aprendidos". Los podemos entender también como "mecanismos defensivos".

Los mecanismos de defensa son algo así como "atajos" a lo que sería un procesamiento acabado y consciente de las emociones. Son los "mecanismos" que creamos en situaciones emocionalmente difíciles para evitar el sufrimiento o el malestar que implicaría enfrentar estas situaciones y aprender de ellas. Buscan que podamos volver lo antes posible al equilibrio psicológico al que estamos habituados.

Es decir, los mecanismos de defensa son una manera "cómoda" de procesar las emociones sin aprender profundamente de ellas. Solemos desarrollarlos cuando creemos que nuestra identidad o sistema de creencias pueden verse dañados, o cuando adaptarnos a una nueva realidad nos significaría un gran esfuerzo, o cuando algo es demasiado intenso o complejo de asumir.

Entonces, por ejemplo, antes de aceptar ciertas emociones de pena resulta más cómodo crear una "coraza" encima y decir «no me importa». O antes de analizar los propios errores y responsabilidades en un fracaso parece menos trabajoso refugiarse en "bloques" de «yo pienso siempre positivo».

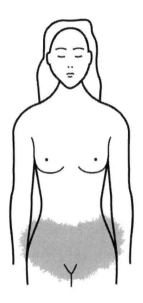

BLOQUE DEFENSIVO ZONA SEXUAL

Así, cada bloque del campo emocional puede ser entendido como algún tipo de defensa. Según el *chakra* y demás estructuras a las que esté vinculado, podemos deducir cuál es el conflicto que intenta sin éxito resolver.

Pero debemos entender que los mecanismos son necesarios mientras la persona no desarrolle un aprendizaje verdadero. Son como una muleta que será necesaria mientras alguien no tenga su pierna en buen estado. El problema es que, si se acostumbra a la comodidad de la muleta, nunca las piernas se le desarrollarán.

De esta forma, si se desea renunciar al mecanismo de una estructura de debe estar dispuesto renunciar a la comodidad y a la ganancia secundaria que ofrece[25]. Y es un acto de gran valor, ya que muchas veces los aprendizajes que reemplazan a esos mecanismos no son instantáneos. Si bien es cierto a nivel del aura podemos sacar esas estructuras y poner en su lugar energías nuevas, hay veces en que los procesos de asimilación son lentos.

En especial cuando hemos estado toda una vida funcionando bajo determinadas estructuras, prescindir de ellas es como un verdadero "cambio de piel". No se produce de la noche a la mañana y demanda una transformación movilizada y sostenida desde la conciencia. Por ese motivo, si estamos pensando en el trabajo de remover o disolver los "bloques", debemos asegurarnos de que la persona vaya tomando conciencia de los mecanismos que hay detrás. Significa, a través de psicoterapia, hacerle comprender los aprendizajes que no ha logrado tener y las programaciones rígidas que ha creado en su lugar.

Pensemos por un momento que un torniquete es una amarra que sirve para impedir que una persona muera desangrada cuando tiene una hemorragia en una extremidad. Pero de quedarse puesto demasiado tiempo, el mismo torniquete terminaría causando necrosis en el miembro afectado. En el campo emocional muchos bloques son verdaderos "torniquetes emocionales" que nos autoaplicamos para evitar vernos desbordados por emociones que nuestro sistema no está logrando procesar. Sólo atinamos a reprimirlas o negarlas, o a evadirlas desplazando nuestra atención a otra parte. Si bien en el corto plazo son mecanismos que resultan útiles, rápidamente debiéramos entender que no son soluciones a largo plazo. En vez de atrincherarnos en ellos, debiéramos dejar que la conciencia desarrolle los aprendizajes que permitan trascenderlos y "soltarlos".

---

[25] En psicología, ganancia secundaria es aquel beneficio que una persona obtiene de los problemas de índole psicológica que puede presentar.

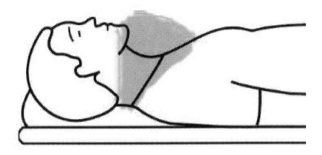

BLOQUE EN EL CUELLO

Ahora bien, los "torniquetes emocionales" —por ser el campo emocional un campo que no muere— no generan necrosis, sino sólo bloqueo. Podríamos pasar esta existencia y muchas más llenos de corazas y bloques, pero eso no significaría la pérdida sin vuelta de un tejido. También podríamos poner un torniquete en el cuello y eso no implicaría morir como pasaría físicamente. Sólo sería un bloqueo más que impediría la circulación y procesamiento de las energías emocionales. El problema es que, mientras no sea disuelto, podría permanecer así durante muchas vidas.

Por eso es por lo que podemos afirmar que vivimos llenos de "torniquetes" energéticos (es decir, bloques) de los que podemos ser poco o nada conscientes. Quizás el único malestar sea sentirnos bloqueados o inhibidos de llevar una vida más plena. Es un sentimiento que podemos distraer de muchas formas, pero a la larga si tenemos la bendición o maldición (depende de cómo lo queramos tomar) de ser conscientes, no estaremos en paz.

Bloques como creencias y expectativas rígidas

Ahora bien, los bloques no se originan sólo de mecanismos sino también de expectativas y creencias rígidas. Éstas son definiciones forzadas que hacemos de las cosas a partir de lo que esperamos de ellas más que de lo que realmente son. Suelen estar basadas en un "deber ser" que no responde a una comprensión del alma. Algunos ejemplos son:

- «Un hijo "debe ser" obediente con su padre»
- «El matrimonio es (o "debe ser") para toda la vida»
- «Los hombres no "deben" tener sentimientos»
- «Para ser feliz "debo" casarme con María»
- «Para sentirme bien conmigo mismo debo ser siempre responsable»

Estas expectativas y creencias suelen recibir mucha energía a partir de la intención que ponemos en ellas. El problema es que esta última no proviene del alma sino del miedo o el urgimiento, por lo que su nivel vibratorio es dramáticamente bajo. Por tanto, en el campo emocional es energía que termina cristalizándose y constituyendo bloques.

Bloques como defensa externa

Barbara Brennan, en el capítulo 12 de *Manos que Curan*, señala que muchos bloques que ella observa en el aura tienen una función defensiva directa:

> Todos creamos bloques porque consideramos inseguro el mundo. Los creamos según pautas que implican a todo nuestro sistema energético. Este sistema ha sido concebido para repeler, para defendernos agresiva o pasivamente contra una fuerza que llega del exterior. Está concebido para demostrar poderío y, por tanto, asustar al agresor, o para atraer una atención indirecta, sin que queramos admitir que eso es lo que deseamos.

Eso significa que desarrollamos muchos bloques (y estructuras en general), no sólo como expectativas o como mecanismos frente a nuestras propias emociones, sino también para defendernos de las demás personas. Ella describe y explica una amplia variedad de tipos, los cuales incluso dibuja: "puercoespín", "retirada", "estar con uno mismo", "negación oral", "succión oral", "ganchos", "tentáculos", "dardos verbales", "histeria", "retención dentro de límites" y "exhibición de la fuerza de voluntad".

Sin entrar a explicar cada uno, lo que ella hace notar es que son estructuras que se crean en la interacción directa con otros. O bien son formas de provocar reacciones en los demás para tomar su energía, o bien son maneras de protegernos frente a ellos porque los creemos una amenaza. Por ejemplo, una persona tímida puede crear bloques en forma de barrera para evitar que la gente se le acerque, o alguien con tendencia a ser manipulador puede crear tentáculos energéticos para agarrar a sus víctimas y no ofrecerles escapatoria. Tales estructuras no podrán ser extraídas o retiradas hasta la persona hacerse consciente y renunciar con toda su intención al mecanismo.

Bloques como objetos de vidas pasadas

El campo emocional suele sacar una copia energética de los objetos físicos que tuvieron un gran impacto en la vida de una persona. Esto puede ser debido a traumas o daños que esos objetos causaron, o bien al significado que esa persona les atribuyó y que marcaron su identidad.

Así, como expliqué en la primera parte, es usual encontrar en el aura todo tipo de objetos que pudieron haber causado muerte o sufrimiento en la persona en alguna vida anterior. Por ejemplo, en quienes murieron a causa de guerras o disputas, se pueden sentir enterradas lanzas, picas, puñales, flechas o balas; o en personas que fueron ahorcadas se puede ver o sentir la soga en el cuello; o en quienes murieron dando a luz, ver o sentir el feto incrustado.

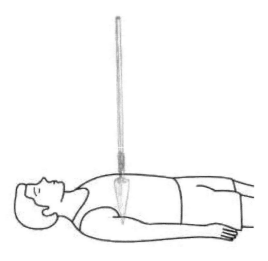

Una vez atendí a una chica que tenía la sensación de no poder avanzar en su vida. Después de trabajar varias estructuras, sentí que sobre sus piernas tenía un enorme bloque en forma de roca. Comencé a ponerle energía con la intención de sacarla y en el proceso le empezaron a venir imágenes de una vida pasada. Se veía como un adolescente que caminaba junto a otras personas por una zona montañosa cuando una gran roca caía sobre él y le aplastaba la parte de abajo del cuerpo. Tuvo la visión de su propia muerte y que unos seres de luz lo llevaban a una especie de "hospital" celestial donde sentía mucha paz. En su campo emocional había quedado la [huella de la] roca en el aura, dado el impacto emocional y energético que ésta tuvo.

En otra ocasión, mi amigo Claudio que atiende en el sur me contó de una paciente a la que atendió en la ciudad donde él vive. Era una chica que por la espalda tenía algo energético "enterrado" que le producía dolor. Cuando pudo palparlo con mayor detención se le vino la imagen de un "yatagán", especie de cuchillo militar que el ejército chileno utilizaba en el siglo XIX. De hecho, se le venía a la cabeza la imagen clara de un soldado chileno de la Guerra del Pacífico.

Cuando Claudio comentó a la chica lo que veía, se asombró de que ella supiera de inmediato qué era un "yatagán".

—Lo sé porque soy reservista del ejército y siempre me ha gustado mucho lo militar —le dijo sorprendida y emocionada a la vez—. De hecho, me encantan los uniformes de La Guerra del Pacífico y cada vez que voy al regimiento para las conmemoraciones amo ponérmelo.

Pero los objetos energéticos asociados a traumas no son sólo los que pudieron haber causado la muerte. Pueden ser simplemente objetos que produjeron dolor o severa limitación a la persona, como cadenas, grilletes, elementos de castigo o tortura, etc.

En cierta ocasión, también, atendí a una mujer que decía sentir fuerte ansiedad ante los obstáculos que se le presentaban. Le venía desesperación como si estuviera atrapada y no pudiera avanzar. Cuando examiné su campo descubrí una estructura que envolvía sus tobillos, que al tocarla me daba la sensación de pequeños pinchazos. Mi primera idea fue que podría tratarse de parásitos energéticos, que a menudo pinchan como forma de defenderse, pero luego lo descarté al no percibir el característico "latido" propio de un parásito. Intrigado, le pedía a otra chica terapeuta que me ayudara a ver qué era. A ella le llegó la imagen de una especie de "zarza de espinas".

—Esta paciente en una vida pasada era alguien que al parecer estaba huyendo y en un momento se enredó en esta zarza —me dijo—. Los sentimientos de impotencia y desesperación que debió haber experimentado quedaron grabados en esta estructura pinchosa y se le activan cada vez que se siente nuevamente ante una dificultad.

Al retirar la "zarza", los sentimientos que la paralizaban se redujeron notablemente. Por supuesto hubo que seguir trabajando mucho más, sobre todo en psicoterapia, para ir estabilizando y haciendo permanentes las mejoras obtenidas en lo energético.

Por último, muchas "huellas" de objetos que aparecen en el campo emocional tienen que ver también no con traumas sino con la identidad de esa persona en vidas pasadas. Por ejemplo, armaduras, cascos y cotas de malla son señal clara de vidas como soldado o caballero; cadenas o grilletes, por su parte, pueden estar indicando vidas como esclavo o prisionero; o coronas y cetros, alguna especie de rey o monarca. A menudo, acompañando a los "objetos", llegan imágenes: "vemos" o imaginamos a la persona vestida de cierta manera o haciendo algo particular que nos revela lo que pudo haber sido esa persona en una vida pasada. Sea como sea, siempre es conveniente retirar el máximo de estos objetos, ya que si el campo emocional carga con ellos es porque aún existe un "patrón" que debe ser sanado. Retirarlos ayuda a obtener un aprendizaje consciente, a la vez que nos permite sentirnos más libres y livianos.

BLOQUE DE ARMADURA DE UNA VIDA PASADA

Percibiendo los bloques

Nunca está de más recordar que el primer paso para percibir el campo de alguien es activar nuestras manos y calmar nuestros pensamientos. Necesitamos sintonizar con la persona y, dado que estamos hablando del campo emocional, específicamente con su problemática emocional o psicológica (es decir sus "temas"). Podemos pedirle al maestro de nuestra propia alma que nos muestre los principales bloques que hablan de ésta.

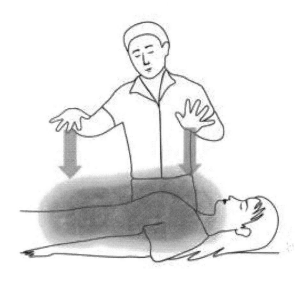

PERCIBIENDO BLOQUES DEL CAMPO EMOCIONAL

Probablemente, lo que más nos llamará la atención al palpar los bloques es que oponen resistencia[26]. Esto significa que, si intentamos avanzar empujando en el aire de atrás adelante o de arriba abajo nos dará la impresión en algún momento de que algo se interpone y nos obstaculiza avanzar. Sentiremos que nuestras palmas se topan con una especie de borde tras el cual el hormigueo se intensifica. Y es justo allí donde debemos detenernos y repetir el movimiento cuantas veces sea necesario hasta cerciorarnos de que realmente hay "algo" frente a nuestras manos.

Podemos intentar seguir su contorno para ver qué forma tiene, o si hay alguna textura que podamos identificar, o si nos da la sensación de algún tipo de material [27]. Tal información será siempre bienvenida, pero no nos

---

[26] La resistencia nos habla de la rigidez, característica esencial de los bloques.
[27] Con esta información podríamos intentar visualizar el bloque para hacernos una imagen mental de él. Algunos se sorprenderán al darse cuenta de que se les hace fácil "ver" el bloque.

desmotivemos si no podemos en un principio tenerla. Sea como sea, procuremos sintonizar al máximo con las sensaciones que vayan llegando al desplazar las manos porque así se harán más claras. Concentrando la atención, esto se conseguirá de manera natural dado que las personas sensibles estamos hechas para captar este tipo de frecuencias.

Otra cosa que es recomendable probar es "intencionar" que empujamos o presionamos el bloque, como si estuviésemos apretando un globo, y preguntar a la persona qué siente. No importa si tenemos la duda de si hay o no un bloque, porque si la persona nos dice que siente presión, será prueba de que sí lo hay. Por último, otra prueba que podemos hacer es "poner" energía en los lugares donde sentimos resistencia o donde el hormigueo es más intenso. Al hacerlo veamos qué empieza a generar esto, ya sea en lo que nosotros mismos podemos percibir como en lo que nos reporta la persona.

Extracción manual de un bloque

La técnica "extracción manual" de un bloque supone el uso de las manos para sacarlo o disolverlo. El primer paso es tener ubicado el bloque en cuestión y para esto, más que preocuparnos de características como tamaño o forma, nos fijaremos en la resistencia. Es decir, allí donde sintamos resistencia ante el avance de nuestra mano, nos vamos a "situar".

E imaginemos que con la misma mano o dedos con que estamos palpando el bloque comenzamos a "inyectarle" energía de alta frecuencia[28]. En la medida en que es invadido por este flujo, va poco a poco elevando su vibración y el resultado es empezar a "soltarse". En el proceso es usual que la persona comience a sentir que algo le presiona o le hace vibrar alguna parte del cuerpo, o que algo se mueve o está saliendo. A veces las sensaciones son tan vívidas, que hay que llamar a la calma y explicar que todo es completamente normal.

---

[28] Para esto podemos solicitar al maestro de nuestra alma, y a través de éste a los "guías" de la propia persona, que no proporcionen aquella "energía" que la persona necesita para "soltar" ese bloque.

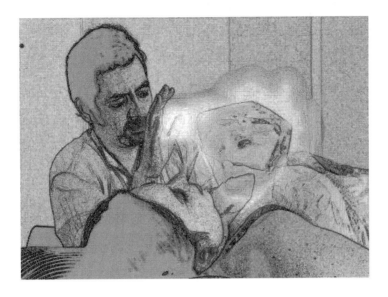

IRRADIANDO LA ESTRUCTURA

Cuando las molestias en la persona hayan cesado es señal de que la estructura ya está suelta y puede ser retirada. Nosotros mismos sentiremos que la resistencia que en un principio percibíamos ha cambiado y se ha tornado liviana y esponjosa. A continuación, imaginamos que nuestras manos se adhieren al bloque y, lentamente, al levantarlas van arrastrándolo fuera del campo. Una vez allí el bloque nos parecerá todavía más liviano, ya que al alejarse del cuerpo va perdiendo su consistencia. Al tiempo que lo dejamos allí, pedimos telepáticamente a los guías de la persona que lo reciban[29] y dispongan "ecológicamente" de él. Es decir, ellos se encargarán de disolverlo y reincorporar esa energía en el campo.

---

[29] Debemos confiar que así será.

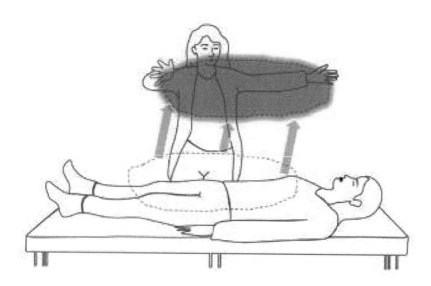

EXTRACCIÓN MANUAL DE UN BLOQUE

Después de eso, volvemos a chequear con las manos en el mismo lugar donde percibimos originalmente el bloque para comparar las sensaciones del antes y el después. Probablemente nos sorprenda que la sensación ha cambiado y se siente más liviana. Puede también que percibamos una especie de "hueco" o "vacío" que tendremos que llenar[30]. Para eso, comencemos a poner con las manos nuevamente energía allí, pero ahora no con la intención de soltar sino de llenar completamente el espacio que dejó el bloque al salir. Mientras lo hacemos, pedimos al maestro de nuestra alma y a los guías de la propia persona que nos entreguen la energía que la persona necesita en ese lugar. Ésta, en el fondo, es información nueva que ingresa al campo y se convierte en "aprendizaje". Durante todo el trabajo es recomendable mantener la comunicación con la persona preguntándole qué va sintiendo.

---

[30] De hecho, puede que la persona también lo perciba como una sensación de dolor o falta de energía

Este reporte resulta útil sobre todo cuando tenemos poca experiencia, porque nos convence de que lo que estamos haciendo es real[31].

Este proceso de "soltar, extraer y rellenar" es la base de la técnica manual para el tratamiento de los bloques energéticos a nivel del campo emocional. Aunque podamos entenderlo como una "limpieza", no lo es. Porque lo que estamos realmente haciendo es una "reprogramación": estamos modificando el programa rígido que la persona tiene instalado y cambiándolo por otro más consciente. Es un proceso no de mantención sino de transformación psicológica. Por eso es por lo que debemos siempre ejecutarlo dentro del contexto de la psicoterapia y no como algo aparte.

Una variante dentro de este procedimiento es, en vez de extraer el bloque, disolverlo. Esto es algo que muchas veces uno no se lo propone, pero termina ocurriendo. Porque, si prolongamos lo suficiente la fase de poner energía para soltar el bloque, puede ser que éste termine disolviéndose sin más. En ese caso la técnica se reduce a un continuo ininterrumpido de administrar energía. En una primera etapa ésta va a ir soltando y disolviendo el bloque; después, comenzará a llenar el espacio que quedó.

Extracción de los bloques a través de decretos

Un bloque también puede ser extraído a través de decretos que la propia persona requiere repetir. Para eso primero es necesario "decodificarlo", es decir, conocer el tema o conflicto del cual es expresión. Mientras no tengamos la suficiente capacidad psíquica para saberlo tan sólo sintonizando, tendremos que echar mano del análisis a partir de la "visión temática de los *chakras*" visto en el capítulo 2.

Por ejemplo, supongamos que un hombre llamado Mario tiene un bloque que le rodea y aprisiona el cuello. Por ubicación corresponde al *chakra* 5, cuyo conflicto según el "mapa temático" es callar la propia voz. Es no

---

[31] Para esto, la persona debe ser lo suficientemente sensible. Cuando alguien no es capaz de reconocer sus propios estados emocionales, difícilmente podrá percibir algo cuando trabajemos.

atreverse por vergüenza o miedo a decir lo que se tiene que decir. Al hacérselo notar, él señala que efectivamente le cuesta atreverse a manifestar su opinión frente a los demás. Dice que es un problema que trae de niño que le ha repercutido negativamente en sus relaciones.

Con esa información, entonces, ya es posible "crear" o "componer" varios decretos. Algunos pueden ser directamente renuncios o anulaciones mientras otros pueden ser del tipo «yo me permito». Veamos cómo podrían quedar:

> Yo, Mario, me permito expresar mi voz, la voz verdadera de mi alma. Me permito decir todo lo que tengo que decir. Renuncio a reprimir mi voz y anulo toda intención de quedarme callado. Renuncio a este bloque que alguna vez coloqué en mi garganta y retiro toda la energía que alguna vez le entregué.

Como podemos ver, el decreto usa las expresiones verbales "renuncio", "anulo", "retiro" y "me permito", que van siempre en primera persona y en tiempo presente. Es la manera de darles una máxima "fuerza de intención". Mientras hacemos que Mario lo repita, vamos chequeando qué está ocurriendo energéticamente en su garganta y su campo en general. Paralelamente, le solicitamos que nos diga qué siente en el cuerpo al decirlo. Y, sin duda también, podemos aprovechar para hacer que Mario diga algunas reflexiones. Estas ayudarán a que profundice sobre el aprendizaje del *chakra*. Por ejemplo:

> Yo, Mario, reconozco la importancia de expresar mi voz, porque es algo que mi alma ha venido a aprender. Tengo derecho legítimo a decir lo que tengo que decir y nadie tiene derecho a callarme. Por eso… [y repite el decreto anterior]

En definitiva, los decretos que se pueden crear admiten una cantidad casi ilimitada de combinaciones. Veremos que, si son dichos con intención, van produciendo un efecto erosivo y a veces hasta explosivo sobre los bloques. Los disuelven por completo o logran que queden listos para ser removidos de manera manual, con esencias florales, o retirados por los guías.

Veamos otro caso a modo ejemplificador: Josefina es una chica de 30 años en quien encontramos bloques justo por encima de la cabeza y en la zona del plexo solar. El primero parece un verdadero casco alrededor de la cabeza mientras el segundo es más parecido a un ladrillo. De acuerdo con la visión temática de los chakras, la estructura sobre el plexo (chakra 3) podría estar indicando una tendencia a ser autoexigente. Eso lo corroboramos en la psicoterapia con Josefina, en que ella reconoce que trata de hacer todo perfecto y vive siempre estresada. Por su parte, el bloque de la cabeza (chakra 7) podemos leerlo como una estructura de pensamiento rígido, que en este caso es probablemente el "ideal" o "doctrina" [de perfección] que "alimenta" o "sostiene" al bloque del plexo.

Ya con toda esta información podemos componer el siguiente decreto para trabajar ambos bloques a la vez:

> Yo, Josefina, me permito actuar por amor y no por exigencia rígida hacia mí misma. Renuncio a todo ideal rígido y dictatorial de perfección y quito toda la energía y la identidad que puse en ese ideal. Me permito exigirme con amor, disfrutando del proceso de mejorar cada día y aceptando que soy imperfecta y a veces cometo errores.

En un último ejemplo, pensemos en el caso de Carlos, que en su aura presenta un gran bloque en la zona justo bajo el *chakra* 1. Según el mapa temático, esto podría estar correspondiendo a traumas de muerte, sacrificio o esclavitud ocurridos en vidas anteriores. En la psicoterapia con él, nos damos cuenta de que es una persona que suele sacrificarse mucho por los demás. Por este motivo, nos inclinamos a pensar que el "tema" del bloque es el sacrificio. El decreto que hacemos entonces queda así:

> Yo, Carlos, anulo todo acto de sacrificio del cual yo fui objeto alguna vez en esta vida o en vidas pasadas, ya sea que me hayan sacrificado o yo mismo me sacrifiqué.
>
> Renuncio al sacrificio como ideal, ya que el sacrificio de este tipo no me hace mejor persona ni me da más méritos. Por eso, aquí y ahora ¡me declaro libre de estos sacrificios del pasado y los anulo!

> Pido a mis guías que toda esta energía de muerte, dolor de estos sacrificios sea retirada de mí, y me traigan de vuelta las partes de mí que fueron sacrificadas o entregadas en ellos.

En el último párrafo —si nos fijamos— se incluye "pedir de vuelta", cosa que sirve para reintegrar la energía perdida o entregada. Entenderemos más al respecto cuando hablemos sobre los vacíos en el Capítulo 6.

Cuando se trabaja con decretos es muy probable que nos equivoquemos. Porque a veces uno no "decodifica" o "lee" bien la estructura. En el caso de Carlos, quizás el bloque no era de sacrificio sino uno vinculado más bien a vidas como esclavo, y quizás el decreto debe decir: «renuncio a toda esclavitud o condición de esclavo, renuncio a todo grillete o cadena que alguna vez me pusieron, etc.». Lo importante es entender que, si un decreto no funciona, no pasa nada negativo en términos energéticos. Podemos seguir probando diferentes decretos hasta dar con uno que logre movilizar el bloque. Con el tiempo, ejercitar de esta forma nos hará diestros en crear decretos precisos para cada bloque que vamos encontrando.

Extracción de bloques con esencias florales

Conociendo el tema o conflicto del bloque, podemos buscar esencias florales que lo trabajen. Puede hacerse a través de una fórmula floral que la persona estará varios días tomando antes de una próxima sesión, o bien a través de esencias administradas en la misma sesión.

En este último caso, se aplicará una gotita directamente desde el concentrado, ya sea bajo la lengua o sobre la piel. Percibiremos el bloque para ver si se produce algún cambio en él, al tiempo que pedimos a la persona que nos reporte si siente algo en ella.

Si hemos administrado la esencia correcta, después de un rato el bloque se habrá soltado y podremos retirarlo de manera manual.

Las esencias, además de ser un excelente medio de tratamiento, son muy buen método de diagnóstico. Si vemos que los bloques del aura cambian, podemos estar seguros de que el tema o conflicto del bloque es el mismo que trabaja la flor que aplicamos.

Extracción de bloques con bioenergética

En *Manos que Curan*, Barbara Brennan señala que los bloques se pueden soltar y sacar a través de trabajo bioenergético. El método consiste en hacer psicoterapia para que la persona logre concientizar sus emociones y luego someterla a ejercicios físicos de estiramiento y respiración consciente. La idea es que, a través del desbloqueo físico, se desencadene también un desbloqueo energético y emocional. En otras palabras, los ejercicios bioenergéticos (así como los de otras disciplinas como el yoga, la danza, la bioenergética y ciertas artes marciales) sueltan los bloques y los desintegran.

Uno de los ejercicios bioenergéticos más útiles de que he podido probar es el que trabaja curvando la espalda hacia atrás y sirve para trabajar bloques en la zona media del cuerpo (pecho y abdomen). Podemos colocar a la persona sobre un "caballete bioenergético" o, si no contamos con uno, disponerla sobre almohadas. En este último caso, la persona se recuesta sobre varias almohadas bajo sus vértebras dorsales y la idea es que la espalda se curve hacia atrás al máximo y descanse totalmente su peso sobre ellas. La cabeza y los brazos deben colgar completamente. En ese estado, debemos llevar a la persona a sentir la energía circulando por pecho y abdomen, al tiempo que conecta con las emociones que allí pueden estar retenidas. Una idea básica es que logre identificar esas emociones y echarlas fuera a través de la respiración.

Extracción de bloques con visualización

La intención por visualización es otra forma, relativamente más avanzada, de operar los bloques. A través de ésta podemos trabajarlos sin necesidad de manos y solamente por medio de nuestro *chakra* del entrecejo. La forma más sencilla es mirando con los ojos abiertos, concentrados en el bloque e imaginando que un flujo de energía comienza a llegar a él e impregnarlo del mismo modo que cuando lo hacíamos con las manos. Luego, "imaginamos" que lo levantamos y lo sacamos fuera del campo, o bien que se disuelve totalmente. Finalmente, visualizamos nuevamente un flujo de energía, ahora llenando el espacio que quedó.

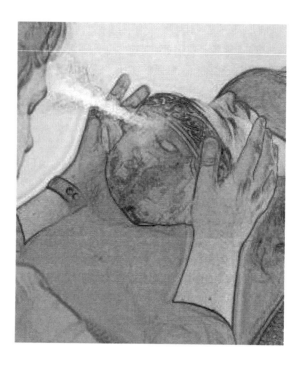

La manera más difícil de visualizar, y que requiere haber entrenado bastante la visión sutil, es con los ojos cerrados imaginando a la persona al centro de una habitación oscura. Imaginemos que la luz se concentra sólo donde está la persona, y que podemos ver su aura y los bloques que en ella se hallan activados. En ese estado podemos imaginar que van siendo removidos a través de nuestra intención con los mismos pasos de soltar, sacar y rellenar.

La técnica es algo similar a la realidad virtual, ya que puedo imaginarme y hasta "percibirme" a mí mismo frente a la persona palpando su aura. Imagino que la toco y la siento, y esa imaginación se transformará tarde o temprano en videncia. En mi propio entrecejo —lugar del tercer ojo— voy a notar que se está moviendo mucha energía, ya que visualizar supone un gran esfuerzo de intención en ese punto.

Extracción de bloques con sonido

Aunque posee alagunas limitaciones, el sonido es una herramienta muy útil para remover los bloques. Ya sea a través de la voz o algunos instrumentos es posible generar vibraciones que sueltan o disuelven los bloques. La clave está en combinar la energía física del sonido con la "psíquica" de la intención dirigida y sintonizada desde el alma. Personalmente la considero una herramienta difícil. No porque necesitemos talento musical[32], sino porque hay que saber modular emocionalmente la vibración y ser conscientes de su impacto (en este caso en los bloques).

---

[32] De hecho, con sólo unas cuantas notas repetidas una y otra vez podemos ya movilizar "energía". Podemos ser musicalmente desafinados o poco prolijos y funcionará igual.

CAPÍTULO 5
Heridas emocionales

Las heridas del campo emocional

Pensemos por un instante en expresiones como: «Se me partió el corazón», «Mi alma está desgarrada», «Siento como si por dentro estuviera roto». Probablemente las hemos dicho ante dolores que nos ha tocado vivir o, al menos, las hemos escuchado de otros. Estos dolores, casi idénticos a heridas físicas, no son meramente imaginarios o metafóricos. Es el tejido del aura el que se encuentra "desgarrado". Aunque son imperceptibles para los sentidos ordinarios, las heridas energéticas afectan y duelen, y a veces mucho.

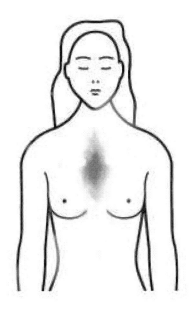

Como se ha venido explicando, las emociones son movimientos que necesitan ser adecuadamente procesados o "digeridos" por el sistema energético/emocional de la psique. Si este procesamiento es deficiente, las emociones en estado bruto (es decir, sin "digerir") en ocasiones llegan a desbordar y desgarrar el tejido del campo emocional. Cualquier emoción intensa, en ese sentido, es energía de alto poder que pone a prueba la flexibilidad del campo. Cuando éste es elástico, fluido y dúctil, la energía es rápidamente procesada y distribuida; cuando es rígido, la misma puede producir un desgarro o rotura.

¿Pero de qué dependen la elasticidad y la fluidez del campo? Básicamente del nivel de aprendizaje consciente que la persona haya alcanzado. A mayor consciencia, mayor elasticidad. Una herida emocional es así el resultado inevitable del movimiento emocional intenso sobre una zona del campo poco flexible, es decir con baja capacidad de procesamiento. La emoción sin digerir queda metida dentro, almacenada como dolor.

Ahora bien, esa rigidez viene no sólo de los mecanismos defensivos sino también de las creencias y expectativas rígidas[33]. Cuando se pone toda la intención en que algo sea de cierta forma, pero termina siendo de otra, el sistema no se encuentra adaptado para aceptarlo y se desgarra. Por ejemplo, imaginemos una chica que desde adolescente se hace la expectativa de que se va a casar antes de los 30 años y va a ser muy feliz. Se imagina teniendo muchos hijos y viviendo en una hermosa casa junto a su marido. Conforme pasan los años pone más y más ilusión en ese plan hasta considerar que no existen otras opciones de ser feliz.. Sin darse cuenta, su expectativa va creando poco a poco un bloque cada vez más grande y rígido en la zona del pecho y el plexo solar (que tienen respectivamente que ver con la identidad y los afectos).

Pero ¿qué ocurre si el plan fracasa? Por ejemplo, ¿si llega a los 30 yo más años, y, por más que lo intenta, no consigue casarse? ¿O, lo que es —peor, aún— si lo logra, pero después el marido la deja? Sin duda su sistema psíquico, rígidamente "programado", no está preparado para resistir y procesar el golpe emocional de que lo que tanto esperaba no

---

[33] Que en ocasiones muchas veces también pueden cumplir una función defensiva.

se cumplió. La emoción literalmente rompe el bloque y el resultado es un gran y doloroso desgarro.

Si, por el contrario, si la chica hubiese considerado la posibilidad de que su plan fallara, y se hubiera preparado emocionalmente evitando colocar su felicidad en esa expectativa fuera de su control, su campo habría conservado la elasticidad. La herida quizás de todos modos se hubiera producido, pero habría sido mucho más pequeña y menos profunda. Decimos entonces, que: «el aprendizaje emocional consciente (y la consciencia en sí)como tal nos llevan a mantener expectativas flexibles y moderadas de las cosas». Con eso el campo se mantiene "elástico" y hay mucha menos probabilidad de heridas.

Ahora bien, es un hecho que la vida constantemente nos somete a golpes emocionales que tarde o temprano nos hieren. Esto es hasta cierto punto inevitable, porque nadie puede tener a priori la totalidad del aprendizaje emocional consciente que necesita para procesar todas las experiencias de manera perfecta. Es a la inversa: son las heridas las que, en el esfuerzo de sanarlas, nos van haciendo profundizar en nosotros mismos para ir adquiriendo nuevos aprendizajes. Y es que el dolor es inherente a la condición humana. Porque, aunque cultivemos la flexibilidad y nos preocupemos de vivir conscientemente, somos seres "sintientes". Mientras tengamos sentimientos, tendremos desgarros frente a las pérdidas importantes. Como cuando súbitamente perdemos un ser al que amamos, o cuando nos vemos obligados a dejar un lugar que sentimos nuestro hogar, o cuando un accidente cambia nuestras vidas.

En esos casos y muchos otros, la herida emocional no se instala sólo sobre los mecanismos y las expectativas que hayamos creado, sino también sobre nuestro sentir más hondo. Y la curación en ese caso pasa por un largo proceso de readaptación al que llamamos "duelo". Por supuesto que todo el esfuerzo que hagamos en liberarnos de la rigidez nos ayudará enormemente, pero no impedirá que ante las pérdidas experimentemos dolor. Este último nos dice que necesitamos también encontrar nuevos significados para nuestras vidas[34]. En ese sentido, la sanación desde lo energético nunca se salta el duelo, sino que se acopla a él.

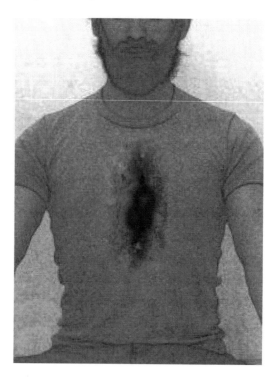

Heridas y vidas pasadas

Casi todas las heridas importantes en el campo emocional suelen tener que ver con conflictos y dolores antiguos en la historia del alma. Esto quiere decir que a menudo vienen arrastrándose desde muchas vidas atrás, mucho antes de nuestra existencia de hoy. En cada encarnación la herida se tiende a "reeditar", es decir, vuelve a producirse sobre la huella de las anteriores heridas similares ocurridas anteriormente. Es como el tronco de un árbol que cada año sufre un corte en el mismo lugar. Al cabo de diez años habrá diez cortes superpuestos,

---

[34] De hecho, muchas heridas son justamente por falta de significado; no se sanan a menos que la persona logre encontrar uno que resuene con su alma.

cada uno en un diferente anillo del tronco, pero que podemos fácilmente considerar el mismo corte.

En el aura podemos hallar algo parecido: que las heridas de hoy son las mismas ya ocurridas en vidas anteriores, sólo que en una versión más actual. Porque cada vida ofrece circunstancias nuevas que hacen que una herida no sea exactamente igual a sus predecesoras. Sin embargo, el denominador común, y que hace que pensemos en una herida única, es el "tema" al que responden. Porque suele ser un mismo conflicto el que encontramos detrás.

Pensemos, por ejemplo, en alguien que vivió varias vidas como esclavo. La herida que arrastra probablemente tenga que ver "temáticamente", entre otras cosas, con el maltrato, el sentimiento de no ser libre ni dueño de su trabajo, y la imposibilidad de disfrutar. Y puede que en el campo percibamos bloques en las piernas, cadenas y grilletes, y una herida grande desde el estómago a la pelvis, abarcando *chakra* 3 (maltrato y menoscabo del yo), *chakra* 2 (no permitirse disfrutar) y *chakra* 1 (sacrificio y daño físico). Ahora bien, vemos que esta persona hoy ya no es esclava porque sin duda el mundo ha cambiado y hoy la esclavitud es una institución oficialmente abolida. Sin embargo, los conflictos y sentimientos tienen cierta equivalencia: sufre maltrato y abuso laboral y se siente igual de "explotado" y "atrapado" sin poder avanzar en un trabajo que no le gusta y del cual no se siente dueño. Es la misma herida y el mismo conflicto de antaño, sólo que en un contexto de hoy.

Las heridas de vidas pasadas también pueden relacionar sentimientos que la persona puede haber experimentado desde temprana edad. Por ejemplo: tristeza, baja autoestima, abandono o soledad, sensación de vulnerabilidad, temor a perder a los seres queridos, desamor, miedos, fobias, etc. Son todos aprendizajes que esa alma tiene pendientes y es usual que por eso en la vida actual vayan asociados a situaciones que tienden a repetirse. De hecho, los maestros señalaban que había casos en los que el alma ha encarnado casi con el puro propósito de sanar una herida que la ha acompañado por muchas encarnaciones. Porque esa sanación le dará la oportunidad de adquirir aprendizajes valiosísimos. A mí me gusta entenderlo como que venimos a aprender y son los aprendizajes los que harán que las heridas que justamente se hayan producido por la ausencia de ese aprendizaje se sanen. Algunas de ellas son grandes y profundas, y representan dolores medulares en la vida de muchos de nosotros. Por supuesto, el proceso de sanar nunca será fácil. Implicará necesariamente que pasar por los duelos no vividos, ayudándonos de las herramientas de psicoterapia y sanación que estén a nuestro alcance.

En una herida de vidas pasadas, es común que ocurra que una persona no se percate de ella hasta que alguna situación del presente la reactiva. Entonces, al igual que un volcán, la herida "entra en erupción", es decir, emerge y puede conducir a síntomas emocionales e incluso físicos que a veces no guardan proporción con el evento gatillante. Por ejemplo, la muerte de una mascota podría desencadenar en la persona un dolor y una desazón tales que termine perdiendo el sentido de su existencia. Eso claramente habla de heridas preexistentes mucho mayores. Y mientras algunas podrían venir sólo de la infancia de la vida actual, pero otras derechamente se remontan a encarnaciones antiguas.

Ahora bien, hay casos en los que una herida de vidas pasadas corresponde no a un conflicto o trauma emocional, sino a la huella de un daño o trauma físico. Por ejemplo, si alguien en una vida anterior murió a consecuencia de un corte con espada, o no murió, pero fue gravemente herido, podríamos encontrar en el campo la respectiva herida energética. Así, podríamos también hallar un agujero de bala, la huella de una amputación o el daño causado por alguna enfermedad que deterioró severamente el cuerpo físico.

Recuerdo el caso de una paciente, por ejemplo, que durante una sesión conectó con una vida pasada en la que fue quemada viva. Al parecer fue acusada de brujería y la sentencia fue morir en la hoguera. La herida energética que se le activó a través de todo el campo daba la "sensación" de estar literalmente ardiendo y había mucho dolor por todas partes. Afortunadamente, al menos en mi experiencia, estas heridas que son recuerdos de daños físicos no siempre suelen ser tan profundas y complejas de sanar como las que tienen que ver, a menos que se asocien con traumas o conflictos o traumas mayores.

Heridas y bloques

Las heridas del campo emocional están íntimamente relacionadas con los bloques. Esto no es solamente porque muchas veces se instalan sobre zonas previamente "bloqueadas" o "rigidizadas". También es por los bloques que tienen que ver con los mecanismos que vamos desarrollando después para taparlas. Porque es usual que, en vez de enfrentar y procesar el dolor a través del esfuerzo consciente de un duelo bien hecho, prefiramos el camino corto de simplemente bloquearlo o desviarlo. A menudo, nos resulta mucho más cómodo desarrollar mecanismos defensivos que cubran o protejan la herida.

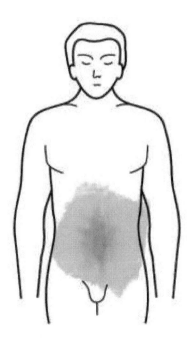

HERIDA CON BLOQUE ENCIMA

Esto es similar a cuando alguien tiene una herida física profunda, pero, en vez de limpiarla, desinfectarla y suturarla, prefiere cubrirla con vendas y anestesia. Le incomoda el dolor que podría llegar a sentir y la pérdida de tiempo que podría significarle una curación correctamente llevada a cabo.

Con el tiempo, sobre la herida termina habiendo un cúmulo de vendas puestas unas sobre otras, que no hacen otra cosa que empeorar su estado. Es por esta misma razón que, vinculados a las heridas emocionales en el campo, se suelen encontrar un sinnúmero de bloques y otras estructuras también de un origen emocional. Y puede que, además de los que están directamente encima de la herida, hallemos muchos otros en otras partes del cuerpo. Porque los mecanismos que hemos creado para evitar la incomodidad y el dolor a veces son bastante complejos.

Por ejemplo, alguien con una herida de baja autoestima en el *chakra* 3 puede presentar bloques allí mismo de "autoexigencia" o "falso ego" como mecanismo para compensar la herida. Pero también en la zona de la cabeza puede tener una serie de "cascos" y otros bloques que nos dicen que probablemente evade su dolor refugiándose en un mundo de ideas y pensamiento abstracto. Quizás también es alguien con un intelecto muy desarrollado o con creencias religiosas o espirituales fuertes. Y si seguimos revisando, puede que también encontremos sobre la cara (*chakra* 5) estructuras tipo máscara como señal de que se preocupa mucho de aparentar frente a los demás.

En fin, en la práctica, las heridas pueden ser comprendidas no sólo como la rotura en sí, sino como todo el conjunto de estructuras que de manera solidaria se conectan con ella.

Percibiendo las heridas del campo emocional

Las heridas en el campo emocional puede que nos parezcan, al palparlas, muy similares a heridas físicas. Podría darnos la impresión de que el "tejido" en esa zona hubiera reventado o colapsado. A menudo se sienten vacías y frías en el centro y con bordes rugosos y ásperos a cada lado. Quizás sintamos también que "sangran", es decir, que arrojan energía como si fueran una especie de géiser, y en algunos casos que dentro hay "infección". Esto último significa que hay energía emocional acumulada y en "descomposición". Puede que nos llame la atención también que se presentan en formas y aspectos variados. Algunas son como una sola gran grieta o zanja extensa y profunda; otras, como un conjunto de grietas más pequeñas (similar a un terreno trizado o resquebrajado); otras, como un gran cráter o forado. Pueden asimismo tener diferentes longitudes y anchuras, y abarcar en su trayecto varias zonas y *chakras*.

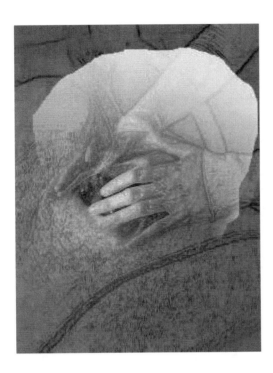

Debemos partir de la base de que una herida no es otra cosa que la expresión energética de una "queja" o "grito" a partir de expectativas frustradas o daños alguna vez recibidos por la persona. Transmite siempre sensación de dolor o conflicto, por lo que conectar empáticamente con ella puede llevarnos a sentirnos repentinamente conmovidos o afectados[35].

La forma más adecuada de hacer el examen al tacto es:

---

[35] De hecho, una clave para percibir mejor las heridas del campo emocional es predisponerse en una actitud de suprema compasión y empatía por el sufrimiento humano, y una vez en ese estado empezar a palpar.

EXAMEN DE HERIDAS DEL CAMPO EMOCIONAL

1. Sintonizar emocionalmente con la persona y mentalmente decir: «pido a [el maestro de] mi alma y mis guías internos que me muestren el dolor de esta persona, específicamente las heridas que pueda tener en su campo emocional».

2. Desplazar nuestras manos abiertas, de forma longitudinal por la línea central y delantera de su cuerpo, a unos 30 o 50 cm y repetir el movimiento varias veces.

3. Detenernos y volver a pasar ante cualquier sensación de grieta, agujero o zanja con su característico "vientecito" frío saliendo de ella.

4. Una vez que nos parezca haber encontrado una herida, intencionar conectar de forma psíquica y empática con ella, buscando saber más sobre su causa u origen.

Heridas y chakras

Es importante señalar que las heridas del campo emocional suelen estar en su mayoría en la zona media y delantera del cuerpo, aproximadamente desde la pelvis hasta el cuello. No es que no puedan hallarse en otras partes, pero la zona media (correspondiente a los *chakras* del 1 al 5)), debido a que su energía tiene que ver más con la "sensibilidad emocional", posee una tendencia mayor a lesionarse y producir heridas. Al igual que con cualquier otra estructura, es posible hacer una lectura temática de las heridas de acuerdo con el o los *chakras* sobre los que estén ubicadas. Así tenemos:

- *Chakra* 1: Heridas relacionadas con traumas de muerte o enfermedad; desarraigo; esclavitud; maltratos y sacrificios físicos; rechazo a estar encarnados; miedo a la muerte, rechazo al mundo material.

- *Chakra* 2: Heridas de abuso o represión sexual; culpabilización del placer; negación de la feminidad o masculinidad; maltrato recibido debido a la condición sexual; aborto o pérdida de hijos; maltratos físicos; traumas por guerra o catástrofes.

- *Chakra* 3: Heridas de maltrato o automaltrato psicológico; desprecio o autodesprecio; negación del propio yo; falta de valoración personal; baja autoestima; traición; herida narcisista ("ego" herido); identidad herida o poco desarrollada.

- *Chakra* 4: Heridas por separaciones y pérdidas afectivas; amor no correspondido; traición de amor; abandono; represión o negación de los sentimientos.

- *Chakra* 5: Heridas por ser rechazado, marginado, excluido o maltratado por lo que uno dice o muestra; represión de la propia voz; no ser escuchado; ser obligado a callar o a esconderse; rechazo a la propia imagen física.

Curación de una herida emocional

Una herida del campo emocional representa no sólo un conflicto o tema no resuelto, sino todo el dolor guardado en la persona a partir de éste. Por eso, en la zona, además de la rotura, comúnmente hallaremos bloques de angustia, pena, pesar, aflicción y otras emociones. Por supuesto, dependerá de la complejidad y profundidad de la herida, pero aquellas que son importantes y se suelen arrastrar desde muchas vidas tienen mucho dolor o daño dentro.

El procedimiento más simple y estándar para tratar energéticamente una herida emocional es:

TÉCNICA MANUAL PARA TRATAR HERIDAS

1. Con la herida ya ubicada, sintonizar y concentrarnos en pedir al maestro de nuestra alma que (en conexión con el alma de la persona y sus guías) nos muestre la energía que se necesita para sanar la herida.

2. Colocar la mano encima a cierta distancia y visualizar que por dedos y palma comenzamos a inyectar energía que poco a poco va a ir llenando la herida.

Este trabajo busca no sólo llenar el interior de la herida sino también "humectar" y "nutrir" el tejido endurecido del campo alrededor. Porque la rigidez de un tejido, y que determina su fragilidad, menudo se produce debido a la falta de un "nutriente" fundamental[36]. Así, debemos pensar que la energía que estamos transmitiendo, en el fondo, es el "hidratante" o "nutriente" que ese tejido necesita para recuperarse. Es el aprendizaje que ha faltado y que viene a sanar el conflicto o daño que la herida representa.

Por ejemplo, si sentimos o creemos que el conflicto de la herida tiene que ver con maltrato, al ponerle energía le transmitimos exactamente lo opuesto:

---

[36] Como cuando la piel se vuelve quebradiza por falta de hidratación o vitaminas.

una sensación de buen trato, respeto y valoración. Mentalmente podemos ir repitiendo cosas como: «Permítete reconocer todo lo valioso que eres, te mereces ser espetado y bien tratado». Pero si sentimos que el conflicto tiene que ver más bien con la falta de autoconfianza, el mensaje mental podría ser: «Confía en ti y permítete sentir todo lo capaz que eres».

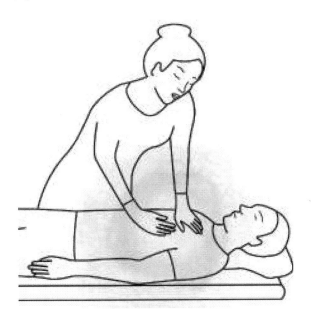

Si somos más visuales, puede que también nos haga sentido imaginar colores. Por ejemplo, si estamos transmitiendo energía de amor materno, puede que nos parezca que ésta deba ser rosada; si estamos dando confianza, puede que estimemos que el color amarillo (asociado al tercer chakra) es el más adecuado; si es valoración, quizás nos inclinemos por el dorado; si es solidez, puede que elijamos color piedra o tierra oscuro. Son muchos los recursos imaginativos que en ese sentido podemos emplear, pero todos apuntan a que la energía vaya siendo modulada hacia la frecuencia específica del aprendizaje que se necesita incorporar. Transcurrido un rato, al percibir debiéramos sentir que la herida se ha llenado y la sensación de rotura o dolor disminuyó. Al mismo tiempo, la persona debiese reportar sentirse más llena y en paz.

Ahora bien, en las heridas importantes este procedimiento es siempre insuficiente. Si estamos hablando de sufrimientos acumulado, lo que encontraremos, además de la rotura, serán muchas estructuras dentro y encima. Hallaremos un cúmulo de bloques, corazas, lazos, vacíos y otras estructuras que corresponden a expectativas que están en la génesis de la herida. Casi siempre están impregnadas de sensación dolorosa porque representan justamente la resistencia a aceptar tanto el dolor como la realidad misma de las cosas, lo cual ha llevado a la larga a más dolor. Podríamos decir que este cúmulo de estructuras no es algo aparte de la herida, sino que es constitutivo de ésta.

Y es acá donde queda de relieve la importancia de la psicoterapia, que a través de la conversación busca que el paciente vaya observando y comprendiendo esas estructuras de su psique que "sostienen" la herida. Porque si se las quiere sacar o sanar la persona necesita primero necesita adquirir conciencia de los mecanismos que representan. Además, debe abrirse a reconocer sus emociones y dolores no vividos. Por último, requiere desarrollar un "nuevo aprendizaje" que le permita comprender aquellas energías que van a entrar a "nutrir" el tejido del campo para hacer que sane Porque sin entendimiento, aunque el terapeuta se las intente incorporar, su campo no las absorberá.

De esta manera, el proceso de sacar contenidos desde el interior de una herida puede ser largo y pesado. Eso significará mantenerla "abierta" a veces por mucho tiempo (por ejemplo, todo lo que dura un duelo). Y necesitamos confiar en que cicatrizará por sí sola cuando termine de procesarse toda la rigidez y la persona se abra a "lo nuevo".

Desde lo energético, en el proceso de ir trabajando una herida, suele haber muchos bloques que retirar o disolver. Al ir haciendo el procedimiento de poner energía, éstos se activan inmediatamente y es posible reconocerlos por la sensación de resistencia. A menudo lo único que se tiene que hacer es continuar poniendo energía, para ir naturalmente soltando o disolviendo los bloques para continuar después llenando la herida. Otras veces, será necesario realizar la extracción manual de los bloques tan como ya se ha enseñado. Y otras, se requerirá que la persona realice un renuncio a lo que sea que uno interprete que está representando el bloque. Esto último sobre todo es recomendable cuando el bloque, más que sólo dolor acumulado, representa mecanismos o creencias rígidas que la persona está sosteniendo o que ha sostenido en el pasado.

Sin embargo, recordemos que la fruta madura es la única que está lista para ser cosechada. Eso quiere decir que, si vemos que al momento de operar energéticamente sobre una herida y sus bloques la persona no está del todo clara o convencida, es que esa estructura no está aún "madura". Esto muchas veces será evidente porque las estructuras no se sueltan, sino que permanecen donde mismo ejerciendo resistencia. En tal caso, lo recomendable es trabajar con psicoterapia y cualquier otra herramienta que permita la toma de conciencia (por ejemplo, esencias florales). Porque no debe nunca olvidarse que una herida tiene que ver con entendimientos y aprendizajes que la persona debe abrirse a adquirir. Esto se traduce no sólo en percatarse de sus conflictos, sino también, como se dijo anteriormente, en aprendizajes que la persona debe ir haciendo; las heridas importantes nunca se sanan si esto no se cumple.

CAPÍTULO 6
Vacíos emocionales

Los vacíos del campo emocional

A diferencia de las heridas, donde el tejido del campo emocional tiende a estar roto, los vacíos son zonas donde dicho tejido simplemente falta. Son la expresión energética de "partes" o "fragmentos" que la propia persona ha rechazado, entregado, extraviado u omitido, consciente o inconscientemente. Pueden ser percibidos como verdaderos "agujeros" que en algunos casos pueden llegar a abarcar toda una zona del campo. La sensación que evocan no es necesariamente la del dolor emocional en sí, sino la de algo que puede llegar a ser bien distinto: la de la falta o ausencia.

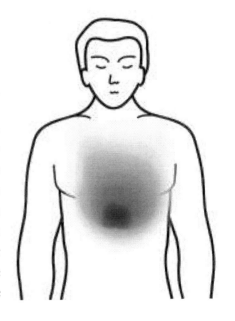

En el examen al tacto, esa sensación de ausencia se traduce en que la mano se nos tiende a hundir y, a veces, a agarrotar. Esto ocurre porque el vacío, al ser no natural al alma, es difícil de leer o procesar emocionalmente. Nuestro sistema perceptivo lo termina traduciendo como dolor o agarrotamiento y, desde lo emocional, como angustia. Sin embargo, dependerá mucho del tipo de vacío y de cuán reconocido esté por la propia persona. Hay vacíos, de hecho, de los cuales ella puede ser por completo inconsciente y en ese caso —como ocurre con muchas estructuras— rara vez experimenta dolor o molestia.

Ahora bien, al examinar, vamos a hacer lo mismo que para percibir heridas: pasaremos la mano de manera longitudinal y a cierta distancia del cuerpo de la persona. Lo que cambia es que acá vamos a sintonizarnos en la idea de "ver" o "sentir" sus vacíos. Le vamos a pedir a nuestro maestro interno que nos los muestre. Pero para percibirlos bien y con facilidad es también fundamental primero entenderlos. Porque existen varios tipos diferentes que necesitamos aprender a diferenciar.

La fragmentación de la psique

Los vacíos tienen que ver con la idea de la "fragmentación psíquica". De acuerdo con ésta, la psique (o campo emocional) llega a este mundo fragmentada en "partes". Podríamos compararla a un rompecabezas de muchas piezas que viene más desarmado que armado. La integración de las partes es una tarea que el yo debe ir haciendo a lo largo de muchas vidas para ir dando expresión a la totalidad del alma[37].

En ese sentido, pensemos la psique como una especie de programa inteligente que, cuando encarnamos por primera vez, se carga en una versión muy básica y con el tiempo tiene que ir autoinstalándose actualizaciones. Poco a poco, conforme se desarrolla, el campo emocional o psique va integrándose en torno a un yo o personalidad. El problema es que, como ya lo hemos visto, a veces lo hace de manera equivocada, es decir, alejada del alma, y acaban siendo los bloques y no la conciencia los que dan forma a la

---

[37] Esto se conecta de alguna forma con lo que C. G. Jung llama "Proceso de Individuación", En él, la psique se debe ir progresivamente integrando en torno al arquetipo del alma, que él llama "Sí Mismo".

personalidad. En ese caso hablamos de una pseudo integración, porque la personalidad al alejarse del alma no puede estar realmente integrada.

Entonces, es usual que bajo ciertas circunstancias algunas "piezas" o "partes" se extravíen y no puedan ser colocadas. Hablamos de fragmentos faltantes, que en el aura se perciben como vacíos o agujeros. Por eso es por lo que podemos decir que los vacíos, en el campo emocional, son debidos a:

1. Fragmentos que se extraviaron por omisión o falta de reconocimiento
2. Fragmentos que faltan porque fueron rechazados
3. Fragmentos que faltan porque fueron entregados
4. Fragmentos que faltan a raíz de traumas

Vacíos por falta de reconocimiento

Los "vacíos por falta de reconocimiento" podrían también ser llamados "vacíos por omisión" y son un tipo básico de vacío. Se van produciendo a lo largo del tiempo al no reconocer o valorar la persona alguna parte o función de sí misma. Es decir, lo que no valoramos ni reconocemos en nosotros termina quedando en falta. Es una omisión que acaba transformándose en pérdida.

Imaginemos que alguien posee muchas monedas de oro, pero no les da valor ni importancia. Las deja esparcidas encima de la mesa o en cualquier otra parte. Con el paso del tiempo, los distintos visitantes, al ver la falta de interés del dueño, empiezan a llevárselas mientras otras se pierden en medio del desorden. Así pasa el tiempo hasta que un día cualquiera, repentinamente, esta persona se acuerde de sus monedas y decide que quiere invertirlas, y cuando se pone a buscarlas se da cuenta de que le quedan muy pocas. Se pregunta entonces qué pasó y comprende que se le fueron extraviando sin darse cuenta. Su pérdida fue el resultado del descuido, consecuencia a su vez de no haber valorado esa riqueza que tenía.

Si lo tomamos como una metáfora de lo que ocurre en la psique, veremos que muchos vacíos en ésta se deben a no haber dado valor a algún aspecto de la experiencia humana que la persona simplemente no consideró importante. Como resultado, en el campo se forma un verdadero agujero: una zona "vacía". Por ejemplo, supongamos que Javiera, de 35 años, presenta un gran vacío en la zona de su tercer y segundo *chakra*. Ella dice que se ha dado cuenta de que le cuesta sentirse femenina y que su autoestima como mujer en general es baja. Señala no disfrutar de sus relaciones íntimas.

Al conectar más profundamente con su vacío, nos "llega" que éste se debe a que Javiera no se ha valorado ni reconocido como mujer. No es que se haya rechazado abiertamente, pero nunca valoró ni su sexualidad ni su feminidad. Sólo de adulta vino a tomar consciencia de que aquello le faltaba. El único ejemplo que de niña tuvo en ese sentido fue el de su madre, una mujer que tampoco valoró demasiado su ser femenino. Las partes de la feminidad de Javiera quedaron entonces "extraviadas" y necesita hacer un trabajo de toma de conciencia e "intención" para "pedirlas" o "llamarlas" de vuelta.

Otro ejemplo es el de Sergio, de 24 años, que tiene un gran vacío en la zona de su primer *chakra*. Dice que le cuesta mucho enfrentar el mundo terrenal. Suele, por el contrario, dormir mucho y estar siempre absorto en sueños y pensamientos vagos. Al conectar con su vacío, nos "llega" que éste se debe a una falta de valoración hacia la realidad física y la condición de estar encarnado. En el fondo no quiere estar acá porque es un chico sensible a quien el mundo le parece un lugar inhóspito. El vacío le impide disfrutar de su cuerpo y de la sensación de estar plenamente "anclado" en la realidad.

Los vacíos de este tipo se han generado por la "omisión" repetida y sostenida de experiencias (aprendizajes) importantes para el alma, pero que la personalidad no reconoce. Son partes que necesitan ser valoradas para luego ser incorporadas. Esto se consigue a través del reconocimiento consciente de esas partes, que luego deben ser pedidas por medio de decretos. Por ejemplo, Javiera podría hacerlo a través de la repetición del siguiente:

> Yo, Javiera, me permito reconocer lo valiosa que es mi feminidad. Declaro que la valoro infinitamente y yo misma me reconozco y me

> valoro como mujer. Valoro también mi sexualidad e integro en mí todas las energías y "partes" relacionadas con ella. ¡Soy infinitamente valiosa como mujer!
>
> Por ese motivo, pido la energía y las partes de mi feminidad y mi sexualidad de las que me he privado al no reconocerlas.
>
> ¡Yo las pido, que me sean traídas e integradas!
>
> Pido a mi maestro y guías internos que me ayuden en este trabajo.

Por su parte, Sergio podría decir:

> Yo, Sergio, me permito reconocer lo valiosa que es para mi alma la experiencia de estar encarnado. Valoro y reconozco la importancia de las energías terrenales. Integro en mí todo mi cuerpo y mi energía física.
>
> Por eso, pido las partes de mi ser físico y energías terrenales que históricamente no he reconocido ni valorado. Pido a mi maestro y guías internos que me las integren.

Por supuesto, para que decretos como éstos realmente permitan integrar las partes faltantes, las personas deben estar primero cien por ciento de acuerdo con ellos. Se les debe hacer reflexionar mucho antes para que de esa forma comprendan a cabalidad su omisión y se hagan responsables de ella.

Los vacíos de este tipo, como tienen que ver con el reconocimiento que la persona va haciendo, se suelen trabajar a lo largo del tiempo. Debido a que es crucial profundizar en la toma de conciencia de qué significan esas partes y energías que se está intentando integrar, es que se recomienda hacer mucha psicoterapia y meditación.

Vacíos por rechazo

Los "vacíos por rechazo" se producen cuando alguien abiertamente se rechaza, o rechaza aspectos de sí mismo. Como el acto de rechazar es mucho más violento y voluntario que el de omitir, los vacíos resultantes van a quedar también mucho más marcados en el campo. No se los puede llenar nunca de manera simple, es decir, a partir de la mera aplicación o petición de una energía; necesariamente hay que primero decretar que se anula el rechazo.

Los motivos que llevan a la personalidad a rechazar una determinada parte pueden ser:

- Creencia de que esa parte es mala, pecaminosa o despreciable
- Culpa o vergüenza
- El rechazo como mecanismo de defensa contra lo que sentimos incómodo, amenazante o desagradable.
- Odio o rabia hacia uno mismo

En el primer caso, cuando una determinada creencia o ideología nos dice que una parte de la experiencia humana es mala, pecaminosa o equivocada, lo normal es que se rechace cualquier cosa que tenga que ver con ella. Mientras más fanático se es de la creencia o ideología, más extremo es el rechazo. De esta forma, por ejemplo, si una religión considera que el sexo es pecaminoso o un estorbo para el progreso espiritual, sus seguidores harán un rechazo sistemático de él. Lo podemos ver mucho en los campos de quienes en el pasado de esta u otras vidas fueron monjes o sacerdotes. Suelen presentar importantes vacíos en la zona del segundo chakra y, a nivel sintomático, no pocas inhibiciones o falencias en el área sexual.

Otra creencia bastante extendida, no sólo entre personas espirituales o religiosas, es que «el ego es malo y debemos vivir luchando contra él». A menudo se termina rechazando la propia identidad, lo que energéticamente se expresa como vacíos principalmente en el tercer *chakra*.

Por último, otra creencia muy extendida es que la sensibilidad, y algunos sentimientos como el amor o la compasión, son sinónimos de debilidad. Como resultado, muchas personas terminan rechazando esas partes y los vacíos resultantes los hallaremos especialmente en el área del pecho (cuarto *chakra*). Son bastante comunes sobre todo entre quienes han tenido vidas pasadas como guerreros. Para ser más fuertes e implacables, reprimieron sus emociones y las rechazaron. Se "extirparon" sentimientos como la ternura, la empatía, la compasión y el amor, y puede que hoy esa falta se exprese en dificultades en la demostración y conexión afectiva.

En el segundo caso, tenemos que veces rechazar es directamente un mecanismo para purgar o expiar alguna culpa, o bien porque se considera que algo en uno es vergonzoso o está "manchado". Por ejemplo, si una niña es violada es muy común que después se rechace como persona, o rechace su sexualidad o feminidad. Lo hace porque se siente sucia, avergonzada o directamente culpable.

El rechazo o la renuncia es la expresión del mecanismo de la expiación, que busca, a través del sacrificio propio, restituir el honor o la inocencia perdidos. A veces se expresa de manera muy concreta: «si he hecho daño o cometido un error, debo "pagar" mutilándome algo».

En las culturas primitivas esta automutilación inclusive podía llegar a hacerse físicamente. Hoy en día es sólo energética y se realiza a través de un pensamiento de daño o castigo hacia uno mismo. Por ejemplo, si dije cosas que siento que no debí haber dicho, puede que piense: «a partir de ahora me callaré para siempre». En el área de la garganta, entonces, se forma un vacío.

Una variante de lo anterior es la que queda ilustrada en el pasaje del evangelio que dice:

> …Por tanto, si tu ojo derecho te es ocasión de caer, sácalo, y échalo de ti; pues mejor te es que se pierda uno de tus miembros, y no que todo tu cuerpo sea echado al infierno. Y si tu mano derecha te es ocasión de caer, córtala, y échala de ti; pues mejor te es que se

pierda uno de tus miembros, y no que todo tu cuerpo sea echado al infierno.[38]

La idea de automutilarse para no caer en tentaciones o pecados es bastante fuerte, y quizás no sea eso lo que Jesús quiso realmente decir. Existen formas mucho más positivas de reparar una falta que no involucra un sacrificio de este tipo. Este en el fondo ilustra una manera bastante simple e infantil de solucionar algo: si elimino la parte, termino con el problema. Así, si tengo conflictos con mi ego, "elimino" o rechazo el ego y asunto resuelto; si es que tengo un deseo sexual desenfrenado, "elimino" o rechazo el deseo y ya; y si son las emociones las que me perturban, rechazo o niego las emociones.

Todavía recuerdo una vez cuando un amigo me preguntó si él podía intencionar que rechazaba su corazón para así no sufrir más por amor. Al principio pensé que estaba bromeando hasta que me di cuenta de que lo decía muy en serio. Yo le había estado explicando que a veces cuando uno rechazaba partes de sí mismo podía provocar que se le inhibieran o bloquearan algunas funciones emocionales.

—Si uno sufre tanto por amor y heridas del corazón, ¿no será una buena solución sacármelo? Así dejo de sufrir y se acaban mis problemas —me dijo.

Y es que muchas veces uno piensa: «Qué simple sería la vida sin emociones o memorias molestas y dolorosas». Nos gustaría deshacernos de ellas para que no nos estorbaran. De esa manera, llegamos a rechazarlas pensando o diciendo cosas como «No me voy a permitir sentir esta tristeza» o «No voy a dar mi brazo a torcer porque no es digno de un hombre».

Rechazar ofrece, de este modo, una solución rápida en la cual no necesitamos pensar ni cuestionarnos demasiado. El problema viene en el mediano o largo plazo, ya que los vacíos resultantes tienen una consecuencia emocional muy negativa. Pueden manifestarse a través de múltiples síntomas como dolor físico o emocional, inhibiciones, falta de motivación, angustia, depresión y ansiedad.

---

[38] Mateo 5, 29-30

Para sanar los vacíos por rechazo, la persona debe:

1. Hacer consciente lo que ha rechazado e identificar su conflicto. Por ejemplo: darse cuenta de que tiene un conflicto con la expresión de los sentimientos, ya sea por miedo a la crítica o por vergüenza, y que eso la ha llevado inconscientemente a rechazar esa parte de sí.
2. Decretar que anula el rechazo
3. Pedir de vuelta lo rechazado

DECRETO PARA TRATAR VACÍOS POR RECHAZO

Yo, _____, aquí y ahora anulo todo rechazo que alguna vez hice de mi _____. ¡Yo lo anulo completamente y pido de vuelta esas partes!

¡Pido de vuelta mi _____ que alguna vez rechacé!

Vacíos por entrega

Los vacíos por entregas se generan, como su nombre lo dice, cuando entregamos partes a otros, lo que puede hacerse de manera inconsciente o consciente.

Cuando es inconsciente hablamos de simple proyección de partes, es decir, poner en el otro un contenido propio. Por ejemplo, cuando ponemos nuestra felicidad en otra persona, sin querer ni darnos cuenta, estamos creando un vacío en nosotros mismos. A través del lazo de dependencia estamos colocando una parte nuestra en la otra persona. Así ocurre cada vez que ponemos fuera un atributo que debiéramos estar reconociendo y buscando en nosotros.

En el campo emocional, estos vacíos siempre los encontramos vinculados a lazos, ya que estos últimos representan el vínculo a través del cual se produjo la entrega. Un ejemplo clásico es el que se ha llamado "síndrome del nido vacío": aquél que es típico de madres que han puesto toda su identidad y sentido de vida en los hijos, los que luego al crecer se van. La madre se siente literalmente vacía, como si le faltara un pedazo. Otro ejemplo es cuando se ha dado todo por una empresa o institución de la cual un día se es despedido. Pareciera literalmente que una parte propia se hubiera quedado allí y en su sitio quedara un agujero doloroso.

La manera de llenar estos vacíos es tomar conciencia de qué se ha puesto en el otro, y con intención pedirlo en voz alta de vuelta. Es muy recomendable también renunciar al lazo o lazos que pudiese haber y pedir su corte[39].

A veces también las entregas inconscientes se hacen también a través de dar consentimientos o permisos a quien nos daña o controla. Por ejemplo, cuando somos manipulados, maltratados o abusados, sin querer le estamos entregando partes nuestras. Lo podemos sentir incluso en nuestros propios cuerpos como una sensación de desvitalización. Nos parece que esa persona literalmente nos ha robado algo. De esta forma, puede que nos parezca que nuestros padres, nuestro jefe o nuestra pareja se lleva consigo partes nuestras. Cuando no sabemos cómo defendernos o no tenemos consciencia de nuestros propios límites, es muy fácil terminar entregando fragmentos.

Ahora bien, las entregas conscientes son algo diferente. En ellas existe un acto voluntario de entregar algo propio, generalmente como parte de un sacrificio que se considera bueno, necesario o valorable. Por ejemplo, decirle a alguien «te entrego mi vida» o «tuyo es mi corazón» puede ser visto como una manera de demostrarle cuánto se le ama. No obstante, por muy buena que sea la intención, no deja de ser una automutilación. Estamos poniendo en él o ella algo que es nuestro; al hacerlo, además del lazo de dependencia, nos estamos generando un gran vacío.

Este tipo de actos de entrega eran muy comunes sobre todo en el pasado, cuando se reconocía mucho menos el valor de los límites personales y las relaciones humanas demandaban que uno se comprometiera al máximo. Era habitual entonces que la esposa jurara o prometiera entregar su vida o su

---

[39] Véase capítulo 6

voluntad al marido; o el esclavo, su libertad al amo; o la monja, su feminidad a Cristo o la Iglesia; y así sucesivamente. Era muy común hacer rituales, votos o promesas para "sellar" o "consagrar" esas entregas.

Por ende, si se quiere sanar este tipo de vacíos, no basta con pedir de vuelta lo entregado; se requiere anular explícitamente, es decir, por medio de un decreto, el acto de intención de la entrega. Por ejemplo, si José Manuel en otra vida fue caballero templario y se entregó en cuerpo y alma a dicha orden, debe decretar que renuncia a ella y anula todas las entregas hechas y luego pedir de vuelta lo que entregó; si María Paz está intentando en esta vida trabajar lazos de dependencia con Pedro, le vendrá bien decretar que anula cualquier entrega que hizo hacia él en vidas pasadas y que pide de vuelta cualquier cosa que le haya entregado; si José Luis, en una vida pasada, hizo pactos con dioses o entidades y les entregó su vida, en ésta tendrá que decretar la anulación del pacto y las entregas y pedir de vuelta lo entregado[40].

Vacíos por fantasías y evasión del presente

Fantasear, es decir, dejar volar libremente la imaginación, fácilmente abre "puertas" hacia otros planos donde partes de la psique pueden extraviarse. Lo podemos observar en el campo emocional cuando los vacíos van acompañados de estructuras, normalmente sobre la cabeza, que impresionan como si a través de ellas la [conciencia de la] persona se estuviera "yendo fuera". Esta última, de hecho, da la sensación de estar un poco "en ausencia", como si a su energía le faltara "peso" o "presencia".

Y es que la fantasía ofrece un buen refugio frente a las penurias de la vida. El pensamiento abstracto, los ideales, los sueños y anhelos, y la espiritualidad no son cosas malas por sí mismas, pero pueden ser utilizadas como vía para huir de la realidad. Es así como, a veces sin darse cuenta, alguien empieza a llevar toda su energía y partes hacia esa especie de "mundo de fantasía".

Pero no es que se trate sólo de una creación mental; también muchas veces esta fantasía es conexión con planos y realidades paralelas. Por eso, al igual que

---

[40] Véase capítulo 7: Juramentos, Promesas y Pactos

en los casos anteriores, existe una "fuga" de partes que quedan atrapadas en esos planos. El resultado es comenzar a estar poco presente en el aquí y el ahora, y poco consciente de aspectos como el cuerpo y las emociones.

Ahora bien, la fantasía no es algo malo sino todo lo contrario: si la empleamos conscientemente, nos permite "viajar" e incluso "ver". Es lo que hacen, entre otros, los visionarios, los creativos e intuitivos, y muchos psíquicos. El problema no es el "viaje" en sí, sino el no saber o no querer regresar al presente; la tentación de quedarnos allá puede ser grande. Y es algo que se acrecienta si tenemos interiormente el deseo de huir de este mundo, ya sea porque no nos gusta o porque nos parece demasiado doloroso.

Lo que se va a producir, entonces, es un rechazo inconsciente de la realidad de este plano en que estamos encarnados, en favor de dejar la conciencia en otros planos que parecen a simple vista más atractivos. La persona se pierde en imágenes luminosas o fantásticas, o en mundos de belleza o ideas perfectas.

Como resultado, en el aura empiezan a producirse vacíos a nivel de distintos *chakras* mientras la cabeza y la zona de la frente suelen presentar muchas estructuras que "hablan" de una exacerbación del pensamiento. A menudo da la sensación como si la persona estuviera "abierta" por arriba, con una puerta o portal en la zona de su coronilla por donde su conciencia "escapa".

La manera de tratar estos vacíos es:

1. Que la persona tome consciencia de que se está escapando de la realidad y por qué.
2. Anular la omisión o el rechazo consciente o inconsciente que se ha hecho del cuerpo y las emociones.
3. Pedir de vuelta las partes de sí mismo que se han dejado "al otro lado".

DECRETO PARA TRATAR VACÍOS POR FANTASÍA

Yo, _____ me permito volver a mí, a la realidad de mi presente, mi cuerpo y mis emociones. Me permito valorar este mundo y anulo el rechazo que pude haber hecho de él.

Renuncio a los mundos de fantasía que he creado, retiro la energía personal que he puesto en ellos.

Renuncio a todos estos refugios mentales que he creado, que terminaron convirtiéndose en exilios, ya que terminé perdiéndome en ellos. Retiro mi energía de todas esas imágenes luminosas o espirituales, fantasías, ilusiones, sueños, ideales, etc. y pido que me sea traída de vuelta.

Pido de vuelta todas las partes mías y toda la energía que he dejado en esos otros planos. ¡Yo las pido de vuelta!

Junto con lo anterior, es bueno también decretar que se cierran los "portales" que la persona pudo haber abierto con esos "otros planos" y que se cortan los lazos con ellos.

Yo, _____ , aquí y ahora, cierro además todas las puertas y portales que puedo haber abierto con otros planos de la realidad y pido a mis guías que los cierren. Al mismo tiempo, les solicito que corten o disuelvan los lazos o conexiones que yo pueda tener con dichos "lugares".

Devuelvo toda energía que pertenezca a esos otros planos y pido de vuelta las partes mías, de mi propia conciencia o identidad, que he dejado en ellos. Pido a mis guías que me las traigan de vuelta.

Vacíos por trauma

Imaginemos qué pasaría si, en medio de un rompecabezas a medio armar, se produjera una explosión. Con seguridad ocurriría, no sólo la rotura de muchas piezas, sino que muchas de ellas saldrían disparadas alrededor.

Energéticamente eso es un trauma: una especie de explosión o estallido al interior de la psique que provoca que el tejido energético-emocional se rompa y muchas de sus partes se pierdan. El trauma interrumpe, por decirlo así, la "continuidad de la conciencia del yo" sostenida desde nuestras programaciones. En el fondo, es una "herida" en el corazón de nosotros mismos (es decir, nuestra identidad) que va acompañada de profundos vacíos provocados o acentuados por el *shock* emocional. Las partes faltantes quedan "esparcidas" o "metidas" en "planos" fuera de la conciencia ordinaria y la consecuencia es el caos y la confusión: un estado de deterioro psicológico y emocional[41].

En el tiempo posterior al trauma, debido a esa sensación de confusión y vacío, la persona se ve obligada a conectar con su alma para tomar conciencia de cuáles son las partes que debe recuperar. Aquellas no son sólo las que ha perdido a través del trauma en sí, sino también las que por omisiones, entregas o rechazos se encontraban ausentes desde mucho antes. Por eso, le toca reconocer cuál es el "aprendizaje del trauma", es decir, cuáles son las energías emocionales que éste le está "mostrando" que necesita integrar para reconstruirse en un estado de conciencia e integración aún mayor al que tenía previamente.

Todo esto, además de implicar a veces bastante tiempo, significa entrar en contacto con emociones y recuerdos dolorosos, e ir "digiriéndolos" con la ayuda de los nuevos entendimientos (es decir, de las "nuevas energías") que el yo de forma sostenida debe ir incorporando.

Ahora bien, es claro que dicha recuperación no siempre se consigue. A veces la psique está demasiado confundida y no logra llegar donde están sus partes; en su apuro por seguir adelante sólo atina a parcharse con bloques. Esto supone que en muchas ocasiones no ocurre una sanación real de los traumas, tanto de esta vida como de otras. Lo vemos cuando en el aura encontramos vacíos y heridas a veces muy antiguos, que no se han sanado y siguen tan sólo disimulados por estructuras que hay encima.

---

[41] Pensemos, por ejemplo, en un "corazón roto", que es una de las heridas traumáticas más comunes. En él muchas veces la persona siente como si literalmente algo en el pecho hubiera "estallado".

Ahora bien, es importante entender que la pérdida de fragmentos es también un mecanismo defensivo; una forma en que la psique se protege del dolor. Por ejemplo, imaginemos un corral lleno de ovejas en el que una noche, por un problema eléctrico, comienza un incendio. Se produce un caos total y las ovejas, en su desesperación, rompen las vallas del corral y huyen desordenadamente hacia los cerros. Salir corriendo es su manera de sobrevivir, sólo que se extravían y acaban a la intemperie por lugares inhóspitos.

Siguiendo la misma idea, los chamanes dicen que el alma, o una parte de ésta, muchas veces se pierde y hay que traerla de vuelta. Esta pérdida suele ocurrir a raíz del *shock* emocional provocado por eventos desafortunados. Según ellos, el alma "escapa" del cuerpo para sobrevivir a la experiencia y va a un territorio de realidad no ordinaria que llaman "Mundo de Abajo" o "Madre Tierra". El rol del chamán, entonces, es entrar en otro estado de conciencia, rastrear dónde está el alma, y traerla de vuelta.

Por ejemplo, en el documental *La Sabiduría de los Sueños*[42] sobre la psicología de C. G. Jung, se muestra el caso de Al John, un indio navajo de una reserva en Arizona que combatió en la Guerra de Vietnam. Al volver a casa y verse atormentado por insoportables recuerdos y pesadillas, decide acudir al curandero de su pueblo. Éste le dice que su mente se había "quedado" en Vietnam y le propone un trabajo para traerla de vuelta a través de cantos y danzas rituales. Sólo entonces, al sentir que su mente "retornaba", logra reencontrar la paz.

Debido al trauma de guerra, los pedazos o partes de la psique de Al John habían quedado disociados del resto de su ser en algún plano del inconsciente. Desde una mirada energética, se dice que estaban "perdidos" igual que las ovejas escapadas del corral. La sanación a través de los cantos sagrados le permitió recuperarlos. Pero la solución no es tan mágica como parece, ya que los cantos fueron sólo el vehículo para un movimiento de conciencia e intención mucho más profundo. Según se explica, eran un cantos tradicionales destinados para celebrar el

---

[42] Segaller, S. (1989), La Sabiduría de los Sueños, Londres: BBC.

regreso del guerrero navajo. Le ayudaron a recordar quién era él y, recuperando su sentido o propósito, pudo atraer de vuelta sus partes.

En mi experiencia, la sanación de los vacíos se efectúa a través de un proceso nada simple que involucra a la par psicoterapia y trabajo energético sore todas las estructuras del campo. Necesita conectar con la propia alma y comprender qué es todo aquello que falta y por qué. Conectar con las emociones es un paso fundamental que muchas veces es un verdadero "viaje" al interior. El terapeuta a menudo debe también "ir" hasta esos planos internos y sanar y traer de vuelta las partes que ahí están. Esto se hace con visualización y se enlaza muy de cerca con el trabajo de "yoes y planos" explicado en los capítulos 9 y 10.

Anular el rechazo o la negación de las emociones es, dentro de todas las operaciones para sanar el trauma, una de las más importantes y básicas, ya que el trauma se suele sostener y perpetuar sobre la base del rechazo a emociones, recuerdos o imágenes que se sienten o se perciben como demasiado inaceptables o dolorosas. Un decreto que uno podría hacer para ese fin es, por ejemplo:

ANULACIÓN DEL RECHAZO A LAS EMOCIONES

Yo, _____, anulo todo el rechazo que he hecho de estas emociones y recuerdos que me parecieron demasiado dolorosos e inaceptables.

Las pido de vuelta aquí y ahora. Que vuelva todo eso que rechacé por parecerme doloroso y perturbador. Ahora llamo a esas partes de vuelta, para poder sanarlas. ¡Las llamo de vuelta!

Como vemos, es lo mismo que cualquier decreto para trabajar vacíos por rechazo, sólo que en este caso se halla aplicado a las emociones. También existe otra técnica que consiste en "llamar a las partes por el nombre de la persona". Una colega terapeuta una vez me ayudó a descubrirla cuando me dijo: «¿Tú sabías que los chamanes llaman al alma por su nombre cuando la van a buscar?». Yo decidí aplicar el mismo principio y, en las sesiones y luego de conectar con los vacíos de una persona, me concentraba en llamarla muchas veces por su nombre. Esto lo hacía en silencio, sólo con la mente, y noté que se producían cambios energéticos y emocionales muy interesantes. La técnica, muy sencilla, es más o menos así:

LLAMAR LAS PARTES DE VUELTA POR EL NOMBRE

1. Conectarnos con el vacío de la persona como situándonos dentro de él con la imaginación. Si lo deseamos, aunque no es completamente necesario, podemos emular a los chamanes e imaginar que "viajamos" al lugar donde las partes están, y que logramos visualizarlo (por ejemplo, se nos podría mostrar como un lugar desolado y oscuro, o un páramo, o un bosque, entre otros).

2. Mentalmente comenzar a llamar esas partes por el nombre, más o menos de esta forma: "¡_____ [nombre de la persona], *vuelve… vuelve… vuelve…!* _____, *te pido que regreses, que vuelvas conmigo*, ¡vuelve… vuelve… vuelve…! Repetirlo muchas veces imaginando que esa energía comienza a moverse de vuelta.

3. Imaginar, aunque tampoco es completamente necesario, que aparece alguien con la apariencia de_____, quizás asustado o en *shock*, y que poco a poco lo calmamos, lo tomamos y lo traemos al presente.

El mismo trabajo puede hacerse con la variante de que sea la propia persona quien mentalmente se conecte y "llame" a sus partes de vuelta.

Lo que debe entenderse es que el trauma es casi siempre un "maestro" que nos viene a brindar aprendizajes esenciales para nuestro propósito como alma. Sanarlo, por lo tanto, suele implicar un período de tiempo suficientemente largo como para que se produzca una transformación profunda. Es un tiempo que se acorta cuando el paciente logra comprender a fondo qué es aquello que falta y trabajamos junto a él para llenarlo. En ese sentido, los vacíos podrían haber estado incluso antes que el trauma mismo y éste nada más los hizo conscientes.

Portales

Los portales son —como lo indica su nombre— "puertas" hacia otros mundos dentro de la realidad energética. En el aura los hay de dos tipos: los interdimensionales y los entre planos. Los primeros son puertas de entrada y salida entre una dimensión y otra y son estructuras de hardware. Esto quiere decir que pertenecen al campo magnético y no al emocional. Por lo tanto, dado que acá estamos hablando del software o campo emocional, nos vamos a centrar en los segundos. Éstos son "puertas" que comunican diferentes planos o realidades, dentro de la misma dimensión. Existen muchas realidades o planos[43] y la psique humana tiene la tendencia a moverse, la mayoría de las veces inconscientemente, a través de ellos. Lo hace a través de la imaginación, consciente o inconsciente, y de las emociones.

La sensación que podemos llegar a percibir es la de literalmente una "puerta" o "ventana" de tipo circular u ovalada. Al tacto se suele sentir como si existiera corriente de aire circulando. Si nos conectamos de manera más profunda es posible que percibamos imágenes o sensaciones del plano o lugar que hay al otro lado.

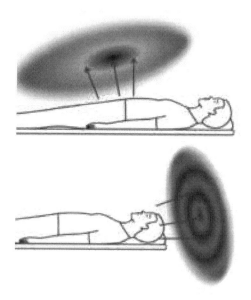

---

[43] Véase también el capítulo 10

De hecho, las emociones fuertes abren portales hacia otros planos, internos o externos, de realidad. El problema que esto acarrea es que muchas partes nuestras quedan en esos otros planos en una suerte de "exilio", es decir, se escinden o disocian de nuestra psiquis. La consecuencia directa es producir vacíos.

De alguna manera, podemos pensar que en el fondo todos los vacíos van acompañados de portales con otros planos. Los lazos, probablemente también. Esto significa que estamos a través de ellos dejando extraviadas "partes" fuera de nosotros. Esto es difícil de entender teóricamente, y yo mismo me he preguntado si acaso no es lo mismo que hablar de vacíos. Pero lo interesante es lo que experimentamos en la práctica al trabajar los portales. Para eso, hace años desarrollé una herramienta que llamé "cierre de portales", la cual yo recomiendo probar en uno mismo y los pacientes.

CIERRE DE PORTALES

Yo, _____, cierro toda puerta o portal que yo pueda tener abiertos en mi campo emocional con otros planos de realidad. Anulo toda intención que en esta vida o en otras pudo haberlos abierto.

Corto los lazos o vínculos energéticos o emocionales que pueda yo tener con ellos y pido de vuelta todas las partes de mi ser que pueda haber dejado en estos planos. Pido a mis guías que me las traigan de vuelta.

Al mismo tiempo, devuelvo las energías de esos planos que puedan estar en mí. Pido a mis guías que las lleven allá de vuelta.

Y, por último, pido a mis guías también que cierren estos portales y corten todo lazo con ellos.

El decreto suele provocar sensaciones físicas y emocionales en quien lo pronuncia que normalmente son de una mayor calma. Da la sensación, incluso si estamos percibiendo desde afuera, de que el campo mismo se calma. Por supuesto, esto dependerá de las otras estructuras que pueda haber activadas a nivel del campo, tanto el magnético como el emocional.

Ahora bien, el trabajo de cerrar portales de índole emocional no es cosa sólo de decretos. Desde una perspectiva más profunda, implica descubrir los mecanismos por los que se están generando, los cuales pueden ser cualquiera de los mencionados para los distintos tipos de vacío. Además, si hablamos de planos de realidad, conviene tener en cuenta todo aquello que ha sido explicado en los capítulos 9 y principalmente 10.

Por último, es importante comprender que cerrar un portal es lo mismo que cerrar una puerta. No quiere decir que quede clausurado, sino sólo cerrado. Eventualmente es una puerta que puede ser abierta nuevamente. Es sólo que, al igual que ocurre con la puerta de una casa, lo más adecuado por razones de orden y seguridad es mantenerla cerrada.

Vacíos y heridas

Las heridas y los vacíos se hallan íntimamente relacionados. De hecho, podemos ver que prácticamente todas contienen vacíos, lo que supone una dificultad no menor a la hora de tratarlas. Porque se puede estar mucho tiempo poniendo energía sobre una herida, o tratando de conectar emocionalmente con ella, sin resultado. Si hay partes faltantes no va a ser posible que la herida cicatrice. Necesariamente hay que ocuparse del o los vacíos que pueda haber.

En general, hay tres formas en que los vacíos pueden producirse en una herida:

1. Vacíos generados antes de la formación de la herida
2. Vacíos generados al mismo tiempo que la herida
3. Vacíos generados después de producirse la herida

En el primer caso, el vacío se produce de manera previa a que en esa zona se forme una herida y contribuye directamente a crear las condiciones para que esa parte del tejido se rompa. Por ejemplo, supongamos que una persona tiene en su tercer *chakra* un vacío de autoestima, por omisión. Es decir, no ha reconocido la importancia de quererse y valorarse a sí misma. En esas condiciones, la zona estará débil y desnutrida, y fácilmente podrá desgarrarse cuando se presente una situación emocionalmente compleja. Para sanar la herida, la persona necesita antes reconocer su omisión y empezar a trabajar por recuperar las partes correspondientes a su autoestima.

En el segundo caso, el vacío se produce como parte del mismo movimiento energético/emocional que provoca la herida. Es lo que hemos explicado al hablar de los traumas. En el fondo, la intensidad de las emociones fuera de control arroja mucha partes lejos, que quedan "extraviadas". Por ejemplo, una mujer pierde a su marido en un accidente, situación para la cual su sistema psicológico no estaba preparado. El *shock* emocional es tan grande que muchas de sus partes se pierden. Sanar requerirá de mucha psicoterapia que le permita hacer consciente sus emociones y su falta, así como las energías (aprendizajes) que debe incorporar. Habrá que ir hasta esos planos donde están sus partes y, a través de un trabajo de intención, traerlas de regreso.

En el tercer caso, el vacío es más bien una defensa colocada "sobre" la herida previa. Normalmente se genera a partir del rechazo del dolor y otros sentimientos o emociones que pertenecen a la herida. Es cuando la persona hace de todo por evitar sentir, y niega o rechaza esas partes. Con eso se tiene un doble problema, ya que las emociones rechazadas terminan a largo plazo generando más malestar que la herida misma. Para sanarla, hay que hacer un trabajo de reconocimiento de esos mecanismos de rechazo y omisión, y luego hacer que la persona pida de vuelta todo lo de esa forma extraviado. En el ejemplo anterior, de la mujer que perdió a su marido, puede que el dolor sea tan insoportable que ella lo termine rechazando. Quizás se promete a sí misma que no va a permitirse sentir dolor porque debe permanecer fuerte e impasible para sostener y sacar adelante a sus hijos. A la larga, tal actitud le provoca aún más malestar.

Es muy habitual hallar este último tipo de vacíos en personas con vidas pasadas como guerreros o guerreras, gente "dura" que rechazaba cualquier emoción que pudiera ser señal de debilidad. También los encontramos en quienes fueron monjes, monjas o sacerdotes. Porque muchas personas optaban por la vida religiosa para olvidar sus reales sentimientos.

Por último, cabe preguntarse hasta qué punto una herida no puede ser lo mismo que un vacío. Porque en toda herida también existe una ausencia: la de un aprendizaje que necesita ser integrado para que la herida sane. No es fácil entonces determinar dónde está el límite y muchas veces hallaremos herida y vacío al mismo tiempo completamente relacionados. Por esta razón, cuando estamos frente a una herida que no ha podido sanar, la pregunta que nos debemos hacer siempre es: «cuál es el o los vacíos que impiden que esta herida sane?».

Cómo se expresan los vacíos

Los vacíos se pueden manifestar de muchas maneras en la vida de alguien, partiendo por el clásico "sentimiento de vacío" que muchos hemos experimentado más de una vez. Sin embargo, existen muchas otras cuya naturaleza y características dependerán del o los fragmentos que se encuentren ausentes. Por ejemplo:

- Inhibiciones y bloqueos
- Desmotivación, falta de energía, ganas o inspiración
- Dolor y debilidad físicos
- Sensación de agujero
- Angustia
- Depresión
- Dependencia de otros
- Sensación de estar incompletos

Además, hay que considerar que los vacíos no son una falta o ausencia total, porque allí donde están queda siempre una especie de "sombra" o "fantasma". Esto significa que, aunque la parte faltante está ausente, queda siempre allí algo que la recuerda y sigue presente. De esta forma, por ejemplo, rechazar la sexualidad no significa dejar de tener deseos sexuales, así como rechazar el ego no significa dejar de tener tendencias egoístas. Lo rechazado continúa de todas formas apareciendo como si fuera un "invitado de piedra", es decir, de manera incómoda y disruptiva. Así también, en el caso de un trauma, las emociones y recuerdos negados siguen "visitando" a la persona. Son partes que, si bien se hallan extraviadas, su "fantasma" ha quedado acá y atormenta a la persona.

Por lo tanto, podría decirse que los vacíos, más que ninguna otra estructura del campo emocional, se convierten en una especie de "sombra psicológica" de la forma como es definida por C. G. Jung. Para este autor, la "sombra" son todos los contenidos no reconocidos o rechazados por la personalidad, que terminan convirtiéndose en una especie de "antagonista".

Desde un punto de vista temático tenemos:

- Vacío sobre piernas y primer *chakra*: Falta de base y de conexión con la realidad terrenal. Miedo. Falta de seguridad. Rechazo del cuerpo y la materia. Querer escapar de este mundo. Libertad entregada. Traumas donde se perdió o se vio amenazada la vida. Traumas de desarraigo. Traumas de esclavitud o sacrificio.

- Vacío sobre segundo *chakra*: Falta de conexión con la energía vital. Rechazo del placer, del sexo o la sexualidad. Útero, feminidad o maternidad rechazados. Traumas de abuso sexual o maltrato físico. Traumas de guerra o catástrofes. Vulnerabilidad.

- Vacío sobre el tercer *chakra*: Falta de amor propio. Rechazo o desinterés por uno mismo. Poner la identidad en otros. Rechazar el ego o la individualidad como algo malo. Rechazar o posponer los anhelos. Traumas de maltrato psicológico o abandono. Poder entregado o rechazado.

- Vacío sobre el cuarto *chakra*: Frialdad y falta de conexión afectiva. Afectos o sentimientos rechazados. Querer ser insensible. Rechazar el amor o la empatía. Corazón rechazado o entregado a otros. Traumas de separación, abandono o pérdida de personas o del hogar querido.

- Vacío sobre el quinto *chakra*: Falta de la voz o el rostro propios. Derecho a expresarse entregado. Voz entregada o rechazada. Rechazo a la propia imagen. Miedo a mostrarse o a decir la verdad. No saber cuál es mi lugar en el mundo. Trauma de haber sido callado a la fuerza. Trauma de ser rechazado por mostrarse como uno es.

- Vacío sobre el sexto *chakra*: Falta de visión propia. Perderse en fantasías o visiones fuera de la realidad. Confusión. Conciencia distorsionada.

- Vacío sobre el séptimo *chakra*: Falta de entendimiento propio. Valores o ideas que no son propias. Pensamiento desconectado o disociado.

Para sobrellevar estas "ausencias", casi siempre la psique opta por desarrollar mecanismos compensatorios, es decir, maneras de encubrir consciente o inconscientemente el malestar. Al igual que en el caso de las heridas, esto se logra a través de otras estructuras, como corazas, bloques y lazos.

Para entender mejor lo de la compensación, pongamos el ejemplo de Arturo, de 40 años, quien presenta un gran vacío de autoestima en su tercer *chakra* (plexo solar), el cual es parte también de una herida de infancia: su padre lo maltrataba psicológicamente. Sobre el vacío y la herida vemos muchos bloques de autoexigencia, ya que Arturo es un trabajólico y perfeccionista empedernido. En la cabeza hay múltiples bloques, que dan cuenta de todas las creencias y valore que ha ido acumulando, como el profesionalismo y la responsabilidad, que sostienen las estructuras del plexo. Éstos no son algo malo en sí, pero Arturo los implementa con excesiva dureza y rigidez; en el fondo no disfruta lo que hace.

El vacío de Arturo habla del trauma del maltrato, en que aprendió que, si quería recibir el amor y la validación de los demás, debía ganárselo haciendo cosas por ellos. Por eso es por lo que decimos que la estructura de autoexigencia sobre el plexo tiene una "función compensatoria". Está puesta allí para tapar el agujero, ya que la parte original, que tiene que ver con el auténtico amor a uno mismo y la autoexigencia sana, está extraviada. En el fondo Arturo no se sabe exigir desde el amor y el respeto, y el placer de mejorar, y aunque obtiene logros no se siente nunca contento. Porque quien es maltratado aprende el automaltrato también, es decir, se rechaza a sí mismo y termina intentando contrarrestar el vacío con más vacíos y bloques. Los niveles de ansiedad y angustia que acumula no son para nada algo menor.

En otro ejemplo, podríamos hablar de Margarita, de 28 años, "compensa su vacío" no a través del trabajo, sino a través de su pareja e hijos. Como tuvo una madre depresiva de la que siempre tenía que estar pendiente, se pospuso a sí misma y aprendió que su misión de vida era estar siempre al servicio de otros. Su vacío abarca toda la zona de su plexo solar y corazón. Sobre él se aprecian una serie de lazos de dependencia que muestran la cantidad de partes que, por entrega, inconscientemente ha puesto en otros. Hay una fuerte necesidad de ser querida, y de hacer con sus hijos lo que su madre no hizo con ella. Se observan muchos bloques de "deber ser" en toda la zona. Son estructuras que "compensan" el vacío que hay debajo.

El tratamiento de los vacíos

Para trabajar los vacíos es necesario partir preguntándonos qué es lo que falta y por qué. Sólo una vez que eso está relativamente definido, podemos poner en práctica distintas técnicas de intención para dar con lo perdido y traerlo de vuelta.

Quizás el más básico y fundamental procedimiento es "llamar" o "pedir de vuelta" las partes. Es algo que, en primera instancia, debemos hacer que la propia persona haga. En algunos casos, el terapeuta puede también hacerlo si cuenta con la autorización del paciente.

PETICIÓN DE PARTES DE VUELTA

Yo _____ aquí y ahora pido de vuelta las partes mías que son mi _____
_____
_____.

Anulo todo rechazo o entrega que en el pasado pude haber hecho de ellas. ¡Las pido de vuelta!

Por ejemplo, si el vacío está sobre el pecho y la persona dice sentirse desilusionada del amor, da inmediatamente para pensar que hay situaciones en su pasado que hicieron que rechazara todo aquello que tiene que ver con el amor y los afectos; o bien entregó su "corazón" a alguien; o bien hay traumas de pérdida o separación de esta u otras vidas. La petición, tomando en cuenta esa especificidad, podría quedar:

Yo, Juan, aquí y ahora, pido de vuelta las partes de mi ser[44] que me permiten enamorarme y sentir afecto por otras personas.

Pido que regrese todo eso que perdí alguna vez cuando sufrí tanto con las relaciones que me tocó vivir[45], pido de vuelta mi corazón y todo el amor que entregué [a _____], y mi ternura, mi sensibilidad y mi confianza.

¡Yo las pido de vuelta, las pido de vuelta!

Observemos que detallar cuáles específicamente son las "partes" que se desea recuperar, hace que la petición tenga mucha más sustancia. De eso depende su efecto, tanto energético como psicológico. Por lo mismo, el trabajo es

---

[44] Se puede decir indistintamente "de mi ser", "de mi psique", "de mi esencia", "de mi identidad" o "de mi alma". En este último caso, cuando se habla de "alma" el sentido es figurado, ya que el alma en sí es incorruptible y por ende no se puede fragmentar. Sin embargo, decir «quiero de vuelta las partes de "mi alma"» tiene mucha fuerza emotiva, lo que puede aumentar de manera importante la efectividad del decreto.

[45] Acá puede ser muy bueno mencionar los nombres de esas exparejas.

mucho más efectivo cuando se lleva a cabo dentro de un proceso de psicoterapia a través del cual:

1. Identificamos el vacío y cuál puede ser su tema o conflicto
2. Identificamos otras heridas, vacíos, mecanismos compensatorios (bloques), lazos de dependencia, etc. que se hallan relacionados
3. Indagamos o hipotetizamos sobre las posibles causas del vacío (omisión, rechazo, entrega, fantasía, traumas)
4. Dialogamos con la persona para ver en qué medida le hace sentido lo que vemos, lo cual nos permite seguir indagando

Porque muchas veces, al sentir los vacíos y conectar con ellos en conjunto con lo que vamos comprendiendo a través de la psicoterapia, la información va "llegando". Entonces uno puede tener cierta idea de si se deben a omisión, rechazo, entrega o trauma, así como el tema o conflicto que está a la base. Así también, la posición de los vacíos y las estructuras de las que van acompañados van aportando todavía más entendimiento.

Las preguntas que internamente debieran guiarnos en nuestra indagación son: (1) ¿Qué parte o partes de la experiencia humana no ha reconocido o valorado esta persona?; (2) ¿Será que también puede haberlas rechazado en esta u otras vidas?; (3) ¿Qué ha entregado o puesto en otros?; y (4) ¿Tendrá este vacío que ver con algún trauma de esta u otras vidas?

Para ejemplificarlo, veamos el caso de César, de 38 años, que presenta un gran vacío en el tercer *chakra* que parece hablar de mucha necesidad de aprobación. ¿Cómo podríamos abordarlo? Una hipótesis que surge al examinar su campo y también hablar con él es que el vacío tiene que ver con una falta de autoestima o amor propio. Eso lo estaría llevando constantemente a depender de la aprobación de otros, por los cuales "lo da todo".

Después de conversar con él y asegurarnos de que le hace sentido nuestra hipótesis, podemos hacerle decir un decreto combinado que cumpla varios objetivos a la vez: (1) reconocer que el amor propio y la autovalidación son cosas importantes; (2) anular el rechazo y el menosprecio que pudo haber hecho hacia su propia persona en el pasado; (3) anular las "entregas" que hizo hacia otros en detrimento suyo, y (4) pedir de vuelta todas las partes que tienen que ver con el amor y la valoración a sí mismo.

Quedaría más o menos así:

> Yo, César, reconozco la importancia que tiene para mi alma aprender a amarme y valorarme tanto como amo y valoro a los demás. Valoro lo que soy y me permito entregarme todo el reconocimiento por aquello que soy y que he logrado.
>
> Anulo todo acto de rechazo, de esta vida o de otras, hacia mí mismo y mi propio valor. Me permito aceptar estas partes de vuelta. Ahora me permito verlas como algo positivo, sano y necesario.
>
> Anulo también todas las entregas de partes de mi identidad hechas consciente o inconscientemente a otras personas. Quito todos los permisos que di a quienes alguna vez me hicieron daño, o me hicieron sentir indigno de amor o de valor. Yo les quito el poder de hacerme sentir validado o no validado.
>
> Pido de vuelta todas las partes de mí que son mi amor propio, así como mi derecho a ser amado y reconocido por todo lo bueno que soy y que hago. Le pido al maestro interior de mi alma que me muestre y me integre esas energías.

Después de repetir el decreto una o más veces, es bueno pedir a César su reporte. Si la respuesta es que sintió mucho movimiento, es señal de que el decreto logró representar bien el conflicto de ese vacío. Los detalles que él pueda aportar son de mucha importancia, ya que podemos enterarnos de cuáles partes del decreto tuvieron un mayor efecto.

La retroalimentación de César también es útil para detectar posibles resistencias que él tenga frente a lo que está afirmando. Así podemos ver si hay creencias que se puedan estar oponiendo al cambio que se busca lograr.

Por ejemplo, podría decirnos que no cree mucho en el amor propio porque para él es sinónimo de egoísmo. Esto da pie a que trabajemos en psicoterapia esos conceptos hasta que logre diferenciarlos.

Al mismo tiempo, si observamos que el decreto tuvo un impacto positivo sobre el aura, es posible también trabajar en integrar energía de manera manual. Porque los vacíos son en el fondo también zonas del campo que necesitan ser "nutridas". Por lo tanto, podemos proceder de la misma manera que con una herida: sintonizando y llenando con energía de manera manual. Y la otra opción es que César mismo pida a su maestro interno que le "nutra" con la energía del amor propio.

Por último, puede que en un momento de la terapia, César requiera abordar los traumas que pueden estar a la base de esos vacíos. Esto va a involucrar un compromiso emocional mucho mayor de su parte porque necesitará sondear dentro de sí para encontrar el dolor que permanece guardado. Como terapeutas nuestro trabajo es llevarlo a contactar y reconocer las emociones y recuerdos de esos traumas, y desde allí ir haciéndole reconocer y pedir las partes perdidas. A veces este proceso es largo y no exento de complicaciones.

Los vacíos y el inconsciente

Como se vio en la parte primera del libro, podemos representar la psique o campo emocional como un *iceberg*. La porción de él sobre la superficie son aquellos contenidos de fácil acceso para la conciencia, los cuales se corresponden con estructuras que se hallan "activadas". La porción sumergida, en cambio, supone una extensión mucho más vasta donde hallamos contenidos de mucho más difícil acceso. Son estructuras que permanecen latentes y parcial o totalmente invisibles a menos que algo, algún conflicto o toma de conciencia, las "active". Podríamos referirnos a este sector como el nivel "inconsciente" de la psique.

Sin embargo, por "inconsciente" no estamos entendiendo necesariamente un depósito de contenidos reprimidos o bloqueados, ni una instancia a la que uno no pueda jamás tener acceso. En ese sentido, no nos referimos a un inconsciente de tipo "freudiano". De hecho, la terapia del campo emocional consiste en adentrarnos hacia lo profundo de este *iceberg* para ir haciendo que, a través de la conexión y la toma de conciencia, sus contenidos vayan poco a poco emergiendo a la superficie. Tanto terapeutas como pacientes nos transformamos así en verdaderos buzos de la psique.

De esta forma, la parte sumergida del *iceberg* es una suerte de "inconsciente emocional" dado que en él encontramos simplemente emociones o, mejor dicho, patrones y contenidos emocionales de los que no somos conscientes. En la medida en que vamos reconociéndolos, esos contenidos comienzan a "emerger" y a mostrarse en el aura como estructuras que pueden ser trabajadas. Es algo, en la práctica, muy dinámico.

Ahora bien, podríamos teorizar que, junto a este "inconsciente emocional", existe otro al que podemos llamar el "inconsciente de las partes faltantes", expresado en el aura en los vacíos. Porque las partes que están ausentes en cierto modo no forman directamente parte del *iceberg*. Más bien quedan fuera, exiliadas en planos o mundos ya sea interno o externos. Los vacíos, si lo queremos ver así, no son otra cosa que "portales" hacia tales mundos. Las partes faltantes no "emergen" naturalmente al hacerse la persona consciente. Es necesario intencionar llamarlas de vuelta, a la vez que anular los actos de intención que las enviaron o dejaron fuera. Si fueron omitidas se las debe reconocer; si fueron rechazadas, debe anularse el rechazo; si fueron entregadas, se deben anular o cortar los lazos; y así sucesivamente.

En resumen, podemos hablar de dos "inconscientes": uno cuyos contenidos se muestran en la medida en que conectamos y llevamos a la conciencia nuestros temas emocionales (representado por la parte sumergida del *iceberg*); y otro cuyos contenidos se muestran conforme traemos de vuelta lo que está extraviado fuera a través de una intención.

CAPÍTULO 7
Los lazos

Los lazos en el campo emocional

Los "lazos" son formas energéticas que hallamos en el campo emocional dando la impresión de "mangueras" o "ductos". Los veremos conectados a algún lugar del cuerpo, por lo general a un *chakra* o una estructura, desde donde salen y se proyectan hacia afuera. En el examen al tacto, se sienten de manera similar a las corrientes bajo el agua: tienen un determinado flujo o movimiento. Al pasar la mano, por lo tanto, la sensación es la de atravesar o "cortar" un flujo al interior de una 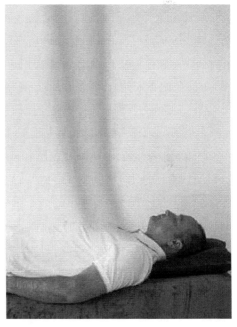 manguera vertical o diagonal. Esta puede ser delgada, o a veces tan ancha que abarca toda una zona del cuerpo.

En general, los lazos pueden ser interpretados como "conexiones energéticas". Aunque los más conocidos sean los que se dan entre dos seres humanos, existen otros igual de importantes, como el lazo con grupos, el lazo con lugares, el lazo con entidades y el lazo con objetos. Cuando la sensación que nos transmiten es agradable, liviana y de una vibración cercana a la "conciencia de amor", decimos que el lazo es sano. En este caso, ni siquiera se trata de una estructura como tal, ya que no presenta ni rigidez ni densidad; más bien estamos hablando de un flujo sutil en la frecuencia del alma.

No obstante, si la sensación del lazo es densa o desagradable, o si transmite dolor, aprehensión o cualquier otra emoción de vibración pesada, significa que el lazo dejó de ser sano. Acá sí estamos hablando de una estructura porque encontramos rigidez y tirantez. A modo de prueba, podemos tomar el lazo entre ambas manos e intencionar "jalarlo" un poco hacia afuera como si fuera una cuerda. Si sentimos (o la persona reporta) sensación de tirón, es porque el lazo es rígido y por ende no puede ser sano.

A estos lazos no sanos podemos también denominarlos "lazos de dependencia" o "ataduras emocionales", o simplemente —como hacemos en este libro— sólo "lazos" por ser los únicos que dan la sensación de algo que, además de vincular, "lacea" o ata. En general, en el campo emocional pueden interpretarse como:

1. Dependencia y atadura tanto psicológica como energética respecto de un "sistema energético" externo, cualquiera sea (persona, grupo, lugar, ser o entidad intangible, u objeto)
2. La persona ha buscado en eso el bienestar, la felicidad, el poder, la seguridad u otros atributos que debiera reconocer en sí misma
3. Al hacerlo, ha entregado una parte de la propia energía o identidad, y ha generado un "vacío por entrega".

El origen de los lazos de dependencia

En general, creamos un lazo energético cuando movilizamos la energía de nuestra psique hacia sistemas energéticos externos a nosotros, que quedan impregnados o "investidos"[46] de ésta. Al hacerlo, muchas de nuestras partes acaban entregadas o depositadas fuera. Es un proceso que se da de manera natural cuando no somos demasiado conscientes de nosotros mismos y de nuestra identidad y límites. A través de expectativas y permisos, terminamos cediendo lo que somos y dejándolo a merced de otros.

Porque muy a menudo, nos cuesta ver que a través de la conexión con nuestra propia alma se encuentran ya a nuestra disposición todos los atributos que requerimos para ser felices y plenos sin depender de ningún "sistema" externo. No obstante, nos resulta más fácil reconocer esos atributos en energías, objetos o personas del mundo exterior y, a través del lazo con ellos, llenar nuestra necesidad. Es un mecanismo transaccional, es decir, de intercambio, en el que estamos recibiendo y absorbiendo energía; de ahí que sirva para suplir carencias y vacíos.

En el aura, generamos estas conexiones desde el o los *chakras* cuya temática más se relaciona con el atributo que andamos buscando. Cuando lo hacemos, como ya lo vimos en el capítulo anterior, terminamos poniendo partes en el otro y dejando vacíos en nosotros. Por ejemplo, si lo que buscamos en el otro es identidad, validación, poder o confianza personal, por lo general los lazos se van a formar en la zona del tercer *chakra*; si en cambio es amor o afecto, seguramente estarán en el corazón; si es protección o seguridad física o material, podríamos hallarlos en el primer y segundo *chakras*; cuando se buscan la verdad o el sentido, estarán en la cabeza; y si necesitamos que alguien crea en nosotros y nos vea, en garganta y cara.

Vemos entonces que los lazos nos hablan de necesidades legítimas, pero que han sido encauzadas de una manera que contradice los principios de "autonomía" y "completitud". El primero nos señala que nuestro sistema psíquico y energético es más sano mientras menos dependencia tiene de

---

[46] En el psicoanálisis, con significado similar se habla de "investidura" o "catectización" para referirse a cómo un objeto o representación es dotado de energía psíquica y queda "empapado" de ésta. A nivel del campo energético, éste es un movimiento cien por ciento tangible, evidenciado bajo la forma de un lazo.

energías u objetos externos; el segundo, que todo lo que necesitamos para completarnos podemos y debemos hallarlo en nosotros mismos.

Por este motivo, los lazos a menudo se encuentran muy relacionados con vacíos y heridas que existen de manera previa y que pueden estar causando profunda sensación de necesidad. Por ejemplo, Félix, un chico que me visitó hace un tiempo, presentaba en el pecho una gran herida de abandono. No conoció a su padre, y su madre en el intento de rehacer su vida lo dejó durante casi toda su infancia al cuidado de sus abuelos. No sólo había un gran vacío en la zona del pecho sino también en el plexo solar, lo que mostraba que, aparte de no amado, se sentía poco valioso como persona.

Lo interesante es que por encima de los vacíos y la herida de Félix había un montón de lazos. Pudimos identificar los lazos con la madre y el padre, que tenían que ver directamente con la herida, así como otros lazos posteriores cuya función era más bien compensatoria; a través ellos, buscaba paliar la sensación de abandono, soledad y falta que sentía. Por eso, cuando encontramos lazos, lo primero que hay que preguntarse es qué función están cumpliendo, e intentar ir más profundo para encontrar cuál es la herida o el vacío mayor que puede estar detrás.

Si bien los lazos pueden ser tratados por sí mismos, si no se sana la necesidad que lleva a ellos es casi imposible que dejen de crearse. Porque una persona puede ser plenamente consciente de su dependencia y aun así no lograr sobreponerse a ella; de ahí que las heridas y los vacíos que hay detrás deben ser atendidos.

Proyección e identificación

La manera como debemos entender los lazos energéticos es mucho más psicológica que energética. Si bien nacen de una intención, ésta responde a mecanismos de la psique de los cuales necesitamos hacernos conscientes. Después de mucha observación y reflexión, mi conclusión fue que los mecanismos básicos son dos: "proyección" e "identificación".

Muchos lazos se generan a través de expectativas rígidas que inconscientemente ponemos sobre otras personas, pensando que ellos "deben" o "necesitan" ser o comportarse como esperamos. Por ejemplo:

- «Si es mi pareja, tiene que apoyarme»
- «Mi hijo tiene que estudiar algo que le dé una buena estabilidad económica»
- "Él no debe responderme de forma irrespetuosa»
- «Necesito que ella me haga feliz»

Es decir, la "proyección" nace de la idea rígida de que los otros "tienen que" hacer algo y que eso es necesario para sentirnos felices, completos, validados, reconocidos, etc. De esta manera, quien pone su intención en que el otro allá afuera se comporte según sus demandas, está depositando en él una parte energética de sí mismo. Al hacerlo, genera el lazo y entra a depender.

Debido a que el objeto externo pasa a ser parte del propio sistema energético, quien proyecta lo necesita para sentirse más él mismo. En lenguaje psicoanalítico, podríamos decir que se transforma en un "objeto narcisista", es decir, un objeto que consideramos una "extensión" o "propiedad" de nuestro propio yo. Buscamos en él una representación de nosotros mismos, de lo que quisiéramos ser o fuimos en algún momento; estamos usándolo para satisfacer nuestra propia carencia o necesidad.

Por otra parte, el mecanismo opuesto pero complementario a la proyección se llama "identificación". Si el primero consistía en yo poner una expectativa en el otro, la identificación consiste más bien en yo sentir que el otro pone una expectativa en mí con la que "necesito" o "tengo que" cumplir. Por ejemplo:

- «Tengo que hacerle caso en todo»
- «Debo estudiar algo que a mi papá le parezca bien»
- «Necesito ser una buena madre para mi hijo»
- «No puedo defraudarlo»

En otras palabras, la "identificación" nace cuando la persona se siente "obligada" por otros a hacer algo para complacerles hacerles sentir felices, completos, validados, reconocidos, etc. Así, quien se identifica también está poniendo una parte de sí allá afuera. Siente que no puede oponerse a cumplir las demandas o necesidades del otro y al hacerlo también está cediendo su poder y autonomía.

Incluso si el otro no desea nada, es decir, si no hay una demanda o expectativa de su parte, podemos sentirnos de todas formas presionados y en la obligación de responder. Por ejemplo, alguien puede sentirse en deuda con un amigo por haber recibido de éste un favor. Y puede que el amigo le diga de todo corazón que lo olvide, pero el sujeto insiste en que "tiene que" pagarle. Pero lo hace desde el lazo de dependencia. Porque cuando nos sentimos obligados a ser o comportarnos como los otros supuestamente esperan (identificación), generamos tanta atadura como cuando sentimos que el otro está obligado a comportarse como nosotros esperamos (proyección). Esto también responde a heridas y vacíos que existen en lo profundo.

Lazos de ida y vuelta

En la vida real, los mecanismos de proyección e identificación suelen combinarse y dar origen a lazos cruzados, es decir, de ida y vuelta. Por ejemplo, la expresión «mi princesa», dicha por un padre hacia su hija, pese a que podría no ser más que un apelativo cariñoso, en algunas ocasiones podría estar también escondiendo la demanda de «sé una princesa (para mí)». En este último caso, sin darse cuenta, el padre podría estar creando un lazo dependiente y poniendo una parte suya en la hija.

Ahora bien, si la niña no se identifica con esta proyección del padre, es decir, no "engancha" con ella, frustra la proyección. Energéticamente, en él eso se traduce en una especie de "bajón anímico", dado que la energía que colocó en esa expectativa no está teniendo un retorno. Decimos entonces que el padre «se lo ha tomado "a personal"», y podría incluso llegar a sentirse "traicionado". Sin embargo, puede que la hija sí se identifique con la proyección del padre al sentirse obligada a ser "su princesa". Al hacerlo, genera un lazo "de vuelta" hacia él. Pero, aun en el caso de que en el padre no exista expectativa y proyección, ella podría creer que sí la hay y establecer de todas formas un lazo de dependencia.

En otro ejemplo, unos estudiantes empiezan a llamar "gurú" a un profesor a quien admiran mucho y se hacen seguidores de él. De esta manera, comienzan a darle autoridad y permiso de influir sobre ellos como si su opinión fuera ley. En el fondo, están proyectando y poniendo en él las propias partes del "sentido de la verdad" que no se permiten reconocer en sí mismos. Terminan siendo dependientes de lo que el profesor diga o haga. Lo interesante es que la expectativa de los alumnos sobre el profesor, que en el fondo es una proyección, hace que ellos generen un lazo "de ida" hacia él. Si el profesor no se identifica con lo que los alumnos esperan de él, se mantiene independiente al no generar un lazo. Pero si sí lo hace, y empieza a alimentar su propio "ego" con la validación que le brindan, acaba creando un lazo "de vuelta" y comportándose como ellos esperan. Porque toda esa proyección le está aportando energía y es muy tentador para su personalidad recibirla. Comienza a haber una relación codependiente entre ellos donde ambos lados están poniendo partes en el otro, pero este equilibrio puede romperse fácilmente.

La codependencia, es decir lazos dependientes "de ida y vuelta", es lo que vemos de manera más que habitual en relaciones de amistad o pareja donde existen estas proyecciones e identificaciones mutuas. La complementariedad se termina rompiendo cuando una de las partes deja de cumplir la expectativa del otro, ya sea porque se cansa o porque fija su atención en otra parte. Si la expectativa no es cumplida, el vacío detrás del lazo se hace evidente a través de un bajón anímico que en los casos graves puede derivar en depresión y pérdida de sentido.

Sin embargo, volvemos a lo mencionado antes: es muy difícil no generar lazos de dependencia cuando se tienen heridas y vacíos importantes. Incluso alguien consciente no puede evitarlo sin que eso signifique enfrentar sus carencias. No obstante, esto último es el primer paso hacia una sanación que vaya a la raíz del problema. Si se consigue enfrentar el vacío y comenzar a llenarlo desde el propio interior, la dependencia deja de tener sentido. En ese momento la persona recupera su autonomía y empieza a obtener bienestar a partir de ella misma.

Prometer y pactar

Las promesas, así como los pactos, son actos de intención que ligan contractualmente a quienes las emiten; de ahí que los lazos resultantes, y sus respectivos "vacíos por entrega"[47], tengan una fuerza y un efecto vinculante muchísimo mayor. Si no existe una fecha de término del tipo «hasta que…»[48], estos lazos podrían permanecer activos y afectar todas las vidas siguientes.

Por ejemplo, supongamos que una chica y su enamorado se prometen mutuamente que se amarán por siempre y realizan un pacto de fidelidad mutua. Eso significa que, si vuelven a encontrarse en siguientes vidas, se sentirán obligados a estar de nuevo juntos, pese a que quizás ambos ya no tienen afinidad.

La psicóloga experta en regresiones Sarita Sammartino se refiere a cómo los compromisos que traemos desde las vidas pasadas pueden condicionar nuestro presente:

> Así es como nos encontramos con: noviazgos que se perpetúan en promesas de amor eterno, y que se transforman luego en relaciones asfixiantes; enemigos que atraviesan las barreras del tiempo persiguiéndose vida tras vida, olvidando ya por qué se odian tanto, pero sin poder evitarlo; sobreprotecciones maternas que ahogan cualquier intento de independencia doscientos años después; juramentos y pactos que reclaman su cumplimiento esclavizando por siglos a quienes los pronunciaron; promesas de reencuentro fáciles de

---

[47] No en vano, cuando se jura o promete, la persona suele decir cosas como «te doy mi palabra» o «pongo en esto mi honor» o «te doy mi corazón».
[48] Por ejemplo, la promesa del matrimonio católico explicita «hasta que la muerte los separe».

hacer en momentos de enamoramiento y/o desesperación, pero difíciles de sostener cuando ya no necesitamos a aquella persona[49].

Ahora bien, ampliando un poco más, los lazos que resultan de promesas, pactos o juramentos, al igual que los lazos por proyección e identificación, no se limitan sólo a personas. También puede ocurrir que alguien prometa defender o cuidar con su vida un determinado lugar, o jure ser fiel hasta la muerte a una particular orden o milicia, o efectúe un pacto con dioses o entidades, etc. En esos casos también encontraremos partes entregadas, que podrían llegar a condicionar todas las vidas hacia adelante.

El tratamiento de los lazos

En el tratamiento de los lazos de dependencia, la herramienta fundamental es el "renuncio". A través de éste, el paciente declara su voluntad de cortar el lazo energético con tal persona o cosa, se declara libre, pide el corte y llama devuelta sus partes o "energías" entregadas.

Antes de llevar a cabo el renuncio, es importante saber cuál es el lazo que se va a trabajar. Eso no quiere decir que obligadamente tengamos que percibirlo; puede que tan solo nos parezca, por intuición o deducción terapéuticas, que el paciente tiene que trabajar un determinado vínculo. Por ejemplo, si la persona admite estar conflictuada con alguien o con algo, o le menciona mucho, es señal inequívoca de que existe allí un lazo que se requiere trabajar.

Ahora bien, en el caso de que estemos examinando el aura y percibamos un lazo, lo recomendable es que intencionemos sintonizarnos emocionalmente con él y su respectivo vacío, y veamos qué otra información "nos llega". Muchas veces se nos "aparece" una imagen que nos da pistas o simplemente nos "surge" una certeza o corazonada. Y es aquí donde podemos probar un pequeño truco: mencionémosle o preguntémosle al paciente por aquella persona, grupo, lugar, etc., con quien creemos que podría ser el lazo. Si

---

[49] Sammartino, S. (2018), *Amores que vienen de vidas pasadas*, pág. 23. Madrid: Kepler (Urano, S. A. U.)

acertamos, el lazo se va a activar más, lo que en el aura se percibirá como si se "prendiera" o "encendiera". Así sabremos con qué o quién específicamente hacer el renuncio.

De todas formas, si todavía estamos ante la duda, siempre podemos recurrir al viejo método del ensayo y error. Es decir, podemos hacer que la persona repita diferentes renuncios de "corte de lazos" y observar si se produce o no efecto en el campo. Cuando demos con el renuncio correcto, no sólo notaremos que el lazo muta (y en muchos casos desaparece); también, al preguntarle, nos dirá que su sensación (corporal o emocional) cambió.

Al disolverse un lazo, la sensación es muchas veces de liberación y, ya que también se piden las partes entregadas (por proyección o identificación) de vuelta, se suele sentir que energía llega y se reincorpora. Como resultado, nos sentimos más completos, tranquilos y recuperados. A veces basta con hacer el renuncio una sola vez; otras, sobre todo cuando el vínculo es más profundo o fuerte, o hay un conflicto entre medio, se debe acompañar de mucha psicoterapia que nos permita "soltarlo".

Por último, es importante entender que cada persona es dueña de su lazo. Eso quiere decir que podemos cortar los lazos que nosotros tenemos con alguien, pero no los que él o ella tiene con nosotros. Esto es así porque las proyecciones o identificaciones pertenecen exclusivamente a quien las ha hecho. Lo que sí puede pasar, es que al trabajar uno el lazo propio con alguien, esa persona perciba o resienta de alguna manera el corte. Se han dado casos, inclusive, en que inmediatamente después de una sesión donde se trabajó un lazo, el paciente recibió un mensaje o llamada de la otra persona, o se la encontró fortuitamente en la calle.

Lazos con personas

Muchas veces tenemos la sensación de que alguien se ha quedado con energía o partes nuestras, ya sea que nosotros se la hemos entregado, o él o ella nos la arrebató. Y no importa si mantenemos una relación con esa persona o si ya nos hemos alejado; el renuncio puede ayudar a diferenciarnos y recuperar la autonomía y completitud natural de nuestra alma.

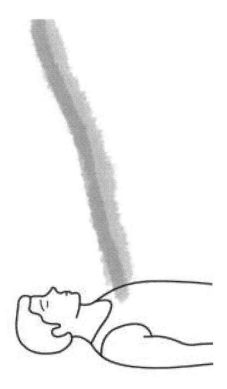

Lejos del temor que muchos podemos tener, cortar o disolver los lazos dependientes con alguien no significa que nuestra relación con él o ella vaya necesariamente a terminar. Lo que se está trabajando es la dependencia y no el vínculo en sí o el amor o afecto que pudiera haber. Estamos haciendo una liberación que finalmente resulta beneficiosa para todos.

Antes de trabajar con el renuncio, es muy importante tomarse un tiempo para entender bien cuáles son las emociones, los significados y el grado de conflicto que se tiene con respecto al vínculo. Si existe mucho conflicto, y la persona está "enredada" en sentimientos de dolor, pena, rabia, culpa, injusticia o resentimiento, es probable que el renuncio tenga un efecto bajo o incluso pueda ser contraproducente. A veces hay que optar primero por hacer consciente las emociones y llegar a entendimientos mayores que nos permitan desprendernos de manera más natural. Son casos donde se hace mucho más necesario trabajar la herida y los conflictos que están a la base que el lazo en sí.

Sin embargo, aun cuando se requiera ocuparse de otros aspectos, el renuncio la mayoría de las veces será de todas formas un buen punto de partida. Movilizará el campo y hará a la persona más consciente de la energía y partes tiene puestas o entregadas en el otro.

Veamos un ejemplo de cómo podría ser un renuncio típico a lazos con personas:

RENUNCIO CON PERSONAS (1)

Yo_____, en este momento de mi vida, disuelvo todo vínculo de dependencia que yo mantenga con _____. Corto todo lazo entre él/ella y yo.

Y disuelvo también cualquier promesa, compromiso, voto o juramento con él/ella que me pueda estar amarrando (de esta vida o de otras).

Y agradezco todo lo que me fue mostrado a través de este lazo porque sin duda fue un gran aprendizaje para mi alma.

Aquí y ahora yo me declaro libre, yo me declaro libre, yo me declaro libre de _____, y yo le declaro libre a él/ella, le declaro libre, le declaro libre de mí.

Pido a mis guías y maestro interno que corten y retiren los lazos que son ataduras entre esta alma y yo. Así yo lo pido, siempre de acuerdo con las leyes del amor y del libre albedrío.

Pido de vuelta cualquier parte de mi energía o identidad que yo haya entregado a _____, o que él/ella haya tomado de mí. ¡Yo la pido de vuelta!

Y le devuelvo yo a él/ella toda parte suya que me haya entregado o puesto en mí.

Observemos que el renuncio es, básicamente, manifestar la intención de cortar el lazo de dependencia con la otra persona y traer de vuelta lo entregado. Esto se logra a través de expresiones verbales fuertes, directas y en primera persona, como "corto", "anulo", "disuelvo", "renuncio", "retiro", etc. En ese caso se ha hecho de manera genérica, pero tengamos en cuenta que mientras más específico lo podamos hacer, mencionando qué partes son ésas que estoy pidiendo de vuelta, mayor será su efecto.

Por ejemplo, podría decir cosas como:

> Pido de vuelta todas las partes mías de mi autoestima y seguridad que _____ se llevó, así como mi poder personal que dejé en él/ella. ¡Yo las pido de vuelta!

Lo importante no necesariamente son las palabras en sí, sino poder conectar sintiendo "eso" que la persona pudo haber tomado de nosotros, o que nosotros pusimos en ella o le otorgamos.

Ahora bien, un renuncio puede también dedicar algunas líneas a ahondar en las razones de por qué se está renunciando al lazo. Aquello también aumenta notablemente el efecto final al hacer que la persona, en la medida en que lo va diciendo, vaya reflexionando y conectando con entendimientos del alma. Funciona igual que los "vistos" y los "considerando" en una resolución: "declaran" las bases que justifican la acción, que en este caso es el corte del lazo.

Por ejemplo:

RENUNCIO CON PERSONAS (2)

> Yo _____, considerando que cada persona tiene derecho a ser ella misma, y que ninguna dependencia es buena, y que el sano amor une, pero no ata, y que hoy estoy en un camino de

ser cada vez más autónomo/a y completo/a, RENUNCIO a todo lazo de dependencia, atadura, o cadena con _____, ya sea de esta u otras vidas.

Yo me libero y le libero

Gracias por todo lo que estos lazos de dependencia me mostraron. A través de ellos aprendí y crecí.

Anulo promesas y juramentos que puedan estar amarrándome a _____, y aquí y ahora, retiro todas las expectativas que proyecté sobre él/ella.

Y todos los permisos o autorizaciones que le pude haber dado para sentirme presionada o exigida por él/ella, yo los retiro.

Yo me declaro libre, yo me declaro libre, yo me declaro libre de _____.

Pido a mi maestro y guías internos que corten estos lazos y los retiren de mí. Pido de vuelta también las partes de mi energía y mi identidad que yo entregué o puse en _____, así como todo lo que él/ella pudo haberme quitado. ¡Yo lo pido de vuelta!

El renuncio cuando hay duelo

Pongamos como ejemplo a Antonia, una joven de 30 años que desea trabajar el "corte de lazos" con su pareja Klaus, quien falleció en un accidente. En la zona de su tercer y cuarto *chakras*, en efecto, se perciben varios lazos y una gran herida que se "encienden" cuando ella habla de él.

El que Klaus esté muerto no es una razón que impida trabajar los lazos. De hecho, mucho del trabajo de lazos que se realiza en terapia es con personas fallecidas o, incluso, de vidas pasadas. Sin embargo, como existe un duelo de por medio, es imprescindible proceder con especial cuidado y delicadeza. Primero hay que evaluar qué grado de elaboración ha hecho Antonia de ese duelo, es decir, cuánto ha logrado procesar la pérdida y cuán en paz se halla con ésta, al menos desde el entendimiento. Si vemos que la pérdida es reciente y/o existe demasiado conflicto y emociones atrapadas, es bueno partir haciendo que ella se desahogue hablando de lo que siente. Cuando la herida está muy abierta o es muy reciente, o si hay demasiada afectación emocional, lanzarse a trabajar renuncios podría ser arriesgado; en vez de sentirse mejor, Antonia podría angustiarse o perturbarse aún más. En esos casos, la psicoterapia clásica es siempre lo más adecuado. Algo que podríamos probar es hacer que ella solicite al arcángel Miguel el corte de los "puentes magnéticos" que pudiese tener con entidades oscuras [vinculadas al campo magnético de Klaus en este caso] tal como es explicado al final del capítulo 17. Es un procedimiento relativamente simple que en muchos casos puede contribuir a calmar a la persona cuando está en estado de afectación muy grande en relación con alguien.

De esa forma, sólo si vemos que la persona está tranquila, dispuesta y preparada para soltar el lazo de dependencia, procederemos al renuncio. Eso sí, debe entenderse que, al haber un trauma por pérdida de por medio, el lazo no se podrá cortar nunca del todo hasta que el duelo se elabore. Para esto será necesario ahondar profundamente en la herida y los vacíos del trauma en sí, tanto desde el trabajo energético como desde el psicológico. El renuncio puede ser una buena herramienta para poner en práctica en distintos momentos a lo largo de este proceso.

Veamos un posible renuncio para Antonia:

RENUNCIO DE ANTONIA

Yo Antonia, aquí y ahora corto todo lazo de dependencia con Klaus, el que fue mi pareja.

Declaro que yo soy yo y él es él y somos dos almas distintas. Él tiene su camino y tuvo su tiempo en este mundo, y yo tengo mi camino y mi tiempo. Y ni él vino a cumplir mis expectativas ni yo vine a cumplir las suyas. Aunque lo amo, le permito partir.

Por eso, yo lo libero y me libero a mí de él. Declaro que él no es la fuente de mi bienestar o de mi felicidad, ni yo tampoco la de su bienestar o su felicidad.

Le agradezco profundamente todo lo vivido mientras estuvimos juntos, y lo perdono y le pido perdón por los errores y daños mutuos que nos hayamos causado.

Aquí y ahora, retiro toda mi energía y las partes de mi identidad que puedan haber quedado en él, ya sea que yo se las entregué alguna vez o él las tomó de mí. Así también le devuelvo a él todo lo suyo que él puso en mí o yo tomé de él.

Aquí y ahora, ¡yo me declaro libre, yo me declaro libre, yo me declaro libre de Klaus! Lo libero y me libero.

Pido de vuelta todas las partes de mí que están en Klaus y declaro que devuelvo las de él que pudieran estar en mí. Yo las pido de vuelta, las pido de vuelta, las pido de vuelta. Pido a mi maestro y guías internos que me las traigan.

Como esta es una relación, es muy conveniente también cortar los lazos y pedir de vuelta las partes que quedaron en ésta. Porque las personas acostumbramos a poner mucha de nuestra energía personal en las relaciones y los proyectos, que pasan a ser una especie de "plano de realidad". Debido a eso, muchas veces, perder a una persona cercana es también perder el proyecto con ella, es decir, la "realidad" que con ella hemos construido. Por lo tanto, es importante también hacer un renuncio con la relación pensándola como si fuese una suerte de "objeto energético":

…Y yo, Antonia, pido de vuelta también las partes mías que quedaron en la relación con Klaus, en el proyecto y la realidad que junto a él construí. Corto los lazos de dependencia con esa relación, y pido de vuelta las partes mías que allí quedaron.

Ahora bien, para sacar el máximo partido al renuncio como herramienta terapéutica, una vez efectuado conviene preguntar a Antonia lo que sintió y pensó. La idea es que ella nos pueda referir las sensaciones físicas y emocionales que pudo haber experimentado (durante o después de decirlo), así como qué le hizo reflexionar o tomar conciencia[50].

Desde lo energético, veremos que el renuncio no sólo tendrá un efecto sobre los lazos. Casi siempre dejará al descubierto capas más profundas del campo, con estructuras más antiguas que podrían venir de la infancia o las vidas pasadas. Por ejemplo, podrían aparecer heridas de traumas similares de otras vidas, con sus respectivos bloques, lazos o promesas asociados.

Lazos con grupos

Pongamos el ejemplo de Juan Andrés, un joven de 25 años que de niño sufrió acoso escolar de parte de sus compañeros de curso. Cuando lo relata, pese a que es algo que viene trabajando hace años, no puede evitar sentirse afectado emocionalmente. En su aura se aprecia una gran herida a nivel del plexo solar, pecho y garganta, acompañada de un fuerte lazo. Esto es coherente con el hecho de que Juan Andrés dice ser bastante tímido e inseguro.

Existe una alta probabilidad de que el lazo que él tiene activado sea, no con una persona específica sino con el grupo de sus compañeros de curso. Esto se deduce porque el lazo se activa, es decir, se "prende", cuando relata el acoso escolar y lo mal que se sentía en o con ese grupo. Luego, al realizar el renuncio al grupo y pedir de vuelta todo lo que él entregó o le fue arrebatado éste, el lazo disminuye notablemente.

Por su parte, Joaquín, de 38 años y empresario, viene a terapia para solucionar su profunda insatisfacción con la vida. A pesar de lo exitoso que es, dice no poder disfrutar plenamente lo que tiene, como si tuviera siempre que estar complaciendo o agradando a otros. A veces se siente obligado a ser bueno con todos a su alrededor, cosa que ha llevado a que la gente se aproveche, dice.

---

[50] Recordemos que el terapeuta no es sólo un operador de auras, sino ante todo alguien que debe guiar al paciente en el camino de aprendizaje de su alma

En una de las sesiones, sobre su pecho y garganta y cara, se activa un bloque como una especie de armadura de vidas pasadas y, encima, un lazo ancho y vertical hacia arriba. Al conectar con este último, vino a mí la sensación de Joaquín vistiendo esa armadura, como caballero perteneciente a una orden en las cruzadas. Me vino inmediatamente a la mente la idea de los Templarios o los Hospitalarios, órdenes famosas de esa época.

El hecho es que hicimos un renuncio a grupos, poniendo el énfasis en "órdenes religiosas, militares y de caballería", así como toda milicia, a las que Joaquín en vidas pasadas hubiera pertenecido. Aprovechamos de renunciar a la armadura y a códigos de honor o mandamientos de esas órdenes, y a los ideales rígido o fanáticos que defendían. Disolvimos también las promesas, juramentos y votos que probablemente había hecho hacia esas órdenes.

En la medida en que Joaquín iba renunciando, tanto el lazo como la armadura iba soltándose y saliendo. Él mismo relató después que sintió un movimiento muy fuerte en su pecho y cuello, y luego un cansancio general que gradualmente mejoró.

Lo interesante es que, después, él reconoció que todo lo que había dicho le hacía mucho sentido. Aunque era alguien del siglo XXI, por dentro seguía siendo un caballero a las órdenes de otros, rígidamente honorable en todo momento e incapaz de disfrutar para él mismo. El renuncio —dijo— le permitió sentirse más libre. Al "pedir de vuelta" solicitamos todo lo que probablemente había entregado y que hacía sentido con lo que le pasaba: las partes de su individualidad e identidad que él había entregado al grupo, y también su derecho a tener vida y proyectos propios.

De esta forma, vemos que los grupos también son "sistemas energéticos" con los que una persona puede desarrollar lazos, ya sea sanos o enfermos. Es decir, si existe unión, pertenencia, o amor, pero no atadura, estamos ante un lazo con grupos sano. No obstante, si el individuo es obligado o se obliga a sí mismo a sacrificar su identidad en función del grupo, o si está supliendo vacíos o carencias a través de él, estamos ante un lazo con grupos enfermo o dependiente.

TERAPIA ESTRUCTURAL DEL AURA

Estando la persona recostada, los lazos con grupos suelen observarse como flujos verticales en diferentes partes del cuerpo. Pueden estar en diferentes *chakras*, dependiendo de cuál es la entrega o intercambio que se hizo o se está haciendo con el grupo. Una localización muy común es sobre la cara, zona que representa aquella parte de la identidad que mostramos hacia los demás. Los lazos allí muchas veces van acompañados de una máscara, que indica que el individuo entregó al grupo su "rostro verdadero" y a cambio le ha sido entregado el "rostro" que el grupo le pide que muestre.

RENUNCIO CON GRUPOS

Yo, _____, aquí y ahora renuncio a todo lazo de dependencia o atadura con grupos a los que yo haya pertenecido, en esta vida o en las pasadas: familias, tribus, clanes, logias, hermandades, órdenes, instituciones, empresas, grupos de amigos o de compañeros, etc. En fin, todo tipo de grupos, formales e informales.

A estas alturas de mi vida, he comprendido que los grupos son los grupos y yo soy yo. No tengo por qué hacer lo que los grupos esperan de mí. La felicidad, la identidad, la verdad y el bienestar real se encuentran en mí y no en los grupos.

Por esa razón, yo disuelvo toda atadura con grupos de cualquier tipo; puedo pertenecer a ellos, pero sigo siendo libre y yo mismo/a.

Aquí y ahora, ¡yo me declaro libre, yo me declaro libre, yo me declaro libre de estos grupos! Les retiro todos los permisos que entregué consciente o inconscientemente a ellos para influirme.

Pido a mi maestro y guías internos que corten estos lazos con los grupos y los retiren de mí.

Pido de vuelta las partes de mi propia conciencia e identidad que están en estos grupos: lo que yo puse en ellos o ellos tomaron de mí.

Como puede verse, el renuncio es genérico. Para hacerlo más efectivo es bueno mencionar al grupo en sí por el nombre. Por ejemplo, si es una empresa o institución, podemos mencionarla directamente.

Lazos con lugares

Wendy es una chica venezolana que desde hace 4 años vive en Chile. Dice sentir una profunda nostalgia de su país y de la vida que dejó allá. Al examinar su campo, llama la atención una gran herida desde la pelvis al plexo solar. En esta percibimos un vacío y, por encima, un bloque de "voluntad" y "positivismo". Desde los pies hasta la zona del estómago, se observa un lazo.

La herida habla de un conflicto que afecta su identidad y poder personal (*chakra* 3), su vitalidad y capacidad de fluir en la vida (*chakra* 2), y su sensación de arraigo (*chakra* 1). El bloque, por su parte, habla de los intentos de Wendy por mantenerse positiva a toda costa. El lazo y su respectivo vacío hablan de que muchas partes de Wendy están entregadas. Como el lazo se activa cada vez que Wendy habla de lo mucho que extraña su país, deducimos que se trata de un lazo con lugares (no sólo el país, sino su ciudad, su casa y todos los otros lugares que dejó allá).

Se decide, por lo tanto, hacer un "renuncio con lugares" que corte los lazos de dependencia y pida de vuelta todas esas partes de ella misma que dejó allá. Ahora bien, como se trata de un duelo, el abordaje ha de ser integral. Esto significa ocuparse también de la herida, los vacíos y de los bloques que hay detrás, lo cual implica no sólo trabajo energético sino psicoterapia.

RENUNCIO CON LUGARES

Yo, _____, corto todo lazo de dependencia o atadura con lugares donde viví, disfruté o sufrí, en esta vida y en otras.

Declaro hoy, que aquí donde yo estoy y donde yo vivo es mi lugar, porque mi verdadera patria y mi verdadero hogar y templo se hallan en mi interior. No son lugares de afuera. Donde quiera que yo esté puedo sentirme en casa. Puedo sentir afecto o amor por un lugar, pero eso no significa tener una atadura con éste.

Disuelvo promesas, compromisos, votos, así como todo apego con lugares.

Aquí y ahora, yo me declaro libre de todo lugar, y me declaro libre, me declaro libre, me declaro libre de _____ [51] y de todos los proyectos que allí dejé.

Pido a mi maestro y guías de mi alma que corten y retiren los lazos que tengo con estos lugares y proyectos.

Y pido de vuelta todas las partes de mi ser e identidad que quedaron en estos lugares. ¡Yo las pido de vuelta!

---

[51] Nombre del país, ciudad, pueblo, tierras, propiedades, casas, etc., con los que se tiene el lazo.

Lazos con maestros

Este es un lazo bastante común, que normalmente hallamos en la cabeza de alguien (sexto o séptimo *chakra*). Se observa cuando existe una dependencia en el ámbito de las ideas y la persona no logra soltar las enseñanzas que alguna vez recibió de personas a las que consideró "maestros" o "maestras".

Estos lazos generalmente están asociados a estructuras de pensamiento o valores rígidos. Al hacer el renuncio, muchos de estos bloques se sueltan y quedan listos para ser retirados.

RENUNCIO A DEPENDENCIA CON MAESTROS

Yo, _____, renuncio a todo lazo de dependencia con maestros, mentores, guías, tutores, profesores, benefactores, y toda persona que alguna vez me entregó enseñanzas, valores, ideas, formas de pensar, inspiración, ejemplos de vida, personas que admiré o aprecié por todo eso que me mostraron.

Yo les agradezco profundamente todo lo que me enseñaron, porque sin duda contribuyó a mi aprendizaje y crecimiento. Los honro como maestros y maestras de mi vida.

Sin embargo, yo me permito comprender que tanto la verdad como el verdadero maestro se encuentran en mi interior, y mi verdad no tiene por qué ser idéntica a la verdad de ellos. Tengo así derecho a tener mis propias ideas, valores y formas de pensar.

Por esto, aquí y ahora, ¡me declaro libre, me declaro libre, me declaro libre de todos estos maestros y gente que me enseñó[52] en esta vida y en las anteriores!

Pido a mi maestro y guías de mi alma que corten y retiren los lazos que tengo con ellos.

Y pido de vuelta todas las partes de mi verdad, mi identidad y mi conciencia, que les entregué.

Lazos con maltratadores y abusadores

El maltrato y el abuso son eventos traumáticos y, como tales, normalmente generan heridas. Sin embargo, dentro de éstas encontraremos siempre vacíos y lazos por entrega con el agresor. La víctima, de hecho, casi siempre siente que le han robado o quitado algo. Inconscientemente ha otorgado un permiso y, con eso, una parte de su propio poder; no en vano se siente "impotente".

Si bien un renuncio no sanará la herida en sí, puede contribuir notablemente en la recuperación de las partes perdidas. Para su ejecución la persona necesita:

1. Hacer consciencia de qué le fue arrebatado.

2. Hacer consciencia del odio o resentimiento en el que puede estar cayendo, contra el agresor y contra sí misma, y estar dispuesta a renunciarlos. Esto es así, dado que tanto la culpa hacia uno mismo como la expectativa rígida de que el otro pague harán que se esté poniendo constantemente una parte en el otro.

---

[52] En este punto se puede incluir el nombre de alguien en particular

RENUNCIO CON MALTRATADORES Y ABUSADORES

Yo, _____, renuncio a todo lazo con maltratadores, abusadores y gente que alguna vez me dañó, en esta vida y en otras.

Declaro que tengo derecho a ser siempre bien tratado(a), aunque cometa errores. Por eso, yo les retiro todos los permisos, el poder y la energía que pude haberles entregado.

Aquí y ahora, yo me declaro libre, yo me declaro libre, yo me declaro libre de todos estos abusadores, maltratadores y gente que me dañó.

Pido a mis guías y maestro, que corten y retiren los lazos con ellos. Y pido de vuelta todas las partes de mí que ellos me quitaron o yo les pude haber entregado. Lo que me quitaron, lo que me robaron... lo quiero de vuelta, ¡lo quiero de vuelta!

Lazos con entidades

La expresión "vender el alma al diablo" tiene su origen en prácticas mágicas donde se entregaba una parte de la propia energía a un ser de oscuridad a cambio de algún favor, poder o beneficio. Era algo relativamente habitual en muchas sociedades "primitivas" e, incluso hoy, aunque un poco más marginal, sigue existiendo.

Cuando se invoca a un ser de oscuridad para pedirle lo que sea, inmediatamente se está poniendo una parte de la propia energía en él. El lazo representa el vínculo que se crea con el ser a partir del intercambio mismo y de las autorizaciones o permisos que se le da. Estas vinculaciones se forman en el campo magnético de la persona, directa o indirectamente, pero cuando la persona muere no puede llevárselas porque dicho campo —como hemos explicado— queda acá.

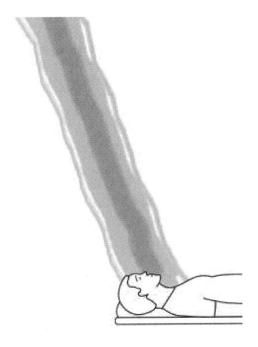

Entonces lo que la persona se lleva para una vida siguiente es el vínculo a nivel del campo emocional, es decir, un lazo. Podría decirse que se trata de la huella o vestigio emocional del vínculo magnético, pero es suficiente para que la persona pueda estar influida. Además, si se trata de pactos, las partes que la persona pudo haber entregado, siguen entregadas.

En el campo emocional resulta bastante habitual así encontrar lazos de otras vidas con seres, inclusive en personas que en su vida actual no creen en nada mágico o sobrenatural. Perfectamente en vidas pasadas pudieron haber hecho pactos o algún tipo de práctica mágica en la que quedaron vinculados

El renuncio con seres de oscuridad es, principalmente, una disolución de los pactos o intercambios que la persona pudo haber hecho con entidades o deidades "oscuras" alguna vez. Eso permite que los lazos sean cortados y retirados, y que las partes entregadas sean traídas de vuelta. Sin embargo, la persona necesita estar desapegada de los beneficios obtenidos. Por ejemplo, si en una vida pasada fue un brujo que pactó con las entidades para ser más poderoso y malvado, en esta vida necesariamente debe estar trabajando por hacer conscientes esos rasgos y rechazarlos.

El renuncio a lazos con seres de oscuridad es una herramienta muy útil para poner en práctica no sólo si se está percibiendo el lazo. En muchos casos sólo basta la sospecha de que la persona pudo haber hecho algún pacto en otra vida. Se puede simplemente probar con él.

Por ejemplo, Héctor es un paciente que acude a terapia por su dificultad para ser empático. Le cuesta conectar con los sentimientos y emociones, tanto propios como de los demás. Después de trabajar sacando bastantes bloques de su pecho y cabeza, aparece un vacío en su pecho que al parecer responde a un rechazo a los sentimientos y emociones. Al intentar anularlo y pedir de vuelta las partes, se activan varios lazos, lo que es indicio de que algunas de esas partes están entregadas a otros. En el esfuerzo de conectar y sintonizar con ellos, "llegan" imágenes de Héctor vestido de guerrero de la antigüedad. Se lo ve participando de ritos mágicos para pedir ser más duro y fuerte en la batalla. Es una razón para pensar que el lazo podría ser con algún tipo de entidad o dios y que sería apropiado probar con un renuncio al respecto.

RENUNCIO (Y DISOLUCIÓN DE PACTOS) CON SERES DE OSCURIDAD

Yo, _____, renuncio a todo poder, favor o beneficio, forma de pensar, identidad o forma de sentir que yo haya adquirido a través del pacto o la asociación con seres de oscuridad. Renuncio a los seres de oscuridad y a todo lo que me dieron[53]. Les doy las gracias, ya que aprendí y crecí.

Pero, aquí y ahora, delante de Miguel y los demás arcángeles que trabajan para el Padre-Madre Universal, yo me declaro libre, yo

---

[53] Se puede decir a qué específicamente (rasgo, poder, capacidad, etc.) se está renunciando, si acaso tenemos alguna idea al respecto.

me declaro libre, yo me declaro libre de estos seres de oscuridad, y declaro disuelto cualquier pacto o asociación con ellos.

Pido a Miguel y a mis guías y maestro interno que corten y retiren todo lazo con seres de oscuridad. Y pido de vuelta las partes de mi energía, de mi ser, y de mi conciencia e identidad que yo entregué a estos seres de oscuridad. ¡Yo las quiero de vuelta!

Es normal que al ejecutar el renuncio la persona sienta movimiento en su cuerpo. Pero si la reacción es escandalosa o más fuerte de lo común, puede ser señal de que no se trata de algo de otras vidas sino de ésta. En tal caso la entidad puede no estar por lazo, sino metida y enganchada directamente en el aura[54].

Lazos con dioses

El lazo con dioses es muy similar al lazo con entidades, sólo que "dios" no es un tipo particular de ser, sino más bien una categoría o título que los seres humanos otorgamos. Muchos dioses, así, son ideas o imágenes colectivas que terminan tomando forma energética, mientras otros pueden corresponder a demonios, seres extraterrestres, maestros ascendidos e, incluso, seres de luz. Lo común a todos ellos es que están recibiendo nuestra "proyección de poder". Es decir, estamos poniendo en ellos los atributos propios de un dios: el poder, la sabiduría, la luz, etc. El problema es que se nos olvida que esos atributos también están en nuestro interior, lugar donde realmente debemos encontrarlos. Nuestra alma es un ser de luz, también, y a través de ella nos conectamos con el Padre-Madre Universal y todos los seres que le sirven.

La concepción que se tenía en la antigüedad de los dioses era diferente. Más bien era la de seres o "potencias" a quienes se podía solicitar ayudas o favores concretos por medio de un intercambio. Entregar la vida a un dios o diosa, o hacerle ofrendas, a manudo era una manera de

---

[54] Véase capítulo 17

conquistar su asistencia. En ese contexto se realizaban pactos y entregas en los que se creaban vínculos energéticos y se entregaban "partes".

De esta forma, el renuncio a dioses ayuda a desvincular a la persona de todas esas "energías" que en algún momento consideró "divinas". Casi todos estos lazos provienen de vidas pasadas, cuando la humanidad tenía una creencia mayor en dioses y se hacían transacciones e intercambios de todo tipo con ellos. Por lo general son lazos "amplios", es decir, que abarcan grandes zonas del campo.

RENUNCIO A LAZOS
(Y DISOLUCIÓN DE PACTOS) CON DIOSES

Yo, _____, renuncio a todo lazo de dependencia con dioses, diosas, divinidades, deidades e imágenes divinas con las que alguna vez, en esta vida o en otras, me relacioné.

Declaro que comprendo que Dios es conciencia de amor y se halla en mi propio interior. No necesito buscarlo en seres o imágenes externas. Puedo honrar a un ser o divinidad externa, pero sin dependencia.

Renuncio a todo lazo de intercambio con dioses, lazos de dependencia con ellos. Anulo toda entrega de alguna parte mía que alguna vez les hice.

Les agradezco, ya que aprendí y crecí.

Aquí ya ahora, yo me declaro libre, yo me declaro libre, yo me declaro libre de estos dioses, deidades e imágenes divinas, y declaro disuelto cualquier pacto o asociación con ellos.

Pido a mis guías y maestro interno que corten y retiren todo lazo que yo tenga con dioses, deidades e imágenes divinas.

Y pido de vuelta las partes de mi energía, de mi ser, y de mi conciencia e identidad que yo les entregué o puse en ellos. ¡Yo las quiero de vuelta!

Cuando se sospecha que alguien tuvo vidas pasadas muy ligadas a la iglesia, el renuncio a dioses se adapta para cortar lazos de dependencia con Dios o Cristo. Porque muchas veces lo que había era un concepto o "idea de Dios" que se distanciaba de la conexión real con Dios al interior de nuestra alma. De hecho, cualquier acto de intención donde se estén entregando partes no puede ser sano, cosa muy habitual en muchos religiosos.

VARIANTE RENUNCIO A DIOSES (VERSIÓN CRISTIANA)

Yo, _____, aquí y ahora, renuncio a los lazos de dependencia que alguna vez establecí con Dios y Cristo, y la imagen que de ellos tenía en otros tiempos. Anulo lazos de dependencia con la Iglesia y con cualquier orden o grupo religioso.

Yo hoye entiendo que Dios no demanda entregas o sacrificios de partes propias. Puedo hallarlo a él dentro de mí, en mi propia alma, por lo que no necesito sacrificar nada hacia afuera.

Yo me declaro libre, me declaro libre, me declaro libre de ese Dios y de ese Cristo en el cual creí y anulo las entregas que les hice. Pido de vuelta todas las partes de mi ser que por ellos sacrifiqué, y todo lo que puse en ellos.

Lazos con familia y ancestros

Si bien la familia es un tipo de grupo, requiere un renuncio especial. Y no se trata de renunciar a los lazos de amor o de pertenencia a ella, sino a la dependencia o atadura. Porque a través de los lazos con la familia y los ancestros, a menudo llega toda clase de demandas, mandatos rígidos y cargas energéticas que afectan a los descendientes.

Estos lazos suelen estar por la espalda, preferentemente en la zona dorsal y cervical o cabeza por atrás, y dirigiéndose hacia arriba en diagonal. Esto es entendible, ya que el árbol genealógico es un árbol invertido donde los descendientes, su nombre lo dice, "descienden" y por lo tanto están abajo. Es natural, por este motivo, que los lazos salgan de la espalda en diagonal hacia atrás y hacia arriba.

El renuncio a lazos de dependencia con familia o ancestros debe aplicarse, sobre todo, cuando la persona es dependiente de su familia biológica, adoptiva o política. O, por ejemplo, cuando hay mucho conflicto o sufrimiento que afecta a la persona debido a relación con la familia. A veces, también, a través del lazo se cuelan energías negativas (entidades a veces) que vienen de los ancestros y "están" en la familia.

RENUNCIO DEPENDENCIA CON FAMILIA Y ANCESTROS

Yo, _____, corto todo lazo de dependencia o ataduras con mi familia[55], mis ancestros hombres y mujeres, y mi árbol genealógico.

Declaro que puedo ser parte de esta familia, y honro con gratitud a mis ancestros y a mi "árbol". No obstante, corto los lazos de dependencia y renuncio a mandatos, temas pendientes, conflictos, cargas, programaciones, magias o maldiciones que vengan por línea tanto materna como paterna.

Aquí y ahora, renuncio a todas las mochilas o cargas que puedan haber dejado mis padres y ancestros. Tengo derecho a no

---

[55] O aquella familia que nosotros decidamos, por ejemplo, una familia adoptiva o política.

heredarlas. Si bien soy parte de la familia, también tengo derecho a ser alguien independiente.

Yo me declaro libre, yo me declaro libre, yo me declaro libre de mi familia, de mis ancestros por línea paterna y materna, y de mi árbol genealógico en general, y de todas las cargas, mandatos, o energías de ellos. ¡Me declaro libre!

Pido a mi maestro y guías internos que corten y retiren estos lazos de dependencia, y pido de vuelta todas las partes y energías mías que tengo puestas allí.

Otros lazos y renuncios

Los lazos son vinculaciones energéticas y, como tales, pueden establecerse con una gran cantidad de "sistemas energéticos". Personas, grupos, entidades, lugares, etc., son sólo las grandes categorías. Existen muchos otros que, aplicando lógica, creatividad y el esquema de cualquier renuncio, se pueden deducir. Por ejemplo:

- Renuncio a objetos físicos. Se utiliza para trabajar la dependencia con un objeto con el que nos hallamos muy apegados; por ende, sufrimos mucho si lo perdemos. En el renuncio nos declaramos libre del objeto y pedimos de vuelta la energía y partes nuestras puestas en él.

- Renuncio a proyectos. Los seres humanos solemos poner mucha energía en los proyectos que llevamos a cabo. Al terminar estos proyectos, a menudo se experimenta vacío, señal de que tenemos lazos y partes entregadas en ellos.

- Renuncio a ideales. Los grandes ideales pueden generar dependencia. Se trata hasta cierto punto de creaciones colectivas con las que uno puede generar lazos. En el renuncio se renuncia al ideal en cuestión y se pide toda la energía que está puesta en él.

- Renuncio a imágenes y fantasías. Lo mismo que en el caso de los ideales, una persona puede desarrollar dependencia con una imagen o figura de su fantasía.

- Renuncio a símbolos. Un símbolo o emblema puede ocasionar dependencia cuando se le considera demasiado importante. Hay que tener en cuenta de que es sólo eso: un símbolo y nada más. En el renuncio se debe pedir de vuelta toda la energía y partes de la identidad puestas en el símbolo.

CAPÍTULO 8
Promesas, juramentos y votos

Promesas y juramentos

Jurar y prometer son actos de intención que expresan nuestra decisión y voluntad de realizar algo a futuro. Permiten coordinar acciones con los demás al tiempo que, si cumplimos, nos volvemos más confiables. Cuando prometemos, "empeñamos" directamente una parte de nosotros y la condicionamos a un determinado cumplimiento. Esa coherencia entre nuestra palabra y lo que demostramos con hechos nos aporta un sentimiento de coherencia y valor personal.

Sin embargo, muchas veces olvidamos que la vida es transformación y crecimiento constantes. Nosotros mismos, en el camino de descubrirnos, vamos mutando, y lo que hoy pensamos y sentimos puede ser más adelante distinto. Mientras una promesa sana es consciente de esta realidad y se mantiene "fluida", una no sana es rígida y demanda cumplimiento a cualquier costo. Porque si las promesas o los juramentos no contemplan la posibilidad de ser cambiados o disueltos, se transforman en energías limitantes, rígidas e, incluso, hirientes. Mientras más intransigente es la intención que los crea, concentran más y más energía hasta convertirse en verdaderos "nudos ciegos". En el campo emocional adquieren una consistencia casi metálica.

La forma energética típica que adoptan suele ser pequeña y "pinchuda", como una especie de "tubérculo" con puntas hacia afuera. En otras ocasiones no se sienten puntas, pero sí muchísima rigidez y vacío. Esto último es porque muchas veces, producto del acto mismo, hay una entrega de partes. Por ejemplo, si alguien dice: «Juro que no seré feliz si no es contigo» está poniendo una parte de sí mismo en el otro.

Como estructuras, los juramentos suelen "activarse" cuando la persona de alguna manera los está incumpliendo. Por ejemplo, si alguien se compromete con su pareja, pero alguna vez hizo una promesa de fidelidad hacia otra persona, la estructura le "recordará" su incumplimiento. Lo hará a través de molestia o dolor, como una especie de pinchazo o ardor en el *chakra* donde pueda estar alojada. El dolor puede llegar a ser muy agudo e ir acompañado de angustia y otras emociones.

Además de la estructura en sí, los juramentos y las promesas pueden ir acompañados de otras estructuras. Éstas pueden ser bloques (corazas, máscaras, cinturones de castidad, corsés, armaduras, cuellos, cadenas, cascos, placas metálicas, etc.), lazos (con personas, grupos, dioses o lugares), vacíos (por entrega o rechazo de partes que la persona ha comprometido), o heridas (por la rotura que el mismo juramento provoca u otras roturas previas que éste puede estar intentado tapar).

Por último, en lo que respecta a los votos, éstos no son otra cosa que juramentos en el ámbito religioso. A través de ellos, la persona se compromete con la divinidad a mantener ciertas conductas o acciones. Quienes los defienden dicen que son ofrendas de amor y compromiso con Dios. En muchos casos, empero, pueden llegar a ser tan esclavizantes como cualquier otro juramento o promesa. Algunos ejemplos de votos son: castidad, pobreza, obediencia, silencio, humildad y servicio.

Promesas y juramentos en los chakras.

Como estructuras, las promesas y los juramentos suelen situarse mayoritariamente en el plexo solar, es decir, a nivel del tercer *chakra*. Esto es porque este *chakra* tiene que ver con la voluntad, la identidad, el honor y el valor personal, que son casi siempre lo empeñado al prometer o jurar.

En ese sentido, debe considerarse que, aunque puedan ser hechos hacia otros, las promesas y los juramentos son básicamente contratos con uno mismo o, si se prefiere, contratos donde lo comprometido es uno mismo. Aunque puedan tener un tema relacionado con otro *chakra*, está refiriendo de todas maneras al tercero.

Por ejemplo, es obvio que el tema de un voto de castidad tiene que ver con la sexualidad y, por ende, podemos hallar evidencia de él en el segundo *chakra*. Sin embargo, lo que realmente y en el fondo está comprometiendo la persona es su identidad y su voluntad. Es "su persona" y su "yo" lo que está en juego, más que sólo su sexualidad. Por eso, la estructura pinchosa es muy probable que esté en el plexo solar y allí sienta el principal movimiento la persona al disolver el voto.

Ahora bien, vamos a pensar en los juramentos y promesas como algo repartido entre el tercer *chakra* y otros *chakras* o lugares del cuerpo que tengan una relación temática. Por ejemplo:

- *Chakra* garganta: estructuras asociadas a juramentos, promesas o votos de silencio o de guardar algún tipo de secreto.

- *Chakra* corazón: estructuras asociadas a juramentos o promesas de amor o fidelidad.

- *Chakra* sexual: estructuras asociadas a votos de castidad o celibato, promesas o juramentos de fidelidad sexual.

- *Chakra* raíz y piernas: estructuras asociadas a juramentos o promesas de permanecer en un lugar, o resguardar o proteger un lugar.

Percibir juramentos y promesas

Las promesas y los juramentos se perciben en el aura como si fueran nudos energéticos muy densos que en ocasiones llegan a pinchar. Es posible que nos llame la atención la inusitada sensación de tensión y resistencia, concentrada en un área relativamente pequeña.

Ahora bien, si estamos percibiendo visualmente, puede que derechamente nos llegue la imagen de la estructura en forma de tubérculo pinchoso. O también cualquier otra cosa que dé la idea de algo anudado o cerrado, que es lo que muchas personas imaginamos al pensar en una promesa. Por ejemplo, en algunas ciudades hay lugares donde los enamorados dejan candados puestos como símbolo de su promesa de amor. En el aura una promesa de ese tipo a veces se "ve" como una especie de candado o cofre cerrado.

Sin embargo, en muchas ocasiones lo que uno percibe no es la estructura. Lo que a uno le dice que puede haber un juramento o promesa es una corazonada de «acá debe haber un juramento (o voto, o promesa) que esta persona alguna vez hizo». A veces llegan imágenes de la persona en esta u otra vida en algún tipo de ritual jurando o prometiendo algo.

Es allí donde podemos sintonizar más para entender qué fue lo que la persona juró o prometió, es decir, el detalle de lo comprometido. Esto casi siempre tiene que ver con el o los temas que se están trabajando en la psicoterapia. Por ejemplo, ya hemos hablado de Joaquín, de 38 años, que en vidas pasadas perteneció a órdenes de caballería. Al trabajar las respectivas corazas, bloques, lazos y vacíos, se activaron también juramentos. Aun sin percibirlos, ya era casi seguro que estaban allí porque un caballero es alguien que sostiene su honor en cumplir las metas y códigos por los que se compromete. Es completamente natural entonces que existan muchos juramentos, votos y promesas. Se trabajó, así, en renunciar a juramentos de obediencia hacia la orden y promesas de cumplimiento de códigos de caballería (por ejemplo, juramentos de fidelidad, de entregar la vida sin jamás rendirse, y a promesas y votos de castidad, humildad, pobreza, etc.). En la medida en que lo hacía, sensaciones fuertes se producían en la zona de su estómago, pecho y abdomen. Al finalizar dijo sentirse muchísimo más liviano, pero también agotado. Se trabajó entonces en pedir de vuelta todas las partes suyas que él entregó como parte de estos juramentos. Eso le permitió sentirse mucho más entero y recuperado.

En ocasiones, se hace también evidente que existe un juramento cuando la propia persona es la que dice: «Siento que algo me está pinchando o doliendo dentro», y señala la zona del plexo solar u otro *chakra*. Estos pinchazos suelen muchas veces ocurrir cuando está diciendo algo que entra en contradicción con el juramento.

Por ejemplo, un paciente puede estar diciendo que quiere perdonar a unos parientes que en esta vida alguna vez le dañaron. Se da cuenta de que guarda resentimiento contra ellos y desea soltarlo. Si en ese momento dice sentir un pinchazo en la boca del estómago, es probable que se trate de un juramento de venganza de vidas pasadas contra esa gente que se acaba de activar. Lo sabremos sólo al hacerle decir un decreto donde declara que disuelve todo juramento o promesa de venganza que alguna vez pudo haber hecho contra esas personas. Si siente alivio es muestra de que se trataba de un juramento.

Supongamos también que estamos ayudando a una paciente a soltar su excesiva autoexigencia y le hacemos repetir un decreto donde ella renuncia a responsabilidades rígidas para con las demás personas. Hacemos que diga que se permite soltar y poner límites. Sin embargo, cuando lo está verbalizando empieza a sentir un pinchazo en el plexo solar. Pensando en que puede tratarse de un juramento, hacemos que diga: «Aquí y ahora, disuelvo todo juramento o promesa que alguna vez hice, en esta vida o en otras, de ser cien por ciento responsable con todo… renuncio a juramentos de responsabilidad rígida, de cumplimiento». Nuevamente, si se produce alivio, es señal de que sí se trataba de un juramento del pasado.

El tratamiento de los juramentos y las promesas

Tratar un juramento, promesa o voto requiere siempre tener alguna hipótesis de cuál es el tema detrás. Es decir, necesitamos una cierta suposición de qué es lo que probablemente la persona juró o prometió y por qué. Con eso se construye un renuncio que la persona debe decir con toda su intención. Si las palabras son las acertadas, sentirá movimiento y alivio; desde fuera percibiremos que el campo se hace menos rígido y comienza a fluir.

En general, el renuncio a juramentos y promesas es básicamente un decreto donde:

1. La persona reconoce su derecho a disolver cualquier juramento, promesa o voto hecho alguna vez, ya sea en esta vida como en otra.
2. Se renuncia al juramento en cuestión y se lo declara nulo
3. Se pide de vuelta todo lo entregado o rechazado (partes o fragmentos de la propia psique) por la persona en el juramento.

RENUNCIO A JURAMENTOS, PROMESAS O VOTOS

Yo _____, declaro que he comprendido que los seres humanos estamos en constante crecimiento y aprendizaje, y por tanto tenemos pleno derecho a cambiar o disolver una promesa, un juramento o un voto que hayamos hecho, ya sea en esta vida o en otras, cuando ya no nos hacen sentido.

Por eso, aquí y ahora, yo renuncio a todo juramento de _____ que haya hecho en esta vida o en las pasadas. Yo lo declaro, a partir de este instante, completamente nulo y disuelto.

Yo lo declaro nulo, yo lo declaro nulo, lo declaro nulo. Renuncio a este juramento de _____

Pido de vuelta las partes de mi ser, de mi identidad, que comprometí en este juramento o promesa. Lo que entregué o rechacé lo pido de vuelta.

El renuncio puede modificarse todo lo necesario para ser adaptado a los requerimientos o la información disponible. Lo importante es ir chequeando si produce efecto en la persona. Si no lo hace es porque quizás no estemos apuntando bien al tema del juramento o, simplemente no se trate de uno.

A modo de ejemplo, transcribo a continuación el mensaje que me envió un paciente luego de aplicar un renuncio en el contexto se su psicoterapia conmigo. De niño estuvo muy metido en una iglesia evangélica, contexto en el cual realizó muchas promesas y votos.

> Hoy en una conversación con mi amigo Joel y su pareja respecto de la Iglesia y las cosas que estuve hablando contigo en la terapia, tomé conciencia de unas promesas y contratos que firmé de niño, así como de fe, y te juro que hice el renuncio y se me quitó un dolor en la cadera como una especie de puntada, y una que tenía en el plexo. Te lo quería contar porque quedé muy impresionado

CAPÍTULO 9
Los yoes

El yo actual y el yo profundo

De manera simple, podríamos definir "yo" como la forma en que una persona se percibe y se reconoce a sí misma, al tiempo que se diferencia de otros. Es lo que en psicología se conoce como "identidad".

En cada encarnación, el alma crea una identidad a la cual podemos llamar "yo actual" o "yo de esta vida". Éste se identifica con un cuerpo, un nombre, un género, una historia, y otras características distintivas, como edad, profesión, nacionalidad, entre otros. Por ejemplo, mi "yo de esta vida" se llama Francisco Moreno, es hombre, heterosexual, chileno, psicólogo, terapeuta, aficionado a la música, etc. Por supuesto, si quisiera, podría añadir muchísimos más detalles y rasgos, tanto biográficos como de personalidad; todos ellos identifican a mi "yo actual".

De esta manera, el "yo actual" es ese individuo que en el presente estoy siendo, y que se pone como sujeto de su acción y ser conscientes. Cuenta tanto con una historia personal como con un contexto familiar, social y cultural. Energéticamente, se halla anclado al cuerpo físico y al campo magnético del aura, que le mantienen relativamente cohesionado.

Ahora bien, no debemos confundir al "yo actual" con el "yo profundo", al que podemos también llamar alma, conciencia, mente profunda, yo superior, ser interno o Sí Mismo. Éste también es nuestra identidad, pero en términos trascendentes y espirituales.

En cualquier vida, la tarea del yo actual es despertar a la conciencia y reconocimiento del yo profundo. Quiere decir buscar y practicar la conexión con él para que ambas identidades, la actual y la profunda, vayan integrándose en una sola[56]. Acá juega un papel muy importante lo que ya se hablado sobre ir adquiriendo las lecciones o aprendizajes del alma.

El yo profundo es y ha sido uno solo para todas las encarnaciones, mientras que el yo actual en cada vida se forma y después de morir se desecha[57]. Sin embargo, esto no impide que, en un nivel emocional, es decir, en el campo emocional o *software* del aura, queden fragmentos de esa identidad ya fenecida. Esos fragmentos son lo que vamos a denominar "otros yoes".

Los otros yoes y el campo emocional

Los "yoes" son algo así como pequeñas personalidades emocionales, con vida propia, que a menudo se encuentran sosteniendo las estructuras. Son núcleos energéticos "de identidad" que sienten, piensan y actúan con relativa independencia del yo actual. En otras palabras, son "personas habitando dentro de la propia persona".

Su origen debemos buscarlo en las identidades y vivencias emocionalmente fuertes o traumáticas de vidas pasadas o de ésta. Sin embargo, no alcanzan a ser el equivalente a una identidad o

---

[56] Jung se refiere a esto como "proceso de individuación", donde el *yo* realiza un reconocimiento consciente del Sí Mismo para ir integrándose con éste. En sus propias palabras: "la meta del proceso de individuación es la síntesis del Sí Mismo" (Jung, 2002, p. 278)

[57] Salvo en los casos donde el alma después de desencarnar logra ascender, donde puede llevarse al yo actual de esa vida consigo.

personalidad completa, como la del yo actual. Son más bien fragmentos que conservan sólo algunos rasgos, por lo general los más emocionalmente característicos o intensos, de esas identidades pasadas.

Por ejemplo, alguien que en una vida anterior fue militar con seguridad conserva en su campo emocional un "yo militar". O sea, el militar que alguna vez fue sigue viviendo dentro, pese a que el yo de esta vida pueda no tener nada que ver con la carrera militar. Como núcleo energético-emocional, el "yo militar" de esa vida anterior continúa ejerciendo influencia, tanto positiva como negativa.

Porque supongamos que este militar fue en esa vida alguien rígido, intransigente y con tendencia a reaccionar violentamente (y en ningún caso digo que ser militar sea sinónimo de eso). Y supongamos que esos mismos rasgos son hoy parte de la personalidad del sujeto. Entonces, el "yo militar violento" estaría manifestándose al unísono con el yo actual y prácticamente no lograríamos distinguirlos.

Pero quizás la violencia o la intransigencia son aspectos que el yo de esta vida intenta conscientemente evitar o combatir. Por ejemplo, hagamos cuenta que se trata de alguien que, aunque puede verse atraído por películas o libros de temática violenta o bélica, no quiere saber nada de violencia o guerras reales. De hecho, podría ser una persona que valora lo positivo de una vida militar, como la disciplina o la responsabilidad, pero que intenta cultivar un carácter templado y pacífico. En ese caso, el yo actual sí va a estar en conflicto con el militar violento e intransigente de antes y existirá una brecha emocional y energética entre ambos. Porque el yo actual claramente ha aprendido y se ha pulido más psicológicamente, y se enfrenta a las tendencias brutas de ese yo anterior.

Entonces, pese a que el yo actual quiere hacer las cosas de forma distinta, el militar violento puede, desde las sombras, jugarle una mala pasada. Porque, al igual que las estructuras, los "yoes" son núcleos que se activan frente a determinados estímulos. Y si la conciencia en dicho momento es baja, podrían hacerse con el control. Así, en nuestro ejemplo, el sujeto en un momento de estrés o enojo podría ponerse intransigente o violento, y convertirse nuevamente en el militar dispuesto a castigar al enemigo.

Imaginemos que la psique es como un autobús donde al volante encontramos al yo actual y, en los asientos, a todos los demás yoes. Pese a que el control de la máquina está en manos del yo actual, tendrá de todas maneras a sus espaldas la influencia de todos sus núcleos emocionales de antes. Y, mientras algunos se mantienen callados y tranquilos, otros gritan e interfieren. Incluso, eventualmente, podrían llegar a tomar el control si el yo actual se descuida.

Como sea, volviendo al ejemplo de un yo militar, más allá de los aspectos negativos que pueda tener, cargar con él puede significar que aun no habiendo vivido ninguna guerra en la vida actual el sujeto puede tener la sensación o el recuerdo inconsciente de haber estado en ellas. O bien los valores y hábitos militares, e incluso ciertos símbolos y detalles estéticos, podrían llegar a hacérsele extrañamente familiares o atractivos.

De esta manera, podemos decir: «Dime qué lugares y épocas históricas te producen fascinación, y te diré qué yoes probablemente tienes en tu campo emocional». Encontramos así monjes y monjas, sacerdotes y sacerdotisas, brujos, esclavos, ermitaños, reyes y reinas, médicos, campesinos, brujas, brujos, caballeros cruzados, samuráis, geishas, vikingos, legionarios romanos, indios americanos, hombres y mujeres prehistóricos, entre muchos otros. Incluso, podría tratarse de identidades que en esta misma vida hayamos tenido y después fuimos consciente o inconscientemente dejando atrás. En todos ellos hay rasgos y conflictos que nos influyen todavía hoy.

No obstante, en ningún caso debemos pensar que estos yoes son algo siempre perjudicial. Sin duda hay muchos que están sosteniendo estructuras rígidas y es necesario ir sanándolos, pero otros también nos entregan conocimientos, habilidades y actitudes que hoy enriquecen nuestra vida. Hablamos, por lo tanto, de "yoes egodistónicos", cuando se hallan en desarmonía e interfieren los esfuerzos del yo actual, y de "yoes egosintónicos", cuando están en sintonía y le ayudan. La sanación de los yoes no es, en ese sentido, más que el proceso de transformarlos, de egodistónicos a egosintónicos.

Pero los yoes no se originan sólo en roles, sino también, como ya dijimos, en experiencias traumáticas. De hecho, a este tipo de yoes podemos llamarles "heridos", ya que se hallan asociados a heridas en el campo emocional. Algunos son claramente de vidas pasadas, mientras otros son de ésta. Ejemplos de "yoes heridos" son el yo de un niño abandonado o maltratado, o el de un náufrago o sobreviviente, o el de alguien que fue traicionado.

Yoes y estructuras

¿De dónde surgen las estructuras? La respuesta, ya vista en capítulos pasados, sigue siendo: desde la intención. Pero ¿la intención "de quién"? Y, aunque parezca obvio decir "de la persona", existe una complejidad no poco importante que debe ser tomada en cuenta.

Por ejemplo, pensemos en un bloque tipo coraza rodeando la zona del pecho, uno de los más comunes. Por lo general tiene que ver con la represión de los sentimientos como mecanismo defensivo. Podemos entender que la intención que lo ha creado ha sido ésa: la de reprimir o minimizar el sentir para no sufrir. Para deshacerlo en teoría debiera bastar con que ahora la persona esté dispuesta a la intención contraria: la de "permitirse sentir". Y es la idea básica sobre la que operan, de una forma u otra, todas las técnicas para sacar o disolver las estructuras: tener la disposición a soltar el patrón emocional que está detrás.

Sin embargo, hay que siempre tener en cuenta que, la mayoría de las veces, el yo que alguna vez creó esa coraza no es el mismo que ahora la está renunciando. Su "autor" puede perfectamente ser una identidad de antes, o de la infancia, que no está de acuerdo con que sea removida. Después de todo, si es su creación, está apegada a ella y resulta completamente lógico que la defienda.

Pensemos en el yo militar del ejemplo de antes. Las estructuras de intransigencia, rigidez y violencia que creó cuando fue la personalidad de esa vida se encuentran estrechamente vinculadas su identidad y con seguridad no querrá soltarlas. Eso significa que, si el sujeto hoy intenta disolver y sanar esas estructuras, el yo le pondrá resistencia.

De esta forma, tenemos que muchas estructuras en el campo emocional están siendo defendidas o sostenidas por yoes, tanto de esta vida como de otras. La sensación que puede tener el terapeuta, y la propia persona inclusive, es la de estar "forcejeando" con algo o alguien que no quiere que la estructura sea sacada. Se percibe como un conflicto interno, como si una parte de la propia persona protestara e hiciera lo posible por frenar o interrumpir el esfuerzo de cambio.

Imaginemos por un instante un carpintero que tiene una caja con muchas herramientas. Algunas de ellas son sus predilectas, por las que siente un apego muy grande; otras, en cambio, le son relativamente indiferentes. Las primeras son casi una extensión de él mismo; de alguna manera le hacen sentir quien es. Y es la misma relación "de identidad" que podemos ver entre un samurái y su espada, o entre un caballero y su armadura, o entre un rey y su corona, o entre un esclavo y sus grilletes y cadenas. De la misma manera, muchas estructuras pueden estar siendo defendidas o sostenidas por un determinado yo que las considera parte de lo que él es. Recordemos que un yo es un "núcleo" energético-emocional, y las estructuras que más sintonizan con ese núcleo serán aquellas que el yo va a estar sosteniendo y defendiendo con mayor fuerza

Por ejemplo, un yo militar defenderá todo aquello en lo que él creyó en vida. Si creyó en la violencia, o si creyó en el honor, o si creyó en la dureza del carácter y la insensibilidad emocional, ésas serán las estructuras que él intentará defender hoy. Seguirán vinculadas estrechamente a él.

Si en cambio hablamos de un yo brujo o hechicero, las estructuras que probablemente más defenderá serán las que tengan que ver directamente con ese rol: hechizos, magias, lazos con entidades oscuras a partir de pactos, estructuras relacionadas con el deseo y la búsqueda de poder, etc.

Si fuese un yo con un trauma, por su parte, probablemente el yo tendería a atrincherarse en él. Porque, aunque parezca increíble, muchos yoes "traumados" están tan acostumbrados a sus heridas y vacíos, que los sostienen. Y suelen también defender creencias erróneas y rígidas que los han llevado a esas heridas.

La ley que se desprende de todo esto, y que un (psico)terapeuta del campo emocional necesita siempre recordar, es que no basta sacar o sanar el patrón, es decir, la estructura. Se requiere también sanar al yo o fragmento de identidad que pueda estar detrás. Porque, aunque yo le quite el arma a un delincuente, si me limito sólo a eso y no me ocupo también de él, éste acabará buscando o fabricando otra arma. Si sólo opero la estructura y no al yo que puede estar vinculado a ésta, podrían seguir apareciendo estructuras similares.

Es necesario aclarar, en todo caso, que no todas las estructuras tienen un yo que las sostenga o defienda. Muchas son como "casas vacías", u objetos sin un dueño que los reclame, y en consecuencia son mucho más fáciles de sacar. Esto ocurre porque, si bien dichas estructuras fueron creadas por un yo en alguna vida, éste nunca desarrolló un apego especial por ellas. No están ligadas a su "identidad".

Percibir los yoes en el campo.

Aunque los yoes no poseen una forma definida como las estructuras, sí pueden llegar a ser "vistos" y "sentidos" dentro del campo. Para hacerlo la técnica es partir cambiando la pregunta que nos hacemos al escanear el campo. Porque, si estamos habituados a percibir estructuras, la pregunta a la que inconscientemente estamos acostumbrados es "qué": «¿qué hay aquí?» o «¿qué es esto?». Esta pregunta refiere siempre a objeto, en este caso una forma energética. Entonces, si cambiamos la pregunta y en vez de "qué" empezamos a pensar en "quién", lo que vamos a obtener es otro tipo de percepción: una que nos va a permitir dar con el o los yoes vinculados a una estructura o un *chakra*.

Sólo imaginemos cómo opera la mente de un investigador, por ejemplo, la de un detective. Probablemente al llegar al sitio del suceso, parte con la pregunta del "qué", es decir, qué evidencias y objetos aparecen, en qué disposición están y qué historia cuentan. Pero casi inmediatamente después, viene la pregunta del "quién": quién hizo esto, a quién pertenece cada uno de los objetos, quién los manipuló.

Un arqueólogo hace prácticamente lo mismo. Encuentra enterrados los restos de un objeto y se pregunta naturalmente: qué es este objeto, a qué época pertenece, qué función cumplía. Sin embargo, no tarda en plantearse quiénes eran los seres humanos que lo fabricaron y usaron.

De esta manera, cuando estamos percibiendo un bloque, una herida, un vacío, o cualquier otra estructura, y sintamos que hay una parte de la persona que está "sosteniéndola", mentalmente planteemos la pregunta: «quién está ahí». Y pedimos al maestro interno de nuestra alma que nos muestre al "yo" que está detrás. Y lo mismo para el caso en que sólo estemos conectando con un *chakra* y queramos ver dentro de él: podemos intencionar percibir tanto los yoes como los planos internos allí.

Ahora bien, a veces la percepción de los yoes ocurre de manera totalmente espontánea. Estamos sintonizando con una estructura o un *chakra*, o simplemente con una emoción de la persona (que inclusive puede estar sólo hablándonos), y nos llega una imagen de "alguien". Muchas veces su aspecto es el de la propia persona vestida a la usanza de otra época o lugar, o en una actitud o gesto particular. También podría ser la persona con una edad diferente a la de ahora, por ejemplo, como niño o niña, o como adolescente, o como anciano.

Como sea, se nos va a presentar o la imagen o la sensación, o ambas, de "alguien" que está allí, que si bien es cierto es la misma persona, es también una versión diferente de ésta. Y debemos entonces buscar entender: ¿quién es este personaje?, ¿qué le ocurre?, ¿qué le pasa, ¿cuál es su tema o conflicto?, ¿dónde está?

Sin duda es un ejercicio que lleva nuestras capacidades imaginativas y empáticas al límite. Es similar a un escritor cuando imagina a sus personajes y, haciéndose las mismas preguntas, termina sintiendo que se vuelven cada vez más reales. Podría darle la impresión entonces de que quizás está enloqueciendo, porque este juego donde la identidad se "descentra" y se vuelve "varios", genera un poco ese vértigo. Pero el vieje a nuestro propio mundo interno implica lidiar con ese juego de múltiples identidades y aprender a no perdernos. En nuestro caso, la profundidad con que logremos entender al nuestros yoes dependerá de cuánto hayamos profundizado en la comprensión de los conflictos emocionales y psicológicos humanos.

Ahora bien, visualizar no significa necesariamente que vamos a "ver" al instante un personaje. Lo que hacemos al principio es un poco crear o dar forma a una imagen, e interactuar con ella "como si" fuera real. Lo hacemos a través de lo que se conoce como "personificación": la capacidad de nuestra mente emocional que nos permite atribuirle cualidades e intenciones humanas a los objetos.

De niño jugábamos todo el tiempo a personificar cuando hacíamos que nuestros juguetes, algunos de los cuales ni siquiera tenían forma humana, hablaran e interactuaran entre sí. Simplemente imaginábamos que cada uno tenía una personalidad, deseos e intenciones. Incluso hoy, muchas veces, cuando nos comunicamos con Dios o con alguien a quien no podemos ver u oír, lo hacemos personificándolo. Es decir, le atribuimos sentimientos e intenciones humanas, y le imaginamos de cierta forma.

Los psicoterapeutas también sabemos de esto, ya que en la terapia gestáltica, por ejemplo, existe una técnica llamada "la silla vacía" donde se pide al paciente visualizar personas externas o partes de su propia personalidad y dialogar con ellas. No sólo debe imaginarlas sentadas enfrente, sino también lo que le dicen.

Algo que a mí personalmente me resulta mucho cuando trabajo en el campo emocional de un paciente es conectar con él y preguntarme con qué vestimenta, gesto, postura o actitud siento que más "me calza" en ese momento su imagen. Y voy haciéndome preguntas como: «¿Lo imagino más como monje?», «¿O lo imagino más como caballero de capa y espada?», «¿O lo imagino más como un brujo?», etc.

Ahora bien, muchas veces el yo se muestra a través de una escena, que bien podríamos considerar el recuerdo de algo, ya sea de una vida pasada o de esta. Es algo que incluso puede venírsele a la mente al propio paciente. Por lo general, la escena en cuestión va a tener que ver con el tema o conflicto que se está tratando en la persona, o con la estructura con la que hayamos conectado.

Por ejemplo, un paciente decía sufrir muchos miedos e inseguridades y al examinar su campo aparecía activada una gran estructura en la zona de los *chakras* primero y segundo. Era una especie de gran bloque con sensación paralizante y, por debajo, una herida. Al conectar y empezar a visualizar, me llegó la imagen de un niño de unos seis o siete años en una habitación oscura, sentado en el suelo y asustado. Al comentárselo al paciente, éste me cuenta que su padre era un hombre muy severo que solía castigarlo encerrándolo en una especie de bodega oscura. Al parecer, por lo tanto, se trataba de un yo de la infancia esta vida y lo que había llegado como imagen era el recuerdo de esa vivencia en el cual ese yo estaba "encerrado" o "fijado".

Otras veces el yo se muestra, no como una escena, sino como un personaje con una vestimenta e indumentaria que podemos reconocer de otra época y lugar. Por ejemplo, recuerdo haber estado atendiendo a un hombre de unos 40 años, empresario. Su esposa e hijos se quejaban de que él era demasiado rígido y estructurado para algunas cosas. Él mismo reconocía que necesitaba aprender a ser más flexible y adaptable, ya que incluso como empresario solía cometer errores debido a su comportamiento rígido.

Su aura presentaba muchos bloques en forma de coraza y parecía tener uno sobre otro, sobre todo en la zona del pecho y el plexo solar. Cuando afiné mi sintonía y quise saber cuál era el yo que podía estar sosteniendo ese patrón, me llegó la imagen de él como una especie de centurión romano. Su gesto era el de un hombre duro, obediente, disciplinado y muy ordenado. Lo curioso es que, cuando le referí al paciente lo que me había llegado como imagen, se sorprendió bastante y me dijo: «Es que no me vas a creer, pero yo soy un fanático de Roma y creo que no hay serie o película histórica sobre los romanos que no haya visto».

En otra ocasión, me tocó atender a un chico de 21 años, cuyo problema era que se sentía obligado por su padre a trabajar en el negocio familiar. Él quería entrar a la universidad, como todos sus otros hermanos, pero no se atrevía a contrariar la voluntad de su progenitor. Al observar de cerca su aura, percibía una coraza en forma de calzón metálico que abrazaba toda la zona de su segundo *chakra*.

—Este chico no se permite disfrutar la vida —pensé—. Es evidente que trabaja en algo que no le llena.

La estructura en cuestión bloqueaba toda la zona de su segundo *chakra* y parecía una suerte de "mecanismo de autorrepresión". Me "llegó" entonces la imagen de él como sacerdote, pero no le comenté nada. Como yo estaba partiendo, dudaba bastante todavía de las percepciones o "canalizaciones" que podía tener.

Trabajé la estructura y, una vez fuera, me encargué del vacío que encontré debajo. Lo hice renunciar a rechazar su derecho a disfrutar de la vida, trabajé el lazo con el padre, y pedimos de vuelta las partes de él que pudieran estar rechazadas que tenían que ver con disfrutar. Finalmente, al terminar la sesión, se sentó y me preguntó qué ocurría cuando un sueño se repetía mucho.

—Es que yo siempre tengo un sueño —me dijo— en el que me veo de pie en el altar de una iglesia imponiendo las manos sobre una mujer arrodillada ante mí. Ella está vestida con una especie de vestido antiguo, y yo soy una especie de sacerdote.

La experiencia, aparte de mostrarme al yo que ahí estaba, me demostró que mis "imaginaciones" no eran tan aleatorias como yo temía.

Por último, una tercera forma en que los yoes pueden mostrarse es como arquetipos. Esto quiere decir que pueden aparecer como figuras mitológicas o simbólicas. Por ejemplo, podríamos ver a un personaje de la mitología, o de la literatura, o de algún cuento de hadas.

Por ejemplo, en una ocasión recuerdo haber estado trabajando con una paciente cuyo principal problema era su tendencia a "cargar con todo". Era la mayor de seis hermanos y decía sentirse responsable por todos ellos. «Todos descansan en mí, soy como el pilar de la familia; si yo no hago las cosas, nadie las hace» —señalaba. También en el trabajo esa actitud le había pasado la cuenta, ya que solía trabajar muchas más horas que sus compañeros. En su aura se observaban una bloques en la cabeza y el plexo solar. Los de la cabeza tenían que ver con creencias rígidas, y el del plexo solar hablaba directamente de autoexigencia. Una herida grande iba desde el pecho hasta el abdomen, lo que evidenciaba falta de amor y validación propios. Sin duda, su tendencia a hacerse cargo de todos y de todo era una forma de compensar esa carencia.

Al conectar con la estructura, me llegó la imagen muy clara de un hombre sosteniendo el mundo sobre sus hombros. Me pareció que era Atlas, el titán de la mitología griega condenado a sostener el mundo sobre él. El yo se mostraba simbólicamente, como un yo masculino "atrapado" en ese mito.

Lo interesante, además, es que efectivamente ella tenía estructuras activadas en la zona de los hombros y la espalda, como si literalmente estuviera llevando un gran peso.

Para terminar, ¿cómo saber que en un paciente hay un yo cuando estamos percibiendo al tacto? Sólo puedo decir que, en mi experiencia, al pasar las manos para percibir las estructuras de una persona, lo que solía siempre hacerme sospechar de la presencia de un yo era la sensación de "gran resistencia" que volvía una y otra vez pese a probar diferentes métodos de operación. Porque a veces bastaba sacar una estructura y se activaba inmediatamente otra, y después otra, y así sucesivamente hasta que me empezaba a dar la sensación de estar forcejeando con "alguien" que no quería el cambio. Entonces, ahí es donde empezaba a preguntarme "quién" podía estar allí y lo demás —ya se ha dicho— era dejar volar la imaginación y ver qué podía llegarme a través de ella. Pero el punto de partida era esa sensación de resistencia que con el tiempo se empezó a hacer cada vez más familiar cuando había yoes de por medio[58].

Ampliando aún más la visión, lo más importante, más que capacidades extrasensoriales especiales, seguirá siendo el cambio de paradigma con el que nos aproximamos al paciente. Concebirlo, en lo emocional, no como un ser cien por ciento unitario, sino como un cúmulo de partes con "intencionalidad". Incluso sin siquiera estar palpando su aura, necesitamos acostumbrarnos a verlo o imaginarlo como una identidad central rodeada de otras identidades.

Del mismo modo, podemos llevar esta práctica a nosotros mismos. Si nos observamos atentamente, descubriremos en el propio escenario de nuestra mente a nuestros propios yoes. Podemos ir incluso más al fondo y observar *chakra* por *chakra*. Meditando en cada uno, y conectando hacia su interior, podemos encontrar múltiples *yoes* en diferentes actitudes emocionales, y paisajes internos en los cuales se desenvuelven.

---

[58] Hay que considerar, eso sí, que la resistencia podría deberse a la presencia de entidades. Si bien es de una naturaleza muy distinta, el principiante (y el que no sabe de entidades en el aura) podría fácilmente confundirse.

Yoes y complejos

Para C. G. Jung, padre de la psicología analítica, un complejo psicológico es un "conjunto de conceptos o imágenes cargadas emocionalmente que actúa como una personalidad autónoma escindida"[59].

> Los complejos interfieren con las intenciones de la voluntad y perturban la actuación consciente; producen alteraciones de la memoria y bloqueos en el flujo de asociaciones; aparecen y desaparecen según sus propias leyes; pueden obsesionar temporalmente a la conciencia o influir de manera inconsciente sobre el lenguaje y la acción. En resumen, los complejos se comportan como seres independientes.[60]

Así, los complejos tendrían al menos dos importantes características que comparten con los yoes.

1. Tienen una alta carga emocional
2. Se comportan como entes autónomos

Incluso, Jung llega a decir que en el núcleo de un complejo hallamos un arquetipo revestido emocionalmente. Esto quiere decir que es algo así como la "versión personal" de una experiencia que forma parte del inconsciente colectivo de la humanidad. Podríamos entonces afirmar que los yoes también se comportan y caracterizan dentro de patrones que son arquetípicos.

Por ejemplo, un yo militar, como el que he estado usando de ejemplo, puede ser vinculado directamente con el arquetipo del guerrero, que define rasgos tanto positivos como negativos de lo que es un guerrero más allá de la época o cultura a la que pertenezca. Lo mismo ocurre con otros *yoes* típicos, como

---

[59] Young-Eisendrath, P. (1999), Introducción a Jung., p.444, AKAL Eds.
[60] Jung, C. G., CW 8, p. 253, citado en Sharp (1994), *Lexicon Jungiano*. Santiago: Cuatro Vientos.

el del brujo o la bruja, el monje o la monja, el rey, el ermitaño, la sacerdotisa, etc.; todos ellos remiten a arquetipos.

En el caso de yoes que, más que roles, representan experiencias o actitudes emocionales ocurre lo mismo: también se establecen en torno a arquetipos. Por ejemplo, a la base de un yo de "niño abandonado" encontramos siempre el arquetipo del infante huérfano, solo y errante, basado en la experiencia que supone el trauma del abandono en todos los seres humanos. Es una imagen que reiteradamente suele aparecer cuando conectamos con heridas de abandono en el campo emocional. O detrás de un yo tirano o autoritario, por su parte, solemos hallar el arquetipo "vine" de la terapia floral de Bach[61].

De este modo, en cada yo se encuentra detrás un arquetipo o motivo universal, sepamos o no cuál es. O sea, subyacen formas de ser y actuar, y conflictos o temas, que son comunes a todos los seres humanos. Aunque pueda haber infinitas versiones o variantes de estos temas, según el lugar, la época y el contexto particular del que se trate, el núcleo o eje central temático se mantiene, porque está dado por el arquetipo. Tener en cuenta esto es muy útil para un terapeuta, ya que, si entiende de arquetipos, la comprensión, la percepción y el tratamiento de los yoes se le hará mucho más fácil.

Por último, el símil con los complejos también puede servir para volver a lo que en un principio se dijo: que los yoes son "pequeñas personalidades emocionales". Al decir pequeñas se refiere a que son sólo fragmentos; al decir emocional, a que su lógica es cien por ciento emocional.

Pero, para ser incluso más precisos, diremos que un yo es un fragmento de identidad en una especie de "bucle emocional". Es decir, se encuentra repitiendo una cierta escena *ad infinitum*. Por ejemplo, puede que al conectar percibamos al yo encerrado en una habitación llorando y quejándose de que la vida es injusta; o quizás en posición erguida y de brazos cruzados en actitud de "no voy a mostrarme débil"; o como un monje meditando y diciendo "renuncio a todas mis ambiciones terrenales".

---

[61] Las 38 flores de Bach pueden, de hecho, ser consideradas 38 arquetipos de lo que Bach llamó estados de desequilibrio emocional del ser humano. Cada una describe un cierto tipo de personalidad.

Como sea, lo común a toda "escena de yoes" que se nos presente es que está expresando una determinada intención, la cual configura un cierto patrón emocional repetitivo. Podemos decir incluso, que ese fragmento de nuestra identidad se halla "atrapado" o "confinado" en esa escena-bucle, como si fuera "el día de la marmota"[62]. Ejemplo evidente de esto son los traumas, por ejemplo, donde los recuerdos traumáticos se presentan una y otra vez en el escenario mental. Ir sanando los yoes, por ende, permite resolver estos bucles que en su repetición forzada están quitándonos libertad.

Ahora bien, finalmente, conviene aclarar que el hecho de que un yo se comporte como un complejo psicológico, no quiere decir que todo complejo psicológico, o lo que lo parezca, sea siempre un yo. Esto es importante, ya que muchas conductas que nos pueden parecer complejos pueden tener una causa fuera del campo emocional. Por ejemplo, podría tratarse de entidades, que desde el campo magnético o "*hardware* del aura" podrían perfectamente estar interfiriendo a la persona. Eso lo sabremos sólo a través del examen estructural que podamos hacer nosotros o personas especializadas en esa área.

La sanación de los yoes

Para un terapeuta energético de línea estructural, es decir, que ha aprendido y aplica en su trabajo la idea de las formas energéticas en el aura, aprender a tratar yoes es de máxima utilidad. Porque si muchas estructuras están vinculadas a yoes, y dependen directamente de éstos, partir por ellos no sólo profundizará el trabajo, sino que ahorrará mucho tiempo.

Por supuesto, lo anterior no corre para estructuras que percibamos como "listas para ser retiradas", ya que en ese caso lo correcto será encargarnos de ellas. Eso lo sabremos porque la resistencia que notaremos al movimiento será poca o nula. Pero, por el contrario, si notamos que las estructuras no logran soltar pese a los intentos que hagamos, o bien la resistencia vuelve

---

[62] Dicho que alude a algo que se repite constantemente.

una y otra vez, pasar a trabajar los yoes que pudiera haber por detrás es probablemente lo más indicado.

La lógica básica del trabajo de yoes apunta a transformarlos y sacarlos del bucle de intención en el que "insisten" y "persisten". En el fondo, es hacer que aprendan, es decir, que incorporen el entendimiento o lección del alma que necesitan para dejar de repetir el patrón rígido que los mantiene atrapados. Esto por sí solo permite que las estructuras asociadas se suelten y los yoes logren integrarse como parte del "yo profundo". Pasan, como ya dijimos, de egodistónicos a egosintónicos.

Ahora bien, es importante entender que finalmente los yoes son partes de la mente subconsciente del sujeto y, por lo tanto, son finalmente él mismo. Cuando hablamos o interactuamos con él lo estamos haciendo inevitablemente también con sus yoes. Y esto lo podemos usar a nuestro favor, ya que podemos intencionar conscientemente dirigir cualquier esfuerzo sanador o psicoterapéutico no sólo a su yo actual, sino a todos sus yoes.

Recuerdo de manera muy patente una sesión con Sonia, probablemente una de las primeras cuando recién había comenzado a atenderme con ella, en la que ella estaba trabajando mis estructuras y de pronto casi de la nada comenzó a regañarme.

—¡Tú tienes que entender que un soldado cuando sacrifica su vida es sólo porque es la única alternativa y no lo hace por deporte —me dijo—, y si además te querías quedar con la chica que te gustaba tenías que volver de la batalla!

Un poco confundido, le dije que no comprendía bien a qué se refería.

—No te hablo a ti sino al soldado que fuiste en esa vida y no apreciaba en nada su vida —me explicó—. A través de ti le estoy hablando para que aprenda de una vez por todas.

De la misma manera, en la terapia regresiva de vidas pasadas se opera bajo una idea bastante similar. Normalmente se busca que la persona logre ver sus vidas pasadas, pero no con el fin de "turistear", sino de hallar allí la posible causa a problemas actuales. Aparecen escenas de otras épocas y lugares, donde el protagonista no es sino otro yo o identidad de la misma persona. Al tomar conciencia, y hacer que el yo actual le haga ver al yo de entonces entendimientos que necesita, se logra resolver el conflicto. El resultado es una experiencia de cambio que el paciente trae al presente e incorpora en su vida.

Como podemos ver, sanar yoes es algo que sin saberlo hemos estado haciendo cada vez que hemos buscado ver y entender nuestras propias partes, ya sea en la vida misma o en la psicoterapia. En esta última lo estamos haciendo todo el tiempo cuando estamos llevando a la conciencia nuestros complejos y vamos dialogando con ellos a fin de integrarlos.

Así, las técnicas que aprenderemos para sanar yoes en el campo no difieren demasiado de estos principios que ya han estado en el ámbito de la psicoterapia desde prácticamente sus inicios. Veremos que existen multitud de formas y que cada una admite a la vez tantas variantes como al terapeuta le parezca. Yo mismo tomé las formas que me enseñaron Sonia y Jaime, y Tony después, y las modifiqué a mi manera según mis propios descubrimientos. Vi a muchos de mis colegas hacer lo mismo: desarrollaban sus propias técnicas.

Técnica de la charla psicoterapéutica

La idea principal de este procedimiento es convencer al yo de cambiar, es decir, persuadirlo de deponer la actitud equivocada o rígida en la que está, y permitirse salir de su atrapamiento. Es más o menos así:

SANAR YO A TRAVÉS DE CHARLA TERAPÉUTICA

1. Una vez que hemos conectado con el yo, manteniendo los ojos cerrados, lo visualizamos frente a nosotros. Notemos que se nos va a mostrar en una determinada pose, gesto o actitud. Puede que también esté diciendo o haciendo algo.

2. Nos dirigiremos a él mentalmente de manera muy empática:

«Hola, vengo en nombre de _____ (nuestro paciente) y quiero pedirte que te permitas sanar. Abandona esa esa actitud rígida de _____ _____ (describimos la actitud que estamos percibiendo en el yo) y permítete cambiar. ¿De qué te sirve realmente mantener esto? Sólo permítete soltar y ser ayudado».

3. Repetimos varias veces lo anterior haciéndole ver al yo la conveniencia de cambiar de actitud. Visualicemos que, si bien en un principio se resiste y no nos hace caso, al insistirle el yo va entrando en razón hasta que termina por ceder. Para que funcione, debemos ser cálidos pero sin sentimentalismos, y decirle cosas como:

    «Yo sé que lo has pasado mal y esa actitud que desarrollaste fue lo que entonces te ayudó a salir adelante, pero ahora necesitas salir de allí… permítete soltar y deja que te sanen».

    Y en forma paralela podemos ir entregándole o envolviéndolo con energía sanadora.

4. Si obramos de esta forma, en algún momento vamos a sentir que el yo "se entrega" y su actitud cambia. Su gesto y postura ya no nos parecerá rígida sino flexible, y podemos imaginar que la energía de los seres de luz (maestros y guías) entra como un rayo o remolino y envuelve por completo al yo, y lo sana (o se lo lleva a sanar a otro lugar).

Al terminar el trabajo, podemos volver al campo y observar qué ha pasado en el aura de la persona, con los *chakras* y las estructuras con las que previamente habíamos contactado. La idea es percibir cuánta resistencia hay en comparación con antes, y ver si se soltaron bloques y otras estructuras. La persona misma puede aportar reportándonos sus sensaciones.

Una variante de esta técnica, que me enseñó Tony, consiste en visualizar que le ponemos el aprendizaje que queremos que el yo adquiera, en su entrecejo. Es decir, imaginamos que con nuestras propias manos hacemos una bolita de luz que representa ese entendimiento y se la depositamos al yo en su entrecejo con el objetivo de que al lograr "verlo", lo incorpore.

Otra variante, que yo mismo desarrollé es, en el momento en que estamos dialogando con el yo, añadir que repita alguna afirmación donde él renuncia a la actitud rígida o negativa que está sosteniendo. Imagino que le hago decir, por ejemplo —en el caso del yo militar violento del que he hablado muchas veces—: «Yo renuncio a esta violencia y a esta rigidez e intransigencia, ya no la quiero». Y visualizo que al comienzo el yo se niega a repetir, pero de a poco va cediendo hasta que consigue completar la frase. En ese momento es cuando imagino que cae al suelo y estalla en llanto, rendido y soltando todo el dolor atrapado detrás del patrón rígido al que ha renunciado, y llegan los seres de luz y se lo llevan a sanar.

Por último, no está de más decir que para que esta técnica resulte, hay que darse el tiempo de establecer una buena conexión con el yo. No se trata de llegar e intentar sanarlo así no más; primero debe observársele y escuchar qué nos tiene que decir. Es muy útil pensar que es lo mismo que tratar a un paciente al que le estamos haciendo psicoterapia. Lo principal es hacer conexión desde la empatía.

Técnica quirúrgica

En esta técnica, la idea es tomar al yo en nuestras manos físicas y desde allí empezar a tratarlo. Para eso, el procedimiento es como sigue:

SANAR YO A TRAVÉS DE TÉCNICA QUIRÚRGICA

1. Ponemos las manos sobre el *chakra* o estructura donde sentimos al yo y sintonizamos con él como núcleo energético. Le vamos a dar una forma de esfera y, si no lo sentimos aún, lo imaginaremos como una bola de energía entre nuestras manos.

2. Con las manos, tomamos este núcleo en forma de esfera y lo sacamos acercándolo a nosotros.

3. Lentamente y sintonizando con el yo, empezamos a "amasarle" al tiempo que lo sostenemos con ambas manos. La idea es hacerlo como si fuera una bola de cristal muy delicada a la cual vamos traspasándole energía sanadora con los aprendizajes que queremos que adquiera. De hecho, mentalmente podemos ir hablándole y diciéndole cosas en la misma línea de la técnica anterior: «vamos, permítete soltar, deja que te lleven a sanar, permítete entender que _____ _____»

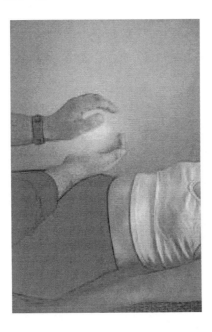

4. Al cabo de un rato, si hemos hecho bien el trabajo, notaremos que la sensación de resistencia ha disminuido considerablemente y la bola se ha ido poniendo cada vez más liviana y esponjosa.

5. Cuando sintamos que el yo ya se ha rendido (y ha sanado), le pedimos al paciente que junte sus manos en el pecho en posición de recibir.

6. Suavemente depositamos al yo en forma de esfera en sus manos y le pedimos que lo tome y lo introduzca él mismo en el *chakra* al que pertenece, como

reintegrándolo. En caso de que no sepamos a ciencia cierta a qué *chakra* pertenece, le pedimos introducírselo en el pecho solamente.

Una variante de esta técnica es que sea el terapeuta mismo que deposita e introduce de vuelta el yo en el paciente. Se le puede pedir a este último que tome aire intencionando "absorber".

En general, en esta modalidad de trabajo, la persona suele experimentar, al reincorporar al yo sanado, una sensación de bienestar como si algo dentro se hubiera llenado. También sienten que la tensión disminuye o desaparece. Desde fuera, energéticamente, percibiremos también un cambio en las estructuras, como si muchas de ellas se hubieran soltado o disuelto.

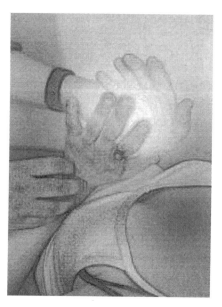

Regresión en la línea de tiempo

Esta es también una técnica quirúrgica, es decir manual, pero probablemente más compleja que la anterior. Consiste en ir hacia los inicios del yo, y dar con su energía original, la cual representa un estado puro o "todavía no corrompido" de él. Y esta energía es utilizada para restaurar al yo haciendo, por así decirlo, una especie de "reinicio". Esto es similar a cuando en un computador se restaura el sistema, es decir, se vuelve a la configuración de fábrica del dispositivo, la cual viene sin fallas.

Supongamos que tenemos un yo militar, como el de nuestro ejemplo. Sus características negativas son la violencia, la intransigencia y la rigidez. No obstante, uno podría preguntarse en qué momento desarrolló esas características esa identidad de esa vida. ¿Podríamos acaso "devolverle" hasta contactar una versión de él más joven y sana, cuando aún no se había vuelto así? La respuesta es sí, y en ese punto podríamos incorporarle al yo el aprendizaje que necesita para crecer sin corromperse.

Pongamos otro ejemplo: el de un yo "niño abandonado". Podríamos intentar conectar con esa energía inocente del niño antes del abandono, y traerla al presente para incorporarle los aprendizajes que necesita para no abandonarse él.

SANAR YO REGRESANDO EN LA LÍNEA DE TIEMPO

1. Ponemos las manos sobre el *chakra* o estructura donde sentimos al yo y sintonizamos con él como núcleo energético. Le vamos a dar una forma de esfera y, si no lo sentimos aún, lo imaginaremos como una pelota de fútbol de energía entre nuestras manos.

2. Con las manos, tomamos este núcleo en forma de esfera y lo acercamos a nosotros.

3. En esa posición, con las manos encima y los ojos cerrados intencionemos ir hacia atrás en el tiempo, como una regresión. Para ayudarnos podemos visualizar una especie de túnel o espiral donde vamos cada vez más atrás. Mentalmente podemos ir repitiendo: «Atrás, atrás, voy hacia atrás, cada vez más atrás, hasta el origen del este yo»

4. Conforme retrocedemos, vamos a ir pidiendo al maestro interno de nuestra alma que nos lleve cada vez más atrás a buscar el origen de ese yo. Y, paralelamente, vamos a ir poniendo energía sanadora.

5. Puede ser que logremos visualizar al yo en su estado original y prístino y es ese núcleo el que necesitamos intencionar traer al presente. Entre nuestras manos tendremos entonces una bola o pelota de energía grande con sensación tibia, liviana y esponjosa (que probablemente contrastará con la sensación del comienzo).

6. A esa pelota, que es el yo en estado original, vamos a intencionar transmitirle el aprendizaje que sentimos que debe incorporar.

7. Acto seguido, vamos a depositar la esfera sobre o al costado del pecho de la persona y le vamos a pedir que la absorba tomando aire varias veces. Nosotros ayudamos con nuestras manos empujando lentamente la esfera para introducírsela.

En el caso del yo militar es probable que percibamos a un yo idealista, pero que en algún momento se volvió violento en respuesta a que le mataron la familia, o bien era un joven tímido que buscaba validarse o que fue maltratado. Debemos ir lo más atrás posible para hallar la raíz, la cual reconoceremos porque la energía se percibe con la sensación de ser mucho más "pura" e "inocente". De hecho, casi siempre que realizo el ejercicio visualizo un yo niño o niña.

Esta técnica tiene muchas variantes, dentro de las cuales encontramos incluso la terapia de regresión a vidas pasadas. Cuando una persona, a través de trance, es llevada a presenciar escenas de otras vidas, lo que está haciendo en el fondo es contactarse con sus yoes de entonces. E interactuando con ellos logra sanarlos.

Enviar a sanar al yo a los mundos de luz

A veces, cuando percibimos que un yo está con un nivel de daño muy alto, la opción más adecuada es pedir a los maestros seres de luz auténticos que los lleven a sanar. Es un recurso limitado, es decir, no puede ser aplicado todo el tiempo[63] pero que puede provocar grandes cambios.

Como en las técnicas anteriores, se parte contactando con el yo en cuestión y se evalúa en qué grado de daño o actitud intransigente se encuentra éste. Si vemos que, pese a todo esfuerzo, el yo permanece inflexible y totalmente cerrado a la posibilidad del cambio, podemos intentar pedir que lo lleven a sanar. Para eso último vamos a pedir con mucha fe a Dios Padre-Madre Universal que envíe maestros seres de luz que saquen al yo y lo lleven a sanar a mundos espirituales donde existen lugares que son verdaderos hospitales o clínicas de yoes.

Pongamos el símil de un profesor de escuela que intenta dar su clase, pero es interrumpido constantemente por un alumno con una actitud muy negativa. Como ya se le agotan los recursos para convencer al alumno de que

---

[63] Esto lo sabremos porque notaremos simplemente que se produjo un cambio positivo; cuando no, es señal de que no ameritaba.

lo deje hacer la clase, pide a los inspectores que se lo lleven y le permitan volver cuando haya corregido.

En una ocasión Tony me habló de esta técnica y me dijo que sólo era ejecutada por seres de luz externos y auténticos, y no por los guías o el maestro propios de la persona que eran internos. Me señaló que los maestros llevaban a los yoes al *Bardo*, palabra del budismo tibetano que al menos para él era un sinónimos del cielo cristiano.

Los requisitos son:

1. Que tengamos la sensación de un yo con un alto grado de conflicto, daño o perturbación emocional.
2. Que la persona haya hecho un aprendizaje en relación con el conflicto del yo. Si el aprendizaje es deficiente, los seres de luz no llevarán al yo a sanar.

ENVIAR A SANAR UN YO

Una vez que hemos conectado con el yo, con profunda compasión oramos al Padre-Madre Universal y le pedimos que envíe a sus maestros seres de luz para llevarlo a sanar a los mundos de luz. El rezo va más o menos así:

«Padre-Madre Universal, te pido en nombre de la Conciencia de Amor que envíes a tus maestros para llevar a este yo [propio o de esta persona], el cual

_____

_____

[damos sus principales características]. Pido que, dado que se encuentra tan dañado, lo puedan llevar a sanar a los mundos de luz y que le sea devuelto a esta persona una vez que ya esté sano».

Nos quedamos conectados sintiendo y atentos a lo que sucede. Si la petición es aceptada, sentiremos que el yo empieza a ser "retirado".

Al finalizar sentiremos (y la persona también sentirá) alivio, como si la resistencia hubiera menguado.

Una variante que puede hacer a esta técnica más efectiva es hacer que la propia persona, antes de pedir, declare cuál es el entendimiento que tiene sobre el yo y por qué pide que sea llevado a sanar. Esto es muy importante, ya que los seres de luz esperan que la persona demuestre que tiene un aprendizaje sobre el tema como condición para poder ellos ayudarle. Entonces la persona puede hacer este preámbulo y aprovecha ella misma de pedir la ayuda.

Para ejemplificar, veamos el caso de que quisiéramos enviar a sanar al yo "militar violento y rígido". La petición podría quedar más o menos así:

PETICIÓN PARA ENVIAR A SANAR UN YO MILITAR VIOLENTO

Yo _____ declaro que comprendo que una parte mía es violenta, rígida e intransigente. He visto que son impulsos que a veces tengo, con los que lucho porque no deseo seguir teniéndolos. Me doy cuenta de que la violencia nace de la impotencia que a veces siento cuando las cosas no son como yo quiero. La intransigencia también es parte de esa necesidad de control. Es algo que viene de vidas pasadas, cuando no tenía tanta conciencia como ahora en que me estoy esforzando por buscar, más que el control sobre los demás, el autocontrol.

Me doy cuenta de que estas tendencias están siendo sostenidas por este yo mío de vidas pasadas de cuando fui militar, que es muy rígido y no se permite cambiar.

Pido entonces a Dios Padre-Madre Universal, que envíe maestros seres de luz para llevar a este yo a sanar a los mundos de luz, y que luego me pueda ser devuelto una vez sanado.

Como podemos apreciar, el paciente da argumentos que apoyan la petición demostrando que hay una toma de conciencia detrás. Mientras más sinceras y claras sean las palabras, más resultado tendrá la petición. Con todo, se puede dar el caso que los seres de luz consideren que es tarea de la persona seguir logrando aprendizajes en torno a ese yo, por lo que decidirán no llevarlo a sanar todavía.

Cabe la pregunta, por último, de qué pasa con estos yoes que son llevados a sanar. De hecho, no son pocos los pacientes que manifiestan el temor de si no les quedará un agujero o vacío en el lugar donde está el yo. O bien se preguntan en cuánto tiempo les serán devueltos. La respuesta es que, si bien son trozos de identidad, acá no queda un vacío como el que se produce con los traumas o el rechazo u omisión. Son partes que, hecho, están siendo reconocidas conscientemente y el yo profundo, por lo tanto, está autorizando a que sean llevadas a sanar. Es algo similar a cuando tenemos una chaqueta en nuestro guardarropa que está demasiado sucia y, aunque la lavemos en casa, nunca logra quedar realmente limpia. Entonces lo que hacemos es enviarla a la tintorería, donde personas expertas con máquinas especiales se encargarán de ella. Al cabo de un tiempo, la chaqueta ya limpia, nos será devuelta. ¿Pero qué hacemos mientras no la tenemos? Pues, muy simple: podemos nada más usar otra ropa. Cuando un yo está fuera siendo sanado sólo es un trozo de experiencia el que falta y que pronto será incorporado. De hecho, estando dañado no es mucho el aporte tampoco que está haciendo a nuestro campo emocional.

Consideraciones sobre el trabajo de yoes

Como hemos podido ver en estas técnicas, trabajar los yoes es operar en un nivel aún más profundo que el de las estructuras. Es muy efectivo, de hecho, para propiciar el cambio psicológico, al ayudar a gestionar la resistencia inconsciente con la que a veces nos topamos.

Sin embargo, hay que tener en cuenta que, para que un yo sea sanado, corre lo mismo que para con una estructura: la persona tiene que dejar de autorizarlo. En otras palabras, el yo actual necesita haber logrado comprender a ese yo, es decir, al bucle o patrón repetitivo que representa ese núcleo emocional, y desidentificarse de él. Porque aquello de lo cual no se es consciente, siempre, de alguna forma u otra, lo terminamos autorizando.

Por ejemplo, en el caso del yo "militar violento e intransigente", si la persona no hace primero consciente su violencia e intransigencia —y estamos refiriéndonos a más que sólo "tomar nota de ella"—, ese yo no puede ser sanado. Necesita antes haberla comprendido a fondo y estar desarrollando, a través de hábitos nuevos, una actitud diferente. Eso significa casi siempre entrar en la psicología profunda del yo, haciéndose la pregunta de por qué es como es. O sea, ¿por qué este yo actúa con violencia?, ¿de dónde probablemente surge ésta?, y ¿cuál es el trauma o la herida que puede haber detrás?

Porque un yo debe ser comprendido en el contexto de otros yoes y estructuras que pueden estar relacionados. Así, el yo militar podría, por ejemplo, estar siendo violento para defender a otro yo que se siente menoscabado o débil. Esta mirada más amplia es crucial para tener una comprensión cabal de los mecanismos que estas identidades sostienen y poder soltarlos. Pensemos simplemente que es prácticamente el mismo esfuerzo que hacemos para comprender nuestros complejos. No es algo que se haga en un día, ni en una semana; en ocasiones puede llegar a demandar años de trabajo psicoterapéutico.

Entonces, el trabajo de yoes no es algo aparte del trabajo de la psicoterapia. Necesitamos profundizar, o de lo contrario no llegaremos nunca a dejar de autorizar a esos yoes; aunque hagamos las técnicas, éstas no llegarán ahí donde tienen que llegar.

CAPÍTULO 10
Planos internos de realidad

Los yoes y los planos internos de realidad

Cuando en el trabajo sobre el aura estamos acostumbrados a percibir estructuras, y nos hemos empapado de la "lógica estructural", la idea de yoes como núcleos sin forma definida puede parecernos algo desconcertante. Y por si esto fuera poco, surge también preguntarse: ¿Dónde están realmente los yoes? ¿es que acaso ocupan algún espacio concreto dentro del campo?

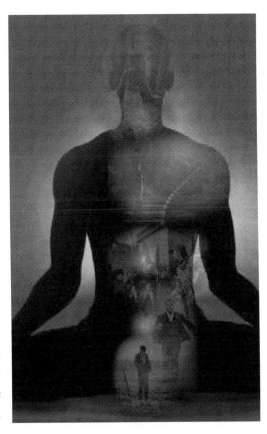

Confieso que durante años me conformé con aceptar que no tenía las respuestas a estas interrogantes. Había querido creer que el aura era una especie de pantalla tridimensional donde todo aparecía bajo formas delimitadas y concretas. Pero los yoes desafiaban abiertamente esa premisa: parecían estar y no estar a la vez; ser formas y, al mismo tiempo, no serlo.

En un momento, acepté la idea de que quizás me había estado limitando y que el campo emocional era con seguridad un lugar que daba cabida a realidades mucho más amplias que sólo "lo estructural". Comencé a pensarlo como un espacio con una fenomenología más bien "cuántica". Y de la misma manera como en física cuántica muchas partículas se comportan como onda en algunos experimentos, mientras aparecen como partículas compactas y localizadas en otros, algunos contenidos del campo emocional podían aparecer indistintamente como estructuras, como entes o "personas" (yoes) en una especie de escenario interior, o simplemente como entendimiento.

Después de todo, yo mismo había propuesto que las estructuras visibles o tangibles en el aura de un paciente sólo eran la punta del *iceberg* y podía ser que, al sumergirnos para ver por debajo, encontráramos que ya no hay estructuras ni formas como tal, sino más bien "nubes de información". De hecho, eso era lo que muchas veces yo sentía cuando sintonizaba profundamente: tenía la sensación de adentrarme en una "nube". Desde ella sentía llegar imágenes, intuiciones, corazonadas y entendimientos de certeza instantánea. En conclusión, eran un sinfín de percepciones que no podían, ni debían, acotarse o reducirse a lo meramente estructural.

Pero no fue hasta conocer a Tony cuando pude verlo con más claridad.

—He estado canalizando sobre los yoes —me dijo un día—, y los maestros me mostraron que éstos tienen que ver con los *chakras* y los "planos internos de realidad".

Lo que los maestros dijeron es que los yoes en realidad habitan dentro de los *chakras*, en las realidades o "planos" al interior de cada ser humano. Porque los *chakras* —me señaló— son portales que conducen a esos mundos. Los *chakras* por dentro se despliegan en múltiples planos, mientras que por fuera conforman las siete capas del aura. Ahora bien, cada *chakra* contiene la posibilidad de infinitos mundos, y cada uno con un paisaje emocional propio que depende de cuán sano o enfermo esté el *chakra*. Hay planos muy hermosos donde se percibe el brillo y la armonía del alma, mientras otros son lugares feos o inhóspitos donde sólo hay tristeza, miedo o desolación.

Así, cuando estamos percibiendo una estructura en el campo de alguien, y nos llega la sensación o imagen de un determinado yo, sabemos que estamos ante un "sujeto" de la acción o intención que tiene que ver con esa estructura. Sin embargo, puede que también lleguemos a percibir el "plano" o "lugar" interno donde ese sujeto está. Porque los "planos internos" son algo así como los escenarios donde habitan y se desenvuelven los yoes.

Por ejemplo, podría llegarnos la imagen de una niñita sola y abandonada. Y podríamos "verla" o "sentirla" como si estuviera vagando en una especie de páramo, o atrapada en un laberinto de piedra, o perdida en un bosque oscuro y hostil. El páramo, el laberinto y el bosque son los "planos" donde en este caso está el yo, y que evocan esas mismas sensaciones y emociones: abandono, soledad y tristeza.

Lo que debemos saber es que el plano siempre será coherente, en su estética, con las características del yo o los yoes que lo habiten. Si el yo se percibe como dañado, enfermo, perturbado o atrapado, el respectivo plano también lo estará. Esto se refiere a que será un ambiente o paisaje que nos evocará esas mismas sensaciones.

Ahora bien, al interior de los *chakras* también existen "lugares" hermosos de felicidad y armonía. Son planos que se hallan, por así decirlo, en una sintonía mucho más cercana al alma. Si alguien va logrando a través de un trabajo sobre sí mismo un aprendizaje emocional consciente en cada *chakra*[64], va siendo capaz de transformar esos mundos internos. Y donde antes había un páramo, un desierto, o una ciudad perfecta pero fría e impersonal, se crean un valle fértil, un bosque lleno de vida o un hermoso jardín.

---

[64] Véase la visión temática de los *chakras* en el capítulo 3

Yoes principales y secundarios

Otro de los entendimientos que los maestros mostraron a Tony era que cada chakra tenía un "yo principal" que era el yo del chakra mismo. Porque nuestro yo, o identidad actual, desde el punto de vista emocional se halla dividido en siete, lo cual resulta muy lógico si pensamos que cada chakra es un centro donde se procesa una parte o función de lo que somos. Nuestro yo o identidad es, de esa manera, la suma integrada de esos siete "yoes principales". Y puede también entenderse como que cada chakra es, en el fondo, un yo.

Así, los siete yoes principales son (de abajo arriba): yo raíz, yo sexual o del deseo, yo maestro o realizador, yo amoroso, yo comunicador, yo visionario y yo pensador. El objetivo del alma humana es, a lo largo de sucesivas vidas, desarrollar al máximo cada uno e ir consiguiendo su versión más sana y sabia. Así, los yoes principales pueden estar sanos o enfermos, desarrollados o arruinados, dependiendo de cuánto el alma haya asimilado o evitado los aprendizajes de ese chakra.

Ahora bien, los maestros señalaban que en torno a cada yo principal se agrupan los yoes "experienciales" o "secundarios", que son los yoes de los que hemos venido hablando desde el capítulo anterior. Experienciales se refiere a que se crean a partir de las vivencias y experiencias en cada vida. A través de ellos es que desarrollamos, enfermamos o sanamos al yo principal del chakra, porque nunca es posible afectar a este último de manera directa. Tiene que hacerse a través de los yoes secundarios, así como los planos en que habitan. Entonces, si en cada chakra sanamos los yoes [experienciales] de la persona y sus respectivos planos, el resultado es que el yo principal del chakra se va sanando.

Planos internos versus externos

Los planos internos pertenecen a lo que podemos llamar alma individual o "microcósmica". Pero existen también planos externos, los cuales caen dentro de lo que hemos llamado planos y dimensiones de la naturaleza o, en otros términos, del "alma colectiva"[65]. Entre ambos existe una conexión muy directa, ya que los planos internos de cualquier persona se hayan conectados con planos externos de igual naturaleza.

Esto es similar a una casa al lado de un bosque que tiene un jardín que es, en el fondo, una porción del mismo bosque, pero perteneciente a la casa. Lo que separa al jardín del resto del bosque es sólo una cerca, pero su composición es prácticamente la misma.

Un plano interno es, de esta forma, tan solo una porción individual y perteneciente a la propia psique, de un plano externo o colectivo. Por ejemplo, si en nuestro interior hallamos un plano que es una especie de páramo pantanoso conectado con emociones de depresión y estancamiento vital, colectivamente ese plano también existe. Todos los seres humanos en el mundo que comparten esos mismos sentimientos están con sus propios planos internos siendo también parte de ese mismo plano colectivo.

Ahora podemos comprender mejor lo que hacen muchos chamanes, que es "viajar" psíquicamente por estos planos para, por ejemplo, recuperar partes de la persona que han quedado atrapadas o perdidas allí. También podemos ver lo que hacen las artes plásticas, la poesía o la música, que son capaces también de sintonizar emocionalmente con estos planos para "llevarnos" hasta allá. Algunas músicas, por ejemplo, nos llevan hacia planos luminosos y alegres; otras, a planos oscuros y depresivos; otras a planos místicos o mágicos, y así sucesivamente. Una pintura o una fotografía pueden llegar a hacer lo mismo, e incluso un simple paisaje de la naturaleza.

También los sueños, los recuerdos y las fantasías son experiencias donde viajamos, casi siempre inconscientemente, hacia planos internos, pero también a veces hacia los externos. Las experiencias con drogas psicodélicas,

---

[65] Algunos filósofos antiguos se referían a ella como el *anima mundi* o "alma del mundo", y decían que era el espíritu etérico puro o «aquello que anima la naturaleza de todas las cosas». El concepto fue tomado por C. G. Jung como base para su teoría del "inconsciente colectivo".

por su parte, son también viajes por planos, tanto a lo interior como a lo colectivo.

Lo interesante para nosotros, exploradores de la realidad energética, es el hecho de que podemos viajar conscientemente por los planos. Para eso necesitamos ejercitar y aprender a "jugar" tanto con la imaginación como con la sintonía emocional. Sin embargo, la recomendación es siempre partir haciéndolo primero hacia nosotros mismos, es decir, hacia nuestros propios planos y sólo habiendo logrado dominio allí intentar ir más lejos.

Porque viajar por planos externos, sin tener un conocimiento y dominio de nuestras propias realidades emocionales, y sin haber desarrollado antes la "guía interna", nos expone a graves peligros. Podríamos llegar a perder "partes" de nosotros mismos y la posibilidad de caer en algún tipo de trastorno emocional o mental es totalmente real.

Pero el viaje al interior de la psique individual es seguro, o al menos sí lo es mientras a la par vayamos cultivando el contacto con nuestro maestro y guías internos. Porque, así como "ir hacia adentro" nos permite conectar con los yoes (propios o del paciente), podemos también dar con los guías y el maestro interno, quienes también se hallan directamente vinculados a los *chakras*[66].

La sanación de planos

Cuando se tiene un plano enfermo o dañado, lo que suele ocurrir es que hay algún elemento o "nutriente" que falta. Por ejemplo, en un plano oscuro y gris lo que falta es la luz y el color; en un plano desértico, el agua y la vegetación; en una habitación oscura y claustrofóbica, quizás abrir puertas y ventanas (o, incluso, derribar una muralla); en una casa vacía y lúgubre, limpiar, pintar, amoblar y embellecer. La sanación del plano, entonces, consiste en incorporar aquello que falta para producir un plano hermoso que

---

[66] Véase capítulo 16

evoque vida y salud. Aunque pueda parecernos una intervención meramente "paisajística" o "estética", en el fondo estamos hablando de energías.

Ya Jung hace más de cien años[67] plantea que las imágenes que "emergen" desde la mente inconsciente son algo que está vivo. Por lo tanto —dice— no pueden ser abordadas sólo desde el mero "entendimiento". Él propone también la vía de la "formulación creativa", en la cual es la sensibilidad "estética", creativa, la que nos va guiando. De la misma manera, el trabajo "energético" sobre el campo emocional, si bien una parte tiene que ver con los entendimientos o significados psicológicos, otra se relaciona con las imágenes en sí mismas y cuáles son las "energías" que directamente nos transmiten. Cuando trabajamos planos de realidad, entonces, los distintos paisajes pueden ser "interpretados" o "traducidos" a un significado [emocional], pero al mismo tiempo "son" las energías emocionales en sí expresándose en un lenguaje "estético".

Como ejemplo, transcribo el relato que el mismo Tony me hizo del primer caso en que aplicó la técnica de sanación de planos cuando sus maestros seres de luz se la mostraron.

EJEMPLO DE SANACIÓN DE PLANOS

> «La paciente Andrea llegó tras muchos años de terapia. Se quejaba de grandes problemas con estructuras en su cabeza, algunas de las cuales eran implantes. Tenía dificultades para relacionarse con los demás y presentaba un estilo de vida muy solitario.
>
> Llevábamos ya algunos meses trabajando su campo emocional y ella había tomado bastante conciencia de los temas que sus estructuras mostraban. Fue entonces que le propuse trabajar

---

[67] Jung, C.G. (1916/ 1957) The Transcendent Function, en The Structure and Dynamics of the Psyche. CW 8. Princeton University Press.

con sus planos, con esta técnica que recién mis maestros me habían mostrado.

Le indiqué que cerrara los ojos y que yo la guiaría por un viaje dentro de sus *chakras*, partiendo por el primero, donde parecía haber una gran falta de energía. Le pedí que imaginara que se "zambullía" dentro del *chakra* al tiempo que yo también lo hacía.

Lo primero que me llamó la atención y Andrea también lo vio, fue que lo único que se veía era un paisaje volcánico de roca, lava y mucho humo por doquier. Decidimos buscar al Yo Principal de ese *chakra* para preguntarle por qué estaba todo así.

Lo llamamos y, cuando apareció, vimos que tenía ira y miedo que lo hacía rechazar todo intento de ayuda. Se lamentaba diciendo: "No hay energía ni agua ni comida, y todos los seres vivientes se están retirando porque no aguantan el sufrimiento".

Decidimos comenzar poco a poco a pedir y traer energía para retirar y neutralizar el magma. Imaginamos que un rocío muy fresco bajaba del cielo como una niebla, y comenzaba a enfriarlo todo hasta que el lugar se calmaba y quedaba como una gran llanura vacía. Entonces, le solicité a Andrea que declarara: "Yo le entrego energía y amor a este lugar: creo un río de abundante agua y vida, traigo una nube cargada de agua y hago que llueva". Imaginamos que así era, y que una energía como agua empezaba a transformar el paisaje. Ahora se veían ríos y lagunas por doquier, y la tierra había dejado de estar agrietada y reseca.

Continuamos y, al cabo de un rato, visualizamos cerca un grupo de yoes que aún no parecían felices. Le pedí a Andrea que se acercara, les entregara semillas y les indicara que las plantaran. También, que les dijera que de esa forma conseguirían tener abundante comida y que debían mantener la esperanza.

Luego hice que Andrea invocara otra nube y la hiciera llover para que las semillas germinaran y empezaba a haber bosques y huertos. Le pedí que observara cómo la vida se comenzaba así a normalizar.

Al terminar, el Yo Principal nos dio las gracias porque ya no sentía ni ira ni miedo como al principio; se quedó en la tarea de continuar distribuyendo las energías entregadas.

Con la experiencia, Andrea señaló haber encontrado una tranquilidad que no había sentido en mucho tiempo. Luego de trabajar de manera similar con todos sus *chakras*, que mostraban diferentes paisajes que también hubo que equilibrar, nos dimos cuenta de que sus estructuras en la cabeza estaban retenidas por un yo en su séptimo *chakra*, el cual creía que debía obtener conocimiento a toda costa. Como sus *chakras* inferiores estaban dañados y con muy poca energía, funcionaban muy mal. Este yo de su cabeza usaba la búsqueda de conocimiento como compensación, incitando a Andrea a llenarse de conocimiento que no le ayudaba a mejorar su profunda desconexión vital.

Como habíamos sanado los planos en sus *chakras* inferiores, fue ahora fácil enviar a sanar a ese yo de su cabeza y desprenderse de las estructuras que antes estaba sosteniendo».

En el ejemplo, vemos una modalidad donde tanto el terapeuta como el paciente van imaginando a la par. Cuando la sintonía es profunda, suele pasar que ambos consiguen ver o sentir lo mismo. Sin embargo, una forma un poco más sencilla de ejecutar la técnica es quizás que sólo sea el terapeuta quien se introduce en el *chakra* y visualiza y trabaja los planos que allí encuentra.

Otra cosa importante que se desprende del ejemplo es el hecho de que la paciente ya venía en un proceso de sanación en el cual había logrado tomar conciencia y responsabilidad de su problema. Su grado de entendimiento y claridad en lo emocional, por lo tanto, no era el de alguien que recién se inicia en la psicoterapia. Cuando el entendimiento [emocional] es demasiado pobre, no están dadas las condiciones todavía como para hacer este tipo de trabajo.

Imaginemos un minero que está haciendo un túnel en la roca y desea ir cada vez más profundo. Sólo será capaz en la medida en que vaya asegurando el túnel para hacerlo estable. Los entendimientos que un paciente va logrando sobre su propio mundo emocional son su "claridad" que le permitirá ir profundizando en sí mismo. Porque un paciente en estado de confusión a menudo "no da una": piensa mal, saca conclusiones erróneas, "se ahoga en vasos de agua", es ciego a muchas cosas que le están haciendo tropezar, etc.

CAPÍTULO 11
Psicoterapia del campo emocional

El movimiento profundo del alma

El trabajo sobre las estructuras del campo emocional se enmarca, en un sentido amplio, dentro de un "movimiento profundo del alma". Reconozco que la expresión puede parecer algo redundante, porque el alma ya es de por sí nuestro núcleo más profundo. Todo "movimiento" desde el alma, por ende, debiera ya ser profundo por definición.

Sin embargo, como ya se ha señalado antes, existe también otro ámbito ligado al alma que es la psique (o campo emocional). Y, aunque muchos pueden pensar que son dos términos para lo mismo, "psique" en realidad tiene mucho más que ver con lo psicológico, es decir, con los procesos y programaciones mentales y emocionales. Personalmente, he llegado a entenderla como la parte externa, mutable y, por lo tanto, corruptible y dañable del alma. Así, cuando hablamos de conflicto, daño o trauma emocional (de esta u otras vidas), o incluso cuando decimos: «tengo el alma rota» o «me falta un pedazo de mi alma», estamos situándonos siempre en el terreno de la psique y no del alma profunda.

De esta forma, tenemos en realidad dos ámbitos distintos: (1) el del "alma profunda", que se mantiene al centro y siempre en una vibración y sintonía que corresponden a la "conciencia de amor" de Dios Padre-Madre Universal; y (2) el de "alma superficial" o psique, que en la T.E.E.A. recibe el nombre de campo emocional y se halla repartida en los *chakras* y las diferentes capas del aura, en diferentes formas y niveles de vibración, a veces sanos y otras no tanto.

Cada vez que el alma encarna, y en la medida en que el cuerpo desarrolla sus distintos sistemas, la psique empieza a "moverse" a través de los canales y *chakras* del campo magnético. De esa forma, comienza a procesar grandes montos de energía e información bajo la forma de experiencia y aprendizaje. Sin embargo, lo que sirve al alma no es cualquier cosa y sólo considerará válido aquello que le permita reconocerse a sí misma en su propia naturaleza[68]. Por eso, buscará activar en la psique el mecanismo de la conciencia. Sólo siendo y haciéndose consciente, la psique logrará aprender.

Porque, sin duda, no todo lo que ingerimos por la boca será absorbido a la sangre y, a su vez, de esto no todo es aprovechado como un verdadero nutriente por el cuerpo. Entonces, así como el cuerpo "sabe" lo que en definitiva le sirve como nutriente, el alma también "sabe" lo que le es válido y útil como aprendizaje. Por ende, si una persona se quiere autoconvencer de cualquier error o mentira, su conciencia tarde o temprano le terminará mostrando que eso no es un auténtico aprendizaje. De hecho, casi siempre son el dolor o la enfermedad los que avisan que algo estamos haciendo o entendiendo mal. Son finalmente "maestros" que nos llevan a la conciencia del alma. Por supuesto, este despertar puede ser muy lento y a veces tardar muchas vidas.

Podríamos, entonces, entender el "movimiento profundo del alma" como «la manera en que la conciencia llega a la psique para provocar aprendizaje y lograr que vaya alineándose con el alma». Es una especie de "pulso" guiado desde adentro, es decir, desde el alma misma, que genera cambios y transformaciones.

---

[68] Recordemos que el alma es, en el fondo, una partícula de Dios Padre-Madre Universal.

La sanación

La sanación es una práctica que ha existido desde los comienzos del ser humano. Adquiere sentido en la medida en que hay algo que duele o incomoda, y que se encuentra corrupto, dañado o perturbado. A veces es el cuerpo físico; otras, la psique (campo emocional); otras, el cuerpo energético (campo magnético). En el pasado, estos ámbitos no se encontraban tan diferenciados entre sí como hoy. Los sanadores, por eso, tendían a hacer de todo un poco: curación física, guía espiritual, trabajo psicológico, mágico, energético, etc.

Lo interesante es que el esfuerzo sanador, sea cual sea, es algo que puede ser enfocado desde el "movimiento profundo del alma". Esto es cuando apunta no solo a curar o aliviar una dolencia superficialmente, sino a lograr también que la persona desarrolle aprendizajes que le permiten conectar con su esencia profunda o alma. Estos aprendizajes involucran siempre una toma de conciencia referida a:

1. Los entendimientos errados (actitudes, creencias, formas de actuar o pensar) que han llevado al estado negativo que se está sanando

2. El entendimiento correcto que debe estar en lugar del error, así como su puesta en práctica

Ahora bien, aunque el sanador o terapeuta no esté conscientemente conectado o no trabaje con energías alineadas con la Conciencia de Amor de Dios Padre-Madre Universal, podría estar de todas formas moviendo la profundidad del alma de alguien. Esto se debe a que, en definitiva, el "movimiento profundo del alma" depende sólo del propio yo. Por ejemplo, alguien puede ir al médico y, a partir de la simple conversación con éste, hacer una profunda reflexión sobre aspectos de su vida en los que estaba cometiendo errores. El médico podría ser totalmente ateo, con ninguna creencia en Dios o el alma, y aun así ayudar a la persona a desarrollar esos entendimientos.

Por supuesto, si el terapeuta, el médico o el sanador practican consciente y deliberadamente la conexión con su propia alma, y actúan y se trabajan a sí mismos emocionalmente en concordancia con ella, tendrán alguna ventaja a la hora de aportar al paciente a ese respecto. Esta conexión puede ser considerada una suerte de "inteligencia espiritual".

Zohar y Marshall[69], quienes acuñan el término, definen la "inteligencia espiritual" como la capacidad de reformular y recontextualizar la experiencia y, por tanto, de transformar la propia comprensión de la realidad. Según estos autores, las principales características de la "inteligencia espiritual" serían: la flexibilidad; un alto grado de conocimiento de sí mismo; la capacidad para afrontar el dolor y aprender con el sufrimiento; la habilidad de inspirarse en ideas y valores; el rechazo a causar daños a otros; la tendencia a cuestionarse las propias acciones; y la capacidad de seguir las propias ideas incluso en contra de lo establecido o convencional.

> Por su parte, Frances Vaughan (2002) añade a la conceptualización del término que la inteligencia espiritual implica múltiples vías de conocimiento y se orienta hacia la integración de la vida interior de la mente y el espíritu con la vida exterior del trabajo en el mundo. Para ella, la inteligencia puede ser cultivada a través de preguntas fundamentales, la indagación, la práctica y las experiencias espirituales. Una persona espiritualmente inteligente es capaz de conectar lo personal con lo transpersonal.[70]

Ahora bien, quizás la forma más paradigmática de sanación es la de índole energética. Podemos entenderla como toda práctica sanadora que trabaja en el nivel energético humano (es decir, el aura). En ella, el sanador o terapeuta necesitan tener algún manejo de las energías intangibles y, en muchos casos, trabajar con seres de índole espiritual.

---

[69] Zohar, D. y Marshall, I. (2001), La inteligencia espiritual, Madrid: Palza & Janés Eds.
[70] Vaughan, F. (2002), What is Spiritual Intelligence? Journal of Humanistic Psychology, 42, 16-33, citado en Pérez, M. C. (2016), Inteligencia espiritual. Conceptualización y cartografía psicológica, International Journal of Developmental and Educational Psychology Revista INFAD de psicología 2(1):63

En general, hay dos ámbitos en los que los distintos sistemas, y sanadores, de sanación energética trabajan: el externo, que son el nivel físico y el magnético; y el interno, o nivel emocional o psicológico. En el primer caso estamos operando el *hardware*, es decir, tanto la parte energética del cuerpo físico como el tejido energético mismo del aura. Cuando trabajamos en el nivel emocional, en cambio, estamos operando sobre el *software*, es decir, las programaciones emocionales de nuestra psique, las cuales se proyectan sobre el aura.

Por supuesto, en este punto muchos dirán que existe también un nivel cuántico o espiritual. En mi modo de ver, eso también corresponde a la psique o campo emocional, solo que en niveles más profundos. Ahora bien, un sistema de sanación debe evitar ser tan abstracto o "espiritual" como para, en vez de enfocarse en el reconocimiento de las propias sombras emocionales, terminar yéndose hacia realidades aparentemente "superiores", pero alejadas del "movimiento profundo del alma". En tal caso hablamos más de un sistema filosófico que de un auténtico sistema de sanación.

Diferentes tipos de sanadores

Quienes practican la sanación pueden ser llamados "sanadores", pero dependiendo del ámbito al que apunten tendrán diferentes "apellidos".

En primer lugar, encontramos a los "sanadores físicos", aquellos que actúan sanando las dolencias y enfermedades del cuerpo físico. Pueden utilizar métodos físicos, químicos o energéticos, o una combinación de éstos, como hierbas, ejercicios corporales, magnetismo, sonido, agujas, o incluso directamente energía y procedimientos mágicos. Sin embargo, el foco de estos sanadores indistintamente está puesto en curar el problema físico que trae la persona.

En un segundo lugar, hallamos a los "sanadores del aura", aquellos que operan sobre el campo magnético y sus distintas capas y *chakras*. Tienen ya la capacidad de operar haciendo limpiezas y reparaciones en un nivel energético "de *hardware*". Aquí encontramos a los "cirujanos del aura" y a todo tipo de personas que limpian y reparan energéticamente a la persona. Por ejemplo, un exorcista es siempre un "sanador del aura", ya que su objetivo es limpiar a la persona de energías externas que puede tener vinculadas.

En un último lugar hallamos a los "sanadores del alma", aquellos que operan principalmente sobre el campo emocional o psique. Buscan ayudar a la persona a conectar con su propio ser profundo para obtener aprendizajes emocionales. Es donde se logra lo que en este libro hemos llamado "movimiento profundo de alma", sea que se trabaje explícitamente con energías o no. Para desenvolverse acá, el terapeuta debe tener acceso al alma de la persona y ser capaz de conectar con ella en un nivel profundo, tanto en lo emocional como en lo espiritual. Requiere poseer mucha experiencia y conocimiento psicológico y vital, y haber recorrido (o estar recorriendo) él mismo el "camino del [movimiento profundo del] alma".

Este último nivel no requiere tener desarrollada la percepción explícita de las energías, más sí la empatía, la intuición y las habilidades de la inteligencia emocional y espiritual. De hecho, cualquier psicólogo o psicoterapeuta que ayude a la persona a conectar consigo misma está apuntando a —aun sin llamarlo así— un "movimiento profundo de alma". Porque los trabajos psicológicos profundos, es decir, los que no se quedan en la superficie de lo meramente intelectual, son también trabajos de energía. Aunque no utilicen las manos, están de todas formas, por medio de una combinación de conciencia e intención, moviendo estructuras y trabajando con la energía del alma.

La sanación del campo emocional

El campo emocional, como expresión energética de la psique, es prácticamente un sinónimo de ésta. En el enfoque de la Terapia Estructural del Aura se le suele entender como un cúmulo de programaciones y de ahí que se le llame "*software* del alma". Estas programaciones en el fondo son todas las experiencias y aprendizajes, exitosos y fallidos, que el alma ha ido adquiriendo vida tras vida. Son contenidos que, al proyectarse sobre el campo magnético, se muestran como lo que en este libro se ha llamado "estructuras" y, un poco más adentro, como yoes y planos de realidad.

Pero lo emocional (la psique) también puede ser observado de la manera tradicional o "método indirecto". Esto se refiere concretamente al método de la psicología, basado en la observación e interpretación del lenguaje y la conducta. Porque lo que una persona comunica sobre lo que está sintiendo o pensando, tanto en lo verbal como en lo no verbal, deja también en evidencia su psique.

Estas dos vías, la energética y la psicológica, son las que de manera integrada proporcionan una imagen bastante precisa del campo emocional o psique de una persona. Por supuesto, se trata de un territorio amplísimo que habrá de ser conocido a lo largo de un extenso y profundo trabajo de exploración.

Ahora bien, lo importante es entender que el campo emocional, siendo un *software*, se daña por las programaciones equivocadas, es decir, ya sea aquellas que son derechamente contrarias al alma o bien aquellas que están simplemente "desactualizadas". Esto último quiere decir que dichas estructuras pudieron en algún momento y a corto plazo haber prestado utilidad, pero al prolongarse en el tiempo terminaron siendo causa de daño o dolor. Porque un par de zapatos puede ser de mucha ayuda y utilidad para un niño a los 6 años. Pero, en la medida en que éste crece, el mismo par de zapatos puede convertirse en un tormento. De la misma manera, una estructura (programación) puede ser útil para un determinado grado de desarrollo emocional y psicológico. Mas, en la medida en que las circunstancias externas cambian, o que la psique va logrando un mayor nivel de conciencia, la misma estructura pasa ahora a generar tensión, incomodidad y limitación. Se vuelve igual que una ropa que se ha quedado pequeña.

Es allí, entonces, donde las personas buscan la sanación emocional. Se preguntan qué está mal en sus vidas y cómo pueden corregirlo. Acuden donde un psicoterapeuta o cualquier otro especialista que pueda ayudarles a entender y manejar lo que les pasa. Lo que andan buscando es atender a ese "movimiento profundo de alma" que pulsa en su interior. Al menos así ocurre en las personas que han despertado a la conciencia de sus emociones y han comprendido su relevancia.

Bajo ese contexto, la T.E.E.A. del campo emocional es esencialmente un sistema de psicoterapia, sólo que con una "perspectiva energética estructural". Por eso, a manudo le llamo "Psicoterapia T.E.E.A. del Campo Emocional" o, — dado que el campo emocional es la psique—, "Psicoterapia Estructural del Aura". En otras palabras, el trabajo sobre las estructuras del campo emocional es psicoterapia o, si se prefiere, "psique-terapia", pero con un acceso diferente al que brinda la psicoterapia tradicional. Porque acá es el campo el que va "mostrando" lo que está ocurriendo con la persona. Y no es que se prescinda del método clásico de la psicoterapia, sino todo lo contrario: se lo integra.

Una sesión de T.E.E.A. del Campo Emocional, por ende, es muy parecida a una de psicoterapia común, pero con el añadido de que de manera paralela se va trabajando lo energético. Y si bien sí puede haber resultados en pocas sesiones, porque la operación energética de las estructuras puede acelerar muchos cambios en el paciente, sus máximos beneficios se obtienen con un trabajo sostenido y prolongado en el tiempo.

Esto significa también que la T.E.E.A. funciona bajo la misma lógica que cualquier psicoterapia: conseguir que los pacientes vayan desarrollando entendimientos y aprendizaje. Acorde a esta definición, debe entenderse que nunca se trata de sesiones aisladas, sino de procesos de meses o años con los que los pacientes necesitan comprometerse. En ese sentido, existe una diferencia con cómo muchos están acostumbrados a concebir la terapia energética. A menudo pretenden que lo energético es una suerte de atajo que les va a ahorrar el hacerse cargo de sus "temas", como si fuese una solución mágica. Y sí, es verdad que cuando el problema es cien por ciento "de *hardware*" sí es así. Pero cuando no, y la raíz es interna, no se debe creer que se soluciona con un par de sesiones y ya. En esos casos, el "picoteo" terapéutico, de ir tomando sesiones por aquí y por allá por probar, no sirve. Porque el problema con las sesiones aisladas es que, si bien la T.E.E.A. del campo emocional trabaja la realidad energética del paciente, no es una solución mágica en el sentido de instantánea. En otras palabras, no hace desaparecer "mágicamente" los problemas de fondo al interior de la psique del paciente. Éste de todas maneras requiere vivir los duelos y los aprendizajes, y enfrentar las propias sombras y obstáculos de su propio inconsciente. Lo que ocurre es que ciertos "nudos" que existen en un nivel energético, sean de *software* o derechamente de *hardware*, se logran disolver a veces con muchísima mayor efectividad.

El paciente, así, hace un "viaje" o "recorrido" hacia su propia profundidad. Y es casi igual que navegar por un río: hay zonas donde la corriente es suave y se avanza sin sobresaltos, y zonas donde por el contrario la corriente puede ser extremadamente fuerte. Por si esto fuera poco, algunos pacientes en el trayecto van descubriendo que poseen capacidades de percepción psíquica, y entonces les ocurre una suerte de "despertar" que es de todo menos fácil. Con mayor razón entonces se debe hacer un acompañamiento y un seguimiento de cerca, en lo posible con citas semanales. Porque otra cosa que caracteriza a los procesos de psicoterapia energética estructural, es que tanto el paciente como el terapeuta se "sincronizan" energética y emocionalmente. Es decir, lo que va viviendo el paciente va siendo atestiguado y acompañado de cerca por el terapeuta como si fuese en parte su propio proceso. Nos son pocas las veces, en ese sentido, en que el terapeuta en su día a día "recibe" información destinada a un paciente en particular, ya sea en forma de imágenes, mensajes o entendimientos. Es por eso por lo que las sesiones deben tener una cierta regularidad y no ser cambiadas o pospuestas cada vez. Lo más recomendable es que se trate de una frecuencia semanal, pero si eso no fuese posible, al menos que el paciente se comprometa quincenalmente.

Toma de conciencia e intención

Conciencia e intención son los dos componentes del "movimiento profundo del alma" y, por tanto, de la sanación emocional.

De la conciencia ya hemos dicho que es un movimiento o "pulso" que emerge directamente desde la profundidad del alma. Por supuesto, no es el mero estar en conocimiento de algo; más bien se trata de una toma de responsabilidad o "peso". Es llegar a entender profundamente, en el cuerpo y no sólo en la cabeza, la importancia de una determinada realidad tanto para el alma como para la psique. Porque, a través de la conciencia del alma individual, estamos conectando con la conciencia amorosa de Dios, y nos acercamos a ver y sentir las cosas tal como él quiere que lo hagamos. En definitiva, a través de la conciencia, el Padre y la Madre Universal desean compartir SU conciencia con todos los seres de la creación.

Hace años, cuando meditaba sobre esto, la imagen que me llegó fue la de alguien sosteniendo una gran piedra. De inmediato comprendí que la conciencia era, en el fondo, una "toma de peso". Entonces, tomar conciencia significa «coger la piedra y sostenerla el suficiente tiempo para experimentar su peso con todo el propio ser».

Sin embargo, la reacción natural e instintiva de la psique es, apenas recibe la piedra, soltarla diciendo: «Sí, ya sé que está pesada». Tanto en la vida cotidiana como en la terapia constantemente nos topamos con esa actitud, en la cual se confunde el "estar enterados" con el "ser conscientes". Es probablemente el mecanismo más común para minimizar o desentenderse del "peso" (importancia) emocional o moral que implica una situación. Cuando se les confronta y se les hace ver la gravedad de algo, suelen decir: «sí sé, sí sé», pero metafóricamente "sueltan la piedra", es decir, no se hacen cargo.

—Yo veo, por lo que me cuentas, que tu pareja se está aprovechando de ti —dice un terapeuta a su paciente.

—Sí, ya lo sé, ya lo sé, pero ¿qué quieres que haga? —responde ella defensivamente, intentando deshacerse rápido de la piedra.

—No sé, dime tú —contraataca el terapeuta, y se la queda mirando en silencio un buen rato hasta que ella termina bajando la cabeza y estallando en llanto.

El anterior es un claro ejemplo de cómo actúa la conciencia. Frente a cualquier error o situación equivocada, provoca que lleguemos a sentir una sensación de "pesar". El dolor (moral o emocional, e incluso físico), es de hecho una forma de experimentar el "peso" de algún entendimiento, acción o hábito que necesita ser cambiado o mejorado.

Esta estrecha relación entre conciencia y peso la encontramos en el lenguaje. Por ejemplo, en el español, como sinónimo de reflexionar, tenemos verbos como sopesar o ponderar[71]. También, cuando algo es importante, se dice que es de "gravedad"[72]. Y en inglés, por su parte, el verbo *to weigh* (pesar) se usa también con el significado de "importar".

Por último, una "toma de peso" es también lo experimentado durante ese proceso llamado *duelo*, cuyo objetivo es procesar los cambios que suponen las pérdidas importantes. Atravesar un duelo, de hecho, normalmente conlleva un tremendo esfuerzo de "sostener la piedra" hasta conseguir un nuevo significado o entendimiento. Durante todo ese tiempo, que puede ser meses o años si la pérdida es significativa, la psique experimenta una sensación de "peso" o "pesar" y se mantiene en "ponderación" constante. El proceso sólo acaba cuando el alma profunda está satisfecha con el aprendizaje adquirido. Es en ese momento final, en que hemos conseguido superar el duelo, cuando el "pesar" ha terminado por integrarse y se ha transformado en "solidez" o "aplomo"[73].

---

[71] Del latín *ponderare*: pesar, estimar el peso
[72] Del latín *gravitas*: peso
[73] De aplomar: lograr, en sentido simbólico, que algo tenga un gran peso u otra característica del plomo.

Así, al enfrentarnos a cualquier estructura del campo emocional, debemos entender que ésta no podrá ser removida o sanada mientras no exista una conciencia de su "peso" o importancia. Sin que el paciente logre comprenderla, a nivel de todo su ser y no sólo intelectualmente, la estructura permanecerá inamovible. Por eso es por lo que en la terapia es tan importante el trabajo de reflexión del paciente. En él lleva a cabo un esfuerzo, moral y emocional, por conectar con la propia profundidad y así determinar el "justo peso" de cada cosa.

Por otra parte, el otro componente del "movimiento profundo del alma" es la intención, de la cual también ya hemos hablado. Podríamos definirla como la "parte activa de la conciencia". Si la conciencia era la toma del peso de las cosas, la intención es la "toma de acción". De hecho, a la intención podríamos llamarla también "acción en términos energéticos". En otras palabras, intención es el movimiento de la energía, sea física (acción común y corriente) o intangible (psiquismo o acción "mágica"[74]).

En la práctica, consciencia e intención se trabajan de manera integrada, como dos partes de una misma continuidad. Cuando un paciente hace conciencia, normalmente el malestar o "pesar" correspondiente al problema o la situación que está viviendo, se hace más presente. El trabajo no es evadirlo, ni intentar minimizarlo, sino "sostenerlo" hasta extraer de él el aprendizaje que hay detrás.

Así, una vez conseguida la conciencia, es el turno de la intención, que tiene por efecto aliviar el peso o malestar. Para entender esto, que parece un poco abstracto, veamos el ejemplo de alguien que dice sentirse emocionalmente bloqueado como si tuviera una gran coraza en pecho y garganta. Al revisar su campo, y conforme va relatando sus dificultades, efectivamente se empieza a notar un bloque en su pecho, con la forma de una gran coraza o armadura, que le cubre también garganta y cara. De hecho, al colocar luego las manos sobre la estructura, el paciente comenta: «siento un peso en el pecho, como si

---

[74] De hecho, magia es otra palabra para intención.

algo me presionara». Y, en la medida en que vamos poniendo energía, ese peso o incomodidad aumenta todavía más.

Sin embargo, llega un punto en que, al continuar poniendo energía, la estructura deja de presionar y empieza, por el contrario, a aflojar. Luego, a través de técnica manual, la estructura termina por ser extraída y viene la sensación de relajo y liviandad.

El ejemplo deja en evidencia que la conciencia, como conciencia auténtica del alma, es un flujo o movimiento energético también. En ese sentido, ES también intención, pero dirigida sobre sí misma [en una especie de acto de re-flexión o re-conocimiento]. Luego, si este movimiento logra prolongarse y sostenerse el suficiente tiempo, termina por transformarse en acción para mover la realidad de afuera. Por eso, lo que entendemos como movimiento de intención no es otra cosa que la prolongación natural hacia afuera del movimiento de conciencia.

Pongamos otro ejemplo: supongamos que una chica es maltratada por su novio, pero ella no dice ni hace nada. En un momento, acude a un terapeuta quien le pregunta si sabe que eso es maltrato. Y, a través de palabras que "tocan el alma de ella" (es decir, activan su conciencia emocional profunda), consigue que empiece a realmente "tomarle el peso" a lo que le ocurre. Descubre que está enojada, frustrada y deprimida, y cuando llega a casa se siente más cansada y afectada que antes. Pero, con el paso de los días, ese mismo "peso" la conduce a un entendimiento que abre camino a la acción. En este caso no se trata de una acción intangible sino muy concreta: termina tomando y ejecutando la decisión de darle fin a esa relación tóxica, lo que una vez hecho le permite sentirse aliviada.

Esta continuidad entre conciencia e intención, donde la incomodidad o el dolor aumentan para luego disminuir, se halla representado en el gráfico a continuación:

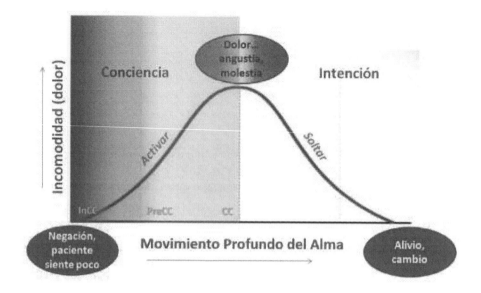

En él apreciamos también los diferentes momentos en que un paciente puede llegar a consulta. Si tiene poca conciencia (negación o minimización de su realidad emocional), llega con baja incomodidad o conflicto. Por ende, probablemente la terapia, en vez de gratificarlo, le tenderá a generar más incomodidad, malestar o crisis. Inversamente, si ya viene con bastante toma de conciencia hecha, probablemente ya está en crisis y con muchas estructuras activadas. En ese caso, la terapia, luego de proporcionarle la conciencia que aún le falte, pasará a mover y soltar esas estructuras.

De este modo, en el "movimiento profundo del alma", conciencia e intención se conjugan y complementan mutuamente todo el tiempo. Resulta un error, por tanto, basar el trabajo terapéutico en solo una de las dos partes, dejando a la otra fuera. Porque muchos psicoterapeutas trabajan haciendo que los pacientes se mantengan mucho tiempo hablando y analizando lo que les ocurre, como si fueran meros observadores. Desconfían de trabajar con técnicas de intención, muchas veces por temor a sentir que están cayendo en el terreno de lo poco racional.

Ese centrarse en la toma de conciencia hace que muchas de las estructuras salgan a la luz, es decir, se activen. Mas si luego quedan allí sin ser retiradas, pueden generar una gran incomodidad en la persona, quien muchas veces sentirá que, por más que habla, sigue sintiéndose mal.

Por otro lado, hay muchos sistemas que están exclusivamente centrados en la intención, o movimiento energético, dándole poca cabida a hacer tomar conciencia al paciente de sus sombras emocionales. Llegan a darse mensajes o se promueven experiencias espirituales, pero a menudo tienen poco o nada que ver con los conflictos reales de esa persona. Y sin una toma de conciencia real en términos emocionales, que inevitablemente implica asumir "peso", lo espiritual se aleja del "movimiento profundo del alma". Termina siendo un pretexto para evadir la verdadera conexión con el alma.

Dinámica y principios

En el tiempo en que formulé los conceptos de Dinámica del Campo y Principios del Aura Sana (que expuse en la parte primera de este libro), yo aún no había comprendido la diferencia entre campo magnético (*hardware*) y campo emocional (*software*). En la medida en que ésta se me hizo clara, entendí que, si bien los cuatro principios (fluidez, autonomía, conexión y completitud) eran válidos para ambas partes del aura, la dinámica y su "metáfora del *iceberg*" eran aplicables sólo al campo emocional.

Los principios son importantes, no porque sirvan directamente para operar las estructuras, sino porque fundamentan el porqué de esas operaciones. Al mismo tiempo, son aprendizajes que los pacientes necesitan incorporar si quieren ser más sanos psicológica y energéticamente. Funcionan, en este sentido, como una guía para el proceso mismo de la terapia. Incluso el principio de continuidad, añadido después, es el que engloba y contextualiza a los demás. Es la imagen de la espiral como símbolo del proceso de desarrollo y transformación constante de la vida y la consciencia. Ilustra, de manera perfecta, lo que es el "movimiento profundo del alma". La sanación del campo emocional está representada por ese principio de continuidad, porque no es algo que uno pueda decir que en algún momento termina. Aunque ya hayamos curado muchos de nuestros traumas o heridas, siempre estaremos aprendiendo, creciendo y transformándonos en movimiento espiral hacia donde nuestra alma quiere que apuntemos.

Por su parte, la dinámica del campo nos muestra que, dentro de esa continuidad, el campo emocional se desenvuelve de manera dialéctica, es decir, a partir de la lucha entre fuerzas que se oponen. Estas fuerzas son, por un lado, la necesidad de cambio que viene desde el alma, y, por otro, la resistencia al cambio que viene desde nuestras estructuras (programaciones). Por lo tanto, el "movimiento profundo del alma" se da desde el conflicto. Y es éste el que va mostrando las estructuras sesión a sesión. Porque, como se ha explicado antes, el campo emocional es un territorio tan vasto que nunca

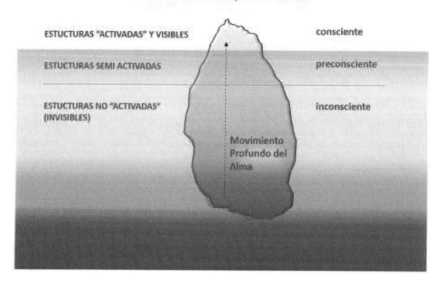

se muestra completamente de una sola vez en el aura. Lo único que podemos percibir y tratar es lo que está "activado". Y se activa sólo cuando hay tensión psicológica, que se traduce muchas veces también en malestar o sufrimiento.

Así, el sanador del campo emocional, que hemos dicho que es un psiqueterapeuta, es en el fondo un mantenedor y administrador del conflicto del paciente. Al igual que el maquinista de una locomotora a vapor necesita estar echando carbón constantemente a la caldera, el terapeuta necesita sostener el hilo del trabajo cuando el paciente tiende a perderlo. Esto último puede ocurrir cuando, debido a sus propias estructuras, el paciente tiende a justificar, invisibilizar o normalizar su malestar. Es entonces que la dinámica del campo nos muestra el "movimiento profundo del alma" en el nivel de lo energético. Porque, en la medida en que el paciente toma conciencia y se produce conflicto, las estructuras van emergiendo y pueden ser tratadas. Luego, al ir avanzando, nuevas estructuras que antes no eran visibles siguen emergiendo para repetir el proceso.

Ahora bien, cuando la misma estructura parece emerger una y otra vez durante mucho tiempo, es señal de que el conflicto, en realidad, se mantiene vigente y no se resuelve. A menudo eso ocurre cuando estamos trabajando con el foco equivocado. Por ejemplo, insistimos en operar a través de acción o intención cuando lo que se necesita es que el paciente profundice la toma de conciencia ("sostener la piedra"). En el otro extremo, puede que el paciente se la pase reflexionando y siendo consciente, pero necesite pasar a la acción (trabajo de intención).

Los tres tipos de resistencia

Cuando las personas experimentan un deseo de cambio, a menudo se topan con que no saben cómo hacerlo, y con que dentro de sí mismas se produce una lucha entre partes: la que quiere y la que no quiere cambiar. Es por eso por lo que acuden a terapia, para que el sanador o terapeuta les ayude a vencer las resistencias que pueden estar sintiendo.

El primer nivel de resistencia con el que nos topamos es la que yo llamo "resistencia del yo actual" y tiene que ver con el entendimiento y la toma de conciencia del yo de la persona. Esto quiere decir que, si el paciente no comprende la naturaleza del cambio ni por qué razón tiene que hacerlo, el yo actual no va a estar suficientemente comprometido como para sostener energéticamente el proceso. Esta primera línea de resistencia se trabaja principalmente con psicoterapia clásica y *coaching*. Éstos le permitirán entender, procesar y digerir, no de manera superficial sino en todos los rincones y recovecos de su mente, tanto las dificultades que está experimentando como lo que necesita adoptar para superarlas.

Sin embargo, muchas veces ocurre que una persona llega a estar cien por ciento convencida del cambio que quiere hacer, y ha alcanzado un gran entendimiento tanto de las dificultades como de lo que necesita y desea hacer. Aun así, todavía siente que algo se lo impide. Es lo que viene siendo un segundo nivel de resistencia., que no es otra cosa que la "resistencia de las estructuras". En él observamos que en el campo emocional existen estructuras energéticas que están impidiendo a la persona concretar su cambio. Algunas de éstas, incluso, podrían ser del campo magnético y no del emocional.

Esta segunda línea de resistencia, por debajo de la primera, se trabaja con movimiento de intención, es decir, trabajo energético. La tarea es identificar las estructuras y poner en práctica alguna herramienta o técnica de intención que permita trabajarlas. Por ejemplo, podrían usarse decretos específicos, o técnica de extracción manual, o trabajo con velas, o visualización, o petición a arcángeles y seres de luz, etc. No obstante, durante la ejecución de este trabajo de operación estructural, podría darse que algunas estructuras se resisten a ser sacadas, como si una o más "partes" de la persona no quisieran. Es lo que viene siendo un tercer nivel de resistencia.

Este tercer nivel de resistencia es la "resistencia de los yoes". En él observamos una serie de yoes, como fragmentos de la identidad de la propia persona, que se oponen al cambio. Mientras el yo actual puede estar diciendo: «Sí, por supuesto que deseo cambiar», estos yoes por detrás pueden estar exclamando: «¡De ninguna manera!». Entonces se da un forcejeo que impide que las estructuras puedan ser trabajadas. Esta tercera línea de resistencia se trabaja con una mezcla entre trabajo energético y psicoterapia clásica en este caso dirigida a los yoes[75].

Así, siendo tres los niveles, queda claro que un sanador o terapeuta del campo emocional no debiera limitarse a sólo uno. Por ejemplo, a muchos colegas psicólogos, expertos en psicoterapia clásica, les he recomendado

---

[75] Son todas las técnicas explicadas en el capítulo 9 y por extensión el 10.

aprender a identificar y trabajar las estructuras y los yoes. Y a muchos practicantes de terapia energética, por su parte, les he recomendado aprender psicoterapia clásica y técnicas de *coaching*.

Ahora bien, suponiendo que se manejan los tres niveles, mi opinión es que es el primero el que define el alcance de un trabajo de sanación en el largo plazo. Porque, en general, no se puede ir más allá de lo que el yo actual haya logrado y se permita comprender. Es decir, si la comprensión del paciente (su yo actual) es insuficiente, también su intención lo será, y todo el movimiento a nivel de las estructuras se verá comprometido. Porque la intención es como un cheque que necesita tener fondos para ser válido. Y esos "fondos" están en la toma de conciencia y determinan lo que he llamado "punto de apoyo".

El punto de apoyo

Hace bastantes años, cuando recién estaba aprendiendo el trabajo con las estructuras del aura, tenía la sensación de haber encontrado la "vía regia" para sanar el sufrimiento psicológico de las personas. Mis pacientes y yo mismo habíamos experimentado grandes cambios en poco tiempo y optimistamente pensaba que, si así se mantenía, llegaría un momento en que todo sería sanado.

Sin embargo, había casos en que la terapia no parecía tener efecto. Por lo general, eran personas que se mostraban resistentes a confiar en mí como terapeuta, o simplemente parecían no entender lo que yo intentaba hacerles ver. Algunos tenían diagnosticado un trastorno de personalidad que les impedía pensar que podía haber algo mal en ellos; otros, simplemente no querían asistir a terapia, o querían, pero sin poner esfuerzo de su parte; y algunos querían y ponían todo de su partes, pero simplemente había entendimientos que faltaban. Como resultado, las estructuras energéticas que estos pacientes presentaban no se movían. Parecían estar fuera del alcance de las herramientas que yo ponía en práctica para tratarlas.

Recuerdo haber visitado a un sanador con quien me terapiaba para hablarle de mi frustración con esos pacientes. Luego de un rato en silencio, sus palabras fueron:

—Me dicen que tu aprendizaje es comprender que hay personas que no entienden, y nunca van a poder hacerlo; ellos avanzan, no por entendimiento, sino por afecto.

Aquella frase me tocó. En el fondo me invitaba a no esforzarme por apurar los procesos de entendimiento de un paciente cuando aún sus posibilidades estaban muy por debajo de mis expectativas. Sin embargo, al mismo tiempo me mostraba que el método de tratar las estructuras, por muy efectivo e impresionante que fuera en algunos casos, no era infalible ni universal.

La pregunta entonces que me hice fue muy simple: ¿qué tenían los pacientes con los que sí funcionaba la terapia que no tenían los otros? La respuesta no tardó en llegar; en mi mente escuché: "punto de apoyo". De forma instantánea, entendí que aludía a la famosa frase, atribuida a Arquímedes: «Dadme un punto de apoyo y moveré el mundo». En ella, el científico griego se refería al principio de funcionamiento de la palanca, una de las herramientas más simples y útiles creadas por el ser humano.

En el trabajo energético sobre el campo emocional, al igual que en el de la psicoterapia clásica, la terapia es una especie de palanca a través de la cual vamos "soltando" estructuras. El "punto de apoyo" para esa palanca es la capacidad de esa persona de reflexionar y de someter a juicio, racional y emocional, sus propios puntos de vista, percepciones y opiniones. En palabras simples, es "ser razonable".

Si a una persona se le explica que $2 + 2 = 4$ y aun así sigue afirmando que es 5 y que es uno quien no entiende, podemos concluir que esa persona, como no está siendo razonable, no posee "punto de apoyo" para avanzar hacia un aprendizaje. Sin embargo, tal actitud no es, como uno podría pensar, solamente un problema de razonamiento verbal-matemático; hay también, en el fondo, un problema emocional.

Cuando un paciente es extremadamente rígido, y llega al punto de no admitir ningún argumento dentro de lo psicológicamente razonable, e incluso niega o distorsiona la realidad, podemos afirmar que su yo actual carece de "punto de apoyo", o lo tiene, pero débil o intermitente. Es el caso de cuando el sujeto, por ejemplo, no reconoce que tenga algún problema o que tenga que cambiar algo en él, aun cuando todo su entorno lo esté viendo y haya evidencias claras. O bien, cuando sencillamente no quiere estar en terapia, pero viene obligado. O desea asistir, pero no para que el terapeuta le haga cuestionarse, sino para él jactarse de sus propias bondades y que el terapeuta le valide.

Por lo general los pacientes con poco "punto de apoyo" poseen baja inteligencia emocional. Tienden a justificar, minimizar o normalizar actitudes, conductas o situaciones emocionales insanas o disfuncionales. Puede que a ratos sí acepten que necesitan un cambio, pero no se esfuerzan ni asumen la responsabilidad de llevarlo a cabo. En ese sentido, decimos que son pacientes "tibios". Su "punto de apoyo" no es constante y por lo tanto no son capaces de sostener un movimiento de conciencia e intención con la suficiente intensidad y duración. En el ámbito energético buscan fórmulas mágicas (no en vano pueden convertirse en clientes frecuentes de brujos o hechiceros) para intentar cambiar su entorno, pero no ellos. Y cuando van con sanadores o terapeutas lo hacen buscando sensaciones, mas no dispuestos a un trabajo interior profundo.

Como ya podemos estar suponiendo, la existencia o no de "punto de apoyo" es algo que depende directamente del yo del paciente. Por lo tanto, corresponde a un primer nivel de resistencia, o "resistencia del yo actual", que de ser tratada debe hacerse con psicoterapia y no con técnicas de intención (trabajo energético). Porque, si el yo de esta vida del sujeto no se permite poner de su parte, ¿qué tipo de intención va a generar? Ni el alma profunda ni los seres de luz externos van a estar dispuestos a prestar su energía para una operación. Por ejemplo, en mi experiencia trabajando con pacientes con trastorno límite de personalidad (en quienes un rasgo típico suele ser un "punto de apoyo" deficiente), no era que no se pudiese trabajar energéticamente. El problema era que ellos mismos tendían, cada cierto rato, a boicotear el trabajo. Así, cuando les intentaba hacer renunciar a sus estructuras de dependencia emocional, era común que se justificaran o culparan a los demás de ésta. Y a veces lograban reconocer un aprendizaje, pero a la siguiente sesión volvían a desconocerlo. En fin, era un constante y agotador "forcejeo" que impedía avanzar, y sus estructuras permanecían inamovibles.

Entonces la psicoterapia clásica, en mi parecer, es una herramienta mucho mejor para obtener "punto de apoyo". Sus habilidades están concebidas para desarrollar toma de conciencia y trabajar así la fortaleza y el aprendizaje del yo actual. Esto significa que los pacientes con escaso "punto de apoyo" podrían requerir estar constantemente recibiendo psicoterapia, muchísimo más que trabajo energético. Por supuesto, pueden beneficiarse de una terapia energética de carácter afectivo, es decir, que les entregue energía amorosa o de calma, pero siempre hay que paralelamente trabajar la toma de conciencia a través de psicoterapia.

CAPÍTULO 12
El campo magnético

El entendimiento sobre el campo magnético

Si en el campo emocional la tónica es la de hacer psicología o psicoterapia desde el aura, en el magnético se trata casi exclusivamente de hacer medicina y cirugía "duras". Esto se debe principalmente a que estamos hablando de un cuerpo como tal, o *hardware,* cuyos principales daños o alteraciones se originan en estructuras energéticas ajenas a la psiquis de la persona. No hay, por ende, ni subjetividad ni matices en ellas: son completamente concretas.

Por eso, mientras un terapeuta especializado en campo emocional debe poseer competencias de psicoterapeuta (y manejar a la perfección la "visión temática"), el especialista en campo magnético las requiere de médico. Debe aprender a trabajar al margen de los conflictos o temas emocionales que pueda tener el paciente y evitar a toda costa irse por las ramas. Si se trata de una misma persona, necesita ser capaz de diferenciar muy bien ambos ámbitos.

Ahora bien, si bien la mayoría de mis entendimientos sobre el campo emocional los formulé tomando como base lo que Sonia y Jaime me habían mostrado —y los complementé con mi propio entendimiento de la psicología—, los del campo magnético surgieron después y casi por entero a partir de lo que me transmitió Tony. Él me enseñó lo que sus maestros, seres de luz al servicio de Dios Padre-Madre Universal, le habían enseñado a él. Pero no se limitó a eso; también me dio acceso a un montón de otro conocimiento, tanto práctico como profundo, que los maestros le habían transmitido sobre las realidades energéticas y espirituales más allá del aura.

De esta forma, además de técnicas y procedimientos paso a paso, conseguí las explicaciones más coherentes y llenas de sentido que hasta entonces había tenido en temas tales como: Dios, los seres de luz, las entidades, la creación del universo y el ser humano, el karma, la muerte, el bien y el mal, el libre albedrío, la canalización, y los planos y dimensiones.

Estas explicaciones no eran algo simple ni antojadizo, y los maestros pedían que se meditara en torno a ellas. Todas y cada una guardaban una íntima coherencia con las técnicas y los procedimientos prácticos. De alguna manera era lo que yo andaba buscando, que era entender el orden universal sobre el cual la sanación se sustentaba.

Para mí no se trataba de fe ciega, como si cualquier cosa que me dijeran iba yo a tomarlo de inmediato como verdad. Lo que correspondía a conocimiento práctico, buscaba ejecutarlo yo mismo para verlo y evaluarlo directamente. Lo que era conocimiento espiritual, por su parte, me esforzaba por comprenderlo y luego ver hasta qué punto estaba en consonancia con mis convicciones más profundas.

Debo decir que hasta entonces yo había sido un pensador pragmático que defendía el uso de las herramientas sin preocuparme demasiado del entendimiento espiritual que pudiera haber detrás. Me parecía que había que aceptar las muchas visiones sobre las cosas y que ciertamente, si la intención era buena, "muchos caminos podían llevar a Roma".

Como yo había llegado a pensar que el aura era lo mismo que la psiquis, hacía primar una lógica políticamente correcta a la que muchos psicoterapeutas estamos habituados. Según ésta, distintos enfoques pueden coexistir, e incluso complementarse, mientras apunten a lo mismo [76]. Pero entendí que la lógica del campo magnético era médica y, como tal, mucho más rigurosa.

---

[76] De hecho, en psicología no existe una psicología "oficial" sino muchas escuelas diferentes: psicoanálisis, psicología jungiana, *Gestalt*, enfoque cognitivo-conductual, enfoque sistémico, etc. Algunas de ellas ni siquiera cuentan con validación científica y resultan ciertas no porque estén comprobadas sino en la medida en que "hacen sentido".

Recordemos que la medicina basa sus métodos en ciencias como la biología o la química, y constantemente sus procedimientos se están chequeando de manera experimental. El error suele comprometer la salud o la vida de la persona y cualquier idea equivocada puede costar caro. Resulta entendible, entonces, que no cualquier creencia garantiza el éxito de un trabajo cuando estamos hablando de un "territorio" acotado y concreto como es el campo magnético.

En este sentido, lo que aprendí con Tony me abrió los ojos. Me hizo ver que un sanador o canalizador, aun con altas capacidades psíquicas, podía estar siendo intervenido y engañado al tener en el aura entidades o implantes. En tales condiciones, lo que fuera que estuviera canalizando estaba "filtrado" y, por ende, podía ser en parte verdad y en parte mentira. Y esos entendimientos equivocados podían conducir a que una persona no sólo no se sanara, sino que cometiera errores que pudieran dañarle más.

Por eso, aprender a percibir y entender estructuralmente el campo magnético de alguien era fundamental. Porque, por ejemplo, si un psíquico, terapeuta o gurú espiritual tenía en el aura una entidad gigante adherida, o un gran implante con un montón de "conexiones" en forma de manguera hacia afuera, era claro que canalizara lo que canalizara, estaba "intervenido".

Era así de simple, y yo empecé a ver sistemáticamente no sólo en mis pacientes, sino en colegas terapeutas, incluida la misma Sonia, este tipo de intervenciones. No quiero profundizar al respecto en este capítulo, pero diré que me volví muy escéptico de lo que canalizadores, psíquicos o sanadores recibían de sus supuestos guías y maestros. Muchas veces era el campo el que decía si eran confiables los mensajes o las percepciones que recibían.

De esta manera, muchos de los conocimientos que presento en esta parte del libro dan una base para entender no sólo las principales operaciones en el ámbito magnético, sino la sanación y la realidad espiritual en su conjunto. Entre otras cosas, nos permite saber cuáles son los recursos y ayudas con que contamos, así como los errores y peligros a los que estamos expuestos.

La realidad magnética

"Lo magnético", en la forma en que en este libro utilizo el término, es toda la "realidad energética" que está por fuera de la psiquis.

El aura es el campo magnético o *hardware* sobre el cual se proyecta el campo emocional (*software* o cúmulo de memorias, aprendizajes y programaciones que viene con el alma). También opera como un aparato que puede proyectar energía magnética fuera y crear, de esa manera, movimiento y formas externas. En otras palabras, el aura no sólo es una pantalla tridimensional en la que se muestran los contenidos del campo emocional. También es un "cuerpo" capaz de transformar la energía de la psiquis en energía magnética.

La intención de la psiquis, en ese sentido, al proyectarse hacia afuera tiene dos caminos: o se transforma en movimiento físico a través de los músculos de nuestro cuerpo, o se transforma en movimiento magnético al que algunos llaman "psiquismo". Pero acá entra en juego lo que se mencionó anteriormente, que es que hay auras que, desde el nacimiento, vienen con una mayor capacidad de "psiquismo". En efecto, son los que llamamos "psíquicos" y que no son otra cosa que personas con una mayor capacidad de percibir y movilizar energía magnética. Tony les llamaba "auras azules".

Esto quiere decir que, si bien todos podemos crear formas y movimientos energéticos al interior de nuestra psiquis (o sea, a nivel del campo emocional), algunas personas pueden además hacerlo fuera (o sea, a nivel del campo magnético y, desde allí, hacia la realidad energética externa). De esta manera, un "psíquico", aun sin proponérselo ni ser consciente de ello, puede afectar la realidad energética de su entorno. Por ejemplo, si siente ira u odio, su campo podría generar estructuras en forma de púa o lanza que salieran disparadas hacia el campo de otra persona. En otro extremo, si empieza a aprender sanación, descubrirá que puede sentir y operar con las manos y sin ellas, o que puede "ver" u "oír" las energías.

Por ende, la secuencia de toda creación energética sería:

1. El alma se proyecta sobre el campo emocional o psique
2. El campo emocional se proyecta a su vez sobre el campo magnético.
3. El campo magnético puede proyectar su energía (como movimiento y "formas") directamente sobre la realidad energética externa.

Tipos de daño magnético

Necesitamos recordar que, a grandes rasgos, el campo magnético se compone de siete capas, siete *chakras* y muchos canales o "nadis" que se hallan estrechamente vinculados entre sí. Se relaciona con el cuerpo físico, por un lado, y con el campo emocional y el alma, por otro.

Los daños o alteraciones que puede sufrir el campo magnético, por tanto, afectan esa anatomía y pueden clasificarse en menores y mayores. Los primeros son tan comunes que incluso las personas energéticamente sanas los presentan de vez en cuando. Los segundos, por su parte, los hallamos más frecuentemente asociados a personas con patologías que comprometen su salud física, emocional o mental, o la de otros.

En cuanto a su tratamiento, los daños menores se pueden corregir a través de operaciones relativamente simples y estándares, mientras los mayores requieren procedimientos complejos y a menudo delicados.

Ejemplos de daño magnético menor:

- Desalineación, bloqueo o desequilibrio de *chakras* o capas
- Desgarro en una o más capas (herida magnética)

- Contaminación por suciedad energética (propia o del ambiente)
- Contaminación por parásito energético simple
- Contaminación por ataque energético
- Puentes o conexiones magnéticas con entidades
- Portales interdimensionales
- Implantes extraterrestres

Ejemplos de daño magnético mayor:

- Entidades o seres oscuros metidos en las capas
- Magia negra metida en las capas

Lo que debe tenerse siempre en cuenta en esta clasificación es lo siguiente: si un daño menor, cualquiera de la lista, es producido a consecuencia de un daño mayor, éste último es el que debe ser considerado primero. El daño menor allí no existe como tal; es sólo una porción del mayor.

Por otra parte, algunos daños magnéticos menores en ocasiones pueden ocurrir a consecuencia de daños o alteraciones originados en otros niveles, es decir (y como se verá a continuación), ya sea el cuerpo físico o el campo emocional.

Una última cosa digna de ser mencionada es que los daños del campo magnético son siempre de esta misma vida. Porque por definición un daño magnético no puede ser nunca de una vida anterior, a menos que sea resultado de algo que está siendo proyectado desde el campo emocional. Pero, como vimos antes, el campo emocional lo que guarda son registros o huellas y no las energías propiamente tales.

Clasificación del daño magnético según origen

El daño en el campo magnético se puede clasificar también según el lugar de donde proviene. Hay tres distintos:

1. Daño magnético de origen emocional. Es todo aquél que se produce a consecuencia de la actividad y los contenidos del campo emocional cuando le son proyectados encima. Cuando la energía de tales estructuras supera cierta intensidad, pueden llegar a romper, deformar o desarmonizar las distintas capas y *chakras*. Por ejemplo, una herida de amor o una gran preocupación se pueden convertir fácilmente en desgarros (heridas) y nubes de energía magnética sucia.

2. Daño magnético de origen físico. Es aquél que se origina en daños o alteraciones a nivel del cuerpo físico. Por ejemplo, una infección o la lesión de un órgano se van a expresar siempre, de forma paralela, como roturas y energía magnética sucia. El caso de las drogas es similar: pueden llegar a hacer que el tejido del campo pierda densidad y se haga vulnerable a energías negativas del entorno.

3. Daño magnético de origen energético externo. Es aquél originado a consecuencia de energías externas hostiles, parásitas o invasoras. Por ejemplo, parásitos energéticos, entidades demoniacas, ataques psíquicos, implantes, magia negra.

La regla de oro señala que un daño siempre debe repararse eliminando o neutralizando primero la causa en el nivel correspondiente. Por ejemplo, si una herida o desgarro magnético es producida por un parásito energético, antes de tratar la herida debe tratarse el parásito. De la misma manera, si la causa del desgarro es una herida en el campo emocional, la persona necesita en paralelo hacer psicoterapia para trabajar las estructuras a ese nivel. Si es una herida física, necesita ocuparse de las curaciones a ese nivel también, en la medida que sea posible.

Examen y diagnóstico del campo magnético

El campo magnético, a diferencia del emocional, es un ámbito "acotado" en el que el diagnóstico no da para entrar en los conflictos o temas de la persona. Si optamos por esto último, inmediatamente entramos a percibir el campo emocional, y el diagnóstico magnético fracasa.

El objetivo del examen es muy concreto: establecer o descartar, en orden de mayor a menor importancia, los daños menores o mayores que el campo puede presentar.

Lo primero será dilucidar si la persona tiene enganchada algún tipo de entidad oscura y, si es así, determinar cuál es el rango de ésta. En mi opinión, siempre debe partirse por acá, ya que es el tipo de daño con mayor incidencia, no sólo sobre la persona, sino sobre todos los otros diagnósticos que puedan hacerse, incluidos los del campo emocional. En segundo lugar, se debe descartar que existan "magias de daño". Éstas se refieren a trabajos de magia negra de esta misma vida que pueden estar activos en la persona. Y recién en tercer lugar, ya establecida o descartada la presencia de entidades o magias, el examen puede enfocarse a mostrar si existen:

- Heridas o desgarros (fugas)
- Puentes magnéticos con entidades fuera del aura
- Entidades que pueden estar atacando o acosando a la persona, pero fuera del aura
- Parásitos energéticos no entidades
- Portales interdimensionales
- Implantes o conexiones instaladas por extraterrestres
- Ataques psíquicos o algún otro tipo de suciedad o carga.
- *Chakras* dañados o desequilibrados

La mejor posición para la revisión es la de la persona de pie, lo que da una visión del campo en 360 grados. Los puntos de interés principales en los que fijarse son: [1] la zona por detrás de la espalda, [2] el eje central por delante y detrás del cuerpo de cabeza a pies, y [3] el interior de cada uno de los siete *chakras*.

El examen magnético del campo se puede realizar de diversas formas:

EXAMEN DEL CAMPO MAGNÉTICO

1. Examen al tacto: que se realiza palpando con las manos, de forma similar a cómo se palpan las estructuras. La diferencia es que acá no se va a estar conectando emocionalmente con la persona.
2. Examen a través de visión: sólo realizable por personas que tienen desarrollada la visión psíquica.
3. Examen por visualización: una forma típica es, con ojos cerrados, imaginar una habitación muy grande que sólo está iluminada al

centro, y en ese lugar visualizar a la persona de pie. Imaginamos que la observamos de lejos primero desde diferentes ángulos, para luego ir acercándonos. También podemos imaginar que palpamos a su alrededor y en sus distintas zonas[77].

4. Examen canalizado: sólo realizable si la persona cuenta con la ayuda de algún maestro ser de luz auténtico, que pueda ir guiándole. Es probablemente el diagnóstico más preciso, pero solo cuando realmente es un ser de luz auténtico de aquellos que trabajan para la conciencia de amor de Dios Padre-Madre Universal.

Lo más recomendable es combinar dos o más de estos métodos.

Las operaciones del campo magnético

Las operaciones que se realizan sobre el campo magnético son de diversa índole. Por un lado, están las limpiezas, las cuales, al depender de qué en particular es lo que se requiera limpiar o sacar, nunca son un único procedimiento estándar. Por otro lado, tenemos las reparaciones y reconstrucción del campo. Por último, encontramos las armonizaciones y alineaciones.

El gran problema de estos trabajos es que no son siempre algo tan simple y fácil de hacer. Depende mucho del grado de complejidad del daño; en algunos casos basta con procedimientos estándar mientras en otros se requerirá no sólo de conocimiento, sino también muchas veces de ayuda y guía directas brindadas por los seres de luz

En ese sentido, el campo magnético es distinto al campo emocional en que es un campo externo a la psiquis donde la responsabilidad del terapeuta es mucho mayor. Mientras en el campo emocional el rol es más de acompañar el "movimiento profundo del alma" del paciente, en el campo magnético es derechamente de "operar".

---

[77] En modo general, consideraremos mucho más segura una percepción que, además de imágenes, incluye sensaciones.

En la vida real esto del grado de responsabilidad lo vemos en que muchos médicos enfrentan demandas cuando no hacen bien su trabajo, mientras que es muy difícil que a un psicoterapeuta le ocurra lo mismo. En términos sencillos, es mucho más fácil sobrevivir a un mal psicólogo que a un mal médico (en especial si estamos hablando de cirugía). Pues algo similar ocurre con el campo magnético: son procedimientos delicados donde no sólo el paciente puede salir perjudicado, sino también el propio terapeuta.

Ahora bien, dada esa complejidad, un terapeuta del campo magnético necesita de la ayuda de seres de luz como arcángeles y maestros. Son ellos quienes guían y entregan las energías para trabajar. En general, se da la "regla de los tres tercios":

- Un tercio del esfuerzo lo debe poner el terapeuta (eso incluye el estudio, la preparación y prolijidad con que opera)

- Otro tercio lo pone el paciente (con su buena disposición, trabajo personal y esfuerzo económico)

- Y otro tercio lo ponen los seres de luz (con su energía, protección y guía)

Sin embargo, los seres de luz no siempre ayudan. A veces simplemente la persona no cumple los requisitos de humildad y corrección, o no se halla todavía preparada emocionalmente. En otras ocasiones, es el terapeuta el que está en disonancia, al no ser emocionalmente idóneo o encontrarse acompañado por entidades o seres que no están al servicio del Padre-Madre Universal.

Por todos estos motivos, muchas técnicas y procedimientos de operación del campo magnético no pueden ser compartidos tan abiertamente. En este libro el mayor énfasis está puesto en entregar principios que permitan a las propias personas llegar a obtener tal conocimiento si aprenden a canalizar desde los maestros.

Pero volviendo al campo magnético, algunas características que diferencian su operación de la del campo emocional son:

Campo emocional	Campo magnético
Es un campo vasto con información de esta vida y de las pasadas	Es un campo acotado donde la información es siempre de esta vida
El trabajo apunta a conseguir "movimiento profundo de alma"	El trabajo apunta a limpiar (extracción de energías) y reparar
Las estructuras tienen una lectura temática (psicológica)	Las estructuras son de origen externo, sin una lectura temática
Los mayores daños los encontramos relacionados a *chakras*	Los mayores daños los encontramos por la espalda
Se recomienda operar con la persona recostada boca arriba	Se recomienda operar con la persona de pie
El trabajo requiere estar conectado emocionalmente con el paciente	El trabajo requiere evitar conectar emocionalmente con el paciente
La energía que se utiliza es principalmente la de la propia alma (guías y maestro interno)	El trabajo requiere la energía y ayuda de seres de luz externos
La lógica es psicoterapéutica	La lógica es médica (quirúrgica)
El paciente es activo y se esfuerza en desarrollar aprendizajes	El paciente es pasivo y recibe la sanación siempre que tenga méritos
El terapeuta puede ser afectado si se identifica o resuena con los problemas del paciente	El terapeuta puede ser afectado directamente por la toxicidad de las energías que hay en el paciente

Algunas operaciones magnéticas básicas

Una de las operaciones más básicas del campo magnético es la de abrir y cerrar las capas del campo que, recordemos, son siete. Esto permite hacer una revisión al tacto mucho más exhaustiva, al tiempo que, en el caso de que estemos reparando o limpiando, lo haremos de manera más completa.

Existen diversos métodos, pero el más seguro al no involucrar un rompimiento del campo es el de "pasar página".

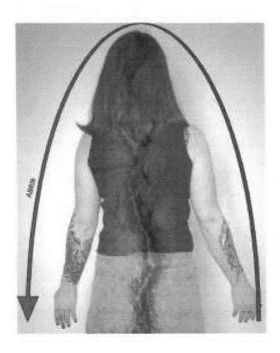

ABRIR Y CERRAR LAS CAPAS DEL CAMPO

1. Se pone a la persona de pie y, por la espalda de ésta, se "intenciona" con la mano el gesto de agarrar la capa a la altura de la cadera derecha y, con un movimiento de brazo como U invertida, se lo pasa por arriba hacia el lado izquierdo como si estuviéramos pasando una página.

2. Vamos a tener el entendimiento de que partimos siempre en la capa 7, es decir, ésa es la capa que primero agarramos al cerrar el puño. Así, al ejecutar el movimiento con el brazo, vamos a decir con intención «capa 6» y lo que habremos hecho es pasar a la capa inmediatamente por debajo que es la 6.

3. Luego, como es de suponer, al repetir el movimiento diremos «capa 5», y pasaremos a la 5, y así sucesivamente iremos descendiendo hasta llegar a la capa 1. En ese punto, si llegamos a pasar una vez más de página volveremos al inicio, o sea, a la capa 7.

4. Haciendo el movimiento inverso, es decir pasando página de izquierda a derecha, podemos ir devolviéndonos hacia la capa inmediatamente superior

5. Capa por capa, entonces, podemos ir haciendo revisión al tacto de lo que allí pueda haber. Pasamos de capa y palpamos de arriba a abajo por la espalda y por delante. En ocasiones, notaremos que una determinada estructura se siente más en una capa que en otra.

Otra operación relativamente básica es la de abrir un portal por encima del campo que permite "sacar" o "extraer" energías sucias o negativas del campo. El portal opera como una especie de "tacho de la basura", aunque más que tacho es un túnel que da a la dimensión inmediatamente contigua e inferior a ésta. Por tal motivo estamos hablando de un "portal interdimensional".

Para abrir un portal de estas características, existen diferentes procedimientos. Algunos conllevan riesgos, ya que un portal también puede hacer que energías no deseadas entren si no se tiene cuidado o si la persona se halla acompañada o intervenida por seres nocivos. Por eso, el único procedimiento que para efectos de este libro enseñaré, por parecerme que es seguro, es el de rezar a Miguel arcángel.

APERTURA DE PORTAL

1. Solicitamos humildemente a Miguel, en nombre de la Conciencia de Amor de Dios Padre-Madre Universal, que abra un portal a unos 30 o 50 cm por encima de la cabeza de una persona, y que se quede custodiándolo. Lo intencionaremos apuntando a ese lugar con los tres dedos de la mano y utilizando la imaginación visualizaremos que se abre una especie de "ojo de buey" de unos 60 o 70 cm de diámetro.

2. Si el portal está abierto, al pasar la mano nos dará la sensación de una especie de ventana abierta. Eso quiere decir que podemos llegar a percibir una especie de suave "vientecito".

3. Después de haber utilizado el portal debemos siempre tener la precaución de pedir al arcángel que lo cierre.

Una variante de este portal es el "portal de transmutación". Se lo utiliza más que nada para cargas emocionales, por lo que puede ser buena idea tener uno abierto cuando realizamos sesiones de terapia del campo emocional[78]. Este portal de transmutación se puede hacer de la misma manera que el interdimensional normal, sólo que en vez de pedírselo a Miguel se lo pedimos a Zadquiel. Podemos hacerlo así: «Zadquiel arcángel, te pido que

---

[78] Incluso en una sala donde se realiza terapia psicológica clásica conviene tener un portal de transmutación abierto para que las cargas emocionales que liberan los pacientes sean dirigidas allí y transmutadas.

abras un portal de transmutación para transmutar a través de él todas las cargas emocionales de este paciente y habitación». La abertura del portal podemos imaginarla de un color violeta.

Un tercer procedimiento básico es el de hacer barridos capa por capa. Se lo emplea para limpiar el campo de cargas negativas o tóxicas menores que pudiera haber en él. Estas cargas serán "barridas", es decir, arrastradas hasta el portal a través del cual se eliminarán.

Se realiza de la siguiente manera:

BARRIDOS CAPA A CAPA

1. La persona debe estar de pie y arriba debe abrirse un portal.
2. El terapeuta se para detrás o delante de la persona y pone ambas manos abiertas con las palmas hacia arriba.

3. El terapeuta se agacha e imagina que cada mano es una escoba o rastrillo, y que cada dedo es una de las ramitas de esa escoba, que se prolonga energéticamente mucho más allá. Estos "dedos energéticos" son largos y atraviesan el cuerpo de la persona.
4. El terapeuta comienza a subir las manos, intencionando que con ellas y cada uno de sus dedos físicos y energéticos, va barriendo todo lo que encuentra a su paso. Como los dedos energéticos atraviesan el cuerpo de la persona, también barre lo que pueda estar por dentro.
5. Al llegar arriba arroja las cargas al portal.

Este procedimiento ha de hacerse tres veces y luego se cambia de capa. En total, por lo tanto, el terapeuta efectuará 21 barridos. Lo más importante es que al hacerlos la intención esté puesta en arrastrar.

El procedimiento no debe emplearse cuando hay entidades oscuras de rango intermedio o alto adheridas al campo.

Un último procedimiento básico es la limpieza de *chakras* que, en ausencia de daños mayores, es algo relativamente simple de hacer. Hay que partir entendiendo que los *chakras* se pueden ver contaminados, tanto por cargas externas como las originadas en la propia persona (emocionales).

LIMPIEZA BÁSICA DE CHAKRAS

1. La persona debe estar de pie y arriba debe abrirse un portal.
2. Para una limpieza manual, emplearemos los dedos índice y medio de la mano, los que estiraremos y juntaremos entre sí. Los dedos restantes permanecerán plegados.
3. Nos ubicaremos frente a un *chakra* y lo apuntaremos con los dos dedos intencionando que nos metemos dentro.

4. Una vez allí, giramos los dedos muchas veces en sentido de las manecillas del reloj. Al hacerlo intencionamos que todas las cargas negativas se adhieran a los dedos (la imagen que yo suelo usar es la de un tenedor enrollando tallarines).
5. Luego de unas cuantas vueltas sacamos la mano y arrojamos esas energías al portal.
6. Esto se puede repetir unas tres veces en cada *chakra*.

Este mismo movimiento de hacer giros con los dedos en sentido horario dentro de un *chakra* puede llevarse a cabo intencionando desbloquear el *chakra*. En el fondo estamos ayudándolo a recuperar su giro natural. Sobre esto no quiero entrar a explicar porque considero que existe bastante literatura al respecto, incluido el libro *Manos que Curan* de Barbara Brennan.

Es importante entender que existen muchas maneras de realizar limpiezas del campo y acá no se pretende entrar a hablar de ellas. Por ejemplo, algunos sistemas como sanación pránica se especializan en ese tipo de trabajos y utilizan para ellos no sólo las manos sino accesorios como cristales de cuarzo. También es posible limpiar con péndulos, velas, huevos, sonido, baños o sahumerios. De eso hay bastante literatura, además de técnicas pertenecientes al saber tradicional.

Lo importante es entender que son todos procedimientos que permiten extraer cargas menores. Cuando hablamos de magia negra o entidades de alto rango, la cosa cambia por completo y es algo que veremos en capítulos más adelante.

CAPÍTULO 13
Los parásitos energéticos

Qué son los parásitos energéticos

Uno de los temas que produce más inquietud entre los creyentes en "las energías", y a veces hasta cierto grado de paranoia, es el de los parásitos energéticos. En la literatura también se les llama "larvas astrales", nombre que popularizaron hace más de un siglo autores de línea teosófica como C. W. Leadbeater[79].

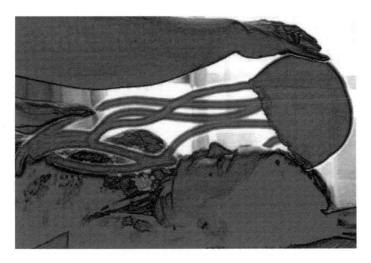

---

[79] Leadbeater, C. W. (1900), The astral plane: its scenery, inhabitants, and phenomena, London: Theosophical Publishing Society

En general, un parásito energético es cualquier ser u organismo de naturaleza energética que establece una relación de parasitismo con el ser humano. Esto quiere decir que se alimenta a expensas de la energía que produce el campo magnético. Como es de suponer, pueden generar merma y daño en diferentes niveles: físico, emocional y mental.

Ahora bien, lo principal es aprender a diferenciar sus distintas categorías y los tratamientos en cada caso. He optado por clasificarlos según el grado de perjuicio que provocan.

Los parásitos menores

Son parásitos menores aquellos que ocasionan daño magnético menor. Esto quiere decir que son tratables o removibles a través de procedimientos estándares de limpieza. El más importante dentro de esta denominación, es aquel que podríamos llamar "organismo energético simple". De ahora en adelante, es el tipo al cual me voy a referir cada vez que use el término "parásito energético" a secas. Se trata de seres de tamaño variable y forma poco compleja, que se adhieren al campo magnético para alimentarse de su energía. Lo hacen directamente o a través de tentáculos o puentes.

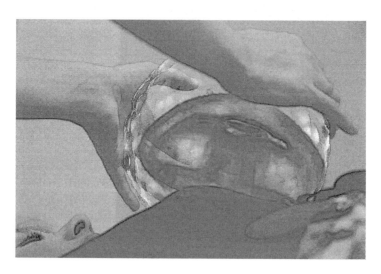

Ahora bien, no es que estos organismos sean siempre algo negativo. En el fondo cumplen una función útil e importante dentro del plano energético: son los grandes descomponedores y degradadores de la materia sutil muerta. Reciclan la energía residual de criaturas de mayor envergadura espiritual, así como los desechos de seres de vibración baja, físicos o no físicos. En el fondo, por lo tanto, se alimentan de energías de baja vibración. Cuando como seres humanos se las ofrecemos, los atraemos y nos los pegamos.

De esta forma, un individuo cuyos sistemas físico y energético se encuentran cien por ciento sanos, en teoría no debería adquirir ningún parásito energético. Sin embargo, el problema en la práctica es que nunca es así, ya que es lo mismo que afirmar que alguien físicamente saludable no debiera ser nunca afectado por virus o bacterias. Si los estados emocionales e incluso fisiológicos de cualquiera de nosotros están constantemente fluctuando, por sí solo eso implica que a ratos nuestra aura se vuelve vulnerable. Porque las emociones no procesadas afectan al campo y generan depósitos de energía de baja vibración. Es la razón de por qué, por ejemplo, cuando tenemos preocupaciones o dolor, que se expresan en el aura como bloques, heridas o vacíos, es usual terminar presentando parásitos en las mismas zonas.

Por otra parte, también las enfermedades físicas, e inclusive la falta de higiene física, son atractivas para estos organismos. Por ejemplo, es característico que en presencia de una infección se suela encontrar, en toda la zona alrededor, una verdadera "nube" de parásitos energéticos. La acción de retirarlos y de limpiar la energía sucia o en descomposición que los atrae, hace de inmediato que la infección disminuya o en algunos casos cese. Y lo mismo vemos en cuadros de resfrío o gripe, donde los síntomas se reducen considerablemente al limpiar los parásitos que van asociados.

Pareciera, entonces, que los parásitos energéticos acompañan a los microorganismos y a los parásitos físicos. La acción de desinfectar o limpiar físicamente contribuye directamente a una limpieza energética y viceversa.

Sin embargo, si nos ponemos más finos, necesitamos entender que existen ciertos parásitos que se alimentan, no de energías en descomposición, sino de aquellas en desuso. Porque, a nivel del campo magnético, siempre existen zonas que no están siendo utilizadas y permanecen "sin movimiento". El desuso del que hablamos se refiere a una no-conciencia. En el fondo, son zonas del campo magnético que se correlacionan con vacíos que tenga una persona a nivel de su psique o campo emocional. Los parásitos suelen aprovechar esas energías que la persona no está siendo capaz de utilizar debido a que psicológicamente (es decir, a nivel del campo emocional) no las está pudiendo "reconocer". Ellos "colonizan" aquello que en nosotros permanece desocupado y no causan molestia mientras no exista un trabajo de conciencia al respecto.

Esto último puede sorprendernos, porque significa que alguien puede tener muchos parásitos de esta clase y ni siquiera estar experimentando malestar. Pero pensemos por un momento qué pasa cuando a nivel físico se nos duerme un brazo o una pierna. Los médicos le llaman "parestesia temporal" y se produce por presión sobre los nervios y las arterias. Los nervios quedan momentáneamente "atontados" y, aun si nos clavaran un alfiler, no lo sentiríamos. A nivel magnético ocurre algo parecido cuando en el campo emocional existen vacíos, y poca o nula conciencia sobre algunas temáticas. Eso significa que la energía de alta vibración no está llegando a esas zonas del aura, las cuales quedan sólo funcionando en frecuencias pesadas, débiles y bajas. Como es de suponer, esto atrae a parásitos que pueden llegar a instalarse allí por tiempo indefinido. Es como si el sistema energético, en esas partes de su anatomía, estuviera profundamente "dormido".

Pero cuando la persona comienza a hacer un "movimiento profundo de alma", y empieza a reconocer y a desarrollar los "temas" de esas áreas[80], empieza a producirse una movilización y un llenado energético en ellas. Producto de esto, los organismos allí alojados se ven empujados a salir, con lo que surge también la molestia.

Ejemplificando lo anterior, supongamos que una persona no da valor a la parte económica y desdeña o no le interesa el dinero. En su primer *chakra* vamos a hallar bloques y vacíos emocionales que a nivel magnético se van a estar expresando en energía de baja vibración y parásitos. Al iniciar un aprendizaje y empezar a reconocer la experiencia del dinero como algo importante para el alma, la zona se ve de pronto inundada de energía, lo que empuja a los parásitos a salir de su comodidad. Si el aprendizaje es completo, se van sin oponer casi ningún tipo de resistencia; si no lo es, luchan por quedarse y causan perturbación y daño. En el aura observamos que estos organismos, que pudieron estar mucho tiempo en un estado estacionario y a veces casi "petrificados", se activan y se vuelven perceptibles.

De esta manera, los parásitos menores se presentan en dos modalidades: los que (1) "se pegan" en cualquier momento a áreas del campo que están

---

[80] Recordemos que, según la "visión temática", los distintos *chakras* nos muestran "temas" o aprendizajes.

dañadas por heridas, vacíos o estructuras en general, y los que (2) "se activan" cada vez que desarrollo un nuevo aprendizaje debido a que están colonizando zonas hasta entonces en desuso.

Comportamiento y daño de un parásito menor

Si existe algo que caracteriza a los parásitos energéticos menores es que son del todo carentes de inteligencia. Sin embargo, poseen un instinto poderoso y una gran voracidad que les permite detectar cualquier fuente de alimento que pudiera estar cerca. De movimientos casi siempre lentos, se desplazan arrastrándose o deslizándose, y normalmente se adhieren por proximidad.

Por lo general, los encontramos sobre todo en lugares donde se acumula energía de baja vibración. Por ejemplo, sitios donde hay muerte, enfermedad o sufrimiento, como hospitales o cementerios, o donde simplemente circula mucha gente, como el transporte público, salas de clase, oficinas, etc. En general suelen ser lugares con higiene, luz solar y ventilación deficientes en los que además hay poca vegetación. Esto último es porque los árboles, arbustos y plantas limpian las energías de baja vibración y engullen a los parásitos.

Cuando alguien tiene un parásito energético activado suele ver amplificado, a veces drásticamente, cualquier malestar previo que pueda haber estado teniendo. Esto es válido para, por ejemplo, dolor emocional o físico (normalmente debido a una herida o vacío), preocupaciones o ruido mental, cansancio o procastinación, etc. Si el malestar es físico, como una infección o un resfriado, síntomas como fiebre y dolor corporal pueden verse muy aumentados.

Algo también común es que los parásitos energéticos a menudo dejan energías tóxicas o "venenos". Esto suele producir ardor o dolor e intensificar las emociones negativas y el malestar. Como tienen la capacidad de reproducirse, también es usual que algunos dejen huevos o crías en los lugares donde infectan.

Si bien pedir a diario protección a guías o seres de luz puede reducir la probabilidad de pegarse un parásito, la forma más efectiva de evitarlo es la sanación física y emocional. Trabajando por nuestra higiene y salud en todos los niveles logramos quitarles el alimento que pudiera atraerles. Podemos también preocuparnos de no frecuentar lugares o personas que pudieran tener parásitos. Sin embargo, para la mayoría de las personas que vivimos en pueblos o ciudades, esta opción nunca es ciento por ciento viable.

Percepción de los parásitos menores en el campo

La sensación al tacto de un parásito energético es la de una bolsa densa e intensa de energía que suele picar o pinchar. Al decir que es una especie de "bolsa" se alude a que su cuerpo es blando y menos rígido que el de un bloque o estructura. Por lo general también percibimos en ellos un leve pulso, latido o vibración.

Asimismo es usual, en algunos casos, que la propia persona sienta que algo camina lentamente con pequeñas patitas, ya sea, por ejemplo, por su cuero cabelludo, sus oídos o su piel en general. Algunas personas dicen sentir además una sensación similar a la de tela de arañas. En cuanto al malestar, este es muy notorio sobre todo cuando el parásito se halla encima o dentro de algún *chakra* o herida. En esos casos se siente pena, angustia, asco, dolor o cualquier emoción negativa, con mayor intensidad que de costumbre. En otras ocasiones los encontramos formando una nube por encima del área, y conectándose al cuerpo a través de tentáculos o extremidades.

Las formas que pueden presentar los parásitos son variadas. Típicas son las delgadas y alargadas como gusanos u orugas, abultadas como una babosa, o como campana con uno o varios tentáculos asimilando a medusas o pulpos. También encontramos los que parecen un gran globo o como si fuera una especie de garrapata gigante. En lo personal, en todo caso, suelo no distraerme demasiado viendo qué forma tienen; sólo los detecto como algo denso y pinchoso, y comienzo a trabajar para sacarlos. En ocasiones, ni siquiera estoy seguro de su presencia, pero intuyo que están y pongo en práctica los procedimientos.

Cómo extraer un parásito menor

El primer método que todo estudiante debiera aprender para tratar parásitos energéticos es el de retiro o extracción manual. Es un procedimiento muy simple y casi idéntico al retiro de cualquier estructura del campo.

RETIRO MANUAL DE PARÁSITOS

1. Irradiamos energía con las manos sobre el parásito con la intención de inmovilizarlo. Esto hará que el parásito quede completamente encapsulado y, de esta manera, impedido de escapar, defenderse u oponer resistencia.

2. Cuando sentimos que el parásito ya está suficientemente "envuelto" de energía, se lo toma como a cualquier bloque energético y se lo saca fuera del campo. Una vez allí se lo arroja a algún portal que tengamos abierto, o se pide a los guías del paciente que se lo lleven y dispongan de él.

3. Con las manos se limpia la zona de todos los restos que el parásito pueda haber dejado, como venenos, huevos o crías. Éstos también se envuelven con energía y se despachan de la misma manera.

4. Finalizamos poniendo energía con le intención de rellenar la zona y armonizar esa parte del campo.

Cuando los parásitos son muy grandes en tamaño, se recomienda primero ubicar y retirar el núcleo o corazón del parásito, y después el resto del cuerpo. Para hacerlo debemos fijarnos en aquella zona del parásito que al tacto nos parezca más intensa.

Otra forma de retirar un parásito, que resulta muy práctica para el autotratamiento o para quien no logra percibir bien el campo, es la técnica de petición a los guías.

RETIRO DE PARÁSITOS A TRAVÉS DE GUÍAS

1. Pedimos a los guías internos propios o hacemos que el paciente pida a los suyos así: «Guías internos de mi alma, les pido que envuelvan e inmovilicen completamente a cualquier parásito energético que pueda yo tener en mi campo [es mejor aún si especificamos la zona o chakra]. Y pido que a continuación lo extraigan de mí y dispongan ecológicamente de él».

2. Nos quedamos quietos durante un rato en espera de que los guías trabajen y puede que sintamos como si algo se estuviera desprendiendo. Cuando sintamos que la sensación mejora y se siente ligero y despejado, o bien el malestar que se estaba sintiendo disminuye, continuamos con: «Ahora les pido que envuelvan y retiren de mí todo veneno, huevos o crías de parásito que haya quedado en la zona»

3. Nos quedamos quietos nuevamente mientras trabajan y finalmente decimos: «Ahora reparen y armonicen lo más posible la o las zonas de mi campo que quedaron dañadas».

La técnica es muy útil y, si estamos trabajando con nosotros mismos, permite ser aplicada en cualquier momento de tranquilidad. Cuando pedimos, puede que notemos cómo la sensación energética comienza a cambiar y se vuelve más liviana. Y podemos llegar a sentir los tirones de cuando el parásito es retirado.

Es útil para trabajar también a los pacientes, o inclusive a nuestros propios hijos pequeños cuando notamos que están enfermos o irritables. En muchas ocasiones, cuando un niño o niña está con resfrío, infección o algún otro malestar, la madre o el padre pueden pedir a los guías propios o del menor que extraigan los parásitos que pueda tener. Eso podría mejorar su situación hasta hacerla mucho más manejable.

Además de estos dos métodos, existen muchos otros que se pueden aplicar bajo la forma de limpiezas, por ejemplo:

- Baños de con sales y hierbas
- Refregarse el cuerpo con un ungüento hecho de aceite de oliva y sal.
- Sahumerios
- "Solicitar" a un árbol que los retire.
- Sumergirse o ducharse un buen rato con agua muy fría (idealmente bajo una cascada natural)
- Sonido de tambores, cuencos u otros instrumentos capaces de generar vibración sonora intensa y fuerte.
- Aromaterapia.
- Esencias florales de limpieza, como "Crab Apple".
- Operación con cristales.
- Biomagnetismo.

De todas maneras, limpiar siempre es algo pasajero. Si estamos pensando en soluciones a largo plazo, la manera más efectiva de acabar con el problema de los parásitos siempre es fortalecernos y eliminar lo que los atrae. En el caso del cuerpo físico, aspectos como la higiene, la alimentación, el estado físico y la calidad del sueño, serán de mucha importancia. A nivel emocional, por su parte, el camino es sanar las estructuras que, al proyectarse sobre el campo magnético, se traducen como energía de baja vibración. Esto supone un "movimiento profundo de alma" para desarrollar nuevos y mejores aprendizajes.

Parásitos energéticos de origen emocional

Todas las estructuras del campo emocional utilizan o "atrapan" parte de la energía de la psique. Sin embargo, al no ser seres "independientes" no debiéramos considerarlas parásitos. En vez de eso, podríamos compararlas con máquinas o maquinarias que, una vez retiradas del campo, dejan automáticamente de funcionar. Algo parecido ocurre con los yoes, que como ya vimos son fragmentos o partes de nuestra identidad. Decimos que "poseen vida propia" porque actúan hasta cierto punto de manera autónoma. No obstante, esto es siempre al interior de nuestra psique o campo emocional. No son organismos o entes que puedan tener vida por sí mismos.

Dado lo anterior, pensar que las estructuras o los yoes son "parásitos" sería lo mismo que en medicina afirmar que un cáncer o un tumor lo son también. No lo son porque no poseen vida independiente del cuerpo. Por lo tanto, al menos en mi opinión, los parásitos son siempre organismos externos vinculados con uno y no creaciones propias. Considero también que depende mucho de qué estemos considerando bajo el término "parásito". Y también depende de qué nivel estemos realmente percibiendo, ya que un vidente puede estar viendo un plano interno de realidad y no necesariamente una forma magnética como tal. Por ejemplo, si ve una araña, un insecto o un gusano, quizás está percibiendo una información de índole netamente metafórica y no algo perteneciente a la realidad concreta del aura.

Lo que sí resulta verdad es que alguien con habilidades psíquicas, bajo ciertas circunstancias, puede crear algo similar a entes con vida propia. Un ejemplo de esto son las "tulpas", nombre que en el budismo tibetano se da a seres creados a partir de una fuerte creencia y visualización. Son formas de pensamiento a las que es posible dotar de autonomía y voluntad, y programar para un fin. Se comportan como parásitos en el sentido que consumen parte de la energía de quien los ha creado.

Ahora bien, estoy seguro de que no es difícil llegar a creer que los parásitos energéticos comunes y corrientes nacen de nuestras emociones negativas. Porque del mismo modo, siglos atrás, la gente observaba que donde había desechos y materia en descomposición pronto aparecían moscas, ratas y otros parásitos físicos del ser humano. Esto dio origen a la teoría de la generación espontánea, que sostenía que estas formas de vida se generaban directamente a partir de la materia orgánica o inorgánica, o desde una combinación de ambas. Es una idea que llegó a ser sostenida incluso por filósofos y científicos de ese tiempo, pero que hoy está cien por ciento obsoleta. De la misma manera, al observar que los parásitos energéticos están donde hay emociones de baja vibración, podemos fácilmente llegar a pensar que nacen de éstas.

Pese a todo, en este punto dejo abierta la puerta a la posibilidad de que sí existan organismos creados por el propio ser humano que se comporten como parásitos. Yo hasta el momento, al menos, no los he identificado.

Los parásitos mayores

Los parásitos mayores son todos los que poseen una complejidad que impide que sean retirados con procedimientos como los que hemos descrito anteriormente. Sus características principales son:

- Poseen mucha energía, la que llega a envolver y por lo tanto afectar gran parte o todo el campo del paciente.
- Poseen un tamaño que supera el metro y medio de altura.
- Son seres pensantes que en algunos casos pueden llegar a tener altos niveles de inteligencia.
- Pueden atacar activamente al terapeuta.
- Su extracción requiere la guía y energía de seres de luz externos y especializados.

En la categoría de parásito mayor encontramos principalmente a las "entidades oscuras", también llamadas "demonios", de rango intermedio o alto. También podemos, aunque con menor frecuencia, encontrar "seres de naturaleza" y criaturas energéticas de origen extraterrestre. De ellos hablaremos de manera particular en los capítulos dedicados a ellos.

Lo importante es internalizar que los parásitos mayores no pueden ser operados sin un amplio conocimiento, experiencia, guía y resguardos adecuados.

CAPÍTULO 14
Las heridas del campo magnético

Las heridas magnéticas

Una herida magnética es básicamente una rotura o desgarro a nivel de las capas del campo magnético. Puede afectarlas a todas, y en ese caso se habla de herida total, o a sólo algunas, y en ese caso es parcial. Es una "herida de *hardware*", lo cual la convierte en un daño que podemos percibir mejor cuando no establecemos conexión emocional con la persona. Se expresa siempre como una suerte de "hemorragia energética" donde es el tejido mismo del aura el que se encuentra rajado o roto. La sensación casi siempre es fuerte y encontramos energía saliendo o fugándose y una zona alrededor que al tacto se puede llegar a sentir como "bordes".

A veces una herida de este tipo es consecuencia de heridas, vacíos u otras estructuras a nivel del campo emocional. Se producen cuando la intensidad energética de tales contenidos emocionales supera cierto nivel y termina afectando y llegando a romper el tejido magnético. En este caso hablamos de "heridas magnéticas de origen emocional". Se las repara de modo indirecto buscando sanar antes las estructuras emocionales que las causaron.

Sin embargo, hay otras roturas del campo que son puramente debidas a factores externos: son las "heridas magnéticas propiamente tales". No tienen que ver con temas emocionales, o al menos nunca directamente. Puede que sí se relacionen con áreas o *chakras* que se hallan vulnerables a raíz de un problema emocional, pero la herida en sí se debe siempre a un agente externo que las ha causado. Estos agentes pueden ser ataques energéticos, magias negras, entidades oscuras metidas "dentro", o enfermedades y lesiones físicas. Es muy común hallarlas por la espalda, o detrás o arriba de la cabeza y el cuello.

Ahora bien, cuando hablamos de ataques energéticos nos referimos principalmente a los que son arrojados, de manera consciente o inconsciente, por personas o entidades. Se manifiestan como desgarros de una o más capas, y son tan comunes que la mayoría de las personas los recibimos en nuestro día a día.

El aura tiene una natural capacidad de cicatrización que permite que el tejido por sí solo se vaya reparando con el correr de los días. No obstante, tal como pasa a nivel físico, algunos daños resultan tan grandes o profundos que requieren procedimientos de reparación especiales.

Otro punto importante es que, cuando sufrimos un ataque energético, este puede ser con carga o sin carga. Lo primero significa que junto al desgarro nos ha llegado energía tóxica bajo la forma de una "baba", un "veneno" o una estructura que habrá que limpiar antes. En el segundo caso, la herida está relativamente limpia y puede ser reparada directamente.

Otra forma de rotura, mucho más compleja de sanar, es cuando existen magias de daño o entidades que están ya metidas "dentro". Éstas, al invadir el campo y engancharse a él, rompen el aura y ocasionan su desgarro total o parcial. Resultan mucho más complejas que las que ocurren a consecuencia de un ataque psíquico porque el o los agentes que las han producido están en el campo mismo. No pueden ser reparadas sin que primero se realice la extracción completa de éstos.

Por último, están las heridas magnéticas causadas por lesiones o enfermedades físicas. En ellas lo principal para cualquier intento de curación es atender paralelamente el daño en ese nivel. Si hay una infección, limpiarla y desinfectarla; si hay una herida física profunda, poner puntos; si se trata de una enfermedad, seguir los tratamientos que determine la medicina, etc.

Sanación de una herida magnética

El procedimiento básico para reparar una herida del campo magnético consiste en, una a una, juntar y coser las capas. Es una operación cien por ciento quirúrgica para la cual Tony me recomendó trabajar con la energía del arcángel Gabriel. Su bálsamo blanco (así la debemos pedir) es particularmente útil para reparar y restaurar el tejido dañado del campo.

REPARACIÓN MANUAL DE UNA HERIDA MAGNÉTICA

1. Con la persona de pie, ubicamos, idealmente al tacto, la herida que queremos sanar en la persona y evaluamos su extensión.

2. Solicitamos mentalmente al arcángel Gabriel, en nombre de la Conciencia de Amor del Padre-Madre Universal, su "bálsamo blanco" para curar la herida. Colocamos nuestras manos sobre la herida e imaginamos que desde el cielo baja una energía blanca y pura que nosotros distribuimos.

3. Aplicamos el procedimiento de abrir una a una las capas del campo de hasta quedar en la primera.

4. Abrimos los brazos y colocamos ambas manos también abiertas donde sintamos que están los bordes de la herida, e intencionamos ir

cerrándola hasta juntarlas en una especie de "aplauso" muy lento. Repetimos el movimiento a lo largo de la herida hasta que quede completamente cerrada.

5. Juntamos los tres primeros dedos de nuestra mano hábil e imaginamos que sostenemos una especie de hilo dorado con el que vamos a coser la herida como si le estuviéramos poniendo puntos. Partimos de un extremo a otro y, al llegar al final, intencionamos fijar el hilo como si pusiéramos un punto de soldadura allí.

6. Pasamos a la capa inmediatamente por encima y repetimos el proceso en cada una hasta terminar en la séptima.

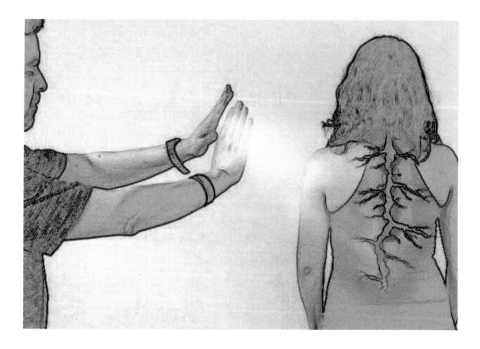

Reparar una herida de esta forma es tan efectivo que al terminar sentiremos que la sensación mejora mucho. Al tacto nos parecerá mucho más suave y agradable, mientras que el paciente suele reportar que se siente más liviano y relajado. Incluso si se trata de una herida que afecta sólo a algunas capas, yo recomiendo de todas formas hacer el trabajo reparar las siete. De esa manera nos aseguramos.

Ahora bien, el principal resguardo que debe tenerse con esta operación es cerciorarse de que la herida esté completamente limpia. Eso quiere decir que no haya cargas energéticas metidas dentro. Si se trata de ataques, debe verificarse que no esté la estructura o carga energética negativa del ataque todavía allí metido o enterrado. Si estamos hablando de entidades o magia negra, se aplica lo mismo: debemos estar seguros de que no están esas cargas metidas aún. Si así fuera, no sacaríamos mucho con reparar la herida, ya que estos agentes externos seguirán rompiendo el campo. Es por eso por lo que, antes de lanzarse reparar cualquier herida magnética, el practicante debe aprender a hacer un buen diagnóstico de la situación en lo que respecta a cargas.

Otra manera de reparar las capas del aura es solicitar a los mismos seres de luz que lo hagan. Si ellos consideran que el terapeuta merece tal ayuda, lo harán, pero si creen que debiera esforzarse en ejecutar él mismo la operación, no habrá resultados.

También cuando yo he querido reparar mis propias heridas magnéticas, he llevado a cabo la operación visualizándome a mí mismo parado delante de mí. Imagino que me abro las capas y las voy reparando manualmente una a una.

Por último, debe considerarse que reparar una herida de este tipo sólo significa que queda suficientemente cerrada para favorecer la cicatrización. Esto último es algo puede llegar a tardar muchísimo más, sobre todo si son muchas las capas involucradas.

CAPÍTULO 15
Los seres de luz

Seres de luz auténticos

"Seres de luz" es un nombre genérico que podemos dar a cualquier tipo de ser que proviene de las dimensiones superiores a ésta. La razón es porque la materia energética de la que están hechos posee una muy alta vibración que les hace resplandecer. Poéticamente, se dice que nacen directamente del "Fuego de la Vida": la llama eterna de luz y amor de Dios Padre-Madre Universal.

Ahora bien, aunque estos seres estén por origen más cerca de la fuente divina, no están obligados a servirla o actuar según ella. Poseen libre albedrío y, por ende, pueden optar también por serle totalmente ajenos. Es por esto por lo que entre los seres de luz encontramos básicamente dos grandes grupos: (1) los que eligen actuar siempre de acuerdo con la Conciencia de Amor de Dios

Padre-Madre Universal y servirla en misiones y trabajos, y (2) los que eligen actuar por fuera de ésta, en algunos casos oponiéndosele abiertamente. Podemos referirnos a los primeros como "seres de luz auténticos", ya que son "de luz" no sólo por su origen, sino también por su elección. Llegan a desarrollar, por tal motivo, mucha mayor luminosidad que los segundos.

Los seres de luz auténticos están comprometidos de verdad con el "movimiento profundo del alma", es decir, el aprendizaje y crecimiento emocional según nuestra propia naturaleza divina. Es lo que quiere Dios Padre-Madre: que recordemos que somos sus hijos, su creación, y desarrollemos la conciencia del amor hacia nosotros mismos y los demás.

Los otros seres, en cambio, pese a su origen divino, sirven a intereses distintos. Muchos buscan utilizar las conciencias humanas como fuente de alimento o energía, o vienen a la tierra tras sus recursos, o esperan desarrollar algún tipo de control o intercambio donde ellos salen favorecidos, pero privan al ser humano de despertar a la conciencia de su propia alma.

Entonces, tanto en la sanación como en el terreno de lo espiritual, resulta crucial aprender a diferenciar estos dos tipos. Ambos nos pueden proveer de ayuda energética o guía canalizada, pero sólo unos nos estarán ayudando verdaderamente.

Los maestros

En general, existen muchos tipos de seres de luz auténticos en el universo, pero hay principalmente dos que cumplen un rol activo para con la humanidad. Éstos son los "maestros originales", por un lado, y los "arcángeles", por otro.

Los maestros "originales", como Tony les llamaba, no son almas de seres humanos muy sabios o buenos que luego de fallecer se han quedado en la tierra a ayudar. Son más bien seres provenientes de dimensiones superiores, que han sido directamente enviados por el Padre-Madre con la misión de enseñar. Representan su infinita sabiduría y conocimiento.

Pese a ser de naturaleza energética de altísima vibración, estos seres de luz también poseen un cuerpo sólido. Si pudiésemos tocarlos cuando se manifiestan en este plano, nos daríamos cuenta de que son tan densos como cualquier persona. Además, como todos los seres del universo, poseen género, es decir, aunque interiormente contengan ambas polaridades, su identidad es siempre o masculina o femenina. Por tal razón, así como hay maestros hay también maestras.

La principal misión de los maestros es instruir, vía canalización, a los seres humanos y enseñarles a recordar el camino del alma y a ayudarse entre sí. Por encima de todo, buscan entregar conocimiento y apoyo energético en el área de la sanación. Reconocen que es a través de ésta que hoy en día mucha gente está llevando a cabo su aprendizaje espiritual.

Muchos maestros trabajan de manera directa, es decir, presentándose y desarrollando una relación personal a lo largo del tiempo con aquel o aquellos seres humanos a los que deciden enseñar. Otros, en cambio, están disponibles para asistir a quienes pudieran estar requiriendo ayuda en algún momento. Los maestros del reiki ejemplifican ese último tipo de maestro, que luego de ayudar se retira sin haber creado un vínculo personal.

Lo importante es también entender que son los maestros quienes deciden enseñar y acompañar a alguien y no al revés. Esto tiene que ver, por una parte, con los méritos de esa persona en cuanto a conciencia emocional; por otra, también con la misión que ha venido a desarrollar en la tierra. Podríamos resumirlo en que no todos los seres humanos merecen tener un maestro original a su lado, y no todos, aun mereciéndolo, lo requieren para cumplir con su propósito.

Por lo general, las personas que llegan a tener maestros tienen algún tipo de habilidad psíquica o de canalización, sea que la hayan reconocido o no. En algunos casos, son los maestros mismos los que luego despiertan en la persona esas habilidades.

Cuando eligen a alguien, los maestros originales son extremadamente respetuosos. Nunca irrumpen con su energía o hacen algo que él no haya pedido. Suelen permanecer próximos, pero nunca invaden su espacio personal ni menos le tocan. Acostumbran a esperar que sea él quien clame por ayuda o guía espiritual para recién entonces dar el paso de manifestársele. Nunca ellos le forzarán a hacerles caso o aceptarlos; si finalmente no quiere recibirlos, respetarán su decisión y se alejarán.

Lo primero que un maestro ser de luz hará al presentarse será mostrarse y mostrar su energía, que es de una intensidad de luz y calor muy potente. Hacerlo es una forma de decir que no tiene nada que ocultar y que quiere que aprendamos a reconocerle. Si llegamos a "verlo", notaremos que sus pies son humanos y siempre van descubiertos y descalzos[81]. Telepáticamente, y en caso de que la persona logre "escucharlo", dará siempre a conocer su nombre. Ante la pregunta nunca intentará desviar el tema o contestar con frases enigmáticas o vagas.

Los "maestros originales", como todos los seres de luz auténticos, tienen prohibido tocar al ser humano. Jamás pueden poner una mano o cualquier otra parte encima del cuerpo de alguien. Así, si sentimos que algo o alguien nos toca o intenta o pide incorporarse, podría ser una entidad o cualquier otro tipo de ser, pero jamás un ser de luz al servicio de Dios Padre-Madre Universal.

Ellos manejan un vastísimo y profundo conocimiento de las cosas, al punto que nada les puede engañar o confundir. Esto es porque acceden a la fuente misma del saber objetivo que es Dios. Si realmente son auténticos seres de luz, lo que afirme el maestro de una persona nunca entrará en contradicción con lo que afirme maestro el de otra. Obviamente, esto no significa que estén dispuestos a decir todo. No mienten, pero se guardan aquella información que consideran que la persona no necesita o no debe recibir. Por otro lado, ellos no hablan de lo que no se les pregunta. Por ejemplo, si la persona cree que va muy bien con cierta decisión que ha tomado, ellos no van a decirle lo contrario, aunque sepan que está equivocada. Guardarán silencio y esperarán que sea la misma persona la que tome la iniciativa de preguntarles.

---

[81] Las entidades de oscuridad, ángeles caídos y otros seres que no trabajan para Dios Padre-Madre Universal no poseen pies humanos. Por ese motivo, cuando se hacen pasar por seres auténticamente de luz usan largas túnicas que ocultan sus pies.

Para quedarse al lado de alguien, un maestro original siempre pondrá como requisito, por un lado, que el individuo actúe de acuerdo con la Conciencia de Amor. Eso significa, en términos sencillos, ser buena gente y esforzarse conscientemente por no pasar por encima de los demás. También es asumir la responsabilidad de estar constantemente trabajando las propias estructuras emocionales. Por otro lado, debe demostrar una actitud responsable y cuidadosa en el ámbito energético. Si hace caso omiso de lo que le han indicado, se terminarán alejando.

Ángeles y arcángeles

Los "ángeles" son una raza de seres de naturaleza guerrera que habita las dimensiones superiores. Han tenido una vinculación histórica con nosotros como humanidad[82]. Según Tony, su apariencia y sus facciones son similares a las de seres humanos altos y rubios.

En los ángeles se da la misma dualidad que en los demás seres de luz: algunos sirven activamente al Padre-Madre, mientras otros no. Cuando sí lo hacen, la diferencia con los maestros es que su función no es directamente la de enseñar sino la de proteger y defender el orden de la creación contra las fuerzas y seres que lo amenazan. Cuando entregan mensajes (recordemos que la palabra ángel significa "mensajero") lo hacen en ese contexto. En la Biblia, por ejemplo, se ve claramente como los mensajes de los ángeles buscan principalmente dar avisos, comunicar las instrucciones para algo, o encomendar alguna misión. Además, suelen intervenir directamente a través de acciones concretas: proteger, luchar, dar fuerza, curar, etc.

En la tierra encontramos un tipo particular de ángeles al servicio de Dios Padre-Madre: los "arcángeles". Son ángeles extremadamente poderosos capaces de enviar su energía y hacerse de esa forma presentes en cualquier rincón del planeta cuando se les requiere. Su función es brindar soporte a los seres humanos, ayudándoles a superar dificultades en algunas áreas clave.

---

[82] Véase al respecto Capítulo 22

Según Tony —y esto me lo recalcó siempre muchísimo— los arcángeles no son siete como afirman algunas iglesias y sistemas espirituales, sino solamente cinco. Sus nombres judeocristianos son: Miguel, Gabriel, Zadquiel, Uriel y Rafael. Ellos son los ángeles que permanecen en la tierra cumpliendo misiones para el Padre-Madre y prácticamente los únicos oficialmente autorizados a intervenir con su energía en ella. Hay toda una historia detrás, a la que más adelante me referiré, que explica la razón de por qué es así[83]. Tony a ese respecto fue tajante en afirmar lo que sus maestros le habían señalado (y que él, en su experiencia, había constatado) sobre muchos otros supuestos ángeles y arcángeles trabajando en la tierra para ayudar a la humanidad. Detrás de sus nombres se esconden energías que, o bien no son seres de luz, o bien lo son, pero no "auténticos"[84].

Decir esto puede ser chocante para muchas personas. Aparte de que hay quienes trabajan, canalizan o hacen terapia con ángeles, la imagen colectiva que en nuestra cultura tenemos de ellos nos lleva ingenuamente a pensar que son todos positivos y bondadosos. Dichos como «él es un ángel», al referirse a alguien muy bueno, lo confirman. Pero la verdad es bastante distinta. En

---

[83] Véase capítulo 22
[84] Es decir, que no sirven al Padre-Madre Universal

la tradición judeocristiana, sin ir más lejos, los ángeles aparecen como seres buenos o malos, dependiendo de a quién sirvan. Según la Biblia, Lucifer y muchos otros ángeles terminaron convirtiéndose en demonios al rebelarse contra Dios y empezar a ensalzar su propio ego. En algunos pasajes llega a plantearse explícitamente la existencia ángeles "diabólicos":

> Entonces dirá también a los de la izquierda: Apartaos de mí, malditos, al fuego eterno preparado para el diablo y sus ángeles[85]

Hoy en día, debido a la influencia de las ideas *new age*, mucha gente desea creer en los ángeles de la misma forma en que históricamente se ha creído en los "santos". Como seres humanos nos gusta pensar que hay grandes cantidades de seres "benéficos" pendientes y velando de cerca por nosotros. En esa línea, algunas corrientes espirituales han popularizado la idea de que los ángeles están a nuestro alrededor buscando e intencionando contactarnos. Muchos canalizadores o sanadores afirman también estar canalizando mensajes de ángeles o arcángeles, mientras otros dicen tener como maestro personal a alguno de ellos.

Sin embargo, los arcángeles auténticos al servicio de Dios Padre-Madre Universal son seres siempre de muy pocas palabras y a veces incluso algo distantes. Son tremendamente amorosos, pero no necesariamente amigables en el sentido como nosotros lo entendemos. Tampoco buscan transmitir largos sermones ni están para ser maestros de nadie. Por lo general, se limitan a realizar su trabajo sin buscar establecer demasiado contacto.

A diferencia de los maestros, los arcángeles no suelen presentarse de manera corpórea y sólida. Más bien se proyectan energéticamente de manera más bien "holográfica". Aun cuando en toda petición dirigida a Dios está implícito que ellos actúen, pedir su intervención directamente también es recomendable. De esa manera, si somos sensibles, puede que aprendamos a reconocer las "energías" de cada uno y a trabajar con ellas para necesidades específicas.

---

[85] Mateo 25, 41

Miguel

Los maestros señalaban que Miguel era el arcángel más antiguo y mano derecha del Padre-Madre Universal. Según ellos, posee una fe profunda en la humanidad. Su poder es el "fuego azul", capaz de quemar cualquier otra energía y en especial la de las entidades. De hecho, es el único ángel capaz de provocar miedo y pánico absoluto entre ellas al punto de que obedecen sus órdenes.

Podemos pedirle:

- Protección contra entidades que pudieran intentar atacarnos o afectarnos: se pide su "fuego azul" o su "escudo".
- Amarrar o neutralizar una entidad: se pide que la inmovilice con sus "cadenas de fuego azul".
- Destrucción de energías o estructuras tóxicas: se pide su "fuego" o su "espada".
- Corte de lazos o puentes energéticos: se pide que los corte con su "espada".
- Sellado del campo: se pide su "espada" o su "sello".

Por ejemplo:

> Pido al arcángel Miguel que, con su "fuego azul", desintegre este implante extraterrestre que invade la conciencia de _____. Que así sea, que así sea, que así sea. Gracias.

Gabriel

Gabriel es el arcángel que suele transmitir los mensajes del Padre y la Madre Universal. Posee el "fuego blanco", capaz de restaurar y sanar el tejido dañado del aura. Nos ayuda, por tanto, en la reparación de heridas magnéticas.

Podemos pedirle:

- Sanación de una herida magnética: se pide su energía en forma de "bálsamo blanco" que debe ser colocado imponiendo las manos sobre la zona en cuestión.
- Protección: se pide su fuego en forma de "manto blanco" que nos envuelve.
- Restauración: se pide su energía en forma de "luz blanca".
- Nutrición: se pide su energía en forma de "agua" o "bálsamo" blancos.

Por ejemplo:

> Pido a Gabriel arcángel su "bálsamo blanco" para reparar esta herida en el campo magnético de _____ y llenar todos sus vacíos y grietas. Pido que luego lo nutra con su "agua blanca". Que así sea, que así sea, que así sea. Gracias.

Zadquiel

Zadquiel es el arcángel que posee el "fuego violeta de la transmutación". Ayuda a trabajar tanto las emociones y conductas profundas de una persona como las energías tóxicas que pudieran venir desde el exterior. Porque, de alguna forma, todos tenemos la capacidad de transmutar energías en nuestro campo, tanto las que surgen desde nuestro propio interior (emocionales) como las externas cuando no son algo demasiado complejo. Entonces Zadquiel es el arcángel que puede ayudarnos con ese trabajo.

Podemos pedirle:

- Protección: se pide su "fuego violeta" en forma de pirámide que nos cubre

- Anulación o transmutación de energías o estructuras tóxicas tanto del campo magnético como del emocional: se pide su "destello" o "llama" violetas.

Por ejemplo:

Pido al arcángel Zadquiel que anule completamente este ataque energético o intención de daño que tiene _____. Que así sea, que así sea, que así sea. Gracias.

Rafael

Rafael es el arcángel cuyo ámbito de trabajo es la salud y protección del cuerpo físico. Trabaja con el "fuego verde de la medicina", que puede ayudar a sanar sus órganos y tejidos físicos enfermos o dañados.

Podemos pedirle:

- Protección física contra daños y enfermedades: se pide su "fuego verde".
- Alivio, limpieza y nutrición de órganos y tejidos físicos: se pide su energía en forma de "agua verde".
- Para potenciar la sanación física: se pide su energía en forma de "luz verde".

Por ejemplo:

Pido al arcángel Rafael su "energía verde" para aliviar y sanar la enfermedad en la zona _____ que tiene _____. Que así sea, que así sea, que así sea. Gracias.

Uriel

Uriel es el arcángel que rige las sincronías y el camino del alma de las personas. Posee el "fuego amarillo" que nos ayuda a realizar ese camino y potenciar nuestra identidad. Es un arcángel estratega, ya que arma situaciones y abre caminos. Sin embargo, lo hace sólo cuando la persona está en el camino correcto, es decir, aquel que tiene que ver con el auténtico propósito de su alma.

Podemos pedirle:

- Protección (de un proyecto o idea): se pide su "llama amarilla".
- Llenar vacíos de la identidad: se pide su energía en forma de "luz amarilla".
- Reconocimiento del alma y conexión con el maestro interno: se pide su energía en forma de "luz amarilla"
- Prosperidad y abundancia: se pide su "llama amarilla".
- Abrir caminos: se pide su "llama amarilla".
- Suerte y buena fortuna: se pide su "llama amarilla".

Por ejemplo:

> Pido, arcángel Uriel, tu "llama amarilla" para que yo pueda encontrar el camino de mi alma. Ilumina mi camino y muéstrame tus señales para saber qué decisiones tomar ahora que debo elegir carrera. Que así sea, que así sea, que así sea. Gracias.

> Te pido, arcángel Uriel, que me ayudes a sacar adelante el negocio que estoy emprendiendo. Ayúdame con la llegada de nuevos clientes. Que así sea, que así sea, que así sea. Gracias.

Pedir la ayuda de los seres de luz

Los seres de luz que sirven a la Conciencia de Amor de Dios, si bien pueden ser muchos y distintos, se hallan todos en "comunión" (común-unión). Puede decirse que son como uno solo, aunque por separado cada uno conserva su propio carácter e identidad.

Para obtener su ayuda, lo que se debe hacer es pedirles directamente invocando sus nombres, o bien pedir a Dios, ya que en cualquiera de los casos actuarán. Si se hace directamente, la ventaja es que podemos aprender a reconocer sus energías y utilizarlas de modo más "dirigido". Si se hace en general, lo importante es siempre en nuestro ruego explicitar que pedimos la ayuda de los seres de luz que sirven a la Conciencia de Amor de Dios Padre-Madre y no de cualquier "ser de luz". Lo que no debe olvidarse es que ellos no son dioses o seres con un poder propio. Son solamente "instrumentos" o "canales" de la inteligencia y voluntad del Padre-Madre.

La especificidad de la petición es muy importante, porque demuestra que existe conciencia en quien está solicitando. Señala que la persona no es perezosa y hay un esfuerzo detrás que permite focalizar la intención. Limitarse a decir, por ejemplo, «Dios, ayúdame» o «Arcángel Miguel, asísteme» está siendo muy vago y demuestra que la persona es, hasta cierto punto, cómoda. Es como el niño que pide ayuda al profesor sin plantearle dónde está concretamente su dificultad. Por lo tanto, las peticiones deben ser detalladas, por ejemplo:

- «Arcángel Miguel, cúbreme con tu "cúpula azul" de protección»
- «Miguel, te pido que me protejas con tu "fuego azul" de los ataques energéticos de entidades que pudiera tener _____[86]»

---

[86] Nombre de la persona, lo más completo posible.

- «Gabriel, pido que extiendas tu "manto blanco" a mi alrededor contra toda energía externa que pueda querer afectarme»
- «Pido a los seres de luz que trabajan para la Conciencia de Amor de Dios Padre-Madre Universal que ayuden a mi sobrino _____ a sanarse del cáncer que le detectaron»
- «Pido a los seres de luz que trabajan para la Conciencia de Amor de Dios Padre-Madre Universal que limpien mi campo energético y retiren toda la energía sucia acumulada que pudiera en él haber»

Ahora bien, probablemente, lo que más caracteriza a los seres de luz auténticos es su respeto irrestricto del libre albedrío humano. Esto significa que no podemos pedir cosas en nombre de otras personas a menos que ellas nos autoricen. La excepción es cuando tenemos hijos pequeños o gente cercana que por alguna enfermedad no está en condiciones de ejercer su libre albedrío.

Ellos nunca forzarán a alguien a obrar de una determinada forma, por ejemplo, poniendo en las personas energías o estructuras, o "ayudándolas", sin su consentimiento. Si la persona decide hacer cosas o ir por un camino que le apartan de la Conciencia de Amor, ellos simplemente se retiran y le quitan su apoyo. Mientras no repare y corrija, ellos se abstendrán de ayudarle. Con esto se desmiente la idea, que algunos naturalmente podemos tener, de que los seres de luz al servicio de Dios prestan su ayuda o sus energías de manera incondicional. No es así realmente, porque el requisito es que la persona demuestre ciertos aprendizajes mínimos de acuerdo con su nivel de conciencia, tanto en lo emocional como en lo moral. Si ha actuado mal y lo tiene normalizado, aunque rece y ore, los auténticos seres de luz se mantendrán al margen hasta que exista un cambio. También se permiten desoír una petición cuando ven que no será buena para esa persona o su entorno.

Ahora bien, existen otros seres aparentemente "de luz" a quienes no les interesa demasiado, aun cuando puedan darlo a creer, que el ser humano lleve a cabo un auténtico despertar o "movimiento profundo de alma". Como no trabajan para la Conciencia de Amor de Dios Padre-Madre

Universal, a menudo no tienen demasiados problemas en cumplir los deseos de alguien sin poner demasiado filtro de "moralidad".

Ángeles caídos y entidades de alto rango

La existencia de ángeles de naturaleza oscura o demoniaca es algo que mucha gente que dice creer en ángeles no toma en cuenta. Muchos prefieren pensar en un universo espiritual simple donde todos los seres son benéficos y el mal no tiene cabida. Pero, aunque el bien y el mal no son principios absolutos, el conflicto entre ambos es real. Los ángeles caídos representan, en ese esquema, la antítesis de lo que es un ángel al servicio de la Conciencia de Amor. Se presentan con el aspecto exterior de cualquier ángel, sólo que son realmente "perversos" en intención. En el fondo son seres de oscuridad, horribles por dentro, pero con la capacidad de aparentar belleza y santidad.

Según los maestros, son seres de raza angélica que, siguiendo la sed de poder de su propio "ego", rechazaron al Padre-Madre Universal. En un pasado remoto, "bajaron" a la tierra y cometieron todo tipo de atropellos y transgresiones, lo que obligó a los otros seres de luz, con Miguel a la cabeza, a combatirlos hasta finalmente derrotarlos. Para mantenerlos a raya, se los encerró en lo que conocemos como "el infierno": un lugar en lo profundo del planeta tierra, pero en otra dimensión, donde permanecen hasta hoy encadenados.

> Y fue lanzado fuera el gran dragón, la serpiente antigua, que se llama diablo y Satanás, el cual engaña al mundo entero; fue arrojado a la tierra, y sus ángeles fueron arrojados con él.[87]

Todo esto ocurrió hace milenios y desde entonces, pese a estar presos, los "ángeles caídos" se las han arreglado para proyectar su energía desde su dimensión hacia la nuestra. Tienen un especial encono hacia el ser humano por haber sido hecho a imagen y semejanza de Dios. Con el fin de corromperlo y alimentarse energéticamente de él, crearon enormes cantidades

---

[87] Apocalipsis 12,9

de criaturas que les sirven: las entidades demoniacas o "de oscuridad". Las podemos encontrar en distintos grados de tamaño, poder e inteligencia. Las más parecidas a ellos son las de "alto rango", tanto por su apariencia como por su gran astucia.

El punto es que hoy en día muchas personas se hallan "tomadas" o "influidas" energéticamente por estos ángeles y su séquito de entidades. Pero no acaba allí el problema, ya que hay mucha gente que los canaliza creyéndolos auténticos guías, ángeles o maestros al servicio de Dios. Como se presentan con muy similar energía y aspecto, y convincentes mensajes espirituales, fácilmente consiguen engañar. Suelen dar nombres falsos o, a veces, ni siquiera los dan y prefieren evadir el tema o responder con frases vagas.

Los "ángeles caídos" suelen representar muy bien el papel de santidad, pero sutilmente llevan a la persona por una vía distinta a la de su alma. Puede que le animen a mirar en menos a otros seres humanos, o a considerar que vengarse o perseguir a sus enemigos es justo, o que hay que matar brujas, herejes, *gays* o judíos simplemente porque son "gente mala".

Muy de seguro, a lo largo de la historia, muchos "ángeles caídos" han estado detrás de muchos delirios místicos y supuestos mensajes de Dios que son una tergiversación total de su verdad. Inspiraron y justificaron atropellos, matanzas, persecuciones y todo tipo de excesos. Los humanos que los cometían a menudo decían que ángeles o seres espirituales o divinos se los habían ordenado.

Pese a que tanto los "ángeles caídos" como las "entidades de alto" rango tienen la capacidad de mostrarse como seres luminosos, bellos y santos, nunca lograrán equiparar a un ser de luz auténtico, es decir, al servicio de Dios Padre-Madre Universal. Necesitamos aprender a reconocerlos —y evitar que nos engañen— de la misma manera en que aprendemos a reconocer a un estafador o un narcisista, o a cualquier ser humano con una personalidad altamente tóxica o nociva.

Extraterrestres

Los "seres de luz auténticos" tienen prohibida la intervención no solicitada en los asuntos del ser humano. A cada miembro de la especie nos corresponde, por nuestro libre albedrío, el derecho a que nos dejen ser y vivir lo que sea que hallamos decidido. En eso se juega nuestro aprendizaje y, por ende, el despertar de nuestra alma. También, como colectivo, la propia humanidad está en un proceso de aprendizaje y desarrollo de conciencia, por lo que allí también los seres de luz auténticos evitan inmiscuirse.

En la práctica, este gran cuidado y respeto que los seres de luz que sirven a la Conciencia de Amor tienen para con nosotros se traduce en que ellos:

- No hacen daño a ningún ser humano
- No piden sacrificios ni "sangre"
- No piden ser servidos
- No se benefician de la energía del aura o del cuerpo de nadie.
- Jamás implantan energías o estructuras o "sellos".
- No entregan tecnología ni dones ni técnicas ni prácticas energéticas que puedan ser un desvío para el "movimiento profundo del alma", o para las que el ser humano no está emocionalmente preparado aún.
- No abducen a nadie.
- No intentan corregir o controlar conductas.
- No vienen a la tierra en busca de recursos.

Sin embargo, existen muchos otros seres en el universo —originarios incluso de dimensiones y mundos "de luz"— que no se rigen por estas reglas. Para muchos de ellos, el ser humano, la tierra y la humanidad están para ser intervenidos. Cuando nos visitan, lo hacen por su cuenta y no autorizados por el Padre-Madre Universal. Tienen por costumbre presentarse, de hecho, como provenientes de una raza, planeta, galaxia, estrella o constelación en particular. Pero, incluso si vinieran diciéndose servidores del Padre-Madre, lo que hay que observar no son sus palabras, sino su actuar.

Y quizás lo más característico, en este sentido, lo constituye el hecho de que estos seres suelen colocar estructuras bajo la forma de "implantes". Son programaciones que, aun cuando podrían ser percibidas como "buenas", no dejan de ser algo impuesto desde fuera. Están, en el fondo, impidiendo que los aprendizajes y el desarrollo provengan a partir del propio "movimiento profundo del alma" de la persona. A menudo, provocan que se le desarrollen o potencien capacidades —por ejemplo, de canalización o sanación— de una manera que no encaja con el desarrollo natural de su conciencia. Esto favorece que pueda empezar a desconectarse emocionalmente de sí misma, lo que puede llegar a ser muy evidente incluso desde fuera cuando muchos que dicen ser "contactados" parecen locos o maniacos. Algunos transmiten como autómatas, hablan en lenguajes extraños, o su mirada o discurso tienen algo que se siente poco "humano", como si "no conectara"[88].

A través de los implantes, los extraterrestres estimulan el despertar de una falsa conciencia espiritual. No importa si lo hacen con buena o mala intención, pero el hecho es que, más que una conciencia, es un estado mental y energético en el que el yo se termina bloqueando o abstrayendo a la realidad de sus propias emociones (y de su propia alma). En otras palabras, la persona se bloquea o distrae de su propia "sombra psicológica", con todos los conflictos e incomodidad que son inherentes a ella. Abraza, en su lugar, la fantasía de mundos espirituales, maravillosos y perfectos.

Emocionalmente esto a menudo se manifiesta como una especie de "embriaguez" espiritual o "de amor" que dista bastante de un auténtico y real despertar de la conciencia amorosa del alma. Esta última requiere que la persona pase por los duelos propios de la condición humana; no que los evada. Tal como lo señala C. G. Jung: «No hay llegada a la conciencia sin dolor»[89].

---

[88] Es difícil definir lo que es esta sensación de "no conexión", pero es como si la persona no ofreciera auténtica empatía, contención o calidez humana. La mirada puede dar la impresión de estar algo perdida.

[89] Jung, C. G., 1928. Contributions to Analytical Psychology, p. 193. London: Kegan Paul Trench Trubnerampco Ltd.

Por lo tanto, es normal que veamos que estos seres manejan discursos muy espirituales, pero pobres en sustancia psicológica. En ellos hay abundante utilización de términos como "galáctico", "cuántico", "cósmico" o "planetario". Sólo como ejemplo, recuerdo a un canalizador que anunciaba en sus redes sociales que bajo la capital de su país se hallaba una inmensa nave nodriza extraterrestre e invitaba a la gente a "contactarse" con ella. Para eso tenían que salir a ciertas horas de la madrugada e ir al río que pasaba por la ciudad para, a través de la vibración del agua, entrar en sintonía con la nave. A partir de eso, se produciría un "despertar" en esas personas que les abriría las puertas de una suerte de "conciencia cósmica".

Los maestros advertían del peligro de quedar atrapados en esta falsa consciencia espiritual, pendientes de eventos exteriores para los cuales supuestamente hay que prepararse. Estos eventos pueden ser un cambio dimensional, la llegada de naves, un cambio de era "cósmica", la apertura de un determinado "portal de luz", etc. A veces, también, se trata de supuestos "recuerdos" de eras y civilizaciones pasadas, y del origen mismo de la humanidad. El mensaje detrás de éstos es que «venimos de las estrellas y ahora nos toca volver a éstas». El problema es que, si bien en la creación del ser humano los maestros decían que sí hubo participación de seres provenientes de otro planeta, el proyecto mismo de la humanidad fue luego bendecido por el Padre-Madre Universal para que se desarrollara íntegramente en la tierra. Y es por esa razón por lo que los "seres de luz auténticos" están apoyando que no exista más intervención externa. La raza humana no necesita volver a ningún otro lugar del cosmos para completar su cometido —señalaban— ni tampoco la ayuda de ninguna raza alienígena.

Ahora bien, los seres extraterrestres son técnicamente "seres de luz" por el hecho de que su origen se halla en las dimensiones superiores. Y no todos son "malos" o contrarios a la voluntad del Padre-Madre Universal, como uno pudiera pensar. Muchos de ellos se esfuerzan por desarrollar los aprendizajes de la Conciencia de Amor. Pero lo hacen en sus propios mundos, sin venir hasta acá a intervenir por cuenta propia.

Por supuesto, es natural que estas afirmaciones puedan afectar la susceptibilidad de quienes están en el convencimiento de que los extraterrestres que vienen acá lo hacen por "ayudarnos". De hecho, hay mucha gente que está canalizando abiertamente a seres que dicen venir de distintos lugares del universo y trabajando con sistemas de sanación entregados por ellos. Entre sus prácticas encontramos lo que ellos llaman "activaciones", que en la práctica resultan no ser más que "implantaciones". El campo magnético de esas personas, y de los pacientes que atienden, suele quedar lleno de implantes cuyo fin es programarles para recibir la información que ellos quieren.

Yo mismo conocí y me atendí por años con un terapeuta que trabajaba mucho con extraterrestres. Justificaba los implantes diciendo que eran la manera en que estos seres, a quién él consideraba auténticamente "de luz", nos preparaban para una siguiente encarnación en algún otro planeta o raza. En otras ocasiones la explicación era que se trataba de "sellos", estructuras que nos colocaban para corregir alguna conducta errada y evitar que nos extraviáramos demasiado del camino de nuestra alma.

Pero el hecho es que los seres de luz al servicio de la Conciencia de Amor jamás ponen estructuras en las personas, aun cuando el fin pudiera parecer "bueno". El libre albedrío de cada ser humano es sagrado y cada uno tiene derecho a tomar el camino y las decisiones que sean sin que venga un ser superior, cual "hermano mayor", a impedírselo. Perder el rumbo es parte también del aprendizaje de su alma.

En cuanto a forma y aspecto, los sellos o implantes pueden ser bastante variados. Algo típico es que se presenten como estructuras geométricas o similares a artefactos tecnológicos. Quienes logran visualizarlos a menudo perciben en ellos imágenes de "geometría sagrada" o símbolos extraños. Al tacto se perciben como pulcros y metálicos. Energética y estructuralmente son del campo magnético, pero pueden ser asimilados por el campo emocional cuando entran a sintonizar con las propias estructuras de la persona. Así, mientras más tendencia natural a disociarse o escapar hacia mundos o imágenes de luz tengamos, más probabilidades de ser implantados. Por supuesto, esto también ocurre cuando existe un interés declarado por la temática OVNI, o por directamente buscar sintonizar o canalizar mensajes o energías de razas extraterrestres.

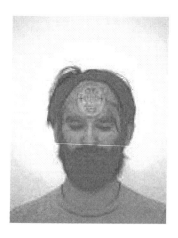

EJEMPLO DE IMPLANTE TIPO SELLO

Como planeta y como humanidad, los seres alienígenas llevan siglos visitándonos. Tomaron contacto con muchas de las grandes civilizaciones de la antigüedad y les entregaron conocimiento y tecnología. Hoy en día continúan haciéndolo, aunque la mayoría de las veces esa entrega no es cara a cara, sino por vía indirecta, es decir, por medio de implantes y canalización.

Eliminar implantes es relativamente sencillo si se ha tomado suficiente conciencia de cuál o cuáles son las tendencias que están estimulando en nosotros. Algunas de éstas son, por ejemplo:

- Tender a quedarnos "pegados" con la tecnología y gastar muchas horas en internet y las redes sociales
- Ser "chicos buenos" todo el tiempo y reprimir el enojo, con dificultades para poner límites
- Ser muy "cerebrales" y pasarnos la vida acumulando conocimiento, pero con poca conexión y conciencia hacia las propias emociones
- Un patrón de positividad tóxica en el que constantemente nos esforzamos por negar cualquier atisbo de emociones o pensamientos "negativos"

- Cultivar en un tipo de espiritualidad llena de sólo luz e imágenes de mundos y seres perfectos, que da poca cabida a la parte "oscura" y "difícil" de la vida.
- Ser extremadamente autoexigentes y responsables de manera rígida y con todo, y perseguir ideales de perfección
- Sentirnos ajenos a este mundo. Las demás personas nos ven como si tuviéramos una mirada "ausente"

Como vemos, los ejemplos anteriores tienen como denominador común que se escapa de las emociones hacia algo "ideal" o "perfecto". De hecho, años antes de conocer a Tony, yo ya había descubierto que había seres que ponían estructuras y lazos en las personas para estimular su tendencia a la perfección y el idealismo. Por entonces les llamaba "seres de perfección" y creé, incluso, un renuncio especial para trabajarlos. Cuando después entendí sobre los seres extraterrestres, me di cuenta de que eran prácticamente lo mismo y muchas cosas me encajaron.

A continuación, presento un renuncio para cortar conexiones y lazos con seres extraterrestres, y otro para destruir los implantes que pudieran haber colocado. Pueden ser dichos juntos o por separado. En ellos podemos decir "extraterrestres" en general, o mencionar las distintas razas con las que en particular se quiera cortar conexión. Se aconseja decirlo de manera mental más que verbal, para evitar ser escuchado por seres que pudiera haber en el ambiente.

RENUNCIO A LAZOS CON EXTRATERRESTRES

Yo _____ renuncio a lazos energéticos que haya establecido consciente o inconscientemente con seres o razas extraterrestres, y en general a seres que no trabajan para la Conciencia de Amor de Dios Padre-Madre Universal. Renuncio a ellos y a cualquier tipo de energía o estructura alienígena que pudiera haber en mi campo magnético. Renuncio a cualquier don o beneficio que yo haya obtenido a partir del vínculo, el intercambio, el pacto o la asociación con extraterrestres y renuncio a las activaciones que ellos hayan efectuado en mí. Les quito todos los permisos que alguna vez pude haberles entregado.

Agradezco todo lo recibido, ya que aprendí y crecí, sólo que ya no lo quiero. Aquí y ahora, YO ME DECLARO LIBRE, YO ME DECLARO LIBRE, YO ME DECLARO LIBRE de esta influencia.

Pido a mis guías internos que corten y disuelvan los lazos que yo haya establecido con seres extraterrestres, y a Miguel arcángel que corte y aleje cualquier puente energético con ellos.

PETICIÓN PARA DESTRUIR IMPLANTES

Yo _____ pido a mis guías internos que hagan plenamente visible cualquier estructura que pudieran haberme implantado seres extraterrestres alguna vez, que tengan que ver con mi tendencia a _____.

Y pido a Miguel arcángel que, con su fuego azul, los desintegre completamente. ¡Que así sea, que así sea, que así sea!

Con estos decretos es normal que se experimenten, en distintas partes del cuerpo, movimientos energéticos tras los cuales la persona siente alivio y su campo se siente más liviano. De esa forma, además, podrá corroborar hasta qué punto era la implantación.

Los maestros ascendidos

Los llamados "maestros ascendidos" no son técnicamente "seres de luz", pero pueden ser confundidos con éstos. Se afirma que son seres humanos que alcanzaron tan alto nivel de aprendizaje, en términos de alma, que luego de fallecer lograron "ascender". Es decir, consiguieron quedar libres de las rondas de karma, muerte y renacimiento para siempre. Su gran amor por la humanidad, empero, les habría hecho quedarse en la tierra a ayudarnos y acompañarnos en nuestro esfuerzo por despertar conciencia. Sería el caso de muchos santos y santas, sabios, gurúes, sanadores y en general gente buena y espiritual.

Sin embargo, lo que los maestros de Tony explicaron es que los maestros ascendidos son en realidad los "campos" o "carcasas" magnéticas de esos seres humanos notables. Tras desencarnar, sus almas efectivamente consiguen ascender hacia las dimensiones superiores (específicamente a lo que llamaban "El *Bardo*"), pero sus campos, sin poder hacerlo, se quedan acá. Logran perdurar en el tiempo porque continúan siendo energizados por las miles o millones de personas que les recuerdan.

Debido a que en vida fueron personas espirituales, buenas y sabias, los campos o carcasas de estos seres humanos también lo siguen siendo[90]. Al invocarles o pedirles ayuda, se hacen presentes y, dada la cantidad de energía que acumulan, pueden llegar incluso a efectuar sanaciones y milagros.

Quizás el maestro ascendido más famoso y poderoso hoy en día es Jesús de Nazareth. Su campo es brillantísimo y de una energía amorosa, potente y cálida. Esto no es solamente por la cantidad de seguidores que tiene y ha

---

[90] Recordemos que el campo magnético conserva la personalidad, identidad e inclusive los conocimientos que un individuo tuvo en vida.

tenido, sino por tratarse de un ser humano que en vida encarnó la energía y sabiduría de Dios a un nivel aún no alcanzado por alguien más. Por cada persona que le recuerda, le reza y pone su fe en él, recibe enormes cantidades de energía de una vibración espiritual altísima.

Del mismo modo pasa con otros maestros ascendidos famosos, como María la madre de Jesús, muchos santos, el Conde de Saint Germain, Krishna, Gautama Buda, Mahoma, Moisés, Confucio, etc. Mientras más personas les recuerdan y les rinden culto, más energía acumulan.

Yo mismo trabajé años, antes de conocer a Tony, con una maestra ascendida cuyo nombre no sabía, a quien yo le llamaba simplemente "abuela". La sentía y la visualizaba como una mujer grande y gorda, de raza negra, con una energía muy fuerte y maternal. Generalmente la llamaba cuando requería poner ese tipo de energía en pacientes que tenían vacíos y heridas por traumas de abandono. Cuando la sentía llegar, percibía sobre todo sus grandes y gruesas manos encima de las mías.

Ahora bien, el problema con los maestros ascendidos no es que sean negativos *per se*. Por el contrario, la ayuda energética e inspiracional que brindan puede ser muy buena y útil. Siempre que no estén intervenidos o suplantados por otros seres, su presencia es benéfica. Pero lo que hay que tener en cuenta, eso sí, es que no son conciencias humanas como tales. El alma que en vida albergaron ascendió para continuar su proceso. Si esa alma desea volver a la tierra, tendría que encarnar de nuevo, y al hacerlo tendrá un nuevo cuerpo y con eso un nuevo campo y una nueva personalidad. El maestro ascendido (es decir, el campo) que antes dejó acá continuará existiendo, ya que no es más que un "recuerdo energizado" de esa personalidad.

En la práctica, aunque puedan ayudarnos y merezcan todo nuestro respeto, los maestros ascendidos no deben ser confundidos con maestros o seres de luz auténticos. Al no tener alma dentro, no son seres que se estén vinculando directamente con la fuente de luz y conciencia universal. Tampoco se están "actualizando" constantemente dentro de un proceso de aprender y crecer (es decir, un "movimiento profundo de alma"). Más bien, permanecen anclados a su tiempo y a los conocimientos y enseñanzas que transmitieron en vida. Por eso es por lo que, en las canalizaciones, tienden a repetir y "repetirse" dentro de un determinado lenguaje y discurso. Tampoco manejan un conocimiento cabal de las cosas o del alma profunda de la persona, sino que están limitados a aquello que en su vida como humanos alcanzaron.

En ocasiones, no obstante, y esto es lo delicado, el campo de un maestro ascendido puede ser colonizado, imitado o "falsificado" por otros seres, como extraterrestres o entidades demoniacas. De esa forma, dichos seres perfectamente pueden hacerse pasar por, por ejemplo, Jesús o María y aparecerse en visiones, canalizaciones o experiencias místicas.

Aun así, muchos campos magnéticos están libres de intervención y pueden brindar bastante ayuda. Mientras más espiritualmente sana fue una persona en vida, es mayor la probabilidad de que después de muerto su campo permanezca libre de intervenciones externas. El problema es que el común de las personas no sabe filtrar a la hora de canalizar y tiende a creer y a confiar en cualquiera que afirme ser tal o cual maestro. Por cada maestro, santo, ángel o arcángel famoso, hay multitud de imitadores. Basta ver lo que ocurre en sesiones espiritistas, en las cuales muchas veces se presentan supuestos maestros o desencarnados que luego se descubre que no eran más que impostores.

También los campos de personas comunes pueden continuar haciendo el bien después de que el alma desencarna. Por ejemplo, hay médicos que, una vez fallecidos, sus campos siguen siendo capaces de realizar operaciones, ahora en el plano energético. Un conocido mío me reportaba el caso de un amigo suyo que se sometió a una especie de "cirugía astral" en la que tuvo que permanecer aproximadamente una hora solo y recostado en su cama mientras era "operado". Cuando se encontraba en ese estado, sintió en su cuerpo movimientos de todo tipo y, curiosamente, escuchó a un par de hombres conversar en alemán. Eran los campos de los médicos alemanes que habían ido a operarle.

Incluso Tony tenía contacto frecuente con un campo magnético: el de Paracelso, el famoso médico del Renacimiento. Era una carcasa que estaba muy energizada a partir de toda la gente que aún le recordaba. No se encontraba tomada por entidades y, además de su humor particular (al parecer Paracelso había sido en vida alguien bastante bromista), resultaba muy útil tenerla cerca. Conocía una amplia gama de secretos médicos. Por ejemplo, una vez Tony tenía un gran dolor de cabeza y Paracelso le recomendó tomar corteza de sauce. Luego de un rato, cayó en cuenta que era lo mismo que la actual aspirina.

Reconocer a un auténtico ser de luz

Una de las capacidades más necesarias en el ámbito de la sanación, la canalización o el psiquismo es la de distinguir entre un ser de luz que sirve a la Conciencia de Amor de Dios Padre-Madre Universal, de cualquier otro ser que no lo hace. La realidad energética a nuestro alrededor es un lugar peligroso en el cual constantemente la apariencia es una cosa, y la verdad, otra. No difiere tanto de lo que es la vida misma, donde gran parte de nuestro aprendizaje emocional consiste en distinguir lo auténtico de lo falso.

Tanto en la canalización como en el trabajo con energías espirituales, si se nos presenta algún ser, la regla es que debe pasar por muchas pruebas antes de estar seguros de qué o quién realmente es. Ya sea que lo veamos, lo sintamos, o recibamos de él algún mensaje, tiene que pasar por los filtros de nuestra conciencia. Éstos son la inteligencia del razonamiento lógico-matemático, la del sentimiento o inteligencia emocional, y la espiritual de la cual ya hablamos en un capítulo pasado. Porque, lejos de lo que uno podría pensar, a un auténtico ser de luz no le molesta que se le ponga a prueba. Por el contrario, quiere que lo hagamos, para que de esa manera actuemos como "adultos espirituales". En otras palabras, espera que desarrollemos nuestra consciencia y nuestro discernimiento, y no seamos ese tipo de humano "naif" que se cree ciegamente cualquier cosa.

Partamos revisando una serie de creencias equivocadas o mitos sobre cómo diferenciar a un auténtico ser de luz de las entidades y falsos seres de luz. En el mejor de los casos, son sólo verdades a medias.

Mito	Realidad
Los seres de luz auténticos son de una alta vibración energética, mientras que las entidades, como habitantes del "bajo astral" tienen una vibración densa, oscura y pesada.	Muchos ángeles caídos y entidades demoniacas de rango alto tienen mucha energía y pueden mostrarse como "de alta vibración".
Los seres de luz auténticos son bellos, con aspecto de ángel incluso, y las entidades y falsos maestros son feos.	Los ángeles caídos y entidades de rango alto pueden tener una apariencia muy bella, al igual que los extraterrestres.
Sabemos que se trata de un ser de luz de verdad porque hace sanaciones y milagros.	Muchas entidades y seres que no son auténticamente de luz suelen hacer sanaciones y milagros con el objetivo de que les crean.
Sabemos que se trata de un ser de luz de verdad porque en sus mensajes entrega códigos y símbolos, y trata temas como el despertar de la conciencia, el amor, la geometría sagrada, la alquimia, etc.	Muchas entidades, ángeles caídos y seres extraterrestres acostumbran a hablar ampliamente de esos temas.
Los seres de luz auténticos nos hacen experimentar estados de conciencia elevados, de mucho amor y luz, las entidades y seres negativos no pueden.	Muchos extraterrestres y entidades pueden inducir estados de éxtasis místico o de amor, ya que saben que muchos seres humanos estamos necesitados de ellos. No hacen que sanemos realmente; en su lugar, nos mantienen entretenidos y cautivados con dichos estados.
Los seres de luz auténticos son seres inteligentes mientras que las entidades no.	Las entidades de rangos bajos o intermedios son más bien brutas, pero las de alto rango, y los mismos ángeles caídos, son sumamente inteligentes. Manejan todos los juegos de la mente y pueden tender trampas y engaños sofisticados.

De todo lo anterior, probablemente, lo que más llame la atención es que tanto los seres de luz auténticos como los falsos, incluidas muchas entidades oscuras, pueden ser o mostrarse con una "alta vibración". Esto es básicamente porque: (1) tienen la capacidad de acaparar energía luminosa a partir de lo que roban o parasitan a otros seres, y (2) poseen un alto grado de inteligencia que les permite "cambiar de forma" para asumir la apariencia de un ser "bueno".

Entonces, si así es, ¿quiere decir que no existe una diferencia energética entre ellos? La respuesta es que sí existe, pero está mucho más en el plano de lo cualitativo que de lo cuantitativo. Es decir, si todos pueden mostrarse "luminosos", lo que hay que aprender a reconocer es la "cualidad emocional" de esa luz. Es decir, de lo que se trata es de conectar con nuestra conciencia profunda y desde allí, no fijarnos en si es o no un ser luminoso o que "vibra alto", sino en la manera en que lo hace. O sea, ¿qué tipo de luz es? ¿una que nos embriaga y nos hace olvidar todas nuestras penas, o una que nos produce profunda paz y serenidad al tiempo que nos conecta con nuestro interior emocional profundo? ¿una que nos muestra mundos perfectos y exalta nuestro ego, o una frente a la cual experimentamos humildad y entendimiento de nosotros mismos?

Esto es similar a aprender a diferenciar el jugo natural de naranjas, del artificial. Aunque ambos sean dulces y sepan a naranja, estoy seguro de que la gran mayoría de nosotros sabría diferenciarlos. Inclusive, si fuera el jugo de una fruta que nunca hayamos probado, es casi seguro que estaríamos de todas formas en condiciones de decir cuál es el natural y cuál el artificial. Podemos hacerlo porque hay algo en nuestra biología programado para identificar "lo natural". Aun en el caso en que nos pudiera costar, con práctica y suficiente atención terminaríamos por lograrlo. Así también aprendemos a distinguir los seres y energías que se nos presentan. Necesitamos conectar con la parte de nuestra alma y nuestra inteligencia emocional que detecta lo emocional y espiritualmente verdadero. Preguntémonos: ¿qué sabor me deja el encuentro? ¿resuena con todo el trabajo emocional que vengo haciendo en mi interior y la voz misma de mi ser, o resuena más bien con mis miedos, mis prejuicios y mi rigidez psicológica? Son preguntas a través de las cuales entramos en profunda reflexión antes de dar por sentado que se trata de un ser auténticamente "de luz".

Si realmente es alguien al servicio del Padre y la Madre Universal, su energía resonará profundamente con el maestro de nuestra alma en la zona de nuestro plexo solar y corazón. Por ende, en especial si se trata de un maestro original, habrá una sensación de calidez y conexión emocional profunda. Pese a todo, lo que hay que entender es que reconocer a un ser de luz al punto de lograr seguridad de que se trata de uno auténtico, no es algo instantáneo. Ocurre de la misma manera que cuando estamos conociendo a alguien, vamos poco a poco desarrollando una relación de confianza. Y si a menudo confiamos en personas que luego resultan ser narcisistas o embaucadores, ¿cómo podríamos esperar no ser también engañados en el plano de las energías?

Por eso, la clave para distinguir a los auténticos seres de luz de los falsos se halla en el trabajo emocional sobre nuestros propios puntos ciegos. Las entidades y los falsos seres de luz siempre se aprovechan de nuestros vacíos, heridas y sombras emocionales en general. Juegan muy bien los juegos de la mente y saben cómo engancharnos desde el "ego". Si no lo tenemos bien reconocido y trabajado, caeremos una y otra vez en las trampas de los falsos seres. En ese sentido, si no sabemos distinguir entre nuestro ego, representado por nuestras múltiples estructuras emocionales, y nuestra alma, ¿cómo pretendemos diferenciar a un ser que actúa desde la auténtica luz de Dios de otro que no lo hace?

Por último, existe un conjunto de características propias de un ser de luz auténtico, algunas de las cuales ya fueron mencionadas cuando se habló de los maestros. Recordarlas nos ayudará bastante a filtrar.

- Si somos capaces de escucharlos, siempre dicen su nombre. El nombre es algo que ningún auténtico ser de luz negará en caso de que le preguntemos. Las entidades oscuras y ángeles caídos, por el contrario, evitarán a toda costa dar nombres y preferirán responder cosas vagas como "los nombres no importan" o "soy el que soy".

- Se muestran y muestran su energía para que la podamos sentir y aprendamos a reconocerla.

- Si somos capaces de verlos, tienen pies humanos que siempre van descalzos. Las entidades y falsos seres de luz no tienen pies humanos, por lo que suelen usar túnicas largas para no mostrarlos.

- Nunca tocan a la persona, pues no les está permitido.

- Jamás se incorporan o intentan meter su energía dentro de alguien. No lo necesitan y practican la no intervención y el profundo y absoluto respeto por la integridad energética de cada alma. Por ende, para comunicarse utilizan la telepatía y jamás la mediumnidad.

- Nunca son molestos, perturbadores o irrespetuosos.

- No dan órdenes ni exigen, sino sólo sugieren.

- No se presentan como autoridades y, de hecho, no creen en la autoridad como tal. Para ellos cada ser consciente posee libre albedrío y decide si actuar o no según la Conciencia de Amor.

- No piden que se les rinda servicio o culto.

- No amenazan ni enjuician ni castigan (aunque pueden ser severos y mostrar molestia o enojo).

- Jamás aconsejan o inducen a que alguien se suicide, se deje morir o se autoagreda.

- Jamás aconsejan a un padre o madre abandonar un hijo.

- Jamás aconsejan la venganza o devolver el mal recibido (pero sí protegerse y poner límites).

- Nunca inducen o aconsejan a alguien para que preste su cuerpo a otros seres. Quienes lo hacen no son seres de luz auténticos.

Un ejemplo que ilustra cómo se puede aplicar lo anterior es el caso de una alumna mía, que me relató que había tenido la oportunidad de atender a la dueña del centro de terapias donde ella trabajaba. Después de que mi alumna le trabajó algunas estructuras, la mujer quedó bastante sorprendida y agradecida.

—Fue como que me sacaste un peso de encima —dijo cuando se incorporó—. ¿Tú tienes algún ser de luz como maestro?

—No, salvo el maestro interno de mi propia alma —respondió mi alumna.

—Porque yo sí tengo y está acá conmigo hablándome. ¿Quieres conocerlo?

Mi alumna, ante la sospecha de que no fuera un auténtico ser de luz, se apresuró a preguntarle:

— ¿Y cómo se llama tu maestro?

—No lo sé —le dijo la mujer.

—Pregúntale su nombre —insistió mi alumna—. Te lo tiene que dar

La mujer guardó unos segundos de silencio y continuó:

—Dice que es Gabriel

— ¿Gabriel Arcángel?

—Sí

—Qué raro, porque los arcángeles no son maestros de nadie. Su función es otra —señaló mi alumna—. Insístele que te diga su verdadero nombre.

—Es que ahora me empezó a dar un poco de angustia —se quejó la mujer

—Eso es porque parece que tu maestro no es un verdadero ser de luz. Los seres de luz no nos hacen sentir angustia. Dile que se vaya.

—Le dije que se fuera, pero no quiere. ¿Qué puedo hacer?

—Dile que, si no se va, vas a llamar al arcángel Miguel para que lo eche lejos —le dijo finalmente mi alumna.

Muchas entidades que se hacen pasar por seres de luz no resisten este tipo de preguntas y, al sentirse descubiertos, atacan o amenazan. Con eso revelan su verdadera naturaleza.

Esta mujer le dijo después a mi alumna que este supuesto maestro se le había aparecido cuando ella estaba haciendo *reiki* y le había comenzado a hablar. Ella, como tenía habilidades psíquicas, había empezado a escucharla y a entablar diálogo sin ponerle ningún filtro. Este ser le hablaba de "cosas espirituales" y ella estaba convencida por eso de que se trataba de un auténtico maestro o guía de luz que la había elegido para comunicarse.

Como una forma de ayudarnos a alejar a las entidades y otros seres que puedan estar haciéndose pasar, se puede intentar aplicar un renuncio y una petición al arcángel Miguel. Nos puede ser de utilidad si somos personas que hemos estado trabajando con algún guía o maestro que creemos auténtico y nunca le hemos puesto a prueba. No obstante, no es útil si se aplica sólo como fórmula, es decir, sin un trabajo de reflexión y conciencia. Tampoco sirve si hemos hecho demasiadas concesiones y dado demasiadas autorizaciones al ser en cuestión. Si es ese el caso, necesitaremos de un trabajo sostenido en el tiempo para lograr liberarnos de él.

RENUNCIO A FALSOS SERES DE LUZ

Yo _____ renuncio a todo lazo o vínculo con seres que no estén al servicio de Dios Padre-Madre Universal, trabajando para la Conciencia de Amor. Renuncio a entidades o seres extraterrestres que se estén haciendo pasar por maestros o guías o seres de luz.

Si yo los he tenido por maestros, o he aceptado sus energías o canalizaciones, o les he dado algún tipo de permiso sobre mí, anulo aquí y ahora todos esos permisos.

Anulo completamente todas las autorizaciones dados a ellos. Renuncio a los intercambios energéticos que realicé con ellos. Renuncio a los poderes o beneficios que ellos me hayan dado.

Aquí y ahora, por mi libre albedrío, yo ya no los quiero, ¡Renuncio y me declaro libre de ellos, yo _____me declaro libre de ellos, me declaro libre de ellos!

Quiero de vuelta toda energía que yo les entregué y lo que ellos pudieron haber tomado de mí.

Pido a Miguel arcángel que con su espada azul los aparte y aleje de mí lo más posible en este instante. Pido que corte las conexiones y puentes energéticos que estos seres me hayan instalado, o yo mismo haya creado con ellos.

Puede que al efectuar el renuncio sintamos movimientos energéticos en nosotros. Recomiendo combinarlo con el renuncio y disolución de implantes, y el renuncio a entidades de oscuridad. Si la resistencia que sentimos es fuerte, y si se da cada vez que hacemos el renuncio, es probable que tengamos una entidad metida dentro y no nos hayamos dado cuenta. En tal caso, podemos proceder como es explicado en el capítulo sobre las entidades.

Protección de los cinco arcángeles

Para terminar, transcribo a continuación una oración que podemos utilizar para pedir la protección y ayuda de los cinco arcángeles, en todas las áreas de nuestra vida.

PROTECCIÓN DE LOS CINCO ARCÁNGELES

Yo _____, en este momento, pido protección a ti Dios Padre-Madre Universal, origen de mi alma y origen del fuego eterno que llevo dentro de mí.

Pido protección también a ti Padre de la humanidad, amado Padre Creador de todos nosotros. Pido que me envíes a tus arcángeles para hacer el siguiente pedido, siempre siendo consciente de mis intenciones, desde la humildad y el servicio a la Conciencia de Amor.

Arcángel Gabriel, arcángel Gabriel, arcángel Gabriel, te pido que, con tu fuego blanco protejas y cuides aquí y ahora mi integridad energética.

Arcángel Miguel, arcángel Miguel, arcángel Miguel, te pido que, con tu fuego azul y con tu escudo, protejas y cuides aquí y ahora mi integridad espiritual.

Arcángel Zadquiel, arcángel Zadquiel, arcángel Zadquiel, te pido que, con tu fuego violeta, protejas y cuides aquí y ahora mi integridad emocional.

Arcángel Rafael, arcángel Rafael, arcángel Rafael, te pido que, con tu fuego verde, protejas y cuides aquí y ahora la integridad de mi cuerpo físico.

Arcángel Uriel, arcángel Uriel, arcángel Uriel, te pido que, con tu fuego amarillo, protejas y cuides mi camino, el camino de mi alma.

Para acompañar la petición podemos imaginar las energías de cada arcángel entrando por las plantas de nuestros pies y subiendo por nuestro cuerpo hasta envolvernos.

CAPÍTULO 16
La canalización

Canalización y habilidades psíquicas

La canalización es la habilidad psíquica que permite a un sujeto recibir información concreta desde una fuente externa o interna. El mensaje en cuestión puede presentarse en diferentes modalidades: visual, auditiva o kinestésica. Por eso es por lo que la canalización se vuelve inseparable de las otras habilidades de percepción que se puedan tener desarrolladas. Por ejemplo:

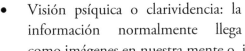

- Visión psíquica o clarividencia: la información normalmente llega como imágenes en nuestra mente o, incluso, afuera.

- Audición psíquica o clariaudiencia: la información llega como una voz que nos habla, ya sea en nuestra mente o afuera (como en voz alta).

- Clarisentencia: la información se presenta como un sentir, psíquica o espiritualmente. A menudo es como un "relámpago de entendimiento", es decir, una certeza casi absoluta de que algo es de cierta manera y no de otra.

Fuentes inseguras de canalización

Ahora bien, puede que erróneamente entendamos canalizar como el mero acto de percibir y decodificar la realidad energética. Sin embargo, el verdadero sentido de la palabra alude a "ser canal" para algo o alguien con quien entramos en comunicación o diálogo. Esto se refiere a que, cuando canalizamos, entramos en contacto con algún tipo de inteligencia o ser inteligente por fuera de nuestra mente ordinaria. Y es por ese motivo por lo que debiéramos preocuparnos, no sólo del mensaje, sino también de los otros elementos de la interacción.

Por ejemplo, una de las preguntas que más debiera interesarnos es siempre "¿quién es el emisor?" Porque, si la fuente o el emisor del mensaje que estoy canalizando no es confiable, ¿cómo sé yo que esa canalización o ese mensaje es realmente cierto? ¿y, aunque fuese cierto, cómo sé yo que realmente no me estoy conectando con una fuente que más adelante me terminará induciendo a error o, inclusive, perjudicando energéticamente?

Es bastante impresionante que muchos canalizadores no se hagan estas preguntas fundamentales. Muchos se pierden en la belleza, magnitud o impresión de la energía o del mensaje que perciben y luego, a veces de manera totalmente acrítica, consideran inmediatamente que es real. Son como esas personas que leen una noticia por internet y se convencen de que es real porque el sitio web donde estaba publicada parecía confiable.

Siendo profesor, tuve muchos alumnos que eran muy rápidos en recibir imágenes, frases e información de todo tipo en sus mentes. Sin embargo, no siempre esa información resultaba cierta o resonaba con el problema del paciente a quien se estaba atendiendo. Otras veces sí era cierta, pero cuando Tony me enseñó a percibir diferenciadamente el campo magnético, veía que muchos de esos estudiantes tenían entidades grandes adheridas. ¿Acaso esa canalización venía de sus guías reales o estaba siendo intervenida por esas "cargas" que traían consigo? Cuando comencé a ver que colegas míos también las tenían, me pareció que este asunto era serio.

En los cursos de canalización, los alumnos son estimulados a canalizar y muchos lo logran. Sin embargo, no se les revisa el campo magnético ni se reflexiona demasiado sobre el "lugar" de donde está viniendo esa canalización. Las preguntas cruciales que deben hacerse, y no se las están haciendo, son dos:

1. ¿A quién o qué estoy canalizando?
2. ¿Cómo sé que realmente es él?

La primera de ellas alude a que, si no es un ser de luz auténtico, es decir, al servicio, del Padre-Madre Universal, no puede considerarse una "fuente segura de información". Y no es que otros seres no puedan entregar información fidedigna, pero como fuente no nos ofrecen una seguridad. Dentro de estas "fuentes inseguras" tenemos:

- Entidades oscuras (de alto rango y ángeles caídos)
- Extraterrestres (distintas razas)
- Maestros ascendidos
- Desencarnados, ancestros, etc.

Las entidades y los ángeles caídos siempre están buscando psíquicos y canalizadores que les den "tribuna". Entregan mensajes que parecen, desde fuera, muy espirituales y pueden transmitir a veces información muy precisa (e incluso efectuar milagros o sanaciones) con el fin de convencer a los oyentes.

Recuerdo el caso de un reikista conocido de un terapeuta amigo mío. Vivía en un sector rural lejos de la ciudad y tenía una paciente que tenía habilidades psíquicas. En una sesión, ella entró en una suerte de trance y comenzó a canalizar a un ser que rápidamente se identificó como "Un ayudante de La Madre Tierra". Ella lo veía —de hecho— como un ser dorado con muchas flores y pájaros alrededor.

Este ser comunicaba a través de ella mensajes bastante espirituales y entregaba información extremadamente certera acerca de todo lo que se le preguntaba. Explicaba sobre las enfermedades y problemas de la gente, y les recetaba hierbas medicinales. Pronto se corrió la voz por todo el lugar, acerca de esta mujer que canalizaba y entregaba mensajes de este ser, y mucha gente comenzó a llegar.

Mi amigo, que había aprendido sobre los resguardos que hay que tener cuando se canaliza, convenció a este sujeto para que pudiéramos evaluarlo a distancia, y evaluar a la mujer. Lo que pudo verse, al observar su campo magnético, es que éste estaba "tomado" por detrás por un gran ser que correspondía a un ángel caído. Éste medía varios metros de altura y le envolvía íntegramente con su energía, y era él quien realmente estaba comunicándose a través de ella. Le informamos a este terapeuta de nuestro diagnóstico, pero él a esas alturas se había convencido de estar canalizando un ser benéfico y se mostró incrédulo.

El negocio de los seres de este tipo está en acaparar la atención de toda esa gente y de esa manera alimentarse de su energía. También se alimentan de la sed de poder que pueden despertar en los mismos canalizadores cuando logran hacerles sentir elegidos, privilegiados y superiores al resto. A veces les dicen cosas como las que en una canalización le dijeron a un alumno mío: «Tú ya no tienes nada más que sanar en esta vida. Has culminado tu aprendizaje».

Una de las claves para engañar a través de un mensaje "canalizado" es combinar mucha información certera con otra que está sutilmente distorsionada. Si nos fijamos en el ejemplo, el ser además nunca dio su nombre, y cuando se le preguntó al respecto, rehuyó dar respuestas concretas diciendo que «las preguntas son sólo cosas de la mente humana».

Se han dado también casos famosos de gurúes de sectas que canalizaron mensajes que hablaban del fin del mundo o de la llegada de naves espaciales en cierta fecha, y consiguieron que muchos les creyeran. Algunos inclusive incitaron a sus seguidores a hacer actos aberrantes como matar a un bebé o suicidarse en masa. Fueron personas que estaban seguras de estar canalizando a auténticos guías, ángeles o maestros.

En la mayoría de los casos, empero, no se llega a situaciones tan extremas. Las entidades se cuidan bastante de que su engaño no sea descubierto y prefieren un modus operandi sutil e indirecto. Los mensajes que entregan pueden contener información útil y cierta sobre todo al principio, y muy de a poco empiezan a introducir detalles distorsionados que apartan a las personas de lo verdadero. Por ejemplo, puede que gradualmente empiecen a convencerla que ha sido elegida para salvar al mundo, o que debe desconfiar de todos los demás alrededor que quieren hacerle daño, o que necesita defenderse porque está siendo constantemente atacada (y le inducen ellas mismas ataques energéticos para que lo crea), etc.

En cuanto a los extraterrestres, la situación es bastante parecida. También entregan mensajes muy espirituales e información bastante detallada, pero normalmente desvían el foco de lo que es el auténtico trabajo emocional. Se sirven de implantes que ellos en ocasiones no tienen vergüenza de admitir.

Los maestros ascendidos, por su parte, tampoco representan una fuente demasiado confiable, pero no porque sean malos o nocivos. Simplemente —como se explicó antes— como no son más que carcasas energéticas sin un alma dentro, no tienen una conexión directa con la fuente. Sus mensajes pueden ser intervenidos por entidades o, a veces, ni siquiera se trata del maestro sino de una entidad que se hace pasar.

Los desencarnados, por último, también son carcasas magnéticas. No se trata, como muchos quieren creer, del alma de la persona que se ha quedado acá para hacernos de guía. Y lo que ocurre muchísimas veces, y que uno lo encuentra repetidamente, es que muchas carcasas de este tipo se hallan tomadas por entidades. Éstas logran acceder a los recuerdos del fallecido y los usan para convencer a sus familiares de que realmente se trata de él. Sí pueden entregar información precisa, pero también engañan.

Si un psíquico está tomado por entidades, o posee implantes extraterrestres, lo que sea que esté canalizando va a estar intervenido y "filtrado". Incluso las percepciones que tenga pueden estar siendo alteradas. La clave está en observar su campo magnético para ver si hay energías o estructuras externas adheridas. También podemos evaluar el tipo de mensajes que está transmitiendo y cómo éstos resuenan o no con nuestra conciencia profunda.

La canalización segura

"Canalización segura" es probablemente el concepto más importante para la obtención de conocimiento válido dentro de la realidad energética. Es, de alguna forma, la piedra angular sobre la que necesitamos construir nuestros entendimientos. Porque, si la fuente es equivocada o "insegura" ya sea en el corto o el largo plazo, sin duda nos terminará llevando a conclusiones equivocadas.

Por ejemplo, para escribir este libro, tuve que seleccionar y ordenar la información obtenida a través de muchas canalizaciones que me parecieron "seguras". Pasaron por múltiples filtros de coherencia y de sentido, y, hasta donde he podido, he intentado corroborarlas también en la práctica a lo largo del tiempo.

Lo fundamental de la "canalización segura" se resume en que: «No basta con canalizar; tenemos saber a ciencia cierta A QUIÉN canalizamos para estar cien por ciento seguros de que se trata de una fuente confiable». Y por "fuente confiable" nos referimos a una que, no solamente sea capaz de entregar información fidedigna, sino que también comprenda y esté alineada con el "movimiento profundo del alma". Sólo así podemos esquivar el engaño y las confusiones y distracciones que los seres que no trabajan para la Conciencia de Amor intentan inducir.

De esta forma, las únicas fuentes seguras y confiables de canalización son los auténticos seres de luz, especialmente los maestros. Ellos han sido enviados directamente por el Padre-Madre Universal con la misión de convertirse en compañeros de vida inseparables de aquellos a quienes eligen. Les instruyen en el autoconocimiento y también en el conocimiento externo, principalmente de las realidades espirituales. Pueden tanto entregar herramientas concretas, por ejemplo, para el trabajo de sanación de alguien, como enseñanzas relacionadas con las grandes preguntas: de dónde venimos, quién es Dios, qué necesitamos como humanidad, etc.

La canalización de maestros auténticos se realiza con mayor frecuencia a partir de una relación cercana y a lo largo del tiempo con ellos, y no de encuentros puntuales y aislados. No es, como muchos creen, que se canalice a un maestro un día y al día siguiente otro, y luego otro, y así sucesivamente. No es que alguien llegue y simplemente diga: «a ver, ¿qué "ser de luz" anda por ahí para canalizar hoy?».

Al canalizar maestros de este tipo (o cualquier ser de luz auténtico), quien canaliza permanece totalmente consciente y tiene completa libertad de expresar o no aquello que está recibiendo. Cuando se trata de imágenes o visiones, éstas aparecen en su mente y es libre de comunicarlas de la forma como las va sintiendo o comprendiendo. Si son mensajes, él los escucha de forma telepática (o en ocasiones directamente como si fuera en voz alta), y también puede decidir sobre ellos. En caso de que se canse y no desee recibir más un tipo de información, lo puede pedir y los maestros le respetarán.

En ese sentido, jamás un ser de luz auténtico actuará "por incorporación", es decir, tomando el cuerpo o la mente del canalizador para expresarse directamente. Los seres que así lo hacen, y que se comunican a través de la persona mientras ésta no está siendo dueña ni consciente de sí, no son seres de luz auténticos.

Como ya se dijo antes, son los maestros seres de luz los que eligen a su pupilo y no al revés. Éste debe reunir ciertas condiciones que aseguren que no va a utilizar la información y herramientas que reciba con fines egoístas o perversos. Si los maestros ven que en su vida comienza a comportarse de manera contraria a los principios del amor, le abandonarán y retirarán cualquier don o beneficio otorgado previamente.

Para saber si tenemos o no un maestro externo ser de luz a nuestro lado, la mejor forma es entrar en meditación llevando la atención al plexo solar. Debemos solicitar mentalmente:

> Pido que, si hay un maestro ser de luz al servicio del Padre y la Madre Universal junto a mí, me muestre su energía y me dé su nombre.

Luego nos quedamos esperando para ver si, en ese momento o en los días siguientes, se produce alguna manifestación o llega algún mensaje. Si se logra establecer contacto con algún ser, la recomendación es tomarnos un tiempo para ir muy de a poco conociéndolo. Se debe filtrar muy cuidadosamente con todo lo que acá se ha dicho, y pedir mucho a los arcángeles para que ayuden a alejarlo en caso de resultar una entidad o falso ser de luz. Es una tarea difícil, ya que sin saber es posible que ya estemos intervenidos por seres o entidades que pueden aprovechar la instancia para engañarnos.

Lo que entonces idealmente viene bien hacer es chequearnos con alguien que tenga maestros auténticos. Sin embargo, si no tenemos esa posibilidad al alcance, hay un principio que yo siempre tengo en cuenta y ha sido mi medio por excelencia para diferenciar algo auténtico de algo falso. Este principio, que se puede aplicar en todo orden de cosas, son las palabras de Jesús:

> Guardaos de los falsos profetas, que vienen a vosotros con vestidos de ovejas, pero por dentro son lobos rapaces. Por sus frutos los conoceréis. ¿Acaso se recogen uvas de los espinos, o higos de los abrojos? Así, todo buen árbol da buenos frutos, pero el árbol malo da frutos malos. No puede el buen árbol dar malos frutos, ni el árbol malo dar frutos buenos. Todo árbol que no da buen fruto es cortado y echado en el fuego. Así que, por sus frutos los conoceréis.[91]

---

[91] Mateo 7, 15-20

Observar los frutos significa evaluar tanto los discursos como las acciones, así como las consecuencias en el ámbito energético. Observar, sobre todo también, lo emocional, y hacerlo de la misma manera como observamos a una persona antes de confiar en ella.

Imaginemos que estamos en un período de guerra en el que debemos cuidarnos de espías y traidores. ¿Cómo procederíamos y cómo sabríamos quién es verdaderamente amigo y quién sólo finge serlo? La respuesta está en lo emocional: observar y "sentir" a la gente, y entrar a conocerla en lo profundo. Para eso se requiere tiempo, porque los verdaderos frutos nunca se observan el primer día. Así como es a lo largo del tiempo que las personas muestran su verdadera cara, los seres que se ocultan también terminan mostrando quiénes realmente son.

Realizar la búsqueda de maestros externos, sin que exista un ser de luz auténtico esperando del otro lado, es algo que puede traernos graves problemas. Es lo que muchos tendemos a hacer, porque muchos estamos ansiosos —sobre todo si tenemos grandes carencias emocionales— de tener a alguien a nuestro lado para que nos guíe. A veces el deseo es tan grande, que termina transformándose en obsesión. Esto finalmente "ensucia" la intención, ya que en vez de escuchar la voz de nuestra conciencia y actuar desde ella, lo acabamos haciendo desde las estructuras rígidas de nuestro ego. Como consecuencia, rápidamente aparecen falsos maestros, es decir, todo tipo de seres o entidades disfrazados que saben que estamos necesitados y, por lo tanto, somos presas fáciles de sus engaños.

Por último, la "canalización segura" va de la mano con cuán sana emocional y psicológicamente sea el canalizador. Porque la conciencia emocional que se tenga opera como filtro y como seguro ante la posibilidad de ser intervenido por entidades. De hecho, con bastante frecuencia se ha visto que personas con serios problemas y confusiones emocionales inician un camino espiritual, y de la noche a la mañana empiezan a canalizar. Dicen haber tenido una experiencia mística tras la cual todo cambió, y ahora hablan con supuestos maestros y seres de luz.

No es que estemos en contra de las experiencias místicas o el despertar espiritual. Pero hay experiencias y despertares que son auténticos, fruto de un trabajo real y profundo con uno mismo, y otros que son provocados por seres. Si una persona está seriamente perturbada y dañada en lo emocional y "mágicamente", de un momento a otro, pasa a estar "iluminada", hay que cuestionarse qué tan real es. ¿Son los seres que dice estar canalizando verdaderos seres de luz? ¿qué nos muestra su campo magnético? ¿y será que todas sus estructuras emocionales se disolvieron sin un proceso detrás?

Por eso, cuando se evalúa una canalización debe observarse mucho al canalizador. No es que tenga que ser alguien perfecto que nunca comete errores o tiene por una crisis. Lo sana que pueda ser una persona, emocionalmente hablando, se refiere más bien a cuánto es capaz de ser consciente y responsable de sus emociones. Tiene que ver también con cómo evita comportamientos tóxicos, ya sea de narcisismo, fanatismo o manipulación.

El maestro interno

A partir de todo lo dicho, puede que surja la pregunta: si la canalización confiable sólo puede venir de los seres de luz auténticos, ¿qué ocurre con quienes no tenemos un maestro "original" al lado? ¿estamos condenados a no poder recibir instrucción? La respuesta es que el común de los seres humanos, incluso los que no poseen habilidades psíquicas, sí pueden acceder a una fuente segura de canalización: su propia alma. Ésta es también una chispa proveniente del "Gran Fuego de la Vida", que es el Padre-Madre Universal. Técnicamente, entonces, el alma es también un auténtico ser de luz.

Si podemos acceder al alma, contactándola y aprendiendo a escucharla, podemos canalizar toneladas de información a través de ella. Es información en la que podemos confiar porque viene de lo profundo de nosotros mismos y es, de esa forma, mucho menos susceptible de ser intervenida. Porque es muy importante saber que muchas entidades, así como otros seres que no trabajan para el Padre-Madre Universal, pueden escucharnos, comprender lo que queremos decir y, en algunos casos, hasta leer lo que escribimos. Lo que no pueden hacer, a menos que los tengamos enganchados al aura o nos pongan un implante, es leer nuestra mente. Por lo tanto, en lo posible las peticiones y decretos que hagamos y la comunicación con seres de luz que mantengamos deben ser mentales y nunca en voz alta. Por esa misma razón, dirigir la canalización hacia nosotros mismos, será siempre muchísimo más seguro que buscar afuera.

Este ser profundo nuestro es lo que llamamos el "maestro interno", que es el auténtico ser de luz que habita en el interior de cada ser humano. Cuando alguien practica la autorreflexión y la autoconciencia, accede a ser guiado por este maestro, quien le va mostrando los entendimientos y la claridad que necesita para abrirse paso en todas las áreas de su vida.

La conexión con el alma, a través del "maestro interno", cumple casi el mismo rol que el maestro externo. Sin embargo, en vez de llevarnos al conocimiento de las realidades energéticas externas, nos muestra el de nuestros propios mundos emocionales. Nos ayuda a comprender nuestra misión y nuestras relaciones, y nos conduce por los caminos que permiten nuestra autorrealización. Gran parte se trata de recordar quiénes somos a través de comprender la historia de nuestra vida y la de nuestras vidas pasadas, emocionalmente hablando. A través del "maestro interno", accedemos al infinito registro que tiene el alma misma.

El "maestro interno" es así quien guía el "movimiento profundo del alma", es decir, el despertar de la conciencia espiritual y emocional. Actuando en sincronía con éste, accedemos a ser escuchados y ayudados por los seres de luz externos. De hecho, estos últimos nunca escuchan a quien no está actuando en concordancia con su alma o se encuentra desconectado de ésta.

El contacto con nuestro "maestro interno" nos da acceso a la energía de nuestra propia alma, que está a su vez unida a la de la Conciencia de Amor del Padre-Madre Universal. Es una energía que está en constante renovación y jamás se agota. Trabajar este tipo de conexión puede resultar en que, en algún momento de la vida, debido al aprendizaje adquirido, estemos en condiciones de ser contactados también por un maestro ser de luz externo. Es algo que ocurrirá sólo si es necesario para cumplir los objetivos de vida que nuestra alma se haya trazado. El maestro externo siempre estará en perfecta resonancia con el interno al punto que hasta podríamos considerarlo una extensión de éste.

Por todo lo anterior, la canalización por donde uno siempre tiene que partir si no quiere ser engañado, ya sea por los falsos seres de luz como por las propias confusiones emocionales, es la interna. Eso significa ir hacia el interior de uno mismo, llevando la plena atención a la zona del plexo solar como si sintiéramos y pensáramos a través de él. El plexo solar es el *chakra* donde hallamos la identidad y, por tanto, podemos considerarlo el "centro del alma". Es allí donde necesitamos ir para conectar con el maestro interno.

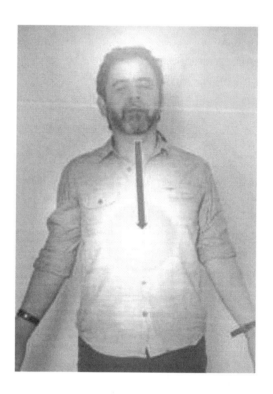

Esto es importante que se entienda bien, ya que no es quitarle relevancia al resto de los *chakras*. De hecho, cada *chakra* es un centro dentro del cual hallamos también un "maestro", que es una parte del mismo maestro interno. Es como si éste estuviese dividido en siete "yoes-maestro" y a cada uno le correspondiera un *chakra*. Cada "yo-maestro" es quien nos enseña las lecciones o aprendizajes que corresponden al particular ámbito vital que tiene que ver con su *chakra*.

Pero volviendo al *chakra* del plexo solar, es llevando la atención a él que podemos hablarle a nuestro maestro interno y plantearle todas las preguntas que haríamos a un maestro. Podemos permanecer en meditación en espera de que surjan los entendimientos y certezas que correspondan. Otra manera es solicitarle que nos entregue alguna energía que sintamos que necesitamos. Por ejemplo, podemos pedirle coraje para enfrentar una situación, amor propio para superar una ruptura, claridad mental para tomar una determinada decisión, etc. Tenemos que pensar que todas estas energías son a la vez entendimientos que pasan a nutrir nuestro campo emocional.

Como terapeuta, utilizo mucho al "maestro interno" en las sesiones con los pacientes. Lo uso para traer energías que me permiten trabajar sus estructuras, por ejemplo, para llenar un vacío, sanar una herida o disolver algún tipo de bloque. Hago que ellos mismos aprendan a pedirlo bajo la forma de energía y entendimiento. Por ejemplo,

- «Maestro interno, muéstrame y lléname con la energía de _____»
- «Maestro, muéstrame el entendimiento de _____»
- «Maestro interno, te pido que me llenes con el entendimiento de _____»

Una meditación que podemos hacer para contactarle es también:

ENCUENTRO GUIADO CON EL MAESTRO INTERNO

Concentrados en el plexo solar, imaginamos que nos sumergimos profundamente en su interior y que dentro hallamos una especie de cabaña en medio de un jardín o prado. Visualizamos que entramos y recorremos las habitaciones hasta llegar al salón principal. Luego allí debemos fijarnos en si encontramos una pequeña puerta que da a una cámara secreta en cuyo centro hallaremos a nuestro maestro interno (sea que lo llamemos y aparezca, o simplemente esté allí). Al visualizarlo, podemos imaginarlo de la manera como queramos[92]. Por medio de la imaginación podemos intentar entablar un diálogo con él y ver qué nos dice o hace.

Mientras más practiquemos la conexión con el "maestro interno", más se nos hará familiar su forma de comunicarse con nosotros. De esa manera, sabremos reconocer sus códigos y su forma de manifestarse. Esto es todavía más válido para los maestros externos, que también tienen claves particulares para darnos a conocer que son ellos.

Los guías

El contacto con el "maestro interno" en ocasiones no es tan simple como parece. A veces hay que hacer un largo camino a través del cual nos vamos acercando a él. Algo que nos puede ayudar bastante y es parte de ese camino es trabajar la conexión con nuestros guías.

Mucho se suele hablar de los guías en los libros y sitios web que tratan sobre la sanación y el aprendizaje del alma. En algunos se dice lo que afirmaba Sonia, que son seres de luz externos que están "asignados" a cada persona como una especie de "ángel guardián". En otros, se sugiere que pueden ser espíritus o almas de seres humanos desencarnados y hasta ancestros de la propia persona. En otros, se señala que podrían ser también plantas y animales de poder.

Lo que los maestros explicaron es que los guías son yoes o identidades que el alma de la persona tuvo en aquellas vidas pasadas en las que logró

---

[92] Debe tenerse en cuenta que el maestro en realidad posee tanto el polo masculino como el femenino. Queda, por tanto, a elección personal si lo deseamos ver como hombre, por ejemplo, un viejo sabio, o como mujer, por ejemplo, una especie de curandera o mujer-medicina. También hay quienes lo prefieran ver bajo la forma de un animal.

"ascender". No son los campos magnéticos que dejó acá, sino la "copia" o "registro" que de ellos logró sacar y llevarse consigo.

Al volver a encarnar, esos yoes quedan como guías porque en el fondo conocen el camino al alma, ya que lograron ascender. Es por eso por lo que están en capacidad de guiarnos. En la práctica, significa que podemos recurrir a ellos para que nos asistan y nos lleven a la conexión y el contacto con nuestro "maestro interno". Podemos también pedirles ayuda para ver o entender situaciones de nuestra vida y, por último, que nos asistan con trabajos energéticos que necesitemos hacer. En ese sentido, nos otorgan una ayuda mucho más tangible a la hora de realizar operaciones concretas. Por ejemplo, podemos pedirles cosas como:

- Retirar una determinada estructura
- Cortar un lazo o un puente energético
- Traer de vuelta una energía o parte nuestra que hayamos rechazado o entregado
- Reparar, alinear o armonizar un *chakra*
- Reparar heridas en nuestro campo magnético.
- Inmovilizar y retirar parásitos energéticos menores.
- Retirar entidades de bajo rango.

Los guías suelen hallarse en el interior de los *chakras* desde los que salen y hacia los que vuelven a entrar constantemente. Se trata de aquellos *chakras* en los que obtuvimos un mayor aprendizaje en vidas pasadas. Se hallan, por lo tanto, relacionados al yo-maestro de ese *chakra*. Por ejemplo, si en esa vida esa identidad aprendió muchas lecciones sobre el amor y las relaciones, el guía respectivo estará en el *chakra* del corazón; si fue alguien muy sólido en el aspecto físico y material, le hallaremos en el *chakra* base; si fue alguien muy elocuente, o quizás un artista que logró una gran expresión del alma, lo encontraremos en el *chakra* garganta. Y así sucesivamente.

El hecho de que los guías son internos y no seres externos puede parecer un dato de menor importancia. Sin embargo, resulta vital para que la búsqueda de respuestas se encauce hacia el propio interior en vez de hacerlo hacia afuera. Así, por ejemplo, si estamos trabajando con un paciente y nos preguntamos cómo distinguir la energía de sus guías de la de otros seres que pudieran hacerse pasar, una clave está en pensar que los guías están en la misma frecuencia que el alma de la persona. Si desde una auténtica empatía sintonizamos con el alma de ella, será difícil no confundirse.

Antes de conocer a Tony, durante mucho tiempo me llamó la atención que los mensajes que personas cercanas decían estar recibiendo de sus guías a veces eran confusos y se alejaban de lo que para mí era emocionalmente sano. Por ejemplo:

- Una chica dijo que sus guías le sugirieron —a través de su terapeuta— que no terminara con su novio a sabiendas de que él la engañaba con otra mujer. Según ellos, ella debía trabajar su "egoísmo" de quererlo sólo para sí. De más está decir que la chica sufrió mucho intentando hacer lo que esos supuestos guías le habían dicho.

- Un conocido llegó a decir que sus guías le habían recomendado que no reconociera a un hijo que había tenido porque así el niño estaría mejor. El niño, por ende, quedó "sin padre".

- Otro chico dijo que sus guías —a través de su terapeuta— le habían enviado a otra ciudad a buscar a su ex después de meses, ya que tendría la oportunidad de volver con ella. Cuando lo hizo, ella le cerró la puerta en la cara y le dijo que no quería verlo nunca más en la vida. Él sufrió enormemente esa decepción.

- Una terapeuta conocida que tenía su "escuela" señaló que sus guías le dijeron que debía atacar de vuelta a otra persona que supuestamente les enviaba constantes ataques energéticos. Según ellas, sus guías le habían dicho que era una suerte de "justa venganza", que en ese caso estaba por completo justificada.

Cuando entendí que los auténticos guías son parte de la propia alma, y que siempre actuaban desde la Conciencia de Amor, supe que ésos que estaban dando ese tipo de mensajes probablemente no eran ni guías ni seres de luz auténticos. Al ser entendidos como algo externo, en el afán de contactarles las personas dirigían su atención afuera y terminaban conectando y canalizando impostores. Sus mensajes distaban mucho de los que pueden considerarse comportamientos emocionales sanos o —en algunos casos— moralmente correctos.

Quizás los guías más antiguos que existen en la memoria de nuestra alma sean los que tienen el aspecto de un animal. Son la forma más primitiva de guía, de un tiempo cuando el ser humano permanecía aún en estrecha relación con la naturaleza. El guía entonces era el espíritu sabio de un animal o, a veces también, de una planta. Hasta el día de hoy, esos guías primitivos existen en nuestro interior y podemos también acceder a canalizarlos.

Cuando una persona termina desarrollando una relación profunda y estrecha con su "maestro interno", la ayuda de los guías ya no resulta tan necesaria y tienden finalmente a desaparecer. Terminan siendo absorbidos por el propio maestro.

Para intencionar la conexión con los guías dentro del trabajo de la sanación, Tony desarrolló una especie de oración que transcribo a continuación:

ORACIÓN PARA CONTACTAR CON LOS GÚIAS DE NUESTRA ALMA

Yo _____, en este momento de mi vida, me permito conectar con la profundidad de mi ser. Pido que se manifiesten mis guías internos, quienes yo fui alguna vez.

Pido humildemente ser su pupilo. Estoy preparado para aprender con ellos. Estoy listo para fluir y conectar con el amor y la consciencia que hay dentro de mí.

Pido que mi alma me permita escuchar sus mensajes, sus lecciones, sus reflexiones, su conocimiento para embarcarme en el profundo conocimiento de la sanación.

Si de paso logro ayudar a alguien más a sanar, bienvenido sea. Porque yo soy un sanador y estoy al servicio de la libertad de mi alma y la de los demás.

Espero a mis guías con los brazos abiertos. Yo pido que me digan sus nombres porque aquí y ahora permito el reencuentro. Que así sea, que así sea, que así sea.

Dificultades a la hora de canalizar

Canalizar es algo que resulta relativamente sencillo cuando se tienen habilidades psíquicas innatas. Para quien tiene aura de psíquico, cuyo color de base es azul, percibir la realidad energética y recibir información no supone un gran problema. El problema en ese caso puede ser que se percibe tanto que es difícil no confundirse o perderse. Y, como ya se dijo, muchos seres se acercan y hasta se podría decir que persiguen a los psíquicos para tratar de comunicarse. De hecho, yo mismo tuve alumnos —la mayoría mujeres— que, si no ponían un filtro y pedían a los arcángeles protección, eran invadidos por energías y mensajes de todo tipo. Al lugar donde iban percibían o eran acosados por desencarnados o entidades, y les resultaba hasta molesto no saber cómo "apagarse" por un rato.

El problema en estos casos es básicamente aprender a filtrar y a conectar de forma segura. Para eso la persona con aura psíquica debiera partir por chequearse o, mejor aún, ser chequeada por alguien especializado en demonología y tenga maestros seres de luz. La idea es, de esa forma, descartar que pueda estar siendo intervenida. En segundo lugar, debe educarse para aprender a diferenciar entre seres de luz auténticos y falsos y, en tercero, necesita trabajarse espiritual, psicológica y emocionalmente para tomar conciencia de sus propios sesgos y puntos ciegos. Estas tres cosas reducen drásticamente la posibilidad de engaño o confusión.

Ahora bien, la situación de quienes no tenemos aura de psíquico es la opuesta. A nosotros nos cuesta saber o confiar que estemos realmente canalizando y nos puede llevar años aprender a diferenciar el mensaje que "llega" de nuestros propios pensamientos. Siempre está un poco la duda de ¿esto lo estoy canalizando o son imaginaciones de mi propia mente? Por supuesto, a quienes son psíquicos también les pueden venir este tipo de dudas, sobre todo cuando no tienen asumidas sus habilidades.

Además, aunque la canalización no psíquica parece más difícil, si lo pensamos bien, los psíquicos también tienen una ardua tarea por delante: la de escuchar la propia voz interior. Porque psíquicos y no psíquicos por igual necesitamos aprender a conectar con nuestro yo profundo o "maestro interno". Es a través de él que podemos acceder al entendimiento real de cualquier cosa que estemos percibiendo con el sexto sentido o incluso las situaciones de la vida diaria.

Necesitamos meditar en él para saber reconocer sus mensajes, ya sea que aparezcan como imágenes, como una voz, como una certeza o sensación, o como la integración de todas ellas. Con práctica, lograremos diferenciar la información que está llegando de él, de la de nuestros propios pensamientos ordinarios.

Así, mientras muchos canalizadores están entretenidos canalizando afuera, quien practica el "movimiento profundo del alma" busca en los propios guías y el propio maestro internos. Si se da el caso de que tiene también un maestro ser de luz auténtico acompañándolo, la conexión sigue siendo interna, pues recordemos que los maestros externos no escuchan a quien no atiende a su propia alma. Ellos, cuando se comunican, utilizan el mismo canal que hayamos establecido con el "maestro interior", que es el de comunicación con el alma.

Entonces, una vez que se ha logrado establecer contacto con la fuente, viene el otro problema que es decodificar. Esto se refiere a leer o interpretar el mensaje adecuadamente. Y es aquí donde a veces difiere bastante la canalización de un psíquico que cuenta con maestros externos, de la de una persona no psíquica que solamente tiene a su "maestro interno".

El psíquico que escucha claramente la voz de los maestros seres de luz externos a veces es instruido desde cero por ellos, sin que sepa o haya estudiado del tema antes. En ocasiones le piden que aprenda o lea sobre algo, pero a veces también, que no lo haga.

La persona que no tiene esa fluidez de comunicación con sus maestros, o que no cuenta con seres de luz externos y canaliza más bien a su propio "maestro interno", casi siempre sí necesita desarrollar conocimiento previo. Mientras más lo hace, más entendimiento también le llega sobre esa materia o ámbito en cuestión. Es decir, la canalización interna del alma fluye muchísimo más cuando se domina un lenguaje o campo específico. A menudo esta canalización se expresa como inspiración, inventiva o creatividad. Mientras más una persona esté desarrollando un área donde su alma se encuentra a gusto —lo que normalmente tiene que ver con sus talentos y propósito vital—, más creativo se pone. Sépalo o no, está de esa forma canalizando al "maestro de su alma".

Por ejemplo, un músico que compone o interpreta bellas melodías está canalizando a través de ese lenguaje, el musical; un pintor, una vez que domina el manejo de su arte y un estilo propio, recibe lo que su alma le muestra y lo plasma pictóricamente; un psicólogo o terapeuta canaliza entendimientos profundos sobre sus pacientes y los utiliza para que vayan tomando conciencia; un hombre de negocios canaliza ideas de negocio que aportan valor a su alrededor; un científico, canaliza ideas que se plasman como hipótesis y modelos explicativos.

Por esta razón, para canalizar mejor al "maestro interno", debemos estudiar, practicar y esforzarnos cada vez más por aprender el lenguaje de eso en lo que queremos desarrollarnos. La canalización del alma se construye y se potencia sobre los entendimientos y conocimientos que nosotros vamos construyendo y cultivando. De hecho, cuando los alumnos me preguntan cómo pueden canalizar mejor a su maestro interno para ser mejores terapeutas, suelo responderles:

> Estudien más sobre las emociones humanas y la psique; lean a distintos autores; sepan sobre duelo, sobre la sombra psicológica, sobre la teoría de los complejos, aprendan

astrología, eneagrama, flores de Bach, arquetipos, psicoanálisis, psicología transpersonal, terapia Gestalt, etc., etc.

Y, junto con eso: trabájense emocionalmente, hagan terapia con un terapeuta que les guíe, reflexionen, mediten, encuentren su propósito y vívanlo.

Si a eso le suman estar constantemente pidiendo y dialogando con los guías y el maestro interno, verán cómo empiezan a llegarles toneladas de información.

Canalización por péndulo

El péndulo es considerado por muchos como un método de canalización. A través de respuestas de sí o no, puede ser utilizado para responder múltiples preguntas. Se dice que detrás estaría manifestándose la propia mente subconsciente de la persona, o bien el universo mismo entendido como una gran mente o conciencia que todo lo sabe.

Lo que los maestros señalaron al respecto, es que el péndulo es una herramienta que puede aportar a la canalización, pero que no es un medio de canalización en sí. Si se abusa de él, para hacer miles de preguntas a destajo, puede hacer que se abandone la conexión profunda con el alma y se termine yendo a lo superfluo. Eso hace que las respuestas lleguen a ser fácilmente intervenidas por otros seres o, incluso, por el propio deseo y las propias estructuras.

El péndulo, con la ayuda ya sea de los guías o el maestro interno, o de un maestro ser de luz externo, puede ser bastante útil para aclarar detalles concretos sobre una determinada situación. Por ejemplo, se puede emplear a la hora de hacer un diagnóstico o prescribir un tratamiento, o para encontrar algún dato puntual que esté faltando. Por el contrario, no debiéramos utilizarlo para preguntas de índole más profunda o existencial. No obstante, la recomendación es siempre intentar obtener la información haciendo uso de las propias habilidades psíquicas primero. Sólo en segunda instancia debiéramos recurrir al péndulo, más que nada con el fin de confirmar aquello que ya hayamos percibido.

En la práctica, lo que ocurre con el péndulo es que es una herramienta que sin tanta dificultad puede ser intervenida por otros seres. Esto es especialmente así cuando nuestra energía está débil a raíz de problemas emocionales o daños que en el campo magnético podamos tener. Y está totalmente intervenida si esos problemas son específicamente tener entidades vinculadas o un nivel alto de implantación extraterrestre.

Al utilizar el péndulo, debemos aplicar todos los filtros y resguardos que hemos venido señalando para una "canalización segura". Debemos intencionar que, al preguntar al péndulo, en el fondo estemos preguntando a nuestra alma. Para lograrlo se recomienda llevar toda la atención al plexo solar y preguntar como si habláramos a nuestro "maestro" o "ser interno".

Hace años, conocí el caso de un radiestesista con décadas de experiencia que era excelente en lo que hacía. Era un hombre serio y estudioso que tenía a su esposa enferma con múltiples achaques físicos y depresión. Al evaluarles, vi que ambos estaban siendo afectados por una entidad de grado mayor que estaba en la casa. Como era de esperar, en los diagnósticos que él efectuaba a través del péndulo con tablas de radiestesia que él tenía no aparecía nada de esto. Claramente sus lecturas estaban siendo intervenidas por la entidad en cuestión, que no quería ser descubierta. Del mismo modo, yo mismo noté que en mis sesiones con pacientes, las lecturas del péndulo eran afectadas por las energías negativas que traían ellos si eran de rango alto. Aun cuando pedía a los arcángeles que protegieran mi diagnóstico, éste arrojaba bastante error.

Por lo tanto, mi opinión es que cada individuo debe ver si el péndulo es una buena herramienta para él. Vi personas a quienes les resultaba bastante bien, pero a muchas otras les entregaba un porcentaje de error que la convertían en una herramienta poco confiable. En resumen, necesitamos ser muy observadores para corroborar si las lecturas que hagamos con el péndulo son certeras. Si no es así, puede estar indicando que: (1) necesito pedir a los arcángeles y a los guías que protejan más la canalización, (2) no debo hacer o no estoy autorizado para hacer ese tipo de preguntas, o (3) el péndulo definitivamente no es una herramienta para mí y debo intentar canalizar directamente.

El tarot

El tarot, como muchos otros "oráculos", es un instrumento que puede utilizarse para la canalización. Las cartas son un lenguaje a través del cual podemos dialogar con el maestro interno de nuestra alma o, incluso, con un maestro externo. Sin embargo, de la misma manera puede ser utilizado o intervenido por las entidades oscuras.

Si se lo consagra a la Conciencia de Amor de Dios Padre-Madre y se lo utiliza con el fin de buscar entendimiento espiritual sobre una situación, ya sea externa o interna, se transforma en una herramienta que sirve al "movimiento profundo del alma". Pero, por el contrario, si el que utiliza el tarot es alguien que suele trabajar con entidades, ya sea que lo haga conscientemente o no, la herramienta se desvirtúa y empieza también a ser intervenida.

Es por esto por lo que el tarotista debe procurar establecer todas las condiciones y filtros para lograr que su "conexión" sea segura. Es recomendable que explícitamente ofrezca esa lectura a la Conciencia de Amor y pida a los arcángeles que protejan ese espacio y la canalización en sí. Como el tarot funciona por sincronicidad, puede también de forma específica pedir ayuda al arcángel Uriel, quien tiene que ver con las sincronías y con el camino de nuestra alma.

Por supuesto, no todos los tarots dan exactamente lo mismo. Algunos diseños de barajas tienen una clara estética oscura o demoniaca. Si queremos conectar con la Conciencia de Amor, hay que preferir diseños que resuenen con ésta, o al menos que no vayan en su contra.

Ahora bien, si somos nosotros mismos quienes deseamos una lectura, es muy importante que elijamos a un tarotista que sintamos que es una persona de intención limpia. Porque hay mucha gente que se dedica abiertamente a trabajar con entidades e, incluso, a realizar trabajos de magia negra, que también ve el tarot. Y es muy importante que antes de la sesión pidamos mucha protección también.

Los sueños

Los sueños son otra forma en que se puede dar una comunicación con el alma. No es algo que quisiera tratar en profundidad en este libro porque hay muchos otros libros que lo hacen. Lo importante es entender que soñar es un viaje hacia los propios mundos internos, por lo que también puede constituir una vía de canalización con el alma. E inclusive, los maestros seres de luz externos pueden llegar a utilizar los sueños como forma de comunicarnos algún mensaje.

En los sueños muchas veces el lenguaje es simbólico o metafórico. Son formas en que nuestra propia alma nos puede estar mostrando algún entendimiento en relación con nuestra propia sanación, o bien con decisiones que necesitamos tomar. También nos puede estar mostrando aquello que no queremos ver o para lo que necesitamos prepararnos. Constituyen un canal que se potencia en la medida en que más le ponemos atención. Por ese motivo, si adquirimos el hábito de anotar nuestros sueños, o intentar pintarlos o escribir creativamente sobre ellos, veremos que se incrementan.

Si, por el contrario, estamos teniendo constantes pesadillas, puede ser señal de que necesitamos pedir a los arcángeles que nos protejan. También puede ser indicio de que nuestro campo magnético se halla con algún tipo de intervención oscura que necesitamos evaluar con alguien capacitado.

CAPÍTULO 17
Las entidades

Qué son las entidades

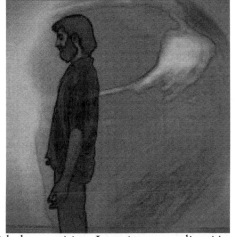

Las entidades, también llamadas "demonios" o "seres de oscuridad", no son proyecciones ni creaciones mentales. Son seres totalmente concretos, de naturaleza energética, que poseen mente, deseos, expectativas y hasta su propio sistema moral.

Mi búsqueda de entendimiento sobre ellas partió casi desde el primer momento en que me adentré en la exploración de la realidad energética. La primera explicación que tuve fue que eran seres de naturaleza negativa, muchas veces inteligentes, que parasitaban los campos de los pacientes. Aprendí a reconocerlas y de ahí en adelante las comencé a encontrar en muchas de las personas que atendía por lo general asociadas a angustias, depresiones, ansiedad y muchos otros estados que involucraban algún tipo de tormento, bloqueo o desconexión. Por muchos años, empero, lo que yo entendía era que se trataba, no de los seres directamente, sino de "lazos" o "vínculos" con ellas como resultado de pactos o intercambios hechos en vidas pasadas. De hecho, en mi primer libro lo describí de esa forma y expliqué que, por ende, la manera de tratarlos era a través de renuncios donde se anulaba el pacto y se pedía el corte de los lazos. La explicación cuadraba muy bien y, en más del noventa por ciento de los casos, al hacer el renuncio se observaban cambios energéticos y emocionales en ocasiones drásticos. Si la persona venía angustiada, bloqueada o perturbada, tras efectuar el renuncio solía sentirse más aliviada, relajada y conectada.

Sin embargo, este bienestar muchas veces no llegaba de forma armoniosa. En algunos casos, el renuncio provocaba reacciones fuertes —físicas y emocionales— y la persona por un rato podía llegar incluso a experimentar convulsiones o movimientos involuntarios. Yo les tenía que calmar diciéndoles que era normal y que todo saldría bien. Les señalaba que las entidades no querían desvincularse y se resistían. Ahora bien, si alguien piensa que exagero, le sugiero que pruebe hacer este renuncio[93] consigo mismo y con otros para observar lo que ocurre. Antes, eso sí, es bueno pedir la protección y ayuda de los arcángeles, en especial de Miguel.

Aunque las personas solían salir visiblemente mejor de cómo llegaban, me llamaba la atención que en una siguiente sesión venían nuevamente con energía de entidades. Yo pensaba: «debe ser que un nuevo lazo se ha activado y hay que volver a renunciarlo», y los trabajaba de nuevo. Yo mismo me había quitado mucha de mi propia angustia haciendo estos renuncios varias veces al día, por lo que apostaba por la repetición. En el caso de los pacientes, también ellos me decían que, haciéndolos seguido, se habían empezado a sentir mejor de sus depresiones y ansiedades.

Finalmente, al conocer a Tony, comprendí que yo había estado en el error. La mayoría de las entidades, o al menos las que más afectaban a las personas, no se hallaban vinculadas a través de lazos y no eran el resultado de pactos antiguos. Provenían de esta misma vida y estaban adheridas y enganchadas al campo magnético de forma directa. Eran estructuras externas, de *hardware*. Cuando aprendí a chequearlas, descubrí que lo que yo creía que eran lazos, más bien eran las extremidades u otras partes del cuerpo de la misma entidad, junto con las fugas energéticas que provocaba. Tampoco era cierto que con los renuncios

---

[93] Se lo puede encontrar en el capítulo 7, en la parte de "Lazos con Entidades".

salían; en el mejor de los casos, con éstos su efecto solamente se atenuaba. Los renuncios eran una herramienta que ayudaba a sentirse mejor, pero las entidades la inmensa mayoría de las veces seguían estando en el aura de la persona.

Entonces se me hizo perfectamente claro el por qué muchos pacientes no mejoraban y seguía yo en sus auras percibiendo energía de entidades. También entendí lo que a muchos de ellos les había ocurrido, cuando de un día para otro habían empezado con síntomas o éstos se les habían agravado. Porque pegarse una entidad era lo mismo que "pegarse" un parásito común sólo que muchas veces de una envergadura muchísimo mayor. Esto significaba que podían llegar a afectar a una persona de manera global, llevándola en poco tiempo a un deterioro físico, emocional y hasta mental. Con eso se me tornó evidente también que lo que me ocurrió en el episodio que relato al comienzo de este libro fue no sólo una desilusión amorosa, sino una situación en la que se me metió una entidad. De hecho, recuerdo de forma vívida el momento en el que sentí que algo, que yo en ese momento interpreté sólo como angustia, "tomó posesión" de mí y luego mi vida entera empezó a hacer agua. Sólo con el intenso trabajo de sanación que realicé después durante años, que para mí fue una verdadera lucha "energética", esa entidad probablemente terminó por irse.

Pero ¿qué eran las entidades y por qué estaban entre nosotros? ¿y de dónde venían y cómo realmente se tenía que lidiar con ellas? Fueron algunas de las preguntas que me apresuré a hacerle a Tony. Y, aunque era consciente de que el tema era difícil, mientras más fui entendiendo su relevancia, más me convencí de que algún día tenía que ser explicado. El ser humano necesitaba conocer la verdad sobre esta realidad, y sacarse de encima muchos mitos e ideas equivocadas.

Para muchas personas hablar de entidades o, peor aún, de demonios, es casi un retroceso al medioevo. Ni siquiera en el ámbito espiritual se las menciona demasiado, quizás porque no se cree en ellas o porque se piensa que basta con meditar y "vibrar alto" para que no nos afecten. En mi opinión, si estamos practicando la sanación o cualquier tipo de trabajo energético, resulta sumamente relevante tener un entendimiento lo más completo posible sobre ellas. Sin duda es tan importante como para un médico saber de virus y bacterias, o para un agricultor saber de plagas, o para un policía saber de crimen organizado.

Por supuesto, como psicólogo sé que el término "demonio" tiene también un uso netamente metafórico y psicológico. A través de él, los seres humanos de esta época solemos referirnos a nuestros complejos, aspectos malignos y miedos íntimos. Son partes de nuestra psique con las que nos cuesta lidiar y en el fondo sabemos que, si salen, pueden ser destructivas[94]. Sin embargo, aunque este uso es correcto, no es el que abordo en este capítulo. Hablaré más bien de seres que ejercen una influencia totalmente real dentro del aura y se los puede chequear como a cualquier otra estructura.

Por último y antes de adentrarme en las explicaciones, quiero aclarar que, si bien he conocido a fondo el tema de las entidades, no soy alguien que se dedique a trabajarlas. Tuve la suerte de conocer personas que sí lo hacen y a ellas debo mucho de mi conocimiento. En gran medida mi trabajo es ser un mensajero que busca entregar entendimiento.

Clasificación de las entidades

Las entidades presentan en múltiples grados y rangos según tamaño y complejidad. Van desde pequeñas y simples, de 30 cm, hasta otras que pueden tener metros de altura. Cuando son pequeñas se pueden hallar en cualquier parte del campo magnético, inclusive al interior de los *chakras*. Cuando son más grandes, a partir aproximadamente del metro y medio de alto, suelen ponerse por la espalda, lugar donde además instalan ganchos. Éstos les permiten entrar y salir del campo y continuar manteniéndose ancladas.

Se les llama "entidades de bajo rango" a las más pequeñas, que como máximo alcanzan un metro aproximadamente de alto. Si bien en muchos aspectos se parecen a parásitos energéticos comunes (babosas, pulpos, arañas, gusanos, etc.),

---

[94] C. G. Jung se refería a esto como el arquetipo de la sombra, que abarca todo eso que una persona tiende a rechazar de sí misma por parecerle inaceptable.

su energía es mucho más densa, oscura y tóxica. Al igual que ellos, no poseen inteligencia sino sólo un gran apetito voraz.

ENTIDADES BAJO RANGO

Un poco más grandes y complejas son las "entidades de rango intermedio", cuyo tamaño va desde aproximadamente el metro de alto hasta el metro y medio o un poco más. Sus formas son feas, animalescas y, en algunos casos, semihumanas. Pese a que ya hay comportamiento inteligente, éste es todavía muy rudimentario. Esto se traduce en que, aunque logran pensar, son incapaces de planificar estrategias o de mostrarse distintas a cómo realmente son.

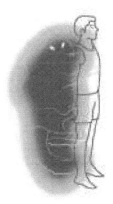

ENTIDAD RANGO INTERMEDIO

En tercer lugar, tenemos a las "entidades de alto rango", que en tamaño pueden ir aproximadamente de 1,80 m a 2,10 m. Son seres con forma y aspecto humano. Aunque siguen siendo "de oscuridad" en un sentido de "maldad", poseen una cantidad de energía que les permite modificar su aspecto a voluntad y verse hermosos, elegantes y luminosos si quieren. De esa manera, y dado que poseen un alto grado de inteligencia, pueden hacerse pasar por otros seres para engañar o sacar provecho. Esa inteligencia también les posibilita entender las palabras e intenciones humanas, hablar, generar pactos, dar discursos, poner trampas, etc.

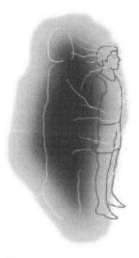

ENTIDAD RANGO ALTO

Como son de gran tamaño, al meterse en el aura, estos seres de rango alto se sitúan por la espalda y desde ahí pueden envolver por completo a la persona. Tienen también la capacidad de influir en su mente para producirle ideas y pensamientos. El sujeto tiene la sensación de que su cabeza está fuera de control, como si en verdad tuviese una segunda mente dentro. Empieza a percibir pensamientos que le son totalmente ajenos que en algunos casos llegan a ser derechamente voces susurrándole. Sin embargo, estos seres tienen un pensar estratégico que les permite optar por otras formas de sacar provecho. Puede que piensen que les viene mucho mejor, más que atormentar directamente a su sujeto, potenciar aspectos negativos de su personalidad para que haga sufrir o manipule emocionalmente a otros. Así, si alguien es narcisista, violento o posee rasgos psicopáticos, prefieren ayudarlo. Por ejemplo, a un abusador sexual pueden ayudarlo con capacidad de seducir e infundir temor a sus víctimas; a un líder negativo, con carisma y poder de convencimiento; a un criminal, con coraje, protección y "buena suerte". Además, pueden simular ser guías, maestros o seres de luz. De esta forma, muchos canalizadores y gente del ámbito espiritual, inclusive sanadores y terapeutas, terminan dejándose influir y parasitar. Si tienen un "ego" poco trabajado, puede ser que ni siquiera se den cuenta.

Finalmente, por encima de los altos rangos existe todavía un nivel más. Son las llamadas "entidades de rango superior" o "mayor" que a veces son muy difíciles de percibir. Sus tamaños pueden alcanzar varios metros de alto. Los más complejos entre ellos son los ángeles caídos, los cuales ya fueron descritos en el capítulo de los Seres de Luz. Debido a que son los "padres" de todas las demás entidades, se les puede llamar también "demonios originales".

Por qué se adquieren entidades

Las entidades se encuentran desconectadas de la Conciencia de Amor del Padre-Madre Universal y, por lo tanto, no pueden acceder a su energía inagotable. Para alimentarse, por ende, están obligadas a vampirizar y depredar. El aura humana, dado que procesa enormes cantidades de energía, les ofrece una tremenda fuente de alimento. Mientras más sensible y psíquica la persona, les resulta más atractiva, porque a mayor sensibilidad, más energía.

Para sacar energía del aura, las entidades necesitan intervenirla. Pueden hacerlo indirectamente, a través de puentes o lazos magnéticos, o bien metiéndose dentro, en cuyo caso hablamos de "infección" o, en ocasiones, también de "posesión". En cualquiera de esas opciones, necesitan romper el campo magnético y producir daño, ya sea físico, emocional o mental. Cuanto más tormento provocan, más provecho logran sacar.

Ahora bien, que las entidades quieran alimentarse de nosotros no es causa suficiente para adquirirlas. Se necesita de algo más que hagamos o dejemos de hacer para que finalmente logren entrar. Las causas en ese sentido pueden ser muchas:

- Contagio simple. Se da cuando la persona vive o pasa mucho tiempo en un ambiente en el que hay alta concentración de entidades. Por ejemplo, casas cargadas o "embrujadas", o cualquier lugar donde es frecuente observar sucesos paranormales. Las entidades van debilitando el campo a lo largo del tiempo hasta lograr entrar. Es de las causas más comunes por las que se pueden adquirir entidades.
- Recibir magia negra. La mayoría de los trabajos de magia negra o brujería, en especial los realizados por un brujo profesional, vienen acompañados de entidades. Así, cuando la magia se "instala" en el campo de la víctima, también lo hacen las entidades.
- Hacer magia negra. Cuando alguien realiza o manda a hacer rituales de magia para dañar a otros, o para conseguir cosas a través de la invocación de entidades, termina adquiriéndolas.
- Relación tóxica. Al mantener una relación cercana y tóxica con personas o grupos, podemos contagiarnos de las entidades que pueden tener.
- Narcisismo o perversión. Alguien que es narcisista, abusador, manipulador, o que simplemente se comporta como una "mala persona", fácilmente adquiere entidades. Éstas, en vez de alimentarse de él directamente, lo hacen de las personas a quienes perjudica.
- Rituales donde se invocan seres. Una forma directa de adquirir entidades es invocándolas. Esto se consigue a través de rituales mágicos o, incluso, de simples "llamados". El problema es que mucha gente que no desea invocar un ser oscuro termina haciéndolo igual cuando se ignoran los peligros de ponerse a llamar dioses, ángeles, espíritus de muertos o deidades.
- Mediumnidad. Servir de canal para que seres del más allá se expresen o comuniquen nos expone al contacto con entidades. Esto es

especialmente peligroso cuando se presta el cuerpo, pero aun no siendo así el riesgo es alto. Las entidades de alto rango pueden meterse dentro de la carcasa magnética de un fallecido y también tienen la capacidad de hacerse pasar por otros seres.

- Prácticas espirituales y falsos seres de luz. Muchas personas ignoran que hay entidades que se presentan durante meditaciones y otras prácticas espirituales, e incluso cuando se está haciendo sanación. Es en esos momentos cuando alguien puede estar especialmente vulnerable, ya que estos seres a menudo se presentan como falsos seres de luz para hacer que se les deje entrar. Si la persona tiene poco trabajadas algunas partes de su psique, pueden aprovechar de colarse por allí.

- Creer que se trata del alma de un fallecido. Muchas entidades tienen la capacidad de hacerse pasar por un fallecido y así llegar a sus seres queridos.

- Empatía mal entendida. Cuando se intenta hacer por alguien más de lo que él mismo está dispuesto a hacer por él, se establece un lazo de necesidad y dependencia. Este vínculo no sano a menudo es usado por las entidades para robar energía del ayudador y, en algunos casos, traspasársele.

- Practicar la sanación sin suficiente protección o resguardo. Cuando se practica la sanación energética sin los debidos resguardos, el terapeuta se expone a que le afecten o se le peguen las entidades y otras energías parásitas que puedan estar en quienes atiende.

- Herencia. Las entidades que alguien tenga pueden pasar a sus descendientes, en especial hijos o nietos. A veces se van con el individuo más débil, es decir, el más sensible o con más problemas emocionales.

- Drogas y alcohol. Muchas drogas y el exceso de alcohol dañan o debilitan el campo magnético. Por ejemplo, lo ponen poroso o lo terminan agrietando. Esto abre la posibilidad a que entidades se incorporen en él. Los campos de los adictos, además de rotos, suelen estar llenos de entidades, algunas de ellas muy grandes.

- Gustos o aficiones relacionadas al satanismo. Si la persona es aficionada al satanismo, incluso si es un gusto solamente estético, abre puertas y establece conexiones con entidades. Éstas se sentirán naturalmente invitadas a entrar en la persona.
- Daño emocional severo. Las heridas emocionales y vacíos psicológicos que pueda tener una persona dañan su campo magnético y hacen que se vuelva vulnerable. Cuando alguien pasa por una pena muy grande, traumas, o situaciones de mucho estrés, a menudo termina pegándose algún ser.

Son muchos los casos que puedo mencionar que ejemplifican estas causas, por ejemplo:

- Alfonso es un chico que a los 17 años consumió LSD junto a unos amigos. A partir de ese día comenzó con delirios que fueron diagnosticados como un brote psicótico. Su campo magnético mostraba no una, sino varias entidades de alto rango enganchadas. Además, era alguien de aura muy azul cuya sensibilidad natural, sumado a problemas emocionales, lo habían hecho vulnerable a las entidades. El LSD no hizo más que darles la oportunidad de entrar. Después de que le fueran extraídas, logró volver a la normalidad, aun cuando requirió mucha psicoterapia del campo emocional, así como alejarse por completo de las drogas.
- Alejandro, de 44 años, de niño sufrió un abuso por parte de un hermano. Fue su mayor secreto durante años, ya que nunca lo habló con nadie. Aunque en lo laboral le iba muy bien, sufría de constantes episodios de angustia y ansiedad. En el campo tenía adherida una entidad de alto rango que comprometía su *chakra* del corazón. Los maestros determinaron que antes de poder sacarse la entidad, debía hacer terapia psicológica por algunos meses. La entidad se alimentaba de su miedo a exponer su secreto.
- Cindy, de 30 años, decía haber tenido un despertar espiritual después de unas sesiones de hipnoterapia. En éstas se presentó un ser diciendo ser un tío lejano que había fallecido hacía décadas y ahora era su "guía".

El punto es que, al revisar el campo magnético, había una entidad de alto rango enganchada. No era un ser de luz ni un alma. Se alimentaba de una cierta actitud soberbia de Cindy, que ella no había trabajado.

- Juan Santiago, de 33 años, sufría de importantes angustias, confusiones emocionales y conflictos familiares. Era alguien extremadamente consciente de lo que necesitaba superar emocionalmente, pero su mente "no paraba". Le daba mil vueltas a todo y no solucionaba nada. En el campo magnético tenía un alto rango adherido y muy conectado a su cabeza. Era un ente que le susurraba pensamientos e ideas. Se lo pegó por una pena muy grande que lo había afectado hacía unos años, que debilitó mucho su campo. Una vez tratado, comentó que le resultaba raro, pero al mismo tiempo maravilloso, tener al fin silencio mental.

- Daniel, de 40 años, sufría estados emocionales que constantemente abortaban sus proyectos. Solía planificar cosas que después nunca era capaz de llevar a cabo. A menudo sufría mucha nostalgia del pasado. En el campo tenía una entidad de alto rango que le envolvía. Los maestros lo catalogaron como un "demonio de ilusión" que él había heredado de niño, de su familia. Al parecer sus abuelos habían tenido algo que ver con la magia negra y esas entidades se cobraron con la descendencia.

- Claudia, de 44 años, asistía a prácticas de meditación constantemente. En una de ellas, tuvo la sensación de salirse del cuerpo. En ese estado se vio caminando por el pasillo y, al llegar al jardín, vio un hermoso colibrí de muchos colores que volaba frente a ella. Quedó cautivada y el pájaro se puso frente a ella y la miró a los ojos por unos segundos. Luego, inesperadamente, se le fue encima y se le metió dentro. Inmediatamente volvió en sí, pero desde ese día empezó a tener angustia y sensación de que su mente estaba tomada por alguien que no era ella. Acudió al psiquiatra, pero su estado siguió empeorando. Cuando le fue revisado el campo magnético, se vio que había una entidad de grado superior enganchada. Se aprovechó de que, pese a que ella meditaba, emocionalmente tenía muchos vacíos que le hacían vulnerable. Una vez que la entidad fue extraída le tocó trabajar mucho las estructuras de su campo emocional.

De dónde vienen las entidades

El origen de las entidades no está, como algunos han afirmado, en la mente humana. Tampoco son seres que alguna vez estuvieron encarnados. Y tampoco es que el Padre-Madre Universal, así como creó a los demás seres del universo, las haya creado.

Según los maestros, las entidades fueron una creación de los demonios originales o ángeles caídos. Éstos, como parte de su rebelión contra el Padre-Madre, obraron para desarrollar su propia estirpe de seres a semejanza de ellos mismos. A través de múltiples cruzas, dieron origen a verdaderas legiones de seres dispuestos a servirles, algunos de mayor tamaño e inteligencia y otros más pequeños y simples. Como no se podían conectar a la Conciencia de Amor, estaban obligados a alimentarse energéticamente de otros.

En un principio, estas primeras entidades fueron encarceladas y "puestas a dormir" por los ángeles de Dios en las mismas regiones infernales donde se encerró a sus creadores. En una instancia posterior, cuando la humanidad ya existía, un nuevo grupo de ángeles rebeldes comandados por Lucifer las liberaron. Aunque esta segunda rebelión también fue sofocada, el Padre-Madre Universal consideró esta vez que las entidades serían una buena "escuela" para el ser humano y decidió dejarlas libres. El aprendizaje que obtendría sería muy valioso para su desarrollo. Desde entonces, ellas conviven con nosotros de forma estrecha, y es tarea y responsabilidad nuestra aprender a sortear su influencia.

Las entidades y el aprendizaje que suponen

La existencia de las entidades es una más de las pruebas a las que necesitamos enfrentarnos en este plano. Lo mismo podríamos decir de tantos otros males y peligros. Son parte del "gimnasio espiritual" que nos toca para desarrollar nuestro aprendizaje humano. Sin embargo, las entidades no inventaron ni la maldad ni la perversión ni la falta de conciencia. Estas tendencias existen por sí solas en todos los seres del universo que, como nosotros, poseen libre albedrío. Por eso, las entidades son más bien un espejo en el que debemos saber mirar nuestra propia oscuridad. Cuando las adquirimos es porque, en un sentido profundo, de alguna u otra forma hemos sintonizado con ellas. Y hay dos maneras básicas en que esa sintonía se produce:

1. Por afinidad directa. Significa que yo mismo tengo actitudes negativas perversas, manipuladoras o destructivas que atraen y alimentan a las entidades. Es decir, he dado rienda suelta a las tendencias "oscuras" de mi interior sin asumir mi responsabilidad sobre ellas. Hilando fino, al irme alejando en mi actuar de la Conciencia de Amor, tampoco los seres de luz me otorgan la misma ayuda y protección que antes. Termino así volviéndome más vulnerable, en general, a las entidades. Por ejemplo, si estoy engañando a mi pareja, o incurro en maltrato psicológico, o me siento superior a otros, etc., tarde o temprano acabaré vinculado con seres.

2. Por rechazo. Significa que rechazo y evito reconocer mis propias tendencias "oscuras". En el fondo les temo, y ese temor a mi propia "sombra" hace que, paradójicamente, termine sintonizando y atrayendo el mal externo. En un sentido amplio, puede tratarse de cualquiera de las áreas de mi psique que no logro reconocer porque me causan conflicto.

Sin embargo, aunque las entidades sean parte de la realidad que nos toca, no son todopoderosas. Alguien limpio de intención, con una gran conciencia, que cultive la conexión con su alma y haya trabajado y sanado las heridas y demás estructuras de su campo emocional, no tiene por qué ser infectado. Es naturalmente protegido por el Padre-Madre y los seres de luz auténticos. El problema es cuando, si bien estamos en el proceso de sanarnos y lograr aprendizaje, aún no llegamos a ese estado ideal. Es allí donde una entidad se nos puede enganchar al campo. Por eso es necesario aprender cómo lidiar con ellas, evitar sus peligros, y neutralizar su influencia si ésta ya se ha producido.

Protección ante las entidades

Básicamente, existen cuatro estrategias principales que, combinadas, nos protegen de entidades:

1) Protección como tal
2) Educación
3) Sanación emocional profunda
4) Actuar consciente

Protección como tal se refiere a todos los procedimientos y prácticas que directamente pueden proteger nuestro campo magnético. En mi opinión, más que amuletos o piedras, lo más efectivo, y que representa una "conexión segura", es recurrir directamente a la energía de Dios Padre-Madre Universal y sus cinco arcángeles. Pese a que también es posible pedir protección al maestro o los guías internos, su poder no resulta suficiente para defendernos si la carga energética de la entidad es muy grande.

Si bien podemos utilizar la "Protección de los Cinco Arcángeles" vista antes, existe otra que también es muy efectiva. Tony le llamaba la Protección Simple, que trabaja con las energías de Miguel, Gabriel y Zadquiel.

PROTECCIÓN SIMPLE

Yo _____, pido a la Madre y al Padre Universal su protección, visualizo y siento mi conexión con ellos, con la fuente, con mi origen...

[Imagino un tubo o canal de luz sobre mi cabeza que viene desde el Padre-Madre Universal y que cae desde ellos un líquido dorado envolviendo este canal. El líquido se va solidificando a su paso hasta llegar a nosotros. Cae sobre nuestro campo, lo cubre y se va volviendo impenetrable.]

Mi campo, mi cuerpo y mi alma son un templo sagrado, nadie lo puede tocar.

Pido al arcángel Gabriel su protección, pido que me cubra con su manto blanco.

[Imagino la energía del manto blanco de Gabriel cubriéndome.]

Pido al arcángel Miguel que me envuelva con su fuego azul, el fuego que todo lo quema. Pido que cada energía negativa que se acerque a mí y sea desintegrada por él.

[Imagino el fuego azul de Miguel envolviéndome como un escudo.]

Pido al arcángel Zadquiel que me envuelva con su fuego violeta, el fuego de la transmutación. Pido que se transmuten las energías negativas que hay en mi entorno a mi paso.

[Imagino la energía violeta de Zadquiel envolviéndome.]

Que así sea, que así sea, que así sea.

Esta protección puede hacerse todos los días, como rutina, y además de modo especial cada vez que vayamos a trabajar con energías. También es útil cuando vamos a un lugar o a visitar a alguien que creamos que pueda estar "cargado".

Lo segundo a considerar es la educación, que siempre es un factor clave en cualquier campaña de prevención. En este caso se refiere a adquirir un entendimiento cabal no sólo de lo que son las entidades, sino también de los otros fenómenos de la realidad energética. Cuando uno está "educado", se vuelve más consciente de los errores, los engaños y los peligros en que es posible caer.

La verdad es que sólo algunos caminos y prácticas espirituales llevan a un auténtico encuentro con el alma; muchos otros llevan derechamente a extraviarse. Nosotros sabemos de eso porque el campo magnético muestra siempre la verdad. Y ésta es que muchas personas se cargan con entidades o terminan llenas de implantes sólo por meterse en cosas o lugares que con educación se aprende a evitar.

Lo tercero muy importante es la sanación emocional profunda. Si nuestro campo emocional se va sanando, eso se expresa en un campo magnético más saludable y difícil de infectar. Por otra parte, la persona tendrá una más estrecha conexión y comunicación con su alma, lo que la llevará a estar más atenta a lo que no resuena con ella. Además, un ego y una sombra psicológica bien trabajados reducen la posibilidad de caer en engaños y trampas que están pensados para enganchar desde allí. Por último, los arcángeles y demás seres de luz al servicio del Padre-Madre siempre protegerán más a alguien que hace esfuerzos por aprender y mejorar emocionalmente cada día.

El cuarto punto es el actuar consciente que se refiere a una consciencia de los propios límites a la hora, sobre todo, de trabajar lo energético. Significa no exponerse de manera temeraria o imprudente a los seres de oscuridad. Entre otras cosas, es:

- No intentar hacer extracción o limpiezas de entidades ni de personas ni de casas si no se tienen las capacidades, los conocimientos y los permisos para hacerlo.
- No ponerse a hablar de esos temas con gente o en lugares donde no corresponde.
- No intentar salvar, discursear o convencer a todo el mundo en relación con estos temas.

Finalmente, a modo de aclaración, lo que hay que tener siempre en cuenta es que protegerse sólo tiene sentido cuando no se está ya infectado, especialmente con cargas de alto rango. Si el ser ya está en nosotros, lo que corresponde no es protegerse sino extraerlo o intentar neutralizar su efecto.

Daños que causan las entidades

Los seres de oscuridad pueden producir daño y tormento en los ámbitos físico, emocional, mental y social. Eso no quiere decir que sean la causa única, ya que en muchos casos hay una condición previa que es psicológica. Es decir, ellos vienen a amplificar o reforzar tendencias que ya están en el campo emocional de la persona. Por ejemplo, si traía una herida de abandono que la hacía sentir sola y triste, el ser la hará sentir más sola y triste aún; si tenía una tendencia a reaccionar con ira, hará que esas reacciones sean más fuertes; si tenía sensación de poco valor, hará que se sienta aún menos valiosa.

En general, mientras mayor cantidad de energía tenga una entidad, mayor y más global el daño que puede llegar a ocasionar. Esto tiene que ver con el rango, pero también con si estamos hablando de entes simples o compuestos. Porque en los rangos intermedio y alto algunos seres se pueden fusionar entre sí para formar algo más grande. Esto lo pueden hacer si son de un mismo nivel y en la práctica quiere decir que, aunque conservan su altura, van multiplicando su ancho y su capacidad energética.

Cuando una entidad está metida en el aura se dice que la persona «tiene una entidad». Pero si no está metida, y su efecto lo causa desde fuera a través de "puentes" o "lazos", decimos solamente que «tiene un vínculo con una entidad». Los síntomas son siempre mayores en el primer caso, así como también la dificultad del tratamiento. Tenemos, en general:

- Síntomas físicos: cansancio, dolor o peso en la espalda, dolor de cuerpo, puntadas, taquicardia, amanecer rasguñados, enfermedades.
- Síntomas emocionales: angustia, ansiedad, pena intensa, rabia intensa, sensación de mucha minusvalía, depresión, desmotivación, deseos de no vivir.
- Síntomas mentales: pensamientos intrusivos o rumia mental fuera de control, sensación de tener más de una mente, obsesión mental, ideación suicida, pesadillas, escuchar voces, alucinaciones.
- Síntomas sociales: uno o más ámbitos de la vida estancados.

Si bien algunas estructuras de origen emocional, así como cuadros orgánicos o fisiológicos, pueden también generar síntomas como los señalados, en una mayoría de casos suele haber también entidades. Esto último sobre todo podemos sospecharlo si:

- El inicio de los síntomas fue repentino y a veces ni siquiera se asocia con algún trauma o evento.
- La persona se ha hecho muchos exámenes médicos que salen todos normales.
- La persona se hace terapia psicológica y nada parece mejorar demasiado.
- Existen manifestaciones poco normales como sensaciones físicas fuera de lo común o derechamente experiencias paranormales.

Para confirmar o descartar estas sospechas lo que corresponde es practicar el chequeo del campo magnético.

Chequeo de una entidad

Para el diagnóstico de entidades debe recurrirse al chequeo del campo magnético en el que, como vimos antes, lo principal es procurar no sintonizar con las emociones de la persona. Para esto es importante, antes de empezar, realizar las protecciones que aseguren que estaremos bien protegidos durante el examen. De lo contrario, la o las entidades que pudiera haber, podrían querer atacarnos, cosa que nos haría sentir especialmente mal.

Un primer método que podemos emplear es el "chequeo por visualización". En éste, cerramos los ojos e imaginamos a cierta distancia a la persona de pie al centro de un salón oscuro, iluminada por un foco desde arriba. Para conectar con su aura, recurrimos a su nombre completo y fecha de nacimiento. Estos datos operan como coordenadas que nos permiten sintonizar y percibirla energéticamente aun sin conocerla. Sólo los repetimos en nuestra mente varias veces y le pedimos a nuestro maestro interno que nos muestre su campo magnético. Cuando se nos forme la imagen y podamos ver y sentir a la persona como si estuviéramos allí, pedimos al maestro interno que nos muestre las cargas de seres oscuros que pueda tener adheridas. Nos fijamos muy especialmente en el espacio que hay desde su espalda hacia atrás, ya que es el lugar predilecto de los rangos más altos. Entonces, si "vemos" o "sentimos" una masa energética densa y oscura, con una sensación picosa, eléctrica y muy desagradable, lo más probable es que se trate de una entidad. Puede, en algunos casos, que también nos llegue alguna imagen de su forma o aspecto o, incluso, que allí mismo recibamos información sobre sus características. De todos modos, de manera aproximada, podemos intentar determinar su tamaño, lo que nos dará cierta idea también aproximada del rango. Con la práctica aprenderemos a identificarla también por la sensación de la energía que irradia, ya que la sensación de un "alto rango" es distinta de la de un "rango intermedio" o "bajo".

Un segundo método de diagnóstico es el chequeo al tacto, que se realiza con la persona de pie frente a nosotros, o bien tan sólo imaginando que está allí. La diferencia es que acá estamos de pie palpando con nuestras manos físicas. Con ellas procederemos a revisar su campo y percibir las sensaciones que éste nos transmite. Debemos fijarnos muy bien sobre todo en las zonas que a menudo no se suelen revisar tanto en las terapias comunes, como toda la parte de atrás del cuerpo. Nuevamente, si al palpar captamos masas densas, picosas y eléctricas alrededor o por detrás de la persona, podemos pensar que se trata de entidades. Si da la sensación de una gran mochila por la espalda, podría ser un ser "intermedio" y, por sobre 1,80 m, un "alto rango".

Para estos dos primeros métodos, es recomendable no chequear sólo una vez, sino varias en diferentes momentos. De esa forma, podemos ver si nuestra percepción cambia o se corrobora. Esto es porque hay entidades que se perciben a algunas horas del día mejor que en otras. Además, un ser puede saber que se le va a chaquear y tratar de esconderse o invisibilizarse. Por tanto, mientras más chequeos hagamos, tendremos una apreciación más completa de la situación.

Un tercer y último método, que es el más seguro y utilizado por los terapeutas especializados en descarga de entidades, es el de la canalización directa con maestros seres de luz. En ese caso, lo que se hace es preguntar al maestro solicitando al ser de luz que muestre y diga el grado y tipo de entidad que hay. Si bien es el único método preciso y confiable, sólo lo pueden poner en práctica aquellas personas que tienen maestros seres de luz auténticos con ellos y logran canalizarlos fluidamente.

Tratamiento de una entidad

Las entidades de hasta 1,2 m de alto pueden considerarse "parásitos menores", por lo que pueden ser extraídas con los mismos procedimientos que se explicó para los parásitos comunes[95]. Se debe procurar, eso sí, reparar bien la herida que queda en el campo magnético después de la extracción. Para un mejor acabado, esta reparación idealmente debiera repetirse a los 7 y los 21 días.

Por el contrario, las entidades de 1,5 m hacia arriba son "parásitos mayores", y requieren de un procedimiento especial que los maestros señalaron que podía ser enseñado sólo a personas que ellos autorizaran. La razón es que, a mayor complejidad, la extracción de una entidad es más difícil y peligrosa. Esto se traduce en un mayor riesgo, tanto para el terapeuta como para el paciente y el propio éxito de la operación. Porque las entidades de rangos alto y superior tienen capacidad de atacar y romper las capas del aura de cualquiera, dejarle venenos puestos e, incluso, intentar metérsele dentro. También pueden seguirlo a casa y hostigar a sus seres queridos.

Si nos remontamos a la historia, desde épocas antiguas y en todas las culturas, existieron seres humanos dedicados a sacar "demonios" o "malos espíritus". En las religiones judeocristianas se les llamó exorcistas y generalmente eran personas que sabían cómo invocar la ayuda de seres que tenían energía suficiente como para expulsar demonios[96]. El mismo Jesús fue

---

[95] Véase capítulo 13.
[96] Estos seres pueden ser incluso otras entidades. Por ejemplo, hay muchos brujos exorcistas que son ayudados en la labor por seres también oscuros.

un gran exorcista y por eso hasta el día de hoy, hay quienes pueden con su energía expulsar seres.

Sin embargo, cuando se trabaja sintonizando directamente con la frecuencia del Padre-Madre Universal, quienes prestan la energía para una extracción compleja son los "seres de luz auténticos". Es decir, son los arcángeles y los "maestros originales" quienes lo hacen. Una parte la ponen ellos; otra, el paciente; y otra, el terapeuta.

Pero la ayuda de los maestros no consiste solamente en prestar energía, sino que también:

1. Entregan información previa que permite un diagnóstico preciso y señalan los pasos a seguir para un procedimiento seguro, tanto para el paciente como para el terapeuta.

2. Entregan información durante las sesiones mismas para ir guiando el trabajo.

3. Entregan protección energética al terapeuta y al paciente.

Y es aquí donde el terapeuta tiene que estar canalizando adecuadamente, porque cuando se trata de seres de rangos alto y superior los casos son difíciles y suelen diferir bastante entre sí. Yo mismo, pese a todos los años que llevaba trabajando en el aura de las personas, me topé con esa dificultad. Si no se tienen maestros seres de luz auténticos guiando y acompañando del otro lado —y no vale que sean falsos seres de luz— las probabilidades para un procedimiento exitoso disminuyen drásticamente.

Por eso, el terapeuta estructural del aura, o canalizador o psíquico que quiera aprender a sacar entidades debe pedir al Padre-Madre Universal que le envíe un maestro ser de luz auténtico para que le instruya y guíe. Si reúne los méritos y requisitos necesarios, será contactado. Si no, debe meditar mucho si vale la pena seguir insistiendo, ya que puede ser que trabajar entidades no sea su misión de alma. Ahora bien, esta petición debe ser hecha sólo habiéndose revisado primero con un terapeuta competente en el área demonológica. De lo contrario, es muy probable que pueda ser engañado por entidades con las que puede estar vinculado sin saber.

Por supuesto, en todas partes hay personas que dicen limpiar auras, hacer cirugías astrales y, en algunos casos, también extraer entidades. Como no me gusta juzgar a priori ni echar a todos en el mismo saco, mi filosofía es que hay que «chequear estructuralmente para creer». Así, cuando alguien dice que "sacó" una entidad de un paciente, no hay que sólo fiarse sólo de su palabra ni de la sensación de mejoría en la persona; se tiene también que revisar exhaustivamente el campo magnético.

Lo que suele verse en una mayoría de casos es que:

- La entidad sigue estando, pero su energía es más débil.
- La entidad sigue ahí, pero encapsulada o como si estuviera "congelada".
- La entidad fue sacada, o salió voluntariamente, pero como ni fueron cortados los ganchos ni el campo quedó con protecciones, es sólo cosa de tiempo que vuelva a meterse.
- La entidad sigue igual que antes, ni más débil ni encapsulada, pero decidió cambiar su modus operandi a uno menos notorio.

A los seres oscuros no les agradan las energías como el *reiki* o, por ejemplo, las producidas por los cuencos, o algunos sahumerios o algunos símbolos. También rechazan todo lo que ha sido generado con una intención amorosa o que tenga que ver con seres de luz auténticos. En muchas sesiones de sanación donde se trabaja con tales energías, los seres suelen salir huyendo o bien se "recogen"; algunos incluso se encapsulan y entran en una suerte de letargo. Y, aunque la persona en el momento se sienta mejor, puede que no pase demasiado tiempo para volver a sentirse mal más tarde. Incluso, algunos "altos rangos" y seres de grado "superior" pueden desarrollar tolerancia y ni siquiera salen. Por esto, hasta adonde he visto, las limpiezas y cirugías astrales comunes no suelen ser soluciones duraderas para el problema de las entidades de cierto tamaño y rango hacia arriba. En el mejor de los casos, son procedimientos que ayudan a mantenerlas a raya y necesitan ser hechos constantemente. Inclusive los exorcismos tradicionales tienen este tipo de problemas, ya que, si bien a veces pueden llegar expulsar a una entidad, no siempre consiguen desvincularla por completo; o bien no se preocupan de hacer una correcta reparación del campo; o bien éste no queda protegido como para impedir que más adelante el ser pueda volver a entrar.

Por todo lo anterior es que una extracción exitosa por lo general requiere contactar a alguien que conozca todo sobre las entidades y esté autorizado y guiado por los seres de luz auténticos. Y por "extracción exitosa" se entiende una en la cual:

- El ser es sacado y desvinculado completamente.
- Las capas del campo quedan reparadas.
- El campo queda sellado, es decir, protegido en el tiempo ante el intento del ser de volver a meterse.

Esto es lo que Tony llamaba "el camino corto", el cual básicamente es cuando una persona accede al "beneficio" de que la liberen o le saquen la entidad que pueda tener en el aura. El "camino largo", por su parte, es que alguien haga tanto trabajo de sanación emocional que el ser termine por cansarse y se vaya. Implica luchar contra él a través de trabajo emocional sumado a procedimientos que vayan debilitando y neutralizando al ser. Es un camino que sólo puede ser transitado por alguien que tenga voluntad para dar la pelea poniendo todo de su parte. Personas así han existido siempre, que luchan tenazmente contra una enfermedad o contra una situación injusta, o que salen adelante pese a todos los obstáculos.

Neutralizar a una entidad

El "camino largo" para tratar entidades, además del trabajo emocional que se necesita estar haciendo, se sirve de todos los procedimientos que permiten neutralizar lo más posible a una entidad. El objetivo es tratar de "matarla de hambre" y conseguir, o que se termine yendo, o que quede tan "encapsulada" que su influencia sea mínima.

Yo sin saberlo había puesto en práctica años antes un concepto similar cuando me puse la tarea de hacer renuncios a seres de oscuridad varias veces al día durante meses. Pedía el corte de lazos y solicitaba a los seres de luz que sacaran cualquier energía de estos seres. Al hacerlo, cada vez me iba sintiendo mejor y en 60 días muchas de las angustias, bajones de ánimo y otros estados negativos que me afectaban disminuyeron drásticamente. Me hacía sesiones periódicas de terapia que también me ayudaban mucho.

Hoy mi entendimiento es que, para neutralizar entidades, mejor aún que los renuncios, es pedir directamente a los arcángeles que las inmovilicen, las encapsulen, las "congelen" y las debiliten. Es algo que podemos poner en práctica con nosotros mismos o con pacientes que estemos atendiendo. Lo hacemos preferiblemente de manera mental para evitar poner en aviso a los seres.

ORACIÓN PARA INMOVILIZAR Y QUITAR FUERZA A ENTIDADES

> Yo _____, pido al arcángel Miguel, al arcángel Gabriel y al arcángel Zadquiel, y a los seres de luz que trabajan para Dios Padre-Madre Universal en general, que inmovilicen y petrifiquen a todas las entidades que pueda yo tener adheridas y enganchadas. Pido que las amarren con las cadenas de fuego azul de Miguel para que de esa forma ya no puedan seguir influyéndome. Por favor, neutralícenlas lo más posible, encapsúlenlas y debilítenlas.
>
> Yo renuncio a estas entidades y a cualquier cosa que me hayan dado, y a cualquier lazo de intercambio con ellas. Amárrenlas, inmovilícelas y petrifíquenlas lo que más puedan. Debilítenlas y apártenlas de mí. Corten las conexiones que tenga conmigo lo que más se pueda.

Así lo pido en nombre de la Conciencia de Amor de Dios Padre-Madre Universal, que así sea, que así sea, que así sea.

Puede que, al repetir la petición varias veces, sintamos múltiples movimientos, hormigueos y pinchazos en el cuerpo, así como una sensación de alivio conforme pasan los minutos. Es una oración muy efectiva siempre y cuando pidamos con humildad y no estemos alimentando nosotros mismos a la entidad con nuestras actitudes. Podemos repetirla a diario y también cada vez que nos sintamos mal.

Al estar inmovilizado, el ser se verá impedido, o al menos obstaculizado, de alimentarse como lo hacía antes y se irá gradualmente debilitando. De manera paralela, la terapia emocional contribuirá a ese mismo fin. Por supuesto, no es una solución final al problema y en muchos casos muchos síntomas, aun cuando puedan disminuir, persistirán.

En caso de que necesitemos atender a alguien que tiene una entidad, podemos también hacer la petición[97] en su nombre, siempre y cuando nos haya autorizado a ayudarlo. Debemos siempre solicitar que la inmovilización sea llevada a cabo sólo en la medida y en el caso de que sea bueno para él. Esto se hace porque, en ocasiones, el sujeto no está preparado o no tiene el nivel de conciencia como para "sostener" con éxito la intención. Además de no resultar demasiado, se le provoca estrés y daño innecesario[98].

Luego de efectuada la inmovilización, se recomienda siempre derivar a la persona con un terapeuta especializado en entidades para que la evalúe. Si no conocemos a nadie, se le tiene que explicar la situación y decirle que ella tendrá que hacer el "camino largo". Como ayuda para ello existen algunos procedimientos físicos que pueden debilitar a los seres e, incluso, en algunos casos, provocar que se terminen yendo:

---

[97] Recordemos que estas peticiones es mejor haberlas manera mental.
[98] Además, si la persona no ha ganado el derecho o "permiso" a ser ayudada por los seres de luz, ellos no actuarán.

1. Vinagre rosado. Poner tres cucharadas de vinagre de vino tinto en un pocillo, en el dormitorio sobre la mesita de noche o velador. El olor a vinagre, al impregnar la habitación, tiene la virtud de debilitar a las entidades. Como el vinagre se va evaporando, conviene ir cambiándolo día por medio.

2. Ajo y laurel. Poner una cabeza de ajo en el suelo bajo la cama, a la altura de la almohada. Alrededor del ajo poner 7 hojas de laurel de comer. Eso ayudará a neutralizar cualquier portal que las entidades tengan bajo la cama, con lo que se conseguirá dormir mejor.

3. Baño de floripondio. El floripondio (*brugmansia arbórea*) o "trompeta de ángel" es un árbol originario de américa del sur que se ha extendido al mundo entero. Aunque sus flores son famosas por ser potentes alucinógenos, cuando sólo se lo usa externamente a través de un baño, ayuda a limpiar y debitar entidades y otras cargas negativas en el campo magnético. La receta es: «Hervir cinco flores o, en su defecto, diez hojas grandes. Colar el líquido, verterlo en una tina y continuar llenando con agua del grifo a la temperatura que se desee. Sumergirse como en cualquier baño de tina durante 10 o 15 minutos. Al finalizar, hundir un poco la nuca y salir del agua. Secarse con toalla de papel blanca palpando la piel, sin rozar»[99].

4. Aceite de oliva y sal. Poner en un bol una taza de sal fina y mezclarla con aceite de oliva extra virgen hasta formar una pasta. Se bendice la mezcla en nombre del Padre-Madre Universal y se le pide descargar la entidad. Con el cuerpo desnudo, se aplican masajes circulares en la zona del estómago en dirección del reloj. Luego se repite el movimiento en la zona del pecho. Luego lo mismo en las plantas de los pies, en las palmas de las manos y en cualquier otro *chakra* donde queramos limpiar. Finalmente, con una ducha se saca todo.

5. Huevo. Frotarse un huevo de gallina[100] estando sin ropa, por todo el cuerpo por unos 15 minutos. Hay que ir por sectores y pasar por todas

---

[99] Debe procurarse no beber el líquido, dado que es alucinógeno.
[100] El más natural y fresco que encontremos

partes. Al finalizar, se rompe el huevo y se lo arroja con cáscara y todo al excusado.

Los procedimientos 1 y 2 se pueden hacer al mismo tiempo; los procedimientos 3, 4 y 5 conviene hacerlos en tres días seguidos uno cada día, y repetirlos semanal o quincenalmente. Lo más difícil de conseguir es el floripondio, ya que no suele venderse y hay que sacarlo de algún jardín o parque. De todas maneras, al ser una planta ornamental, se lo puede adquirir en viveros.

Los permisos

Es importante entender que el amor de los seres de luz que sirven al Padre-Madre universal es siempre incondicional, pero su ayuda energética no. Que ellos estén dispuestos a prestar su energía y su asistencia en la neutralización o extracción de una entidad depende, por ende, del cumplimiento de varios requisitos.

En primer lugar, el paciente debe dar autorización o permiso al terapeuta para realizar la operación y poner fuerte deseo y disposición de su parte. Esto descarta de plano a todos quienes por diversos motivos no quieren o mantienen una actitud tibia y poco decidida. Aun cuando la pareja, los hijos u otros de sus cercanos puedan desear que se descargue, nunca se puede pasar por encima del propio libre albedrío[101].

En segundo lugar, el terapeuta debe contar también con el permiso, tanto de parte de su propio maestro interno como de los seres de luz externos, para realizar la operación. Porque a veces no está capacitado para ver o tratar ese caso de forma exitosa o segura. Puede ser que todavía no haya alcanzado el suficiente nivel de experticia o bien que no pueda por alguna razón de

---

[101] La única excepción a esta regla son los niños hasta antes de adquirir conciencia propia en la adolescencia, en cuyo caso son el padre o la madre quienes deciden por ellos.

autocuidado[102]. En todos esos casos, al no haber permiso, el terapeuta tampoco contará con la ayuda y la protección de los seres de luz.

En tercer lugar, el paciente debe también tener ganado el derecho de ser ayudado por los seres de luz. Este depende exclusivamente de cuán correctas y alineadas con la Conciencia de Amor sean o hayan sido sus conductas. En caso de que esté actuando equivocadamente —o lo haya hecho en el pasado—, y no esté haciendo un real esfuerzo por corregir, los seres de luz simplemente dirán que no existe aún permiso para ayudarle. En el fondo, no son las acciones en sí lo que penalizan, ya que errores todos podemos cometer, sino el hecho de normalizarlas. Por ejemplo, si una persona acostumbra a maltratar a sus semejantes y se justifica culpándolos, o si engaña a su pareja, o si está robando o siendo manipulador, o si vive quejándose en un rol de víctima, o si alimenta a diario sus odios o rencores, o si insiste en actitudes rígidas e intransigentes, o si se siente superior al resto, etc., y no hace un esfuerzo por cambiar, los maestros dirán: «no hay permiso». A veces ni siquiera se trata de conductas "malas" sino simplemente de tener temas emocionales no atendidos responsablemente.

Porque la ayuda energética de los seres de luz podemos considerarla una especie de "crédito" que ellos nos dan cuando estamos relativamente al día, es decir, sin "deudas" significativas en lo moral y en lo emocional. O sea, imaginemos que vamos al banco a pedir un crédito, pero tenemos deudas: seguramente nos será rechazado hasta que sean saldadas. En ese sentido, lo que los seres de luz piden es realizar un esfuerzo por corregir los actos equivocados, presentes o del pasado, que pudiéramos haber cometido, y que desarrollemos aprendizaje al respecto. No exigen que ese aprendizaje sea cabal, pero al menos «que no normalice aquello que está mal». Porque, cuando una persona saca provecho de sus semejantes a costa de perjudicarlos, los seres de luz auténticos llaman a eso "perversión". Quien

---

[102] Los maestros siempre procurarán no cargar al terapeuta con algo que pueda significarle daño o desgaste significativo.

tiene un actuar "perverso" termina alimentando a las entidades y, como es lógico, no puede optar a sacárselas.

Así, dentro de las causales de por qué no hay permiso o "crédito" para ser ayudado por los seres de luz están:

1. Malas acciones. La persona ha actuado mal con sus semejantes y lo ha justificado. Por ejemplo: maltrato, violencia, abuso, manipulación, engaño, estafa, no cumplir compromisos, falta de responsabilidad emocional, abandono de hijos, robo, explotación, injusticia, etc.

2. Normalización de actitudes o patrones emocionales negativos. La persona normaliza actitudes equivocadas, inmaduras y tóxicas, como victimización, rencor, procastinación, falta de humildad, carácter tiránico, falta de responsabilidad con su vida o con otros, no ir a terapia cuando realmente lo necesita, etc.

3. Mala intención. La persona genera intenciones negativas o tóxicas hacia los demás. Acá entra todo lo que es echar maldiciones o desear el mal o el castigo, o hacer o mandar a hacer magia con el objetivo de dañar o manipular a otros.

4. Aborto. La persona ha abortado voluntariamente, lo cual es considerado por los seres de luz un acto donde se daña a otro por obtener un beneficio propio. Es un daño para esa alma que ya viene en camino a encarnar.[103]

5. Entidades autorizadas. La persona ha llamado ella misma a las entidades y/o las mantiene autorizadas. Esto se da normalmente porque le otorgan algún beneficio. Por ejemplo, puede ser que la persona crea que son sus guías o maestros.

Lo importante con todas estas causales es que la persona, en la medida en que realiza un trabajo de hacer conciencia, puede ir saldándolas. Este

---

[103] Por supuesto, cada situación es diferente y pueden existir múltiples atenuantes. Lo que los maestros seres de luz buscan es que no se normalice el aborto como un mero derecho que no tiene consecuencias.

aprendizaje tiene que notarse en los hechos, es decir, observarse un cambio en las conductas y actitudes del presente y una reparación, hasta donde sea posible, de los actos del pasado. Es un proceso a veces duro en el que corresponde "tocar fondo", es decir, experimentar el real "peso" moral o emocional de aquello que no se estaba viendo. Cuando la lección finalmente es integrada, se gana el permiso, lo que implica que ahora los seres de luz sí están dispuestos a prestar su energía para una extracción.

El proceso es una lucha constante, porque la entidad suele ponerle las cosas difíciles al sujeto. En el fondo no quiere que él deje de alimentarla y buscará todo el tiempo que reincida, y cuando vea que se ha apartado del todo de las acciones que ella le proponía, no dudará en hacerlo sentir mal de todas las formas posibles. Sin embargo, mientras vaya avanzando en su aprendizaje y demuestre que está esforzándose (por ejemplo, invierte en terapia, reflexiona y corrige lo equivocado), los seres de luz más crédito le irán dando. Es decir, más le ayudarán a ir mientras tanto conteniendo a la entidad.

Me viene a la memoria el caso de Fernando, un chico que era terapeuta holístico y tenía adherida una entidad de alto rango. Al revisar, los maestros indicaron que no tenía permiso para una extracción porque él primero debía tomar conciencia sobre ciertas actitudes "soberbias" de su parte. Pese a que era alguien muy espiritual, ya que se la pasaba en cursos y retiros de meditación, tenía una tendencia oculta a sentirse superior y despreciar a las demás personas. Aquello era un patrón aprendido en su infancia, que él no había reconocido, que guardaba relación con haber tenido un padre narcisista.

En un inicio, a Fernando le costó bastante superar el *shock* de saber que, pese a toda su dedicación a lo espiritual, los seres de luz no estaban dando permiso para la limpieza de su entidad. Hubo que explicarle que no era que no quisieran ayudarle, sino que él necesitaba primero corregir las conductas y sentimientos que lo apartaban de la Conciencia de Amor. Eran actitudes que en el fondo se oponían a un "movimiento profundo de alma" y contribuían a alimentar a la entidad.

Pese a las dificultades, su deseo de mejorar y sanar fue más fuerte y se comprometió con el proceso de terapia, el cual duró cerca de cuatro meses con sesiones semanales. Fue una terapia psicológica con muy poco trabajo energético[104]. Mientras más conectaba con su alma profunda, más iba sintiendo que ese falso ego que había construido, que eran un montón de estructuras, se desmoronaba. Entonces más la entidad lo atacaba y le hacía sentir dolor emocional e incluso físico. Ante su frustración, yo le animaba diciéndole que tenía que seguir adelante porque iba bien.

Finalmente, el permiso fue otorgado, y Fernando tuvo la opción de sacarse la entidad. En su caso no fue una extracción, sino que los maestros señalaron que él debía trabajar con los baños de floripondio, la pasta de aceite de oliva y sal, y el huevo, y que sería "ayudado". Lo hizo varias veces hasta que pudo limpiarse. Dio resultado porque a esas alturas, él había desarrollado un aprendizaje que le permitió desprenderse fácilmente de la entidad. Sin embargo, no todos los pacientes en similares condiciones, donde deben esforzarse por ganarse el permiso, son como Fernando. Muchos quieren las cosas rápidas y no están dispuestos a "invertir" en un proceso que demanda autocrítica y autorrevisión profundas. Muchos, también, están cómodos con esos patrones negativos que han normalizado. Cuando se enteran de que no hay permiso, se lo toman a mal y se van.

Entidades de vidas pasadas

Los seres de oscuridad que pueden estar en el campo magnético de alguien son estructuras *de hardware* y, por lo tanto, extrapsíquicas; no pueden venir de vidas anteriores. De hecho, al morir, todas las entidades se desprenden y quedan acá porque no pertenecen a la psique o campo emocional. Muchas veces, inclusive, se quedan ocupando la "carcasa" o ex campo magnético del fallecido.

---

[104] Esto se debe a que lo principal en esta etapa era la toma de conciencia. En el fondo estábamos trabajando la primera de las tres resistencias al cambio vistas en el capítulo 11.

Sin embargo, en el campo emocional podemos encontrar algunas estructuras que tienen que ver con entidades que la persona tuvo en vidas pasadas. Por ejemplo, hallamos lazos de intercambio o dependencia con entidades, o bien "hologramas" de ellas. Esto último vendría siendo el recuerdo o huella emocional de la entidad, pero no la entidad en sí. También es posible hallar "portales" de índole emocional hacia planos oscuros, lo que señala que algunas partes de la psique están en esos planos aún metidas.

De esta forma, puede que el campo magnético de la persona esté completamente limpio de cargas oscuras y al hacer un renuncio a entidades se sientan de todas maneras movimientos dentro. Esto es especialmente típico, aunque en ningún caso exclusivo, de quienes han tenido vidas pasadas dedicadas a la magia negra o la brujería. En sus campos, al conectar emocionalmente, se puede sentir energía de entidades aun cuando en esta vida no haya ninguna vinculación magnética o "de *hardware*" con ellas. Lo que estamos percibiendo son o lazos, o portales hacia planos oscuros, u "hologramas" de entidades.

Pensemos que las entidades y las prácticas mágicas usadas para invocarlas han estado presentes prácticamente desde los albores de la humanidad. Incluso hoy, en algunas religiones, se las considera "deidades" con las que uno puede establecer pactos o intercambios. Cuando en una vida antigua alguien permitió consciente y voluntariamente que una entidad estuviera con él, estableció un vínculo emocional. Ese lazo, junto a todas las estructuras que lo acompañan, traspasa las barreras del tiempo y podemos hallarlo en la vida actual, aunque la entidad como tal ya no esté.

Estas estructuras de índole emocional pueden ser trabajadas con todas las técnicas ya vistas para trabajar el campo emocional. Es necesario también sanar a esos yoes que son los que en esas épocas pasadas generaron esos vínculos.

Entidades en las casas

Las entidades no sólo pueden estar como cargas en las personas, sino también en las casas. De hecho, es casi una ley que, si alguien tiene seres adheridos en el campo, también hay en el ambiente donde vive. De este modo, una extracción para ser completa debiera también considerar la descarga de la casa. Inclusive, aun cuando una persona esté libre de entidades, es normal que de todos modos el hogar tenga. Esto es porque ellas conviven con el ser humano como lo hace cualquier otro parásito. Por supuesto, hay lugares que están muy cargados y otros poco. En el primer caso, hablamos de las famosas casas embrujadas, donde suele haber muchos seres de rango alto o superior, mientras que en el segundo hay sólo cargas menores.

En ocasiones se suele creer erróneamente que, si la construcción es nueva, debiera estar limpia de cualquier energía negativa. Esto no es así porque las cargas oscuras, la mayoría de las veces, están asociadas al terreno. Si en ese sitio o en la casa que hubo antes se cometió un crimen, alguien se suicidó, se practicó magia negra, se hizo un entierro, o se practicó ouija o espiritismo, quedarán "portales" que permitirán a las entidades circular por allí.

Por otra parte, hay casas que se contaminan debido a prácticas mágicas hechas en su interior o, incluso, prácticas aparentemente espirituales, pero en la que se invita a entidades. Dentro de estas últimas hay que tener muchísimo cuidado con invitar ángeles a casa. Si no son los cinco arcángeles, la probabilidad de que sean ángeles caídos es altísima. Hacer altares para ellos con sus símbolos puede ser también una mala idea.

Una casa cargada se reconoce porque:

- El ambiente se siente cargado y pesado.
- Las personas perciben que al llegar a casa les baja mayor cansancio y pesadez.
- Estando en casa, el trabajo y la creatividad se tienden a estancar.
- En casa hay bastantes peleas entre quienes viven allí.

- Las plantas se marchitan y las mascotas enferman más de lo común.
- Por las noches las personas duermen mal, con pesadillas y parálisis de sueño.
- En algunos casos se siente actividad paranormal: ruidos, cosas que se mueven, se ven cosas pasar, etc.
- Al llegar a esa casa se han producido eventos desafortunados.

Estas señales hay que evaluarlas de manera comparativa con otras casas. Por ejemplo, si en otras casas duermo bien, pero en la propia pésimo, y esto les ocurre a más personas "sensibles", es muy probable que el problema sea la casa.

No quiero profundizar demasiado en este punto, pero sí diré que los maestros seres de luz que enseñan a extraer entidades del aura también enseñan cómo hacerlo de las casas. Casas y personas están relacionadas y las dificultades y riesgos, si se quiere hacer un trabajo bien hecho, en ambas son similares.

Ahora bien, una limpieza de casas puede ser parcial o total. Limpiezas parciales son las que casi todos hacen, a través de sahumerios, sonido, oraciones y otros medios parecidos. Con ellos lo que se consigue es espantar a los seres y, por otro lado, aminorar la energía sucia o tóxica que pudiese haber. Si bien pueden ayudar mucho a bajar la carga, las limpiezas parciales tienen algunas limitaciones:

- No limpian todo, ya que las entidades de mayor rango pueden aguantar bastante bien y quedarse.
- No impiden que en un tiempo más las entidades que hayan salido puedan volver.
- Por ende, hay que estar haciéndolas de forma periódica.

Es por esto por lo que, al igual que en el caso de las entidades en el aura, se sugiere contactar a terapeutas o psíquicos que cuenten con la guía directa de un maestro ser de luz. Hasta donde pude ser testigo, el trabajo que ellos realizan involucra diagnóstico habitación por habitación, atrapar, debilitar y extraer una por una las entidades, cerrar los portales que estén abiertos y sellar el perímetro para eliminar la posibilidad de que puedan volver. Por supuesto, las personas de la casa deben estar todas limpias o, de lo contrario, nunca será un trabajo duradero.

Cuando no es posible limpiar de esa manera, existen diversos procedimientos que pueden ayudar a disminuir la carga. Por ejemplo:

1. En la mesa de noche o velador de cada uno de los dormitorios, debe ponerse un platillo con una cucharada de vinagre de vino tinto, la que tiene que ser cambiada diariamente por 7 días.

2. Trapear pisos y dinteles de puertas y ventanas con la siguiente mezcla: cinco litros de agua, media taza de vinagre de vino blanco y una taza de kerosene. Al finalizar, el líquido que haya sobrado se arroja hacia la calle y todos los implementos utilizados (balde, paño, escoba) se botan a la basura.

3. Para sahumar se sugiere una mezcla de mirra, sándalo, incienso blanco, incienso negro, almizcle, junto a siete hojas secas de laurel de comer, una cucharada de canela en polvo, una cucharadita de azúcar y una ramita seca de romero. Todo esto se prende con tres carboncillos naturales usando fósforos o cerillas. Es mejor encenderlo en la cocina o el baño porque en esos lugares, como corre agua, suele haber siempre menor cantidad de cargas. Luego, con el sahumerio encendido y humeando, se recorren las distintas habitaciones de la casa.

En general, se pueden utilizar todo tipo de inciensos, sustancias, maderas o hierbas, siempre y cuando:

- Sean de aromas agradables y perfumados.
- Sean extractos naturales, o sea, no sintetizados químicamente en laboratorio.

- No sean ni azufre ni sustancias picantes como el ají. Aunque mucha gente afirma que son buenos para espantar cargas negativas, lo que hacen el azufre y los picantes es, por el contrario, atraerlas. Lo que ocurre es que en su humo las entidades "se ocultan", por lo que hace parecer que ya no están.

Complementario a lo anterior, también son útiles:

- Las vibraciones producidas por tambores, cuencos u otros instrumentos que generan sonido intenso, así como la música en alto volumen.
- Las aguas que corren o son cambiadas a diario, como las de piletas, fuentes y acuarios.
- Plantas, en especial todas aquellas que la tradición popular dice que protegen o limpian.
- Ordenar y hacer una limpieza física exhaustiva, y botar o deshacerse de cosas acumuladas: basura, antigüedades, ropa vieja (en especial si perteneció a gente fallecida), etc.
- Para que las mascotas no sean afectadas por las cargas negativas de una casa se recomienda —a modo de sello— untarles aceite de oliva en las almohadillas de cada una de las patas.

Por último, así como se pide la ayuda de Dios y los arcángeles para que amarren, contengan y debiliten a las entidades que están en el aura, también se puede pedir que lo hagan con las que están en una casa. No es algo que por sí solo vaya a dar resultado, en especial si son seres grandes y de rangos elevados, pero puede ayudar. La petición, eso sí, debe ser hecha mentalmente y nunca a viva voz. Pese a todo, si se ve que todos estos procedimientos son insuficientes, quizás lo que haya que pensar es en irse y vender la casa.

Puentes magnéticos con entidades

Necesitamos siempre tener presente que las entidades se sirven de los lazos emocionales que alguien establece con otras personas. A través de ellos, los altos rangos son capaces de tender "puentes magnéticos", es decir, conexiones energéticas "de *hardware*", para influir y alimentarse de quienes están alrededor.

De esa forma, al relacionarnos con cualquier otro ser humano, nos relacionamos también con las entidades que podría tener en el campo. Si somos sensibles, es probable que nos parezca que tiene una energía densa, pesada o tóxica. Al pasar mucho tiempo cerca, puede que nos incomode o nos moleste. En ocasiones notaremos que su presencia o la interacción con él provoca en nosotros reacciones más negativas que lo habitual.

Por ejemplo, si alguien es manipulador, puede que racionalmente nos estemos dando cuenta de que nos está manipulando, pero nos sentimos complicados de contradecirlo o decirle que no; si es alguien violento, quizás sentimos que el miedo nos paraliza completamente, con el vientre apretado y la cabeza turbada; si es alguien que nos relata sus problemas, sentimos que nos deja particularmente molestos o sin energía como si nos hubiera "drenado", pero en el momento mismo pese a que nos dábamos cuenta, algo "hacía" que no pudiéramos irnos. Ese poder invisible que parecieran tener estas personas para inhibir nuestro manejo de las situaciones no se explica únicamente por las estructuras emocionales que tanto ellas como nosotros podamos tener. Si hay entidades de alto rango en ellas, probablemente nos están influyendo a través de puentes magnéticos que las entidades nos han colocado. De esa forma logran generar emociones y pensamientos negativos que nos paralizan y nos vacían de energía.

A nivel del campo magnético, lo que vamos a percibir es muy similar a lo que en el campo emocional identificábamos como "lazos". De hecho, generalmente, estos "puentes" están ahí mismo donde hallamos los lazos, sólo que en un nivel más "de *hardware*", o sea, extrapsíquico

Así, es común que una persona tenga puentes magnéticos puestos por:

- Entidades que están en otras personas.
- Entidades que están en grupos
- Entidades que están en lugares.

La buena noticia es que tratar esos puentes magnéticos no es, al menos en teoría, algo demasiado complejo. Simplemente hay que solicitar a los propios guías o, mejor aún, al arcángel Miguel, que los corten. Pero antes, es recomendable efectuar los renuncios a las respectivas personas, grupos o lugares, según sea el caso[105].

CORTE DE PUENTES MAGNÉTICOS CON ENTIDADES[106]

> Pido por último a mis guías y al arcángel Miguel que corten todos los puentes energéticos que yo pueda yo tener con las entidades oscuras que pudieran estar en _____.
> Pido que los retiren y los alejen de mí lo más posible.

Recomiendo realizar la petición de corte de puentes magnéticos cada vez que sintamos que hemos quedado afectados energética o emocionalmente por alguien. También lo podemos hacer con todos aquellos, incluso seres queridos, que nos generan algún grado de conflicto cuando pensamos en ellos. Por último, lo podemos hacer con personas de nuestro pasado que pudieron habernos dañado o afectado de algún modo. Por ejemplo, si alguna vez alguien nos maltrató o nos manipuló, o si fue algún tipo de relación tóxica de las que nos costó salir, o si todavía hoy sentimos como si estuviéramos "tomados" por algo cada vez que pensamos en eso, podemos partir por realizar la petición para ver qué pasa.

En lo personal, suelo realizar la petición con las personas que me toca atender. Si noto que me dejan cansado o me generan algún grado de

---

[105] Véanse los renuncios del capítulo 7.
[106] Esta petición de corte de puentes magnéticos puede añadirse cada vez que efectuemos un renuncio como los del capítulo 7.

desequilibrio o malestar, suelo hacer el renuncio y pido el corte de posibles puentes energéticos con entidades que estas personas pudieran andar trayendo. No necesito haberlos chequeado previamente; a veces sólo sospecho que pueden tener "algo" que me esté afectando y pongo en práctica la petición. Si noto alivio de algún tipo es señal de que esa persona tiene o tenía algún tipo de entidad que me había colocado uno de estos "puentes".

CAPÍTULO 18
Magia negativa y ataques psíquicos

Qué es la magia

En mi opinión, magia es un término antiguo para referirnos a la intención o "fuerza psíquica". Es básicamente el «arte de mover la energía o, mejor aún, el arte de actuar sobre la realidad energética».

Como seres que habitamos más que sólo la realidad física, los humanos tenemos una suerte de "capacidad mágica", que es la que nos permite movilizar energía dentro y fuera de nosotros mismos. La sola existencia de las estructuras energéticas en el aura es prueba de que estamos siempre "intencionando" mágicamente, aunque no nos demos cuenta. Sin embargo, el uso consciente de la intención a través de "trabajos" es lo que con mayor propiedad podemos llamar "magia". Son operaciones y prácticas concretas cuyo fin es conducir o dar forma a la intención para conseguir un resultado. A veces se sirven de la ayuda de seres de la realidad energética que contribuyen con su energía a potenciarlos o derechamente los ejecutan.

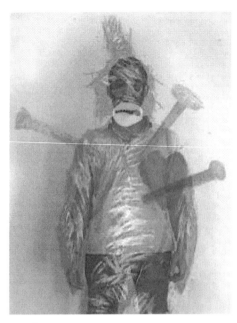

NÚCLEOS DE MAGIA NEGRA EN EL AURA

Un ejemplo de magia aplicada al área de la salud es la sanación, donde hallamos movimiento de energía, ya sea a nivel de *software* (campo emocional) o de *hardware* (campo magnético). Los seres que pueden ayudarnos en ella dependen del sistema de terapia que utilicemos, así como de las vinculaciones que, consciente o inconscientemente, hayamos establecido.

Magia positiva y negativa

Cuando hablamos de prácticas mágicas, es crucial aprender a distinguir entre aquellas que se hallan alineadas con el alma y la Conciencia de Amor, y aquellas que no. Para decirlo de otra forma: existen dos tipos de magia o intención: la que respeta las "leyes del amor" y la que las transgrede.

Pero ¿qué son las "leyes del amor"? Es simplemente una forma de referirse a los mandamientos que Dios Padre-Madre, fuente universal de amor, da para estar en común-unión con él. Significan fundamentalmente:

- Respetar el libre albedrío de todo ser consciente, en que «mi libre albedrío termina donde empieza el tuyo y tu libre albedrío termina donde empieza el mío».
- Actuar movido por una intención de beneficio hacia todos los seres y toda la creación.
- No dañar, ni intencionada ni inintencionadamente.

En su libro *Magia Positiva, Ayúdese con el Ocultismo*, la estadounidense Marion Weinstein lo resume de la siguiente manera:

> Hay magia positiva y magia negativa. Si la operación mágica daña a una sola persona o ser vivo, es negativa. La manipulación, que no respeta el libre albedrío, es perjudicial. El compromiso, el sacrificio —incluso el sacrificio de uno mismo— pueden en cierto modo ser perjudiciales. En cambio, la magia positiva ("buena") es para el bien de todos y ayuda a todos […]. El hecho de que uno va a hacer daño a alguien, que va a realizar una acción horrible, por supuesto, pone más de manifiesto la naturaleza negativa de la operación. Pero incluso cuando se trata de manipulaciones "menores" —usurpación o negación del poder personal— han de clasificarse como magia negativa.[107]

Magia positiva y magia negativa son así dos formas de nombrar a estos dos usos de la intención, que de manera simple también pueden nombrarse "magia blanca" y "magia negra". Cualquier trabajo mágico puede caer en una u otra categoría.

---

[107] Weinstein, M. (2012), Magia Positiva, Ayúdese con el Ocultismo, página 70. Madrid: Luis Cárcamo Ed.

Algunos ejemplos de magia blanca son:

- Hacerle sanación a alguien que lo solicita.
- Ritual de prosperidad intencionando que me lleguen clientes
- Ritual para encontrar trabajo
- Ritual de protección frente a ataques energéticos
- Enviar bendiciones a otros seres
- Petición para que se me abran caminos en algún área.

Algunos ejemplos de magia negra:

- Ritual para destruir, enfermar o dejar fuera de combate a otra persona, aunque sea alguien que nos ha dañado.
- Ritual para castigar a alguien.
- Ritual para conseguir que alguien cambie de opinión
- Ritual para quedarme con un puesto de trabajo en el que otros postulantes son perjudicados.
- Amarres de amor, unión o desunión de parejas.
- Encender una vela para que mi expareja vuelva conmigo.
- Hacerle sanación a alguien sin su consentimiento[108].
- Defenderme de ataques psíquicos atacando de vuelta.
- Defenderme de alguien que me hizo magia negra haciéndole yo una magia de vuelta.

Ahora bien, lo que quizás más caracteriza a la magia negra no es el hecho de que se desee hacer siempre el mal, sino la relativización de la diferencia entre positivo y negativo o "blanco" y "negro". Sus practicantes normalmente

---

[108] Salvo que sea un hijo menor de edad, donde quienes dan los consentimientos son los padres o, en ausencia de éstos, los cuidadores. En caso de que fuera una persona que está enferma, se puede pedir por ella y enviarle energía con la intención expresa de que sólo la reciba si su alma la quiere.

piensan que es totalmente lícito usar la magia para conseguir cualquier deseo, sin importar si se daña o manipula a alguien. No creen en las consecuencias negativas (kármicas) de hacer magia negra y muchos tampoco tienen problemas en alternarla con magia blanca en una modalidad que ellos llaman "magia gris". Su lema es que: «nada en la vida es claro y concreto sino una mezcla de cosas».

Sin embargo, la magia positiva exige no sólo que el trabajo en sí respete las leyes del amor. También pide que el practicante se cuide de JAMÁS hacer magia negra y que todos los actos de su vida estén siempre alineados con la Conciencia de Amor. Sólo de esta forma los seres de luz auténticos estarán dispuestos a prestar su energía para el trabajo. Esto es importante para tener en cuenta, ya que mucha gente que no tiene problemas en admitir que hace magia negra, invocando entidades inclusive, luego dice hacer también magia blanca con la ayuda de arcángeles y seres de luz. La realidad no es así, ya que nunca un ser de luz auténtico estará dispuesto a ayudar a alguien que está utilizando la intención para dañar.

También es relevante entender que ningún ritual que involucre algún tipo de acto violento o destructivo, como por ejemplo sacrificio o muerte de animales, puede ser de magia blanca. Por el contrario, son las entidades las que piden ese tipo de actos, ya que la energía que liberan les sirve de alimento[109].

Los rituales de magia blanca se suelen acompañar de objetos o sustancias de la naturaleza que elevan la vibración y producen reacciones físicas o emocionales armoniosas. Estas sustancias suelen tener un efecto energético o vibracional alineado con el alma y la Conciencia de Amor. Por ejemplo: incienso, palo santo, canela, almizcle, alcanfor, mirra, salvia, laurel, romero, aceite de oliva y flores en general. Pueden también utilizarse símbolos que

---

[109] La excepción a esta regla son algunas religiones cuyos orígenes se hallan ligados al pastoreo. En ellas, el sacrificio de animales no tiene como fin alimentar a una deidad o dios necesitado de sangre, sino ofrecerle humildemente parte del fruto del propio trabajo.

representen elementos de la naturaleza, o que estén alineados con energías de amor, como los del reiki.

Por el contrario, los rituales de magia negra, al menos muchos de ellos, se suelen acompañar de objetos y sustancias que bajan la vibración y se asocian con dolor, muerte y oscuridad. Por ejemplo: sangre y otros fluidos corporales, materia orgánica en descomposición, tierra de cementerio, calaveras y osamentas, azufre, sustancias picantes o irritantes, alcohol, cigarro, cosas que huelen mal. También pueden utilizar símbolos y estatuillas de demonios famosos.

Ataques psíquicos

La intención negativa, al proyectarse, puede dar origen a dos tipos de daño que afectan energéticamente el campo magnético: ataque psíquico y trabajo de magia negra.

Por "ataque psíquico" se entiende un ataque de naturaleza energética, que ha sido generado de manera inconsciente o consciente por alguien con capacidad psíquica[110]. También puede ser lanzado por algún "ser", como entidades oscuras o extraterrestres. Lo común en ambos casos es que la "energía" del ataque se inserta en el aura y genera malestar o daño.

A nivel del campo magnético, un ataque psíquico se puede manifestar de diversas maneras:

- Desgarro de afuera hacia adentro en las capas.
- Energía densa, tóxica y corrosiva (veneno) que daña el tejido magnético.
- Estructura que envuelve y bloquea
- Estructura que se clava.
- Estructura que emite energía tóxica.

---

[110] Aura de nacimiento azul o cercana a la azul.

- Parásito energético que pueda estar metido.
- Entidad que pueda estar encima (no metida).
- Puentes magnéticos con entidades.
- Una mezcla de algunas o todas las anteriores.

Por ejemplo, el famoso mal de ojo es uno de los ataques psíquicos más comunes, que corrientemente afecta a los bebés y niños pequeños. Suele presentarse con pérdida del apetito, vómito, diarrea, llanto sin causa aparente, sueño alterado, alergias y brotes en la piel.

En adultos, los síntomas de un ataque psíquico suelen ser: dolor en el cuerpo en las áreas donde el ataque está afectando (por ejemplo, pinchazo, ardor, presión), cansancio, fatiga, náusea, pensamientos negativos, ánimo negativo, desmotivación, angustia.

Las causas del ataque psíquico suelen hallarse en las emociones negativas del agresor que, al transformarse en "intención", adquieren forma y son literalmente "lanzadas". A veces su apariencia es la de púas o espinas, o de peñascos, cilindros o bolas con y sin puntas, o de garras[111] o garfios, o de mantos pesados y densos con sensación tóxica. La variedad de posibilidades es casi infinita.

Tratamiento de un ataque psíquico

Las maneras de tratar un ataque psíquico varían de acuerdo con el tipo de estructura que sea. Si sólo es una rotura de las capas del campo, se repara como cualquier herida común del campo magnético. Si, en cambio, hay energías tóxicas adherida, lo que corresponde es drenar y limpiar primero esas energías. Cuando además hay una estructura, antes hay que retirarla. El

---

[111] La forma de garra es muy común en el caso de ataques de entidades. Muchas de ellas poseen literalmente estas garras con las que rajan el campo de la víctima y que en ocasiones incluso le dejan enterrada.

orden sería: (1) retirar las estructuras que puede haber; (2) retirar las energías tóxicas o venenos; y (3) reparar y armonizar las capas.

Para retirar la estructura de un ataque psíquico, debe ser primero "desprogramada", es decir, su intención de daño tiene que ser anulada. La manera básica de lograrlo es irradiarla y envolverla con energía. Se puede pedir al arcángel Zadquiel que nos entregue su fuego violeta para ese fin.

Acto seguido, la estructura, o lo que de ella quede, se retira manualmente o se pide a los guías internos que lo hagan. Si todavía persiste sensación de dolor o ardor, se les puede también pedir que encapsulen el veneno o toxicidad que haya quedado y la retiren. Para algunos ataques, cuando están diseminados u ocupan una porción grande del campo, se recomienda que después de pedir su anulación se realicen barridos capa por capa. Por último, se puede reparar la herida magnética que haya quedado: manualmente si es grande, o pidiéndoselo a los guías si es pequeña y localizada.

Otra forma aún más efectiva de anular un ataque es a través de una vela. Para eso se utiliza una vela vertical, de preferencia negra, la cual se pega sobre un platillo y se enciende utilizando un fósforo. Luego, se apunta a la llama juntando los tres primeros dedos de la mano hábil y se dice:

> En nombre de la Conciencia de Amor de Dios Padre-Madre Universal, pido que a través de esta vela sea anulado todo el ataque psíquico que tiene _____. Que así sea, que así sea, que así sea.

Después, se la deja arder hasta consumirse y, cuando ya la energía del ataque se sienta débil, se la retira de manera manual o pidiendo a los guías como ya se explicó.

A continuación, presento algunas oraciones que podemos hacer para neutralizar o tratar ataques. Es recomendable hacerlas en orden para ir viendo qué pasa[112].

---

[112] Después de hacer cada una, se debe esperar unos minutos para ver los movimientos energéticos que ocurren.

1. Arcángel Miguel, te pido que alejes a toda entidad que pueda estar encima atacándome. Con tu fuego azul aléjala.

2. Guías de mi alma, inmovilicen a los parásitos (incluidas entidades)[113] que puedan estar en mí y retírenlos a la brevedad. Retiren también los venenos y huevos que hayan dejado.

3. Arcángel Miguel, corta los puentes magnéticos que entidades (de otras personas[114]) me pudieron haber colocado.

4. Arcángel Zadquiel, con tu fuego violeta disuelve y transmuta toda estructura o energía de ataque en mi campo.

5. Guías de mi alma, retírenme las estructuras y cargas de ataques que pueda tener en el campo.

6. Guías, reparen las roturas que tanto parásitos, entidades y estructuras de ataque hayan dejado en mi aura y *chakras*.

7. Guías, ciérrenme portales interdimensionales que tenga en el aura abiertos, especialmente los que hayan abierto entidades.

Falsos ataques psíquicos

Esto es muy usual que ocurra cuando alguien tiene entidades adheridas sin saber y éstas le causan daño y malestar. Empero, de manera errada asume que se trata de ataques psíquicos que alguien le está enviando. También podría tratarse de estructuras de tipo emocional que estén generando dolor o malestar y la persona lo atribuye a ataques. Otras veces, el supuesto ataque podría ser la consecuencia de energía que uno mismo lanza sin ser consciente y luego, cual efecto bumerán, dicha energía regresa a uno y parece provenir desde el exterior.

---

[113] Se refiere a parásitos y entidades menores, que son los únicos que pueden ser sacados de esta manera.

[114] Si tenemos idea de quién o quiénes podrían ser, es bueno mencionarlas.

Tuve la ocasión de conocer bastante de cerca el caso de un grupo de gente dedicada a la sanación cuya líder era una suerte de "maestra" muy carismática, pero con un alto grado de narcisismo. Tenían una especie de "escuela" y decían estar constantemente recibiendo ataques de otras personas. Estos últimos eran ciertos en el sentido de que eran estructuras energéticas reales que se incrustaban en el campo magnético de esas personas y generaban mucho malestar.

Sin embargo, lo que pude chequear —gracias a mis conocimientos sobre el campo magnético y las entidades— es que los supuestos ataques eran creación de entidades oscuras de rango superior con las que su líder, debido a su narcisismo, se hallaba vinculada. Estas entidades se hacían pasar por guías y se alimentaban energéticamente de ella y de todos sus seguidores, tanto miembros de la escuela como pacientes. Lo interesante es que al canalizar, las entidades les convencían de estar "bajo ataque" y alimentaban una suerte de paranoia colectiva en la que necesitaban estar constantemente defendiéndose. Para agravar el panorama, ellos decían que para defenderse debían lanzar ataques de vuelta, lo que ellos llamaban "la justa venganza". Decían estar sólo devolviendo lo que recibían, pero en realidad estaban nutriendo a las propias entidades. En realidad, el concepto de una "justa venganza" no existe entre los auténticos seres de luz y es más bien una de las típicas falacias inventadas por las entidades para inducir a caer en conductas perversas. Haciéndose pasar por guías o maestros, ellas suelen decir cosas como: «Defiéndete, te está atacando y estás en tu justo derecho de atacar de vuelta también».

Los maestros seres de luz auténticos afirmaban que defenderse de los ataques y neutralizarlos no tiene por qué involucrar ningún tipo de "contraataque". Si sabemos pedir ayuda de los arcángeles y seres de luz al servicio de Dios Padre-Madre Universal, y somos dignos de ella, estamos bien protegidos. Los ataques, entonces, sencillamente rebotan y se devuelven automáticamente a quien los generó.

Trabajos de magia negra en el aura

Los trabajos de magia negra se diferencian de un ataque psíquico en que están hechos para durar y para que lleven a cabo daños específicos. Las estructuras que lo conforman, y que se meten al aura de la víctima, son por ese motivo elaboradas a través de rituales. Es por esto por lo que no se puede hablar de trabajos de magia hechos inconsciente o involuntariamente.

Las razones por las cuales alguien decide hacerle magia negra a otro pueden ser a veces muy diversas. En muchos casos, el móvil es causarle daño bajo la forma de dolor, muerte o enfermedad; en otros, se le busca arruinar o bloquear en algún área vital: económica, laboral, de pareja, etc. En otras ocasiones, lo que se busca es manipular (que vuelva con un ex, que deje un trabajo, que desista de un determinado propósito o decisión, etc.). Las motivaciones psicológicas, por tanto, pueden ser múltiples: rivalidad, venganza, odio, celos, envidia, miedo, deseo, codicia, búsqueda de poder, sobreprotección, etc.

Quien realiza el trabajo por lo general se sirve de una representación de la víctima, típicamente una foto, una prenda de ropa o un muñeco. Sobre ésta se practican diversas operaciones que emulan aquello que ocurrirá energéticamente en su aura. Por ejemplo, si se le clava un alfiler, la víctima en el campo tendrá literalmente una estructura con forma y sensación punzante; si se le ponen amarras, en el campo encontraremos estructuras en forma de cuerda o cadena y la víctima se sentirá atada o bloqueada; si se le mete viruta, la persona tendrá una sensación de algo denso en su interior, con dolor.

A estas estructuras, que conforman una magia negra en el aura, podemos llamarles "núcleos". Un trabajo, por ende, puede tener varios "núcleos de magia" en distintas zonas del cuerpo. Por ejemplo, puede haber uno en la cabeza causando bloqueo mental, otro en el estómago generando dolor, inseguridad y angustia, y otro en las piernas provocando sensación de no poder avanzar.

Sin embargo, lo que hace realmente complejo a un trabajo de magia negra no suele ser tanto la cantidad de núcleos, sino el hecho de que venga con entidades oscuras asociadas. Éstas suelen ser invocadas en el mismo ritual donde se hace la magia con el fin de ser sus "guardianes" o "custodios". De esta manera, además del trabajo en sí (los núcleos), lo que también hallaremos en el aura serán las entidades adheridas y enganchadas. A quien intente retirar o neutralizar el trabajo, ellas lo atacarán y, aunque consiguiera hacerlo, ellas podrían rehacerlo.

Por último, un trabajo de magia negra a veces logra afectar, no sólo a la víctima, sino también a otras personas y las mascotas que pueden vivir bajo el mismo techo. Se dice que la magia "salpica" hacia abajo en la línea de descendencia, ya que los hijos o los nietos podrían recibir también algo. En ocasiones, también, hay magias dirigidas contra todo el núcleo familiar e inclusive podrían estar programadas para continuar afectando a las generaciones venideras.

Sensación de magia negra en el campo

Quien tiene una magia negra en el campo suele sentirse mal de muchas formas: angustia, ansiedad, emociones negativas, dolor físico o enfermedad sin aparente causa, turbación mental, sensación de estar volviéndose loco, no tener voluntad. Puede también ver bloqueada su vida de pareja, laboral, profesional, económica, etc.

Desde afuera y al tacto, la magia se siente como una estructura dura, fría, densa y muy desagradable, impenetrable, picosa, con sensación eléctrica y de ardor. Si uno se la queda sintiendo durante un tiempo puede comenzar a sentirse mal, en especial si la magia tiene entidades[115]. Por eso se recomienda pedir mucha protección a los arcángeles antes de hacer el examen.

Las personas psíquicamente sensibles, al palpar una magia, pueden también percibir olores desagradables que aluden a sustancias que fueron utilizadas en el ritual. Por ejemplo: tabaco, cosas podridas, alcohol, humo, sangre, azufre,

---

[115] Éstas también tienen que ser chequeadas en el examen, recordando que muchas veces, si son grandes, se sitúan por la espalda de la persona.

etc. También pueden llegar a percibir imágenes, como, por ejemplo, alguien haciendo invocaciones, encendiendo velas o sacrificando un animal.

Consecuencias de la intención negativa

Todo uso de la intención para dañar tiene una consecuencia negativa para el practicante, que es que el mal se le termina devolviendo. Esta constituye una especie de ley universal, que se cumple tarde o temprano.

Cuando la víctima es una persona limpia de toda mala intención, que constantemente solicita protección a la divinidad y se trabaja emocionalmente, tanto los ataques como las magias en su contra tienden a devolverse[116]. Se dice entonces que "rebotan" y los recibe de vuelta quien los envió. Lo mismo ocurre cuando una ataque o magia, aun habiendo logrado entrar, consigue luego ser sacado o neutralizado junto a las entidades que podría tener de custodias. Normalmente, tanto la carga negativa como las entidades se le devuelven a la persona que lo hizo. En el caso de un trabajo que alguien encargó a otro, por ejemplo, a un brujo profesional de los que hacen "trabajos a pedido", la devolución cae sobre ambos. La única diferencia es que el brujo profesional tiene mecanismos que le permiten zafar. A veces, las mismas entidades con las que trabaja lo protegen, y la mayor parte del mal termina devolviéndosele al cliente o "autor intelectual". De todas formas, tarde o temprano, esas energías se le devolverán también al brujo y, si no se alcanzan a cobrar con él, podrán hacerlo con sus descendientes. Es el caso a veces de muchas familias en las que el suicidio, las depresiones y otros males parecen repetirse en distintas generaciones.

---

[116] Por supuesto, esto no siempre ocurre así, ya que nadie es infalible todo el tiempo. Algunas magias y algunos ataques sí logran entrar si la persona se descuida o tiene puntos débiles sobre todo en lo emocional.

Sanar una magia

Retirar una magia negra es bastante más complejo que retirar un ataque psíquico. Esto es porque la intención generada en un ritual siempre es más difícil de anular que algo generado espontáneamente. Y mientras no se la anule, no se la podrá retirar con demasiado éxito. Sin embargo, el problema es todavía mayor cuando también hay entidades. No solamente porque nos exponemos a su ataque al intentar sacar el trabajo, sino porque ellas pueden reestablecerlo luego de que lo consigamos. El paso lógico entonces, para estos casos, es que primero sean neutralizadas y extraídas las entidades.

Ahora bien, según ya se explicó en el capítulo anterior, el tratamiento exitoso y seguro de una entidad se consigue cuando el terapeuta cuenta con la guía y la ayuda de seres de luz auténticos. En el caso de las magias, los maestros de luz también entregan instrucciones y los permisos para disolverlas. A modo de ejemplo, los maestros a veces señalan que una magia debe ser anulada a través determinada cantidad de velas que deben ser consagradas y programadas con ciertos elementos. En otras ocasiones no son velas sino una "quema" o sahumerio con ciertas hierbas. También, sobre todo para las magias muy elaboradas, pueden señalar que debe hacerse un particular ritual que ellos describen paso a paso.

Entonces, la sanación para alguien que tenga una magia negra compleja custodiada por entidades pasa por encontrar a un terapeuta que cuante con la guía, protección y ayuda de maestros de luz auténticos. Por supuesto, siempre está la posibilidad de recurrir a cualquier brujo, pero la seguridad de esa operación y los seres que en ella participan arrojan muchas dudas.

No obstante, como ya se indicó para las entidades, una persona decidida a sanar siempre tiene la opción de hacer el "camino largo", que significa trabajarse emocionalmente y poner en práctica limpiezas físicas que ayudarán a bajar la carga. De hecho, los baños de floripondio y las limpiezas con huevo y con aceite de oliva y sal son muy útiles para ir rompiendo la magia y debilitando a los seres (que deben estar ya previamente "inmovilizados").

Debe tenerse en cuenta, eso sí, que de nada sirven todos estos esfuerzos si no se trabaja por corregir las faltas y los errores que se hayan cometido. Por ejemplo, si alguien es mala persona, o se muestra dictatorial con los hijos, o ha engañado a su pareja, debe partir por arrepentirse de verdad y corregir. Esa persona no puede esperar ser ayudada a liberarse de la magia o entidades sin hacer eso primero.

Magias de vidas pasadas y automagias

En el campo emocional a veces encontramos "magias de vidas pasadas". Son el recuerdo energético de trabajos de magia negra que la persona tuvo en esas vidas. Lo que hay que entender en estos casos es que no se trata de la magia en sí, sino de una especie de holograma emocional de cada uno de los "núcleos" de ésta[117].

Por lo tanto, una "magia de vidas pasadas" nunca tendrá ni la fuerza, ni la presencia, ni la toxicidad que tiene una magia de esta misma vida. Pueden, de hecho, retirarse con un simple renuncio y extracción manual. Por supuesto, la persona debe también hacer un aprendizaje que le permita desapegarse de esa magia. Por ejemplo, renunciar a merecer esos daños, pedir perdón por los que ella misma pudo haber hecho, pedir que esos yoes sean sanados, etc.

Otra posibilidad es que se trate de "automagias", que el nombre dado a magias que la propia persona pudo hacerse a sí misma a través de algún ritual. Por ejemplo, una mujer en vidas pasadas pudo haber hecho magia para no quedar embarazada, o un hombre, un ritual para ser más insensible, valiente y despiadado como guerrero. En ambos casos, la "automagia" necesita ser anulada con decretos y, si se quiere, también solicitando el fuego violeta de Zadquiel.

---

[117] De la misma manera, cuando en el campo aparece una flecha, una lanza o algún otro objeto, no se trata del objeto en sí, sino de la huella o recuerdo energético que dejó en el aura.

CAPÍTULO 19
Magia positiva

Magia y entendimiento espiritual

Tanto la religión como la magia han sido formas en las que los seres humanos se han relacionado con la realidad energética. Si bien ambas reconocen la existencia de poderes invisibles tras los fenómenos tangibles, los énfasis en cada una son distintos. Mientras la religión afirma que el poder se halla en un dios o un conjunto de ellos, o en una idea o principio universal, la magia pareciera ser más pragmática: el poder está al acceso de cualquiera que maneje ciertas prácticas.

Pese a esa diferencia, religión y magia no son contradictorias y han muchas veces caminado juntas. De hecho, si ponemos como ejemplo al catolicismo, vemos que la magia sí es algo aceptado mientras se haga en nombre de Dios. A menudo se la concibe como "milagros", donde es Dios o Cristo mismo quien está obrando.

> Y estas señales seguirán a los que creen: En mi nombre echarán fuera demonios; hablarán nuevas lenguas; tomarán en las manos serpientes, y si bebieren cosa mortífera, no les hará daño; sobre los enfermos pondrán sus manos, y sanarán.[118]

---

[118] Marcos 16, 17-18

> Entonces Moisés y Aarón fueron a ver al faraón e hicieron lo que el Señor les había ordenado. Aarón tiró su vara al suelo delante del faraón y de sus funcionarios, ¡y la vara se convirtió en una serpiente! Entonces el faraón llamó a sus sabios y a sus hechiceros, y los magos egipcios hicieron lo mismo con sus artes mágicas: tiraron sus varas al suelo, ¡y las varas también se convirtieron en serpientes! Pero la vara de Aarón se tragó las varas de ellos.[119]

Ahora bien, dado que es una religión altamente jerarquizada, el catolicismo da muy poco espacio hoy a la magia real. Pone bajo sospecha incluso a sus propios sacerdotes cuando tienen habilidades o dones, aun cuando explícitamente los ejerzan en nombre de Dios. por ejemplo, un caso paradigmático es el del sacerdote italiano Mario Pantaleo (1915-1992), quien tenía el don de diagnosticar y sanar enfermedades a través de sus manos. Fue perseguido por las propias autoridades de la iglesia que, incluso viendo la cantidad de gente que decía haber sido ayudada por él, estaban más preocupadas de ser acusadas de permitir la charlatanería. Su increíble historia fue llevada al cine en la película argentina *Las Manos*[120].

También en las religiones orientales la magia ha estado presente. En el hinduismo, por ejemplo, se acepta que uno de los efectos secundarios del yoga sea el desarrollo de poderes mágicos. En el budismo, por su parte, existen muchas prácticas que son derechamente mágicas, pero que los occidentales en un intento de racionalizarlo e idealizarlo, hemos preferido no ver. Apuntan a curación de enfermedades, adivinación, creación de lluvia, protección, etc.[121]

Incluso, si bien siempre se ha tendido a asociar brujería con magia (en especial magia negativa), hay quienes la consideran una religión. Sería una antigua religión celta de la Europa antigua que, al llegar el cristianismo, fue demonizada y perseguida. Hoy en día ha resurgido y sus practicantes se

---

[119] Éxodo 7, 10-12
[120] Doria, A. (2006). Las Manos. Argentina-Italia: Daniel Viterman Ludueña.
[121] Van Schaik, S. (2021), Magia Budista, Barcelona: La Llave Eds.

refieren a ella como la "Antigua Religión". Creen en la existencia de una "fuerza vital" que está por encima de todo, que está compuesta por un principio masculino y otro femenino: Dios y Diosa. Consideran que la magia es parte de la religión y debe atenerse a una ética muy estricta en la que no es permitido dañar ni hacer el mal.

Todos estos ejemplos parecen decir que, si bien la magia puede funcionar como una mera herramienta, puede coexistir con "lo religioso". Y no estoy hablando tanto del aspecto externo o formal de ritos, creencias y dogmas. Más bien me refiero al significado que subyace en el término mismo "religión"[122], el cual apunta a una experiencia de reunión o conexión con la divinidad. Ese sentido auténtico de lo religioso parece provenir desde la profundidad misma del alma[123] como parte de su "movimiento profundo", que tiene que ver directamente con lo que en el capítulo 11 mencioné como "inteligencia espiritual".

Todo esto nos lleva finalmente a que la magia que una persona practique será siempre el fiel reflejo de su nivel de entendimiento en lo espiritual. Y éste, a su vez, se nutre de algo todavía más fundamental: la conciencia emocional o psicológica que haya conseguido. Las religiones nos enseñan principios de bondad y corrección que son un esbozo de ésta, pero todo el resto debe construirse a través del trabajo psicológico profundo. Porque, digámoslo, hacer magia no implica más que adquirir destreza en el manejo de la intención a través de ciertas prácticas y rituales. Algunas personas incluso ya traen capacidades psíquicas innatas para ello. Pero lo realmente difícil es conseguir los aprendizajes emocionales que permiten su sabio uso. Es por eso por lo que hacer magia negativa es relativamente fácil, pues no demanda ningún desarrollo emocional ni moral ni espiritual (tres cosas que van de la mano), ni practicar la reflexión o el examen interno.

---

[122] Del latín *religare*= volver a unir.
[123] Al respecto, C. G. Jung llega a afirmar que la psique humana posee un impulso o función religiosa que es primaria.

El propósito mágico positivo

Para alguien en un camino de aprendizaje emocional y espiritual, la magia positiva puede ser una herramienta de gran ayuda. A través de ella, es posible conseguir cosas como: sanación de enfermedades, protección física y energética, apertura de caminos en los negocios, el trabajo o el amor, atracción de abundancia, mejoras en la salud, encontrar casa o trabajo, etc.

Sin embargo, siempre ha de tenerse siempre en cuenta que:

> Por lo general, la línea existente entre los trabajos positivos y los negativos es sutil, pero no tan sutil que no se pueda trazar: CUALQUIER MODALIDAD DE MAGIA —RITUAL, CEREMONIAL O DE OTRO TIPO— QUE MANIPULE O HAGA DAÑO A CUALQUIER SER, INCLUIDOS LOS SERES INVISIBLES, ES INEQUÍVOCAMENTE TRABAJO NEGATIVO. Con independencia de los libros o autoridades en la materia con que usted pueda tropezarse en sus estudios, esta definición aclara todo.[124]

Adicionalmente y por si esto fuera poco, existe una complejidad adicional que es inherente a todos los trabajos mágicos aunque sean positivos, que es el riesgo que involucran. La posibilidad de experimentar daño energético mayor o menor, ya sea a corto plazo o de manera acumulativa, es completamente real. Sobre todo si consideramos que prácticamente en todas partes existen entidades intentando hacerse pasar por seres de luz o benéficos, no es algo que debiéramos tomar a la ligera. Incluso en el terreno de la sanación podemos observar este riesgo.

La magia es un terreno complicado, y parte de esa complicación radica en cuán fácil es "accidentarse" debido una comprensión errada de los principios que la rigen. Porque lo que debemos siempre recordar es que, básicamente, «la magia blanca o positiva no es un conjunto de prácticas, sino de principios». Si aprendemos a respetarlos y a actuar de acuerdo con ellos en todo momento,

---

[124] Weinstein, M. (2012), Magia Positiva, Ayúdese con el Ocultismo, página 92. Madrid: Luis Cárcamo Ed.

las prácticas que llevemos a cabo serán siempre seguras. Esto incluso significa que podemos volvernos creativos y llegar a desarrollar nuestras propias prácticas y procedimientos mágicos positivos.

Ahora bien, los principios de la magia positiva son principalmente principios éticos (no dañar, no manipular, no violar el libre albedrío) y ya sea han mencionado en este capítulo y el anterior, y resguardos. Estos últimos no son diferentes a los que ya hemos mencionado para la sanación, la canalización y el contacto con los seres de luz.

Finalmente, un último elemento para considerar a la hora de hacer magia blanca que es que necesariamente debe existir una reflexión sobre el deseo o propósito que se está queriendo satisfacer a través de ella. Esto lleva a preguntas que los maestros seres de luz insistían que nos las hiciéramos constantemente, no sólo en el ámbito mágico o energético, sino ante cualquier actividad que emprendiéramos:

- ¿Por qué hago lo que hago?
- ¿Por qué busco o deseo esto?
- ¿Esta necesidad surge de mi alma profunda o de una demanda de mi "ego"?

Son preguntas que deben ser hechas hacia lo que Marion Weinstein llama la "Campana Interior", que es el íntimo sentido de la verdad interior que cada uno tiene. Para nosotros, no es otra cosa que el maestro interno de nuestra alma, a quien necesitamos aprender a canalizar. Es a él a quien nos dirigimos para consultar por la "legitimidad" de nuestro deseo o propósito, si acaso está o no alineado con lo que realmente quiere o busca nuestra alma. Algunos entendimientos que ayudan muchísimo a discernir al respecto son:

- Cuando un deseo o propósito es del alma, además de beneficiar a la propia persona, su cumplimiento siempre impacta positivamente a los demás y al planeta. Esto tiene que ser no solamente en el corto plazo, sino también en el largo. Es una relación ganar/ganar que se expresa en la frase «por el bien de todos y según el libre albedrío de todos».

Eso significa también que es un deseo o propósito que nos genera paz o calma interior cuando pensamos en él.

- En un deseo o propósito del alma nunca se está generando daño en otros o en uno mismo, o pasando por encima de sus derechos.

Por ejemplo, si mi deseo es conseguir que lleguen más clientes para mi negocio, puedo llegar a la conclusión de que es bueno para ellos y para mí. Ahora bien, esto sólo se cumple si mi negocio no perjudica al resto, es decir, es un negocio cumple con la ética del amor. Si fuese venta de cocaína, por lo tanto, está claro que no estaría cumpliendo las condiciones.

Los trabajos de magia positiva

Los trabajos de magia blanca, como cualquier trabajo de magia, requieren que, una vez establecido el propósito, definan un medio. Es el diseño en sí del trabajo, que debe contemplar:

1. El conjunto de acciones físicas, palabras, gestos, imágenes o símbolos (o todos a la vez) que mueven la intención que se desea ejecutar.

2. Los materiales y objetos con poder simbólico o energético sobre los que se ejecutan. Por ejemplo: elementos u objetos de la naturaleza, ungüentos, velas, esencias aromáticas, plantas, sales, azúcar, etc.

3. La invocación de fuerzas o seres que ayudan a ejecutar y potenciar el trabajo. Mientras en la magia negativa se trabaja principalmente con entidades (en ocasiones disfrazadas de deidades o santos), en un trabajo de magia positiva siempre son los seres que respetan las leyes del amor, o sea, que de alguna forma sirven a Dios Padre-Madre Universal. Entre ellos encontramos a los auténticos seres de luz y a los espíritus y elementales de la naturaleza.

Magia blanca con velas

Este libro no abordará la elaboración de rituales mágicos complejos, que daría para muchos capítulos, sino sólo procedimientos simples como apoyo al trabajo de la sanación. Esto es porque se entiende que quienes están dentro de un camino de sanar o sanarse tienen también necesidades en el área de la salud, las relaciones, el trabajo, las finanzas, etc. la idea es al mismo tiempo ejemplificar cómo trabajar con las energías de los cinco arcángeles y seres de luz en general.

Una manera sencilla de hacer magia positiva es a través de velas. Éstas poseen varias características que las hacen idóneas para la magia positiva.

- En primer lugar, hacen uso del elemento fuego, que es un símbolo del Padre-Madre Universal y de los seres de luz que provienen de su Gran Llama.
- En segundo lugar, son verdaderos motores de intención: una vez echados a andar, continúan ejecutando la intención con que se les programó durante las horas en que permanezcan encendidas.
- En tercer lugar, distintos colores de vela permiten representar distintas intenciones o propósitos.
- Se las puede tallar con frases y símbolos.
- Son baratas, fáciles de conseguir y sencillas de manipular.

Las velas más adecuadas para el trabajo mágico son las que tienen entre 14 y 25 centímetros de longitud, con un diámetro de entre 1,5 y 2,0 centímetros[125]. Esto se debe a que su llama suele ser más robusta y grande que las de otros tipos de velas, y puede escribírseles por los costados.

---

[125] La vela debe estar en buen estado: ni quebrada, ni deformada ni manchada.

PROGRAMAR UNA VELA CON INTENCIÓN

1. Se toma la vela, se la pone entre ambas manos y se la consagra al Padre-Madre Universal diciendo: «Consagro esta(s) vela(s) y el trabajo que haré con ella(s) a la Conciencia de Amor de Dios Padre-Madre Universal para que ninguna energía que no esté alineada con Él pueda ejecutarse a través de ella. Pido su energía y el favor de los seres que le sirven»[126].

2. Con un lápiz u objeto en punta, procedemos a tallar la vela escribiendo nuestro propósito en ella, desde arriba hacia abajo.

3. Limpiamos la vela de los residuos del tallado y con un fósforo[127] la encendemos y la pegamos sobre un plato o pocillo de cerámica o loza. Procuramos que quede derecha.

4. Juntamos los tres primeros dedos[128] de nuestra mano hábil y, apuntando con ellos a la llama, mentalmente

---

[126] Para un efecto mayor, podemos poner un par de gotas de aceite de oliva en nuestros dedos e ir untando la vela desde la parte alta hasta la base.
[127] Encender con fósforo o cerilla es la forma más adecuada, ya que es menos artificial que utilizar un encendedor de gas.
[128] Pulgar, índice y medio.

pronunciamos nuestra intención: «A través de esta vela _____.

Que así sea, por el bien de todos y según el libre albedrío de todos».

5. Dejamos la vela arder en un lugar donde no haya peligro de incendio hasta que se apague.

Es importante que, si pedimos por otras personas, éstas nos hayan autorizado a entregarles ayuda energética. De lo contrario es pasar por encima de su libre albedrío y estamos haciendo magia negra.

Colores de las velas y otros potenciadores

Los colores de las velas pueden potenciar la intención de un trabajo mágico. Los colores pueden utilizarse para representar *chakras*, ámbitos de la vida sobre los que se pretende actuar, o bien para representar a los arcángeles. De esta forma tenemos[129]:

- Vala blanca: Para usar si no se tienen velas de colores. Para invocar luz espiritual en general. Para descargar. Para pedir la ayuda de Gabriel arcángel.
- Vela violeta: Para trabajos que involucran transmutación y cambio de energías. Para pedir la ayuda del arcángel Zadquiel.
- Vela azul: Para trabajos de salud física. Muy efectiva para solicitar la ayuda, presencia y protección de Miguel arcángel.
- Vela verde: Para trabajos de atraer la energía material en general. Efectiva para solicitar la ayuda del arcángel Rafael.

---

[129] Esta lista representa sólo un uso general de los colores y en ningún caso impide que cada persona pueda tener otras maneras de utilizarlos.

- Vela amarilla: Para trabajos de atraer dinero, abundancia y prosperidad. Para atraer la ayuda del arcángel Uriel.
- Vela celeste: Para atraer tranquilidad mental y espiritual
- Vela rosada: Para atraer la energía amorosa de la Madre Universal.
- Vela negra: Para anular y absorber energías tóxicas (magia negativa o ataques psíquicos).

Otros potenciadores que pueden utilizarse son, por ejemplo:

- Aceites (oliva, por ejemplo)
- Especias como la canela
- Semillas
- Hojas de laurel, salvia, romero y otras plantas "sagradas" o "mágicas"
- Flores
- Incienso, mirra y otras sustancias aromáticas
- Etc.

Bendición del Padre-Madre Universal

Un primer trabajo mágico que puede hacerse es el de pedir la bendición del Padre-Madre Universal, ya sea para nosotros u otras personas. Esto es importante, ya que en general para todo aquello que queramos en nuestras vidas y en lo que estemos invirtiendo esfuerzo y energía es bueno solicitar la bendición de Dios (por ejemplo, una casa, un proyecto, un sueño, una relación, etc.). De esa manera alineamos nuestra acción y nuestra intención con la de todos los seres que trabajan para y por la Conciencia de Amor. Por supuesto, pedir una bendición es algo que podemos hacer sólo de palabra, pero una vela nos permite potenciar la intención a la hora de hacerlo.

Tomamos la vela, la consagramos y escribimos en ella: «Pido la bendición del Padre-Madre Universal para _____ [130]» y a continuación podemos, si lo deseamos, añadir nuestra petición de fondo.

Entrega de una energía

Poner una determinada energía es siempre algo muy útil cuando se está trabajando alguna necesidad que alguien, incluso uno mismo, pueda tener. La ventaja de hacerlo a través de magia de velas es que la entrega se prolonga por todo el tiempo en que la vela permanezca encendida. A nivel del campo emocional puede ayudarnos a sanar y llenar heridas, así como también vacíos y yoes.

Lo único que se debe tener claro, o al manos hipotetizado, es cuál es la energía que se necesita y dónde, y que la persona que la recibe logre comprenderla de la manera más cabal posible. Por ejemplo, puede que estemos trabajando una herida de abandono en el cuarto *chakra* y, al sintonizar, creamos que necesitamos poner energía de amor materno. A continuación, preparamos una vela de preferencia blanca y en la llama de ésta apuntando con los tres dedos decimos:

> En nombre de la Conciencia de Amor de Dios Padre-Madre Universal, pido una energía de _____[131] para que _____[132] pueda recibirla. Así lo pido, por el bien de todos y según el libre albedrío de todos.

Otra forma de hacerlo, que considero muy efectiva es solicitar a Gabriel arcángel que nos entregue su bálsamo blanco con la energía en cuestión:

> En nombre de la Conciencia de Amor de Dios Padre-Madre Universal, pido al arcángel Gabriel su bálsamo blanco con una

---

[130] Si es alguien en particular, se sugiere escribir su nombre completo y fecha de nacimiento. Si es un proyecto, escribimos el nombre de éste.
[131] En este caso, amor maternal
[132] Nombre completo de la persona e idealmente su fecha de nacimiento.

energía de _____[133] que sea incorporada en _____[134]. Así lo pido, por el bien de todos y según el libre albedrío de todos.

Tengamos en cuenta también que podemos hacer esta petición para nosotros mismos, e ir probando con solicitar distintas energías que sintamos que necesitamos. El único requisito es siempre intentar comprender lo más posible esas energías.

Yo he utilizado con muy buenos resultados este método para enviar esencias florales a distancia. Simplemente pongo un par de gotas de cada esencia en la vela para que chorreen de arriba abajo. Luego pido a Gabriel que ponga su bálsamo blanco con esa energía en tal persona (con nombre completo y fecha de nacimiento). Por supuesto, para que esto sea magia blanca la persona me tiene que haber autorizado.

Limpieza de energías negativas a través de velas

Para realizar una limpieza magnética de nuestro campo podemos consagrar una vela blanca o "vela de sal", pegarla sobre un platillo y, apuntando a la llama con los tres primeros dedos de nuestra mano hábil decimos mentalmente:

> En nombre de la Conciencia de Amor de Dios Padre-Madre Universal, abro un portal en la llama de esta vela. Y pido que, a través de éste, los seres de luz que trabajan para La Conciencia de Amor retiren toda la suciedad energética acumulada que pueda yo tener en mi aura y en mis *chakras*. Pido que los seres de luz realicen barridos en ellos y que toda la carga energética negativa sea neutralizada y sacada a través de este portal. Así lo pido, por el bien de todos y según el libre albedrío de todos.

---

[133] En este caso, amor maternal
[134] Nombre completo de la persona e idealmente su fecha de nacimiento.

La petición será efectiva para extraer toda carga energética menor que podamos tener en el aura. Por ejemplo, es muy útil cuando uno se contamina debido a haber estado en un ambiente cargado, o cuando nos afecta la energía negativa de otras personas. En mi caso, dado que mi trabajo es atender pacientes, estoy siempre expuesto a recibir mucha carga proveniente de ellos. Por esta razón, suelo efectuar esta limpieza una o dos veces por semana. No obstante, debe tenerse en cuenta de que no es una limpieza adecuada para cosas mayores, como entidades de rango alto, o magia negativa bien elaborada.

Transmutación o disolución de una estructura

Cuando estemos sanando alguna estructura en nuestro campo emocional, con una vela violeta, podemos solicitar a Zadquiel arcángel que la transmute o disuelva. Para ello necesitamos comprender cuál es la emoción o el patrón emocional que está presente en la estructura. Por ejemplo, si es resentimiento, podríamos pedir a Zadquiel que lo transmute en amor o paz; si es miedo, pediremos lo transmute en coraje; si es tristeza, que lo transmute en serenidad.

Para hacer la petición simplemente tallamos en la vela lo que queremos, la encendemos y apuntamos a la llama con los tres dedos. Al hacerlo repetimos mentalmente el pedido:

> En nombre de la Conciencia de Amor de Dios Padre-Madre Universal, pido al arcángel Zadquiel que con su fuego violeta transmute esta estructura o energía de _____ [135]

Anulación de ataque energético a través de vela

Para anular un ataque energético se puede optar por intencionar una vela negra. Se la consagra y se escribe en ella de arriba abajo: «Anular y desintegrar completamente todo ataque energético o intención de daño que pueda estar

---

[135] Descripción del patrón emocional de la estructura.

en _____[136]». Luego, se pega en un plato, se enciende y, apuntando a la llama con los tres primeros dedos de la mano hábil, mentalmente se dice:

> En nombre de la Conciencia de Amor de Dios Padre-Madre Universal, abro un portal en la llama de esta vela. A través de éste, pido que sea anulado todo ataque energético o intención de daño que pueda estar en el aura de _____. Pido que sea neutralizada y retirada su energía tóxica, y que los seres de luz que respetan las leyes del amor hagan barrido en las capas de mi campo para limpiarlo.

Para potenciar la petición, una vez tallada la vela, puede untarse con aceite de oliva y colocar en la base donde va pegada dos hojas de laurel. También puede potenciarse pidiendo a Zadquiel, en cuyo caso usaremos una vela violeta, que con su fuego del mismo color anule y transmute la intención del ataque. En ese caso usamos ambas velas: la negra con el pedido de anulación y retiro, y la violeta pidiendo a Zadquiel su fuego violeta para potenciar el trabajo.

Defensa con Arcángel Miguel

Si sentimos o sospechamos que estamos siendo atacados por alguna entidad, podemos trabajar con una vela azul para pedir ayuda al arcángel Miguel. La consagramos, la pegamos sobre un platillo y, apuntando a la llama con los tres primeros dedos de la mano hábil, mentalmente decimos:

> Por medio de esta vela azul, pido a Miguel arcángel que, junto con Gabriel y Zadquiel, venga en mi ayuda y aleje a todas las entidades o seres de oscuridad que puedan estar atacándome o molestándome. Así lo pido, en nombre de la Conciencia de Amor de Dios Padre-Madre Universal.

---

[136] Nombre completo y fecha de nacimiento de la persona.

Esta petición es muy efectiva, no obstante, debe aclararse que no es útil si la persona tiene entidades que ya están metidas dentro de su campo. En ese caso la petición debiera apuntar a que los arcángeles la inmovilicen, como fue explicado en el capítulo 17.

Pedir protección

Si bien a través de cualquier vela blanca podemos pedir protección a los seres de luz que trabajan para Dios Padre-Madre, una forma más efectiva de hacerlo es tener tres velas: una azul, una blanca y una violeta. Las consagramos, las pegamos en un plato y las encendemos.

1. Apuntamos a la azul con los tres primeros dedos de nuestra manos hábil y mentalmente decimos:

    «Pido a Miguel arcángel que me cubra con su escudo de fuego azul y que cree alrededor de mí una cúpula protectora que impida la entrada a cualquier energía de entidades, magias o ataques energéticos»

    E imaginamos que la energía azul de Miguel nos rodea como una cúpula.

2. Luego apuntamos a la vela blanca y mentalmente decimos:

    «Pido ahora a Gabriel arcángel que me cubra con su manto blanco de protección para que ninguna entidad, magia o ataque energético pueda dañarme»

    E imaginamos el manto de energía blanca de Gabriel cubriéndonos.

3. Por último, apuntamos a la vela violeta y mentalmente decimos:

    «Pido a Zadquiel arcángel que me proteja con su fuego violeta de transmutación, que impida la entrada a cualquier energía de entidades, magias o ataques energéticos»

    E imaginamos que la energía violeta de Zadquiel nos rodea y nos protege.

Si no contamos con las tres velas en cuestión, podemos simplemente hacerlo con una sola y la petición es la misma.

Pedir salud física

Cuando pedimos salud física podemos trabajar con una vela azul y una verde. Las consagramos y en la azul escribimos nuestro pedido de esta forma:

    Que _____ [137] sea curado del _____ [138] que lo afecta.

    Que_____ [139]

En la vela verde, por su parte, escribimos:

    Solicito a Rafael arcángel su fuego sanador para ayudar con el pedido de curación para _____ [140].

Luego, pegamos las velas en un plato y, con los tres dedos apuntando a la llama, reiteramos mentalmente los pedidos. Es un tipo de petición que podemos hacer todos los días a permanencia hasta que la persona se sane. Ella tiene que habernos autorizado a hacer este trabajo en su nombre o, de lo contrario, podemos añadir al final del pedido la frase: «siempre y cuando sea lo que su alma ha decidido».

---

[137] Nombre completo y fecha de nacimiento del enfermo.
[138] Nombre de la enfermedad, por ej.: "el cáncer", "la neumonitis aguda", etc.

[139] Añadir detalles específicos como "que su tumor sea disminuido hasta desaparecer" o "que sus dolores sean aliviados y pronto pueda volver a hacer una vida normal", etc.
[140] Nombre completo y fecha de nacimiento del enfermo.

Apertura de caminos

Pedir apertura de caminos es más o menos equivalente a pedir fortuna o suerte, y es un ámbito donde solicitamos la ayuda del arcángel Uriel. Para eso, se trabaja con una vela amarilla, la cual se talla con el pedido resumido. Por ejemplo, puede ser "prosperidad para mi negocio de corretaje de propiedades" o "encontrar un trabajo donde gane más de un millón de pesos al mes", o "que aparezca a la persona que necesito para mi empresa", "encontrar una pareja espiritual y emocionalmente compatible", etc.

Luego, con los tres dedos apuntando a la llama, se pide de esta forma:

Arcángel Uriel, solicito me ayudes abriendo caminos para mí en el ámbito de _____[141]. Concretamente te pido que _____ _____[142]. Pido tu fuego amarillo para que todo esto pueda lograrse siempre de acuerdo con el camino de mi alma. Que así sea, por el bien de todos y según el libre albedrío de todos. Amén.

La petición puede potenciarse añadiendo una vela que represente el ámbito donde se desea la apertura de caminos. Por ejemplo, una vela verde (energía material) puede servir para pedir lo relativo a trabajo o mejora financiera, o la color rosa para para relaciones de pareja, una azul para viajes, etc. En ese caso, el pedido se anota esta vela y en la vela amarilla sólo escribimos y pedimos a Uriel que con su fuego amarillo nos asista con lo solicitado.

---

[141] Se nombra el ámbito: "los negocios", "la pareja", "la búsqueda de trabajo", "el litigio con fulano", "mi recuperación económica", etc.
[142] Se describe lo concreto que deseo obtener: "que lleguen clientes nuevos a mi negocio", "que podamos encontrar un departamento para arrendar con todo lo que necesitamos", "que pueda encontrar a la persona que necesito para mi empresa", "dinero para viajar a Europa".

CAPÍTULO 20
El karma, la muerte y los desencarnados

La libertad del alma

El alma es, por así decirlo, un fragmento del Padre-Madre Universal que, al desprenderse, forma un nuevo ser que es único. Éste posee individualidad, pero no así conocimiento o experiencia. Es por esto por lo que, antes de tomar un cuerpo, el alma define propósitos o metas en relación con los aprendizajes que desea adquirir. Para eso decide dónde, con quién y en qué circunstancias encarnar. Incluso, puede ponerse de acuerdo con otras almas para generar encuentros que le permitan aprender o "recordar" algo en particular. Lejos de lo que a veces se cree, es completamente libre al hacer estas elecciones.

El gran problema es que, después de nacer y en la medida que crecemos y desarrollamos una personalidad terrenal, estos propósitos y metas caen en el olvido. La educación que recibimos y los estímulos externos en general, a menudo tienden a "desconectar" al yo del alma. Uno de los principales objetivos, entonces, del "movimiento profundo del alma" es recordar a qué vinimos.

De esta forma, si bien hay lecciones que son transversales a todos los seres humanos, cada alma tiene su propio plan de aprendizaje. Éste se lleva a cabo en la medida en que somos capaces de llevar una vida de acuerdo con nuestra esencia profunda.

Karma y destino

Ahora bien, si el alma es en todo momento libre de elegir, ¿en qué medida existen cosas como el karma o el destino?

Lo que personalmente entendí a partir de las canalizaciones con los maestros de Tony es que como almas somos siempre libres de elegir nuestras vidas. A lo que sí estamos sometidos es a la circunstancias propias de la vida, que tienen que ver con la "ley de causa y efecto". En ese sentido se cumple siempre que «se cosecha lo que se siembra». Por lo tanto, desde un punto de vista espiritual, ni el karma ni el destino existen como leyes absolutas, sino sólo como efectos que cambian en la medida en que vamos generando nuevas causas. Por ejemplo, si una persona es maltratada, no es porque ése sea "su destino". Si realiza los aprendizajes correspondientes y modifica las causas, por lógica obtendrá otros efectos o resultados.

De hecho, "karma" en sánscrito quiere decir "acción" y es la energía derivada de los actos de un individuo durante su vida que condicionará cada una de sus futuras reencarnaciones. La lección que eso encierra para el alma, y que es fundamental, es que «las acciones importan» y se debe asumir responsabilidad ante ellas. Esto incluye a la intención, a la cual podemos entender también como un tipo de acción.

Entonces, he aquí que es la "conciencia" la que nos permite comprender las consecuencias de las acciones e intenciones, es decir, su "peso" desde el punto de vista del alma, antes de llevarlas a cabo. De esa forma, podemos elegir si eso es lo que queremos recibir de vuelta o no. De la misma manera, podemos evaluar nuestras circunstancias actuales y reflexionar qué acciones o elecciones pasadas pudieron ser su causa.

Ahora bien, lo que debe descartarse de plano es que los seres de luz o Dios estén detrás del karma de cada persona. No existen jueces, ni un tribunal, ni "dioses" determinando lo que nos toca vivir. Simplemente hemos sido nosotros mismos los que hemos ido creando nuestro destino.

La creencia en un karma o un destino inamovibles a menudo es estimulada por seres que nada tienen que ver con la Conciencia de Amor. Lo hacen porque están interesados en que el ser humano permanezca dormido a la conciencia de que es mucho más libre de lo que cree. Estos falsos maestros le señalan a las personas, ya sea en canalizaciones o en lecturas de tarot, que es "su karma" aguantar situaciones de sufrimiento o daño ante las cuales podrían rebelarse. Esto no es así, a menos que llamemos karma a nuestro sentido de responsabilidad. Y es cierto que puede que sintamos que es nuestra responsabilidad quedarnos en un determinado lugar o situación, pero en ese caso jamás será porque haya un karma obligándonos o un "maestro" o un "psíquico" diciéndonos que lo hagamos, sino porque es nuestra propia voz interior la que nos lo indica. Porque finalmente, aguantar o rebelarse frente a algo (que es en el fondo el dilema de Hamlet) es algo que cada cual debe dilucidar aprendiendo a escuchar al maestro interno de su alma.

Entonces y finalmente, ante la pregunta de «por qué nos pasan las cosas», tenemos que no hay una, sino varias respuestas posibles. Lo primero es pensar que aquello que nos pasa es la consecuencia de decisiones que hemos tomado, o por acciones o intenciones previas conscientes o inconscientes. Lo tercero es que el alma lo haya elegido antes de nacer o lo esté eligiendo ahora de acuerdo con un objetivo de aprendizaje. Y cuarto, cabe la posibilidad que esté ocurriendo sólo por simple azar, es decir, por ley de probabilidades.

Esto último era recalcado por los maestros, ya que creer en que el azar o la casualidad no existen es un error que mucha gente comete. El mismo Jung decía que pensar que todas las situaciones azarosas de la vida tenían un significado era equivocado y que sólo aquellas donde había un sentido no forzado podían ser consideradas verdaderas "sincronicidades". Porque si decimos que algo «tiene significado» es porque podemos diferenciarlo de otras cosas que no lo tienen.

La encarnación

Para que las almas humanas puedan hacer un aprendizaje emocional, necesitan "descender" hasta este plano físico y encarnar. Esto significa adquirir un cuerpo a partir del nacimiento. Es lo que está dispuesto para ellas, dado que no pueden realizar ese aprendizaje como meros espíritus ni tampoco les es permitido entrar en un cuerpo en una etapa posterior.

Previo a nacer, el alma que viene en camino ya se ha conectado con el feto en gestación, con el que va cada vez más estrechando su lazo. En algunos casos, esta vinculación puede, inclusive, haberse generado antes, a través de frecuentar a alguno de los padres o a ambos. Por ejemplo, a principios del año anterior a que naciera mi hija, le solicité a mi amiga y colega Beatriz que me chequeara energéticamente. Era nuestra rutina que, al terminar el día, entre colegas nos pidiéramos ayuda cuando no nos sentíamos del todo bien. Beatriz, que es muy psíquica y tiene mucha experiencia tratando niños, al terminar me hizo el siguiente comentario:

— ¿Sabes? Acá anda un alma que te está rondando.

— ¿A qué te refieres? —le pregunté sorprendido.

— Es un alma que tiene muchas ganas de encarnar contigo. Así que, si no está en tus planes ser padre todavía, cuídate.

Yo, que en ese tiempo llevaba años sin pareja y dedicado sólo al aprendizaje de la sanación, me limité a pensar: «Qué va, cómo va a ser». Sin embargo, al poco tiempo, comencé una relación y olvidé la advertencia. En noviembre de ese mismo año, con mi pareja supimos que mi hija estaba en camino. Beatriz siempre acertaba con esas predicciones porque era muy buena percibiendo embarazos antes siquiera de que se produjeran.

Es éste también el principal motivo por el que el aborto es un acto que los seres de luz que trabajan para la Conciencia de Amor penalizan. Aun cuando es menos grave que un asesinato, los maestros explicaban que abortar priva al alma del vínculo que ya ha venido estableciendo con el embrión en gestación. Eso significa obligarla a un cambio de planes de última hora hacia alguna otra opción que aseguren que esos aprendizajes que pensaba adquirir se cumplan.

Con todo, cuando el nacimiento se produce, el alma definitivamente ingresa al cuerpo y encarna. No obstante, como señala Barbara Brennan:

> El proceso de encarnación dura toda la vida. No es algo que suceda al nacer y concluya en ese momento. Es necesario recurrir a términos metafísicos para describirlo. La encarnación es el movimiento del alma orgánica por el cual se irradian continuamente en dirección descendente vibraciones o aspectos espirituales más elevados y tenues a través de los cuerpos aurales más delgados hasta llegar a los más densos y, en último término, al cuerpo físico. Estas energías sucesivas son utilizadas por el individuo, durante toda su vida, para crecer.[143]

En otras palabras, al nacer sólo se instala el programa básico que se necesita para funcionar vitalmente en este mundo. El resto es lo que vamos logrando integrar a lo largo de toda la vida en la medida en que se desarrolla aprendizaje. Cada *chakra*, de hecho, podemos considerarlo un ámbito de enseñanza donde vamos "encarnándonos" más y más.

La muerte

Si nacer es cuando el alma encarna y se asienta en un cuerpo físico, morir es cuando "desencarna" y se marcha para continuar su proceso. Desencarnar, en ese sentido, es sólo un paso a otro estado.

Lo que acontece después de que alguien es declarado muerto ha dado pie a numerosas versiones. Una de las más difundidas, al menos dentro del ámbito espiritual, afirma que el fallecido tiene que "cruzar" hacia un plano o dimensión "de luz" y que, debido a temas emocionales no resueltos, a veces no consigue hacerlo. Es en ese caso que, en vez de avanzar, el alma se queda

---

[143] Brennan, B. (1993), Manos que Curan, página 45. Barcelona: Martínez-Roca.

acá vagando como una suerte de "espíritu errante" o lo que se conoce comúnmente como "fantasma".[144]

Sin embargo, los maestros de Tony explicaban la muerte de una forma algo distinta. Lo primero es que, cuando ocurre, el alma sale del cuerpo metida dentro del campo magnético o *hardware* del aura. Eso quiere decir que el fallecido todavía conserva la personalidad que en vida tuvo. A partir de ese momento, son veintiún días los que tiene para adquirir conciencia de su nuevo estado y, examinando lo que fue su vida, decidir si asciende o vuelve a encarnar. Algunas almas logran esta conciencia de inmediato, mientras a otras se les dificulta mucho más.

El momento en el que se produce ese "despertar" puede llegar a ser muy emotivo, ya que el sujeto que ha fallecido, hasta ese momento identificado con su personalidad terrenal, comienza a reconocerse como el alma que es. Al hacerlo experimenta dicha, pero a menudo también dolor, pues se da cuenta de sus errores. Evalúa en qué medida logró los aprendizajes que se propuso y en qué medida fracasó. Y es de acuerdo con ese juicio que finalmente decide si asciende o no. Por supuesto, hay quienes nunca alcanzan esa toma de conciencia y permanecen atrapados en su mente terrenal. Son casos donde la personalidad llevó una vida demasiado desconectada del alma y, por ende, pese a haber fallecido, sigue condicionada por sus estructuras. En ese caso, no podrá ascender y le tocará simplemente ir hacia un nuevo nacimiento.

Pero si el alma logró hacer el juicio y su decisión fue ascender, al cabo de los veintiún días ya está lista para partir. En el intertanto puede ir a despedirse de sus seres queridos si lo desea, a través de sueños o en apariciones cara a cara. Yo mismo tuve una paciente en el sur que me contó que tuvo un exnovio que un día extrañamente desapareció. Ella me relató:

---

[144] Esta teoría encuentra mucha aceptación entre médiums, espiritistas y terapeutas de vidas pasadas. Son muchos los psíquicos que han dedicado sus vidas a contactar e intentar ayudar a fallecidos bajo estas premisas.

Nadie sabía dónde estaba y se había avisado a la policía. Tras varios días, recibí un llamado telefónico y era él. Asustada le pregunté si sabía que todo el mundo lo estaba buscando. Él me dijo que necesitaba hablar conmigo y acordamos juntarnos en un puente. Allí, me contó que tenía que marcharse lejos, pero que supiera que siempre me iba a amar. Le pedí explicaciones, pero me dijo que ya no tenía tiempo para quedarse y que después entendería. Me abrazó y se fue.

Ese mismo día la policía halló su cuerpo, que llevaba una semana sin vida, enredado en unos juncos muy cerca del puente donde nos vimos.

Estos encuentros tan reales son muy poco usuales y los tienen seres humanos con capacidades psíquicas innatas, pero ilustran bastante bien que al desencarnar muchas almas aprovechan de despedirse de los lugares y personas que les fueron queridos.

Posteriormente, al momento de su ascensión, el alma es ayudada por sus propios guías y los auténticos seres de luz y es conducida hacia el *Bardo* o Cielo. Antes de hacerlo, saca una "copia" del campo magnético para llevarse el recuerdo de la personalidad que tuvo en vida, y la guarda en el campo emocional.

Ascender al *Bardo* es en realidad una "vuelta al hogar". Es el lugar donde el alma logra el merecido descanso después de haber pasado por esta escuela de dolor, pero también de grandes gratificaciones, que es la vida. Allí, decía Tony —que fue llevado al *Bardo* por los maestros muchas veces—, se experimenta infinita dicha y la persona puede reencontrarse con sus seres queridos fallecidos que no estén reencarnados. Incluso es posible volver a ver a las mascotas queridas. Pero el *Bardo* es también una especie de plataforma con muchas puertas hacia mundos. El alma no está presa, sino que puede seguir aprendiendo y conociendo de otras formas. Sin embargo, si quiere continuar su aprendizaje emocional, necesita volver a encarnar. Para eso, tiene la libertad de en algún momento tomar un nuevo cuerpo para adquirir así nuevas lecciones.

Por ende, para el alma que está en el *Bardo*, reencarnar es siempre opcional y nadie más que ella puede decidirlo. La Conciencia de Amor se mueve siempre respetando el libre albedrío de cada uno y ésta no es la excepción. Este poder para decidir es un poco similar al que tiene un estudiante luego de terminar una carrera. Puede simplemente optar por disfrutar su logro sintiéndolo suficiente, o hacerlo con el deseo de volver más adelante a la universidad para continuar estudiando.

Los fantasmas

Cuando se cumplen los veintiún días después del fallecimiento, el alma está obligada a ascender o, en su defecto, ir a un nuevo nacimiento. En ambos casos, el ex campo magnético queda bajo la forma de una carcasa vacía que poco a poco se irá desintegrando hasta ser apenas una suerte de "eco distante". Porque la carcasa, de la misma manera que el cuerpo físico, es como un ropaje que el alma deja. La diferencia es que, mientras el cuerpo queda inerte, la carcasa continúa aún activa por un tiempo. Se comporta exactamente como el fallecido en vida y guarda, incluso, sus recuerdos. Por esa razón es que muchos médiums y psíquicos, cuando toman contacto con ella, piensan erróneamente que se trata del alma de la persona.

Sin embargo, puede ocurrir que la carcasa siga siendo energizada desde fuera. En ese caso, en vez de desintegrarse, se perpetúa. La forma más común es cuando es alimentada por el recuerdo constante y la devoción de amigos, familiares y, si fue alguien relativamente famoso, fanáticos y seguidores. Es como ha ocurrido con muchos santos, maestros espirituales o líderes del pasado que siguen siendo recordados y reverenciados constantemente.

Una segunda forma en que una carcasa magnética de un fallecido logra perpetuarse, es cuando se halla vinculada a objetos o reliquias del muerto, o a una casa, mausoleo o lugar en particular. La carcasa entonces deambula por ese lugar y esos objetos, y puede durar mucho más.

Finalmente, una tercera vía para perdurar es cuando es colonizada por entidades. En ese caso, del mismo modo como un cangrejo ermitaño se adueña de la concha vacía de un caracol, una entidad puede hacer la carcasa de un fallecido. Una vez allí, tiene acceso a todos los recuerdos contenidos en ella y puede usarlos para atormentar, engañar o chantajear.

Entonces, en resumen, lo que conocemos usualmente por "fantasma" o "desencarnado" no es otra cosa que la carcasa del fallecido. Las hay que no representan mal alguno y solamente deambulan por los lugares y las que, por el contrario, se muestran como seres atormentados y hasta violentos. En estas últimas, siempre hallamos seres oscuros vinculados, ya sea los mismos que pudo tener la persona en vida u otros que llegaron después a colonizarla.

Fantasmas y demonios

Que las entidades colonicen carcasas ha llevado a muchos psíquicos a pensar que los "demonios" o "entidades de oscuridad" son en realidad fantasmas. Por ejemplo, la Spiritual Science Research Foundation, una organización internacional con sede en India que se ha dedicado a la investigación sobre las entidades, equipara a los fantasmas con diablos, demonios y energías negativas en general. En su sitio web[145], en la sección "Qué es un fantasma", podemos leer que:

> Mediante la investigación espiritual hemos encontrado que cualquier persona puede convertirse en un fantasma. Si no controlamos y superamos los deseos, ansias y apegos que tenemos durante nuestra vida en la Tierra, esto se torna en nuestro punto débil en la vida después de la muerte. Allí, energías negativas de alto nivel controlan a fantasmas de nivel inferior.

De manera similar, el Dr. José Luis Cabouli, psiquiatra experto en terapia de vidas pasadas, en su obra *Terapia de la Posesión Espiritual* señala:

---

[145] www.ssrf.org

> En la práctica clínica, los demonios no son otra cosa que almas desencarnadas —la mayoría familiares— que han extraviado su camino hacia la Luz y por eso las denominamos almas perdidas.
>
> Aunque casi siempre el accionar de estas entidades resulta perjudicial para la persona afectada, no dejan de ser almas sufrientes que necesitan de nuestra ayuda y comprensión y sobre todo de nuestra compasión.[146]

Hace años, también, me tocó atender a una mujer que había estado haciendo terapia emocional conmigo y tenía una entidad de rango alto adherida. Como yo no hago extracciones, me limité a solicitar a los arcángeles que la inmovilizaran y la derivé con mis colegas. Pero, en el intertanto, fue de visita a casa de su madre en un pueblo cercano y fue abordada en la calle por una mujer mayor. Ésta le dijo que se dedicaba a la santería y que podía ayudarla a sacar "el muerto" que tenía amarrado en su espalda. Mi paciente declinó el ofrecimiento, pero quedó muy sorprendida de que esa desconocida hubiera "visto" al ente amarrado o "congelado", sólo que le había dicho que era un desencarnado.

Por último, en aquellos sitios con actividad paranormal de fantasmas, es usual que se perciba frío y energía de seres de oscuridad. Esta última, en cualquier persona medianamente sensible, provoca miedo y angustia. El temor a los fantasmas viene de allí y no del rechazo a la muerte como tal.

Es por todo esto por lo que debemos entender que «no son en verdad los desencarnados los que están aparentando ser entidades sino completamente al revés: son las entidades las que están usando las carcasas de los fallecidos». Engañan a los terapeutas y a los médiums, y les convencen de que son almas enojadas o atormentadas que necesitan ayuda. Muchos caen en la trampa y comienzan a negociar con ellas, e incluso prestan su energía para que supuestamente puedan "avanzar hacia la luz".

---

[146] Cabouli, J. L. (2012), Terapia de la posesión espiritual, página 3. Buenos Aires: Ed. Continente.

Hace años conocí a una chica, terapeuta energética y psicóloga, que trabajaba de esta forma. Como su aura era muy azul (psíquica), los desencarnados la buscaban donde ella estuviera, supuestamente para ser ayudados a "cruzar". Ella había sido "contactada" también por un maestro ascendido que la ayudaba en esa labor desde el otro lado. Cada vez que trabajaba, gastaba mucha energía en el proceso.

Cuando se la chequeó, su campo estaba en bastante mal estado. Estaba en realidad tomado por entidades de alto rango y el supuesto maestro era también una de ellas. Se hacía pasar por alguien que había trascendido el ciclo de las encarnaciones en la tierra y que ahora estaba en la misión de "ayudar" a las almas de los desencarnados. La tenía convencida de que su tarea era colaborar en esa especie de "servicio".

Con un postulante a mi escuela pasó lo mismo. Señaló que llevaba una década siendo médium para ayudar a las almas a "cruzar". Decía que un ser de luz siempre estaba con él asistiéndolo y guiándolo en las operaciones donde él prestaba su cuerpo como puente para que los desencarnados pudieran ascender. Al revisar su campo magnético, resultó tener a sus espaldas una entidad oscura de alto rango que lo envolvía. Se hacía pasar por un "ser de luz".

En la terapia de hipnosis de vidas pasadas, por su parte, el engaño de las entidades es más que frecuente. A través de la persona que yace en el trance hipnótico se empiezan a expresar y, al ser interrogadas por el terapeuta, dicen ser el alma de un pariente o alguna otra persona fallecida. Para convencer, suelen entregar información precisa como secretos, fechas y nombres. Por lo general también señalan tener un problema emocional que les impide "irse", a fin de que el terapeuta negocie con ellas o les haga terapia. Después de eso, simulan que se marchan, retirándose parcialmente y haciendo que los malestares que pueda estar sintiendo el paciente disminuyan por un tiempo.

Estos engaños son posibles porque los terapeutas se fían del mensaje verbal que reciben de estos supuestos seres, o bien de las respuestas de un péndulo. Si revisaran estructuralmente el campo magnético y supieran reconocer energías de oscuridad, percibirían a los entes adheridos y enganchados como verdaderos "dueños de casa". Y constatarían que, pese a las negociaciones y promesas, ellos siguen allí, sólo que más disimulados.

El contacto con los muertos

Por todo lo anterior, contactar a muertos como tal, no es algo demasiado recomendable. Aun en el caso de que se trate de carcasas limpias de entidades, como las de maestros ascendidos o personas que en vida fueron buenas, debemos comprender que no son las almas de ellos.

Esto es fundamental para tener en cuenta cuando estamos buscando comunicarnos con un ser querido que ha fallecido hace más de 21 días. Lo que vamos a contactar a través de psíquicos, médiums o sesiones de ouija, psicofonías o espiritismo es, con la mejor de las suertes, su carcasa. Es más, si simplemente se pregunta «¿Hay alguien allí?» habrá cientos de presencias deseosas de manifestarse. Una buena parte de ellas serán, con mucha seguridad, entidades.

El problema es que el alma, no es que no exista, pero está ya en otra parte a la que no se puede llegar de este modo. En caso de que se halle en el *Bardo* y no reencarnada, los familiares directos pueden valerse del vínculo profundo de amor para contactarla. Inclusive, con la intermediación de alguien que tenga un maestro ser de luz auténtico, se puede ir hasta allá a visitarla. Rezar pidiendo por esa persona de todas maneras sirve para comunicarse con ella de alma a alma. Sin embargo, la búsqueda de ese contacto debe ser muy pura y no guiada por la ansiedad o el tormento; al mismo tiempo, es crucial estar protegidos.

En relación con este tema, durante mucho tiempo me pregunté si alguien más comprendería las cosas de la forma como los maestros de Tony lo habían mostrado. Consideré mi búsqueda infructuosa hasta que cierto día di con una publicación en redes sociales de una psíquica y terapeuta desconocida. Me llamó mucho la atención porque parecía estar diciendo lo mismo con otras palabras. A continuación, transcribo un extracto:

Los muertos una vez pasado el umbral no pueden, aunque quieran, venir, bajar o traspasar ese límite. Pero existe la proyección de su alma que no es ni su alma ni su espíritu. Es la energía que ellos tuvieron en vida, la proyección de sus pensamientos, sentimientos, acciones, alegrías, dolores, etc. Por otra parte, tenemos la proyección de ellos en nosotros: emociones, afectos, recuerdos, imágenes, etc. En nuestro plano sensorial se mezclan las dos. Eso es lo que pueden percibir los canalizadores o médiums.

Puedes rezar, pedir y hasta hablar contigo mismo en referencia a un fallecido, pero es recomendable hacerlo sólo en lugares sagrados o protegidos; si lo haces en cualquier parte puedes empezar a conectar con otras energías. Porque cuando haces una práctica espiritual dirigida a cualquier otra dimensión que no sea la tuya caes en espiritismo, que es abrir y dirigir fuerzas de entrada y salida a esas otras dimensiones. ¿Conoces esas dimensiones? ¿Sabes cuántos seres están del otro lado deseosos de esa luz que les diriges? ¡Millones!

En todos los libros sagrados de todas las culturas está prohibido esta práctica no porque no se pueda ni resulte... Al contrario, llegan a ser maravillosas, pero negativas para tu esencia o registro espiritual, ¡¡es muy peligroso!! Y eso no lo notas ni lo ves en el ahora, pero tu vida se va negativizando y cargando cada vez más tu campo electromagnético. Las cosas comienzan a tornarse extrañas y te pasan cosas donde lo mínimo son continuas y feroces depresiones, y empiezas a ver y saber cosas, verdades o mentiras que sientes muy reales, información que te dan las fuerzas que entraron, trastornos fuertes, mentales, conductuales, ideas suicidas, etc.

El suicidio

Según los maestros, el suicidio es un acto tan contrario a la naturaleza del alma que la persona que lo comete cae en un profundo olvido o desconexión respecto de sí. Es como si su alma entrara en una especie de amnesia, incapaz de recordar quién es.

Cuando el acto es consumado, el destino inmediato para el suicida es quedar atrapado en planos de sufrimiento como si estuviera en perpetuo estado de *shock*. Permanece allí sin poder salir hasta que en algún momento su alma logra recuperar la memoria. En ese propósito son los familiares y seres queridos del suicida quienes pueden ayudarle si rezan por él. Que oren por su alma le sirve para recordar quién es y de esa forma seguir su camino.

Corte de lazos con desencarnados

En la práctica, siempre resulta beneficioso realizar cortes de puentes y lazos con las personas que han fallecido. Aun entendiendo que muchas veces puede haber de por medio un duelo largo, hacer renuncios y solicitar cortes nos permite reducir la vinculación energética, sobre todo a nivel magnético. Dado que muchas carcasas pueden estar tomadas por entidades, resulta también muy bueno pedir el corte de puentes con ellas también.

Hacer este trabajo es muy útil cuando existe angustia que viene cada vez que se recuerda a alguien que ha fallecido, o cuando esa persona se aparece en sueños o de alguna manera sentimos estar ligados a su energía.

CORTE DE LAZOS CON PERSONAS FALLECIDAS

Yo _____, corto todo lazo de dependencia con _____, con su alma y su campo magnético. Me libero y lo(a) libero y le devuelvo todas las partes de su energía que puedan estar en mí, y pido de vuelta las partes mías que puedan estar en él(la).

Yo no vine a cumplir sus expectativas y él(la) no vino a cumplir las mías. Me declaro libre y lo(a) declaro libre de mí.

Pido a mis guías que corten todo lazo energético o emocional con él(la) y me traigan de vuelta las partes mías que están en él(la).

Y pido a Miguel arcángel que, aquí y ahora, corte los puentes energéticos con él(la) y su campo magnético, y con las entidades que pueda haber tenido en vida o puedan estar vinculadas aún a su campo.

CAPÍTULO 21
La naturaleza

La naturaleza como maestro

Antes de que en la tierra surgiera la humanidad, los animales, las plantas y demás seres biológicos llevaban ya millones de años de evolución. Esta vida física fue creada para que una infinidad de chispas emanadas de Dios Padre-Madre Universal hicieran un camino de aprendizaje. Para eso, por medio de los seres elementales, Él diseñó los distintos ecosistemas que en su conjunto son lo que conocemos como "orden natural" o, simplemente, "naturaleza". Fue creada a imagen y semejanza de la dimensión de los seres de luz, donde también existen bosques, praderas, montañas, ríos y mares[147].

En la naturaleza, así, podemos hallar implícita toda la sabiduría de Dios y por ende del alma. Es en sí misma un gran "maestro" del cual podemos y debemos sacar grandes lecciones. De hecho, existen seres de luz que trabajan dentro de ella en una misión de sostener su orden e instruir a las distintas especies. Reciben el nombre de "devas de la naturaleza".

De esta forma, en la tierra existen dos líneas de seres de luz auténticos: por un lado, la de los arcángeles y maestros originales, que tienen que ver directamente con la humanidad, y por otro la de los devas, que tienen que

---

[147] De hecho, la naturaleza puede ser considerada como una suerte de "paraíso terrenal", copia exacta del "paraíso celestial" o cielo, adonde los cristianos afirman que las personas buenas van al morir.

ver con la naturaleza. Si bien ambas están en perfecta armonía, la segunda es mucho más antigua. Nuestra especie es sólo una pequeña parte de la historia del planeta y, si desapareciera, es casi seguro que la vida continuaría.

De este modo, los pueblos que se han mantenido en estrecho contacto con la naturaleza han entendido siempre que ella es el fundamento de todo: prácticas religiosas, rituales mágicos, medicina, etc. Viven en contacto con los espíritus de las plantas y los animales, así como del viento, el agua, el fuego, la montaña y otros elementos.

También la tierra en sí es un ente espiritual al que podemos llamar simplemente "Madre Tierra". Podemos contactarla para pedirle entendimiento, bendiciones, abundancia y ayuda energética. Los maestros indicaban que no era correcto llamarla Gaia, ya que aquél es el nombre de una divinidad de la Grecia antigua, que es otro ser.

Quizás una de las principales ventajas de trabajar la conexión con la naturaleza es que es poco susceptible de ser intervenida por entidades u otros seres negativos. Esto quiere decir que es una de las conexiones más seguras y beneficiosas que existen. Podemos evidenciarlo en cosas como las hierbas medicinales, las esencias florales, las plantas y hongos alucinógenos (que bien guiados y en el contexto adecuado pueden ayudar muchísimo), la gemoterapia, etc. El simple hecho de establecer contacto con la naturaleza con la suficiente disposición de aprender de ella ejerce así una suerte de alquimia al interior de nuestra conciencia. Tanto los animales como las plantas, e incluso los minerales y seres de otros reinos, poseen esencias espirituales que nos enseñan. Cada paisaje hermoso es un maestro, ya que está secretamente reproduciendo realidades de la dimensión de la cual nuestra alma proviene.

Pero este contacto no es algo que sólo se establezca llevando una vida contemplativa, sino que también se juega en mantener el activo cuidado del propio cuerpo. Éste no es otra cosa que la naturaleza dentro de nosotros mismos y posee un potencial biológico que es crucial para un aprendizaje auténtico. Hacer ejercicio constante, nutrirse bien, practicar el ayuno intermitente, evitar los alimentos inflamatorios, dormir adecuadamente, etc., son en este sentido formas de practicar la conexión con la naturaleza.

Sin embargo, como en todo, el engaño es posible. Por ejemplo, a veces, personas que intentan conectar con espíritus elementales terminan vinculándose con entidades, demonios elementales o cualquier otro ser. Es por eso por lo que es necesario saber distinguir bien, y entender que con la naturaleza se deben tener los mismos resguardos que para cualquier tipo de conexión o canalización[148].

Los elementales

De acuerdo con los maestros de Tony, los "seres elementales", también llamados "espíritus elementales" o "genios de la naturaleza", fueron los formadores y ordenadores de la vida en la tierra. A través de las distintas eras geológicas, desarrollaron las condiciones básicas para la aparición de la vida, que ellos mismos crearon y fueron haciendo evolucionar en sus distintos reinos.

Si bien casi todos los pueblos antiguos hablaban de "espíritus" que habitaban los bosques, ríos, mares y otros elementos de la naturaleza, recién Paracelso en el siglo XVI los clasificó. Lo hizo de acuerdo con la teoría de los cuatro elementos de la filosofía de Aristóteles: tierra, aire, agua y fuego.

Según los maestros, los "elementales de tierra" serían los que habrían formado los cuerpos de los seres vivos en su aspecto sólido; los "elementales del agua" habrían aportado lo líquido como fundamento de vida; los "elementales de aire", lo gaseoso (y un ejemplo era la respiración por intercambio de gases); y los "elementales de fuego" habrían aportado la combustión que genera calor de vida (y un ejemplo era la fotosíntesis). Al mismo tiempo, estos seres estaban a cargo de los lugares físicos donde predominaba el elemento, como ecosistemas de bosques y montañas; fuentes de agua como ríos, lagunas, lagos y mares; las masas de aire y viento; y el fuego y el calor físicos.

Algunos ejemplos de criaturas elementales son:

---

[148] Véase capítulo 16

- Tierra: gnomos, hadas, silvanos, faunos y dríadas.
- Aire: silfos, sílfides y elfos.
- Agua: ondinas, nereidas, ninfas, náyades, sirenas y tritones.
- Fuego: salamandras.

Lo interesante, y que los maestros recalcaron mucho, es que los elementales alguna vez existieron en la tierra como seres físicos. Convivían e interactuaban con las criaturas de los distintos reinos, inclusive el ser humano. Sin embargo, llegó un momento en que este último comenzó a apartarse de la naturaleza y a sentirse su amo y señor. Al hacerlo, no sólo dejó de respetar a los elementales, sino que empezó abiertamente a depredarlos y a destruir y contaminar los ecosistemas en que habitaban. Los elementales, entonces, al ver que el ser humano había perdido la conexión con la naturaleza, con mucho dolor decidieron cambiar de dimensión. Seleccionaron a todas las criaturas más cercanas a ellos y se marcharon a través de portales. Con eso, la evolución se detuvo y la naturaleza quedó funcionando en una especie de piloto automático.

Por lo anterior es que los elementales ya no están en esta dimensión y casi no es posible encontrarlos. Sin embargo, algunos de ellos a veces cruzan a nuestro mundo y se dejan ver, en especial por los niños. Aunque en general no quieren saber nada de nosotros, si alguien demuestra un profundo cuidado y respeto por la naturaleza (en los jardines de la propia casa incluso), ellos pueden empezar a acercarse.

Ahora bien, debido a la dificultad de conectar con los seres elementales auténticos es que todo practicante espiritual necesita estar muy atento a las confusiones y engaños. Estas ocurren no sólo por entidades de oscuridad que pueden hacerse pasar por ellos, sino por la existencia de seres de naturaleza que son la versión oscura o degenerada de los elementales. Son los llamados "demonios elementales" que sí están en este plano.

Demonios elementales

Los "demonios elementales" vienen siendo la contraparte de los elementales auténticos. Según los maestros, su origen se remonta al tiempo en el que todavía estos últimos convivían con el ser humano. Muchos de ellos fueron atrapados por brujos y hechiceros, y usados en experimentos de magia negra para crear monstruos. Así nació toda una gama de seres similares a los elementales, pero feos y de naturaleza violenta o, en el mejor de los casos, caótica. Podemos hallarlos en la mitología de muchos pueblos con diversos nombres y características: *goblins*, orcos, duendes, *banshees*, *kelpies*, *gremlins*, basiliscos, chupacabras, entre muchos otros.

Los demonios elementales suelen habitar en campos, bosques, lagunas, montañas, cuevas y mares, en especial de lugares geográficos donde se practica o se practicó alguna vez magia negra. Sin ir más lejos, en los campos al sur de Chile, donde existe mucha tradición de brujos y magia, existen muchas historias de criaturas mitológicas dañinas como el colocolo, el trauco, el cuero, el piuchén, la vaca marina, entre otros. Recuerdo de niño, cuando iba de vacaciones, haber escuchado muchos relatos sobre ellos contados por la propia gente del lugar. Algunos de estos seres, en ocasiones, se llegan a cobrar la vida o la salud de humanos o animales, o a causar incendios, inundaciones, derrumbes, tornados y accidentes varios.

Otros seres de este tipo, no obstante, conviven con el ser humano de una forma menos letal. Por ejemplo, está el típico caso de los duendes o *goblins*, que molestan a los niños o que hacen travesuras como perder cosas o causar destrozos. A muchos les encanta el desorden y se ven atraídos por la acumulación de cosas. Les agradan los patios y hogares descuidados y llenos de objetos.

Aunque no se adhieren de la misma manera que las entidades, los demonios elementales pueden prendarse energéticamente de alguien cuando les parece atractivo. Cuando lo hacen la persona puede sentirse cansada, pesada o con mucho sueño. Sobre todo, al ir al campo o a casas en desorden, hay que estar atentos porque estos seres se podrían volver con uno. Luego podrían empezar a hacer cosas molestas como meter bulla por las noches, inquietar a las mascotas, subirse a la cama mientras uno está durmiendo o encender el televisor en medio de la noche. Si es así, lo que hay que hacer es intentar sacarlo. El procedimiento para hacerlo es ponerles una trampa de sal. Para eso se hace un círculo de sal de unos 60 centímetros de ancho y se pone un cebo dentro. Éste tiene que ser algo que les resulte atractivo, como piedras de colores, monedas, joyas, bolitas de vidrio, o cualquier otra chuchería con un poco de brillo. Se esperan algunas horas y luego se revisa la trampa. Si al tocar se percibe denso como si dentro hubiera "algo", es porque ya está dentro. Acto seguido, se lo debe tomar con bastante cuidado y se lo arroja por un portal que previamente hayamos abierto. Casi de más está decir que debemos protegernos imaginando que nuestras manos y brazos se hallan envueltos en un guante de luz. Esto debe ser así para evitar que el demonio elemental nos dañe cuando se intente defender.

Los demonios elementales son "semimateria". Esto quiere decir que están a medio camino entre seres de energía sutil y seres materiales. Por ende, la operación descrita anteriormente sólo puede ser hecha presencialmente y nunca a distancia.

Por último, existen muchos otros seres energéticos de la naturaleza que podrían considerarse neutros, es decir, ni buenos ni malos. Pero por lo mismo es que es necesario mantenerlos a raya, ya que podemos sin darnos cuenta llegar a establecer vinculaciones que a la larga se vuelven negativas. Es por eso por lo que es bueno, si vamos al campo u otros lugares con naturaleza, al volver pedir tanto a nuestros guías como a los arcángeles que nos corten posibles conexiones energéticas que hallamos establecido con seres del lugar. Éstas pueden hacer que nos sintamos con excesivo sueño, o cansados o agobiados. La sensación puede ser la de estar como envueltos en maraña, o teniendo raíces que no nos dejan avanzar.

En ese caso, podemos probar hacer un renuncio y una petición de corte al arcángel Miguel y a nuestros guías.

RENUNCIO A PUENTES ENERGÉTICOS CON SERES DE NATURALEZA

Yo, _____, renuncio a todo lazo con seres de naturaleza. Me libero de todo intercambio energético con ellos y les quito todas las autorizaciones que consciente o inconscientemente les pueda haber dado. Me declaro libre de ellos, y los declaro libres de mí.

Pido, aquí y ahora, a Miguel Arcángel y a mis guías que corten los lazos y todas las conexiones energéticas y puentes magnéticos o de semimateria que pueda yo tener con ellos. Pido ser liberado(a) completamente de ellos. Que así sea, así sea, así sea.

CAPÍTULO 22
La humanidad

El origen del ser humano

La hipótesis científica más aceptada sobre el origen de la humanidad señala que la especie humana moderna surgió hace unos 200.000 años. Según el Smithsonian's Human Origins Program de Estados Unidos, hasta ese momento, distintas especies de homínidos ya habrían estado poblando el planeta.

Pero ¿es ésta la única verdad sobre nuestro origen? ¿y cómo se enlaza con lo explicado acerca de las entidades, los ángeles caídos y los arcángeles? Son preguntas que apuntan a entender nuestra historia también desde la perspectiva espiritual.

Según los maestros de Tony, el ser humano actual se originó hace miles de años a partir de la intervención de seres de luz provenientes de otro planeta. Eran seres de naturaleza "angélica", y por lo tanto —como se explicó antes—, guerreros y de una dimensión superior a la nuestra. Ellos crearon al homo sapiens mezclando su propio ADN con el de los homínidos que ya poblaban la tierra.

Quien impulsó el proyecto fue un ser de un gran nivel de conciencia que buscó crear y desarrollar al ser humano tomando como modelo a su propia estirpe. Después de un largo proceso de experimentación, finalmente consiguió un ser autónomo y capaz de reproducirse. Este ser de luz creador, por lo tanto, puede ser considerado el Padre Creador de la Humanidad. Pese a que en la Biblia aparece mencionado como Yahvé, Jehová o simplemente como Adonai (El Señor), a veces estos nombres no referían sólo a él, sino a todo el grupo de estos seres.

> Entonces dijo Dios: Hagamos al hombre a nuestra imagen, conforme a nuestra semejanza; y señoree en los peces del mar, en las aves de los cielos, en las bestias, en toda la tierra, y en todo animal que se arrastra sobre la tierra.[149]

Si bien la Biblia hace alusión a la creación del ser humano, un relato más preciso podemos hallarlo en las tablillas sumerias encontradas en Nínive (Mesopotamia) a mediados del siglo XIX. Las tablillas en cuestión fueron traducidas por el escritor y experto en lengua sumeria Zecharia Sitchin (1920-2010). Aunque la ciencia no toma en serio su interpretación[150], los maestros señalaron que, en lo general e importante, sí era correcta. En las canalizaciones aconsejaron estudiarlas porque permitían comprender el porqué de muchas cosas.

Según Sitchin[151], un grupo de "anunnakis"[152], seres de un alto desarrollo tecnológico provenientes de un planeta llamado Nibiru, llegaron a la tierra hace miles de años con el fin de extraer oro. Con el paso del tiempo, algunos de ellos se amotinaron alegando lo duro que les resultaba esa tarea. Como solución, Enki, hijo del rey de Nibiru, concibe la idea de crear un "trabajador primitivo" mezclando su propia "esencia"[153] con el de los homínidos terrestres. Así es como termina creando a Adapa[154], el primer hombre.

---

[149] Génesis 1:26

[150] Para los científicos, las interpretaciones de Sitchin no son más que mera ficción, entre otras cosas, por mencionar cosas como experimentos genéticos, viajes espaciales, armas nucleares, etc. Le critican, además, dar por sentado que el mito pueda estar refiriéndose a hechos reales.

[151] Sitchin, Z., 2002. El 12° Planeta. Barcelona: Obelisco

[152] Nombre cómo los sumerios llamaban a sus dioses.

[153] Que Sitchin interpreta como el ADN.

[154] Clara alusión al Adán bíblico.

A partir de allí, Sitchin aborda los numerosos conflictos y guerras en los que se enfrentaron Enki y su hermano Enlil, ambos comandantes de la misión extraterrestre. Enlil odiaba a la humanidad, ya que nunca estuvo de acuerdo con la creación de seres inteligentes, e intentó muchas veces destruirla[155]. Enki, por el contrario, llegó a arriesgar su vida para salvarla.

Para comprender estos relatos, había que tener en cuenta que esos "dioses", que en el fondo podíamos entender como ángeles, no eran de mera energía sutil o etérica como hoy pudiéramos creer. Eran seres con cuerpo sólido que podían relacionarse materialmente con el ser humano. Comían, bebían, copulaban, luchaban cual seres humanos, pero eran capaces a la vez de viajar por el espacio y las dimensiones, y una serie de otros prodigios que sugieren que habrían dominado la "realidad energética".

El padre creador

En el relato de Sitchin, Enki aparece como un enamorado de su creación: la humanidad. Si bien su idea original fue utilitaria, poco a poco fue amando más y más a estos seres que eran "sus hijos". Este amor quedó demostrado no sólo en su deseo de que fueran autónomos, inteligentes y sensibles, sino en su afán por enseñarles y entregarles conocimiento. De hecho, en la mitología sumeria, Enki aparece como el dios civilizador por excelencia, que entrega el agua, la escritura, la magia, la agricultura, la creación, el arte y la artesanía. Los maestros, eso sí, hicieron notar que él en un principio cometió muchos errores. El sólo hecho de intervenir en la evolución de otro planeta y meter su propio material genético en una de sus especies es algo que no estaba aprobado por el Dios Creador de Todo, es decir, el Padre-Madre Universal. En la traducción de Sitchin se lo retrata también como un dios con un apetito sexual insaciable.

Sin embargo, lo realmente notable es que, pese a todo, este "dios creador" tenía un nivel espiritual muy superior al de los demás anunnakis de su misión. Tras decenas de miles de años acabó comprendiendo que el verdadero propósito de

---

[155] La más célebre de éstas, según el relato, sería el Diluvio Universal, donde Enlil, ya cansado de la humanidad, decide enviar un diluvio. Enki, por su parte, encarga a Ziusudra, equivalente sumerio de Noé, la construcción de un arca.

la especie a la que había dado origen era espiritual y se alineó con la Conciencia de Amor. En términos simples, "se iluminó" y supo que debía hacerse cargo de su creación. Entonces, el Padre-Madre Universal bendijo a la humanidad, lo nombró oficialmente responsable de ella, y envió a los cinco arcángeles para ayudarle.

Por lo tanto, hoy en día, cuando decimos "Dios", podemos estar refiriéndonos indistintamente a: (1) Dios Padre-Madre Universal, que es el creador de todo cuanto existe; y (2) Dios Padre Creador de la Humanidad, el "Dios de Israel" que es este ser de luz que vela directamente por todos nosotros. Por su parte, muchos otros anunnakis son los que en el relato bíblico fueron conocidos como los ángeles caídos, que terminaron siendo derrotados y encarcelados al interior del planeta. Son los "demonios mayores" que a su vez crearon a todas las demás entidades demoniacas. Entre ellos estaría Enlil, que vendría —hasta donde entendí— siendo Lucifer.

Lo interesante es que, en todos los milenios anteriores a estos hechos, los anunnaki habrían coexistido con nosotros. Según Sitchin, muchas mitologías de la antigüedad, y no sólo la de Mesopotamia, habrían inspirado sus relatos en ellos. Incluso, se habrían llegado a cruzar con humanos para dar origen a una descendencia híbrida. Serían los dioses, semidioses, héroes y gigantes mencionados en los mitos de muchos pueblos. Las batallas entre ellos habrían quedado también registradas en múltiples relatos antiguos que narran las guerras entre dioses y titanes.

> Al unirse los hijos de Dios con las hijas de los seres humanos y tener hijos con ellas, nacieron gigantes, que fueron los poderosos guerreros de antaño. A partir de entonces hubo gigantes en la tierra.[156]

---

[156] Génesis 6, 4

El propósito del ser humano

Debo reconocer que los hechos narrados por Sitchin, para nada simples de comprender, despertaron en mí grandes preguntas. Me surgía la duda de cuán literal y verídicos podían ser y en qué porcentaje eran sólo símbolos o metáforas. Obviamente, cualquier mente educada en el rigor científico opinaría que son más que descabellados, pero también, si es por eso, todo este libro también. Fuera como fuese, los maestros insistieron en que confiáramos en ellas para sacar de ellos entendimiento. Para mí, eso significaba que, más allá de los detalles de nombres y sucesos concretos, había que quedarse con el sentido que había detrás.

Una de las grandes reflexiones que se podían hacer era en qué medida la intervención de los anunnakis impactó sobre la evolución natural y armónica del planeta. Dotaron de inteligencia, tecnología y grandes capacidades a homínidos que emocional y espiritualmente aún no estaban listos para recibirlas. Como humanidad, terminamos heredando también los defectos de su estirpe: su codicia, su soberbia, su gusto por la guerra y su sed de conquista y el poder, entre otros. Como resultado, el ser humano acabó distanciándose de la que había sido su maestra durante milenios: la naturaleza. Le perdió el respeto y comenzó a enseñorearse sobre ella. Y empezaron las disputas y las guerras entre hermanos[157].

Las preguntas que los maestros hacían eran: ¿Qué hubiera pasado si no hubiera ocurrido esta intervención? ¿Cómo habría sido la vida del planeta? Y, por último, ¿Cuál era nuestra responsabilidad como humanidad ahora que ya éramos lo que éramos?

Ahora bien, que el Padre-Madre Universal bendijera a la raza humana y enviara a los arcángeles a asistirla significó que ésta pasó a ser una "escuela de almas". La verdad es que ya lo era desde antes, pero la intervención de los anunnaki adelantó y aceleró muchísimo el proceso. Fue como si a un niño que está recién en el kínder lo pasan repentinamente a un curso mucho más avanzado. Sin duda el esfuerzo que tiene que hacer por aprender si bien es considerablemente mayor, al mismo tiempo es mucho más fructífero. Del

---

[157] Tal como muestra el relato de Caín y Abel.

mismo modo, las almas humanas hoy tienen la oportunidad de aprender mucho más en menos tiempo. Y esto lo recalcaron los maestros en reiteradas ocasiones: que más allá de que cada alma pudiese venir con objetivos o propósitos individuales, hay un objetivo común para todos. Es decir, también como humanidad necesitamos aprender lecciones. La principal de éstas es la que vino a enseñarnos Jesús: el amor al prójimo.

Porque la venida de Jesús vino a rectificar los errores que habían cometido los anunnaki al mostrarse como dioses llenos de "ego", caprichos y violencia. La misión de Jesús fue enseñar que nuestro creador era un padre amoroso que pedía que nos amáramos y respetáramos. En otras palabras, venía a mostrarnos lo que realmente quería nuestro Padre. Y no fue él el único que vino con esa misión; en otras partes del planeta, otros grandes maestros e "iluminados" dieron un mensaje similar.

Nuestro principal objetivo como humanidad, entonces, es resolver nuestras diferencias mutuas desde el amor y el aprecio, y crecer emocionalmente. Significa empezar a considerar a las demás personas como nuestros hermanos. Sentirnos también en ellos y a ellos en nosotros, porque «TODOS SOMOS UNO».

Allí es donde finalmente desemboca todo: amarse uno mismo y amar al prójimo desde la conciencia profunda del alma. Es el auténtico y más importante "despertar de la conciencia" que a nivel colectivo necesitamos, no sólo para avanzar, sino también para no acabar autodestruyéndonos como raza.

Los maestros decían que no importaba que fuéramos psíquicos o no psíquicos, o de aura verde, azul, amarilla o de cualquier color. Lo importante era aprender la empatía por nuestros semejantes y el respeto y cuidado por nuestro hogar que es la Tierra. El trabajo emocional que requeríamos para llegar a aquello era lo que en este libro hemos llamado "movimiento profundo del alma".

PARTE TERCERA

Del plomo al oro

Un nuevo camino

El año en que conocí a Tony fue mi inicio como terapeuta independiente. Mi encuentro con él no sólo había revolucionado mi entendimiento de la realidad energética; también había significado mi quiebre con Sonia. Fue dejar atrás el mundo que me había visto nacer como terapeuta energético y hasta cierto punto el sentido en el cual había basado mi seguridad personal. Con este quiebre se fueron amigos y gran parte del mundo que era —hasta entonces— mi mundo.

Para muchos yo fui un disidente y, para otros, simplemente un traidor. Se me acusó de haber actuado "por ego" y de "plagiar" el conocimiento que pertenecía a Sonia y a su escuela. Sin embargo, para quienes habían seguido de cerca mi proceso, yo sólo estaba siendo fiel a mis principios. Guardando las proporciones, me sentía un poco como Lutero después de rechazar a la Iglesia o como Jung después de su distanciamiento de Freud. Aunque tenía miedo, había seguido el impulso de mi alma y sabía que —para mí al menos— era lo correcto.

Pero el camino no se iba a dar fácil y me tenía preparadas muchas pruebas. Aunque ese año había sido muy fructífero, no sería así por demasiado tiempo. Por entonces, mi confianza se basaba principalmente en que me sentía fuerte en mi trabajo. Había conseguido una mucha mayor claridad conceptual en relación con el conocimiento del aura humana. Mi efectividad como terapeuta también había aumentado y en poco tiempo mi agenda se había casi triplicado: llegué a hacer más de treinta atenciones cada semana. Además, llevaba un tiempo utilizando el péndulo para los diagnósticos y, a través de éste, se me había presentado el que decía ser un maestro ser de luz. Hasta había logrado que, a través del mismo péndulo, me dijera su nombre que empezaba con D.

Con la ayuda de este maestro, mi confianza en mis resultados aumentó exponencialmente. Incluso, como a veces se me hacía pesado atender a tanta gente, comencé a preguntarle si podía él hacer parte del trabajo y la respuesta a través del péndulo fue que sí. Mientras los pacientes permanecían sentados, le pedía realizar uno a uno los pasos de cualquier operación, incluida la extracción de entidades. Cuando me indicaba que había terminado, con las manos revisaba el aura y constataba los cambios.

Era consciente de que, con este método, estaba yendo en contra de lo que Tony me había enseñado: que sobre todo las extracciones debían hacerse de forma manual[158]. En un momento me lo hizo ver, pero en mi mente yo defendía mi derecho a tener un sistema diferente. En los años que llevaba trabajando me había dejado llevar por mi intuición y siempre había confiado en la ayuda de los seres de luz para operar estructuras. No me parecía, por tanto, que lo que hacía ahora fuese demasiado distinto.

Un día, sin embargo, Tony y yo conversamos a fondo sobre mi maestro y me preguntó derechamente si alguna vez lo había visto o me había mostrado su energía. Tuve que admitir que lo único que tenía de él eran sus respuestas a través del péndulo y nunca lo había sentido de manera directa. Me dijo que entonces probablemente no era un ser de luz auténtico sino la carcasa magnética de algún maestro ascendido.

Me propuse indagar más preguntando a D. a través del mismo péndulo. Lo curioso es que las respuestas que obtuve le dieron la razón a Tony. El supuesto "maestro" había cambiado su versión inicial de que era un ser de luz «igual a los de Tony» y ahora decía ser «alguien que había vivido en otro planeta y luego había desencarnado». Inclusive, ahora su verdadero nombre no era D., sino otro.

Pese a las dudas que sembraron estos hechos, continué trabajando con D. en las sesiones. Ahora ya no lo veía como un ser infalible, pero aún confiaba en él para los diagnósticos y las operaciones. Entonces, una noche, recibí una llamada de Tony diciéndome que necesitaba hablar urgente conmigo. Me dijo que sus maestros lo habían llevado astralmente donde D. y había establecido comunicación telepática con él. Le había hecho preguntas y, cuando lo confrontó para que le diera su verdadero nombre, éste lo había atacado.

---

[158] Al menos las de entidades desde el rango intermedio para arriba.

—D. en realidad es un ser de oscuridad disfrazado —me dijo—. Te ayuda porque quiere que confíes en él para de a poco ir sacándote del verdadero camino de tu alma. Tendrás que hacer un renuncio con él y ordenarle que se vaya.

Aunque las palabras de Tony me golpearon duro, una parte de mí se las esperaba. Pensé que quizás era tiempo de prescindir de alguien externo y empezar a canalizar al maestro interno de mi propia alma. Hice un renuncio con D. y pedí a Miguel que lo alejara y cortara todas las conexiones y el canal de comunicación que yo tuviera con él. Esa noche y los días siguientes recibí múltiples ataques energéticos que interpreté como la "despedida" de D. hacia mí. Me sentía desilusionado, pero a la vez aliviado de haber sabido la verdad antes de que hubiera transcurrido más tiempo. Afortunadamente, siempre fui muy consciente de que, a ningún ser, aunque fuera de luz, se le debía invitar a entrar dentro del cuerpo. Siempre mantuve los límites y jamás autoricé a D. a hacer nada que no fuera lo específico que yo le solicitaba.

Pese al incidente, ése fue un verano de grandes avances. Gracias a la información que estábamos canalizando, la T.E.A. había llegado a ser mucho más que una mera técnica rodeada de conocimientos sueltos. Era un sistema cada vez más completo, donde lo fuerte —más allá de los procedimientos en sí— eran la educación y los entendimientos espirituales y teóricos de fondo. Operar las estructuras sólo quedaba para quienes quisieran en algún momento convertirse en terapeutas.

De esa forma, armé los distintos niveles de los cursos que empezaríamos a hacer mi pareja, Tony y yo en la nueva escuela. Teníamos un discreto pero importante grupo de inscritos que a inicios del otoño partirían. Casi todos eran expacientes o exalumnos que nos habían seguido. Los habíamos chequeado y sabíamos que estaban completamente limpios de entidades y otras intervenciones. Era el requisito que Tony consideraba imprescindible para una formación como ésta en la que no sólo se manejaba energía, sino que se enseñaba a canalizar desde fuentes confiables. Así, los postulantes que tenían alguna energía adherida que pudiese estar interviniéndolos primero debían pasar por procesos de extracción y limpieza.

Lo que vino después fue complejo y modificó todos los planes. Era 2020 y aquel mes comenzaron las cuarentenas por la pandemia del coronavirus. Ante la emergencia, rápidamente tuvimos que adaptar las clases a un formato vía internet que permitiera a los alumnos participar de forma remota. Así fue como, pese a las dificultades, todo se puso en marcha: había comenzado con éxito la enseñanza de mi propio sistema.

A los pacientes, por su parte, comencé a atenderlos desde una habitación a través de videollamada. Si bien había trabajado a distancia en ocasiones anteriores, nunca lo había hecho de manera tan masiva. Pedía a la persona que permaneciera relajada en un lugar tranquilo. Luego la "proyectaba"[159] —es decir, la imaginaba— recostada o de pie en mi habitación y trabajaba igual como si estuviera allí. Al pasar mis manos podía percibir su campo y estructuras perfectamente, e incluso ella al otro lado lograba sentir lo que yo hacía. También los alumnos en los cursos aplicaban este método. Practicaban entre ellos o con pacientes de práctica, pese a estar cada uno en un lugar geográfico diferente.

Incertidumbre

Pero el coronavirus trajo consigo una ola de incertidumbre para la que no estaba preparado. De un momento a otro, las atenciones habían disminuido a una quinta parte y con eso el ingreso de dinero. Tenía ahorros, pero aun así anímicamente me vi afectado. Era quizás la sensación que una mayoría a nivel mundial estábamos teniendo en ese momento. Para muchos fue perder el trabajo o el negocio que con esfuerzo habían construido.

Pese a lo anterior, yo sabía que mi afectación no era sólo por lo económico. El incidente con D. me había hecho pensar hasta qué punto yo era capaz de hacer lo que hacía. Seguí usando el péndulo para los diagnósticos e intentando comunicarme con el maestro de mi propia alma y le pedía a él si podía realizar las operaciones. Sin embargo, poco a poco me fui dando

---

[159] Para eso, me valía del nombre completo y fecha de nacimiento, que me servían de "coordenadas" para conectar. Pedía a mis maestro interno que me mostrara lo que esa persona tenía, ya sea lo emocional o lo magnético.

cuenta de que mis resultados no eran todos tan reales como creía. Algunos pacientes que había tratado, con el tiempo habían vuelto a tener síntomas. Cuando consulté a Tony, me mostró que me había equivocado y las cargas negativas que esos pacientes tenían no habían realmente salido. La ayuda que me había brindado D. durante meses, si bien había sido efectiva en algunos casos, en otros había sido sólo un bluf.

La situación llegó a un límite un día en el que atendí a una mujer a distancia a quien le percibí una entidad de rango alto. Sufría diversos achaques y, sin ser esquizofrénica, a ratos oía una voz que le hablaba. Hice el trabajo de pedir a los arcángeles que inmovilizaran a la entidad hasta que el péndulo me indicó que estaba listo. La mujer me señaló que se sentía mejor y quedamos de acuerdo para en una siguiente sesión hacer el trabajo de sacarlo. Antes de despedirnos, empero, me comunicó que una voz en su cabeza le decía que «quería conocerme». Yo no le tomé demasiado asunto porque tenía la disciplina de nunca ponerme a dialogar con las entidades para no caer en sus juegos. Sin embargo, a la sesión siguiente, pese a que había preparado todo al palpar el campo de la paciente noté que no estaba como debía. De todas formas trabajé y limpié la entidad, pero recuerdo que ese día estaba yo un poco apurado, por lo que me puse un poco ansioso por terminar rápido. Al finalizar, la paciente me dijo que se sentía de maravilla, como si le hubiera sacado un peso de encima. No obstante, era yo el que se sentía mal: tenía mareo y algo de náusea. Continué mi día normalmente, pero al llegar la noche empecé a sentir angustia y malestar físico.

Pedí ayuda a Tony y me dijo lo que yo más temía: se me había metido una entidad al campo. Le conté lo sucedido y me señaló: «Te tendió una trampa y te estaba esperando; la paciente se sintió mejor porque el ser se te traspasó a ti». Acto seguido, pidió a sus maestros autorización para ayudarme y me la sacó. De inmediato sentí alivio, como si mi mente también se calmara y dejara de pensar cosas negativas. Sin embargo, me dijo que esto me pasaba porque, como no estaba haciendo bien las cosas, los seres de luz habían dejado de protegerme.

Sus palabras fueron un balde de agua fría. Como quería entender más, decidí hablar con un matrimonio de amigos: Erwin y Victoria. Durante años, habían sido alumnos míos y después aprendieron con Tony. Victoria, en particular, era tremendamente psíquica y había comenzado a canalizar a una maestra que demostró ser una auténtica ser de luz que les ayudó a dedicarse al trabajo de las entidades. Les conté lo que me había ocurrido y la respuesta de la maestra fue categórica pero compasiva: yo había querido hacer las cosas a mi manera, desoyendo en reiteradas ocasiones lo que los seres de luz a través de Tony me habían enseñado.

Sabía que era verdad, pues yo era alguien que siempre defendió su derecho a trabajar "a su modo". Eso tuvo mucho de bueno, ya que me permitió desarrollar ideas independientes, pero de lo que yo no era consciente era que los seres de luz me habían protegido también siempre. Al parecer, ahora estaban simplemente dejando que me tropezara para que empezara a tomarle el real peso a la realidad, y me abriera a escuchar a quienes sabían más que yo.

Esta situación abrió en mí un mar de dudas que se sumaron a la incertidumbre económica que me embargaba. Me di cuenta de que el péndulo era una herramienta que no me estaba entregando información fiable y debía empezar a prescindir de él. Pero ¿cómo haría entonces el chequeo y la extracción de entidades? ¿Era que había estado equivocado y no debía meterme en esa área? ¿Para qué entonces los maestros habían autorizado a Tony a enseñarme? ¿Acaso no sentía que era esa mi vocación? ¿Qué debía hacer? ¿Qué decisión debía tomar?

Notaba que se me había venido encima también el duelo de mi alejamiento de Sonia. Había cambiado mi forma de hacer y de entender la terapia y ahora debía atenerme a otras reglas, no a las que yo estuve siempre acostumbrado. Además, estaba pagando el precio de haber preferido hacer mi propio camino antes que uno ya existente. Ese precio era que la gente, al no conocer en qué consistía ahora mi sistema, no llegaba. Y ya no tenía un grupo detrás dándome respaldo. Yo mismo me sentía inseguro y los tropiezos que había tenido me hacían dudar de cuán bueno o capaz realmente era. ¿El creador de un sistema de sanación no debiera ser un psíquico o alguien con maestros seres de luz auténticos? ¿No debiera ser alguien completamente claro en vez de lleno de dudas e inseguridades como yo estaba teniendo? ¿No debía ser un ejemplo de la efectividad de su propio método y tener curadas su heridas? Eran preguntas que me asaltaban y tenía la sensación de que nos las podía hablar con nadie.

Por dentro experimentaba dolor como si se me volviera a activar la herida de siempre en mi plexo solar. Nunca en todos los años que llevaba atendiéndome se había sanado realmente, pese a que incluso Tony me había ayudado con ella. A ratos dolía y me sentía triste y solo, y ahora que el trabajo flaqueaba, la seguridad en mi propia visión y en mí mismo también lo hacía. Quizás estaba equivocándome mucho más de lo que había creído y sentía hondamente la falta de alguien que me pudiera guiar.

Pese a que corregí mi manera de hacer las cosas en las sesiones y comencé a derivar los casos complejos o en los cuales me sentía poco seguro, no volví a ser el mismo de antes. Comencé a tener bajones anímicos y episodios en los que sentía mucho malestar físico. En un par de ocasiones, inclusive, sentí que "colapsaba" y tuve reacciones emocionales desmedidas frente a mis seres queridos. Aunque Tony siempre me ayudaba, sentía por dentro que éste era un proceso donde algo muy dentro se me estaba desmoronando y no sabía cómo sobrellevarlo. Tony no era un terapeuta especializado en el ámbito emocional y además teníamos una relación de amistad. Pese a eso, yo esperaba secretamente que él me hiciera *coaching*. Quería que, ya sea él o sus maestros, me ayudaran a entender mi propósito.

En una ocasión, Tony hablaba con mi pareja y una hermana mía y les comentaba que estaba arrepentido de haber enseñado demonología a otras personas. Señaló que había comprendido que había sido un error y que ahora él sólo les enseñaría a quienes los maestros le dijeran. Al escucharlo, no pude evitar tomármelo de manera personal pues sentí que lo decía también por mí. Sensible como estaba, reaccioné mal y discutimos. Le dije que sus palabras me desmotivaban y que, si no podía ayudar a la gente con entidades, mi trabajo qué sentido tenía. Él me trató de mostrar que el trabajo emocional era igual de importante, pero yo sentía frustración y tenía rabia con él. Me terminó diciendo que tenía que salir de mi "ego" al estar preocupándome tanto por mí.

Ese día ocurrió un quiebre entre él y yo y decidí que su cercanía me estaba haciendo mal. Quería alejarme emocionalmente porque me había dado cuenta de que no me podía ayudar con la crisis de sentido que se me había detonado. Si seguía proyectando mis expectativas en él, empezaría a maltratarlo. Así es que tomé la decisión —quizás muy "masculina"— de llevar mi proceso solo y dejé de hablarle. Lo quería mucho y me había ayudado tanto, pero sentía que me hacía mal involucrarlo en lo que me estaba pasando.

Tony, por su parte, percibió mi cambio hacia él y también dejó de hablarme. Siguió haciendo clases y conversando con mi pareja. Sin embargo, al tiempo, comunicó que se retiraba de la escuela porque los maestros le habían mostrado que su camino era otro. Fue duro, pero también entendí que él me dejaba porque yo necesitaba resolver lo mío de ahora en adelante sin él. Y en lo práctico era cierto que su camino era otro; no el de una escuela como la mía.

Ensimismamiento

Mi distanciamiento con Tony abrió un tiempo de mucha reflexión sobre el propósito tanto mío como del sistema que había creado. Me volqué hacia el interior y por fuera, a mi familia. Mi hija y mi pareja se volvieron lo más importante y lo que me sostenía. Por dentro se instaló en mí la idea de que —aunque no estuviera como antes— debía sacar adelante mi hogar a cualquier precio.

Los cursos, afortunadamente, fueron cada vez mejorando más. Poco a poco se me hizo más evidente aún la diferencia entre los dos ámbitos de la terapia: el externo o campo magnético, donde hallábamos las entidades, y el interno o emocional, donde estaban las estructuras de la propia psique. Empecé a darme cuenta, en este último, que la sanación no se trataba realmente del "aura" sino del "alma". Es decir, no era la operación de las estructuras el eje de la terapia, sino el "movimiento profundo del alma". El trabajo no era quirúrgico, como yo había pretendido alguna vez, sino psicoterapéutico. Los pacientes tampoco eran entes pasivos, sino todo lo contrario: eran los protagonistas y artífices de su cambio. Percibir y operar las estructuras era sólo una parte de un proceso mayor que se iniciaba en ellos, que los terapeutas teníamos la misión de impulsar y acompañar.

De esa forma, la enseñanza en los cursos se enriqueció y comenzó a ir mucho más profundo de todo lo que antes había alguna vez alcanzado. El problema era que, para adquirir ese tipo de habilidad, los alumnos requerían no sólo conocimiento, sino mucha conexión y entendimiento emocional de su propio proceso. Y eso era algo que ningún curso podía proporcionarles. Entendí que más que nunca debía escribir un libro que contuviera todas esas reflexiones profundas.

El trabajo de sacar entidades, por su parte, era algo que debía quedar restringido sólo a personas que contaban con maestros seres de luz auténticos que pudieran guiarlos. En carne propia había vivido las dificultades de no tenerlos. Pero los alumnos debían de todos modos educarse en relación con dicha realidad. Era clave para prevenir que pudieran quedar expuestos a ésta. Fue así como en mi interior fui aceptando cada vez más el hecho de que mi talento iba más por el ámbito de la terapia y la educación emocional. Pese a eso, una parte de mí seguía enamorado de la demonología y seguía tomando casos cuando evaluaba que no eran demasiado complejos.

Pero emocional y energéticamente no me encontraba bien. Me sentía a ratos podrido y afectado por el dolor. Sentía llegar ataques energéticos externos constantes que yo trataba a través de autolimpiezas, y me pasaba una o dos horas al día haciéndome autosanación. A nivel emocional, se me activaban estructuras que tenían que ver con una sensación de insuficiencia e incapacidad. A ratos también eran sentimientos de pena como si un yo muy dentro de mí se sintiera excluido, tanto de la vida como de las personas.

Pero no todo fue malo. Había sorteado las dificultades económicas y al inicio del año siguiente pude conversar con Tony y pedirle disculpas. Sentí alivio de que no había resentimientos. Lo que vino después fueron meses donde la situación se mantuvo y hubo algunas crisis importantes. En una de ellas, a raíz de un conflicto con mi pareja, sentí que la herida emocional en el plexo se me activaba hasta desbordarme, y pedí ayuda tanto a Tony como a Erwin y Victoria. Lo que ellos me diagnosticaron fue diferente en ambos casos, pero hasta cierto punto complementario. Yo sólo quería comprender qué me pasaba y por qué había llegado a un nivel tan extremo de afectación.

Tony me dio a entender que la herida que sentía era por un exceso de centrarme en mí mismo. En el fondo, estaba siendo hipersensible a todo; conectaba demasiado y me dejaba afectar por las emociones de una forma que no era natural ni sana, y de esa manera las sensaciones dolorosas se amplificaban. Por esa razón, me dijo, no paraban de activársemele estructuras. Necesitaba urgentemente dejar de prestar tanta atención a mí y empezar a cultivar la conexión emocional con los demás. Una parte mía tendía a rechazar esa conexión por miedo al dolor.

Erwin y Victoria, por otro lado, me hablaron de una falta de valor propio. La maestra de ella mostraba que era una parte mía que yo debía construir: mi propia autovalidación. Para eso, me indicó el ejercicio de mirarme a un espejo y me decirme todo lo valioso que yo era y había hecho. Porque era mucho y yo no lo estaba viendo, y pese a cuán increíble yo era, había en mi aura un gran vacío.

Debo decir que intenté poner en práctica lo que me dijeron y sentí que mi estado mejoró. Me lo tomé como intentar estar más pendiente de las otras personas, ser más "amable" y pasar más tiempo con mi pareja e hija. Eso no impedía que siguiera cada cierta cantidad de días teniendo fluctuaciones emocionales, pero la diferencia es que ahora tenía la sensación de al menos estar haciéndolo mejor. Sobre todo socializar más y pasar tiempo con más personas me ayudó, pero no pude evitar que cada cierto rato me viniera la necesidad de aislarme.

Una última crisis ese año se ocasionó cuando me vi obligado a dejar la oficina que con tanto esfuerzo había arrendado como consulta. Era un departamento hermoso y bien ubicado, pero demasiado costoso para mí en ese momento. La decisión de dejarlo profundizó en mí la sensación de fracaso y, aunque trataba de verlo como algo positivo, una parte mía lo sentía como una derrota. ¿En qué momento las cosas mejorarían?, me preguntaba. Había pedido prosperidad a los seres de luz, pero era como si no me escucharan. ¿Sería que había algo que no estaba entendiendo?

Los maestros a través de Tony me recomendaron tomar terapia psicológica porque decían que mi problema era emocional. Pero una parte de mí se resistía: había estado tantos años con psicólogo y no veía que ahora pudiera haber tanta diferencia. ¿De qué voy a hablar?, pensaba. ¿Y dónde voy a encontrar a alguien que entienda de este mundo tan raro? Decidí posponer la búsqueda mientras mejoraba mi situación económica.

La vieja herida

Había sido un tiempo difícil y aun así mi optimismo me llevaba a pensar que las cosas cambiarían para mejor. Tenía la impresión de que, pese a todo, había aprendido mucho. Pero los años de crisis, ensimismamiento y fluctuaciones anímicas habían causado una brecha de desgaste dentro de mi relación. Mi pareja, la madre de mi hija, me comunicó su decisión de separarse de mí.

Fue un golpe duro e inesperado, quizás el más fuerte que recordaba haber recibido alguna vez. Mi familia era lo más importante, por lo que habría dado mi vida. Y la persona en quien más confiaba, y con quien había formado esa familia, decidía ahora marcharse de mi vida. No éramos sólo compañeros en el amor, sino también socios en la escuela; la había hecho mi apoyo en muchos sentidos. De un momento a otro, sentí que todo se derrumbaba y una ola de dolor y culpa me invadió. Sabía que esto pasaba porque una parte importante de mí se había extraviado y ahí estaba de nuevo la vieja herida, quizás la misma o muy parecida a la que me había hecho llegar a sanarme una década antes.

La desilusión y la pérdida de sentido me embargaron. Pero, al ir hacia dentro para preguntar a mi propia alma, la respuesta aparecía clara:

—Esto es algo por lo que tienes que pasar —"escuchaba" que me decía— porque la herida en tu interior no puede quedarse sin sanar. Es una deuda de aprendizaje que ahora te toca saldar.

El vacío que sentía también me señalaba hasta qué punto me había perdido. Progresivamente había ido cayendo en un agujero del que no había podido salir, y me ocurría que no sabía bien en qué o quién me había convertido. Mi pareja me lo había hecho notar muchas veces; yo, ensimismado como estaba, no le había tomado demasiado asunto.

Ahora éramos la herida y yo nuevamente. Podía sentirla como un puñal enterrado en el estómago. Era un dolor completamente físico, además de emocional. Y me frustraba pensar que tras tantos años trabajando sobre mí, e incluso estudiando, practicando y hasta enseñando la sanación, volvía a estar como antes. Sin duda, no se trataba de una pareja en particular, sino de mí. Ese día hice un compromiso conmigo mismo: esta vez llegaría hasta el final; me sanaría sin importar el tiempo y esfuerzo que demandara. No concebía otra opción, o todo lo que había hecho y enseñado carecería de sentido.

Ese día también entendí que no podría contar con Tony. Una voz muy dentro me decía que él y yo teníamos caminos y misiones muy diferentes. De alguna manera, él no tenía la suficiente neutralidad para que yo pudiese contar con él en esto. Es por ese motivo que recurrí a mis amigos Erwin y Victoria para ver si me podían ayudar o, por último, orientar.

—Fran, no tenemos autorización para intervenir en ti —me dijeron—. Trabaja con tu maestro interno a nivel energético. Y a nivel emocional, con un psicólogo. Esa mezcla te ayudará mucho. Es lo que dice la maestra.

Energéticamente, mi campo era un mar de estructuras activadas. Podía percibírmelas perfectamente, pero no había herramientas de intención que en ese momento me sirvieran. Ni renuncios, ni decretos, ni velas, ni pedir energía. Estaba en una fase en la que necesitaba hablar e intentar entender. De otra forma, esas estructuras no se iban a soltar. Si la herida no se había podido sanar en todos esos años, era porque no se trataba de operaciones o técnicas, sino de algún tipo de entendimiento que aún no había logrado.

Para eso contacté a mi antiguo psicoterapeuta. Me había ayudado alguna vez y tenía fe en que nuevamente lo haría.

Luis Alberto era un psicólogo fuera de lo común. Su capacidad para indagar la psique humana nunca dejó de impresionarme. Los años en que me había atendido con él me habían enseñado la mitad de todo lo que hasta ese momento sabía sobre cómo hacer psicoterapia. Además, podía hablar con él libremente sobre energías y vidas pasadas, ya que él mismo las había experimentado. Una de las primeras cosas que me dijo al retomar fue: «La herida de hoy y la de cada una de tus vidas anteriores es la misma herida. Lo que sanes hoy, sanará todo hacia atrás». Me recomendó al mismo tiempo no ceder al deseo de intentar hacerme el fuerte y llenarme de actividades. Si quería sanarme debía permitirme conectar con el dolor y empezar a verlo como un maestro.

La noche oscura del alma

Esos meses fueron de absoluta oscuridad. Me fui hacia adentro y dejé de lado casi todo, salvo las clases y atender a algunos pacientes. Mi maestro interno me mostró que debía terminar con la escuela y retomarla en un futuro, pero de una forma distinta. El tarot, por su parte, me señalaba el 4 y el 8 de copas, indicando que éste sería un tiempo de meditar y retirarme para hacer un viaje al interior. También me mostraba al caballo de espadas: cuando entendiera lo que tenía que hacer, debía «darle con todo».

El dolor en la zona del estómago llegó a ser tan fuerte que me hacía pasar una buena parte del tiempo acostado. Lo sentía como una especie de cráter sin fondo. Dado que a ratos era desesperante, pedí a Erwin y Victoria si podían chequearme y preguntar a los maestros de dónde se originaba, para ver si podía hacer algo. La información que canalizaron me sorprendió. En ella me decían que ese vacío venía de una encarnación muy primitiva en la cual yo había hecho un vínculo con una "entidad de vacío" y que, en vez de disolverlo, encima de ella había puesto estructuras "de ego". A su vez, sobre éstas, había infinidad de lazos de dependencia.

Erwin también me explicó que, desde un punto de vista cosmogónico, el vacío era todo lo que había quedado por fuera de la creación, cuando el Padre-Madre Universal la llevó a cabo.

—Los maestros señalan que el cómo resolver este vacío —me dijo— es algo que necesitas descubrir por ti mismo como parte de tu proceso. Cuando lo consigas, te darás cuenta inmediatamente porque te sentirás notablemente mejor. Y en general, en todo este período te toca ir descubriendo lo que tu "maestro interno" te vaya mostrando, y sabrás que es el camino correcto cuando al ponerlo en práctica vayas sintiendo alivio.

Sus palabras me dieron esperanza, pero por más que pedía a mi maestro entendimiento, no conseguí descifrar su sentido. ¿Qué demonios era una "entidad de vacío"? Ante mi incapacidad, me di por vencido. Lo que entonces la maestra de Ingrid me dijo fue: «Te hemos ayudado, pero en adelante debes continuar solo. Debes permitirte sentir el dolor y la pena de tu herida. Entrégate a vivir tu duelo como cualquier mortal. De esa forma hallarás la paz y solidez que necesitas para fortalecerte». Lo comprendí como una prueba de humildad, en el sentido etimológico de humus=tierra. Era un descenso a la tierra, un permanecer quieto y abajo, a ras de suelo.

Durante meses me entregué a sólo sentir y algo en mí se fue calmando. Podía experimentar el vacío, pero en la medida en que dejaba de luchar con él, se hacía más soportable. Una cosa que me sirvió mucho fue comprender que algo peor que el dolor era el rechazo al dolor, algo peor que la pena era el rechazo a la pena, y algo peor que la angustia era el rechazo a la angustia. Pensar en cuántas veces debí haber rechazado estos sentimientos, en esta vida y en las anteriores, me llevó a decidir llamarlos de vuelta:

> Pido de vuelta las angustias, las penas y el dolor que alguna vez exilié de mí. Anulo todo rechazo hacia ellos y los pido de vuelta. Que vuelvan a mí, ¡aquí y ahora!

Al decretarlo muchas veces, sentí energía entrando a mí y haciendo que la sensación de vacío disminuyera.

En todos esos meses me había habituado a intentar conectar con mi "maestro interno". En un momento había querido consultarle a través del péndulo, pero las respuestas, que al principio parecían coherentes, con el paso de los días se convertían en otras, como si alguien estuviese jugando conmigo. Pregunté a Victoria y me dijo que mi aura estaba demasiado débil y, por lo tanto, el péndulo estaba siendo intervenido por distintos seres. Por ahora ningún método de ese tipo me iba a servir. «Que no busque fuera lo que está dentro de él» fue el mensaje que textualmente dio la maestra ser de luz.

Lo único a lo que atiné a partir de ese momento fue empezar a tomar la esencia de Bach cerato, para trabajar la fe y la confianza en la propia "voz interior". Curiosamente, era la flor que más me daba calma; al aplicarla sentía como si la seguridad emocional volviera a mí.

Fue así como cierto día en que estaba meditando profundamente en el vacío de mi plexo, me vino el recuerdo de una vida primitiva en la que había hecho un pacto con entidades. Me llegó como la simple pero total certeza de que había sido así. A las entidades yo les había entregado mi identidad, y ellas a cambio me habían dado carisma y gran capacidad intelectual. Era un "ego" encantador y fuerte en lo externo, pero dependiente e inseguro por dentro. Declaré entonces que ya no quería esas capacidades, que en cierta forma eran las estructuras que durante todo ese tiempo se habían estado desmoronando. Había comprendido lo falsas que eran y ya no las quería más. Decreté que anulaba el pacto y que pedía de vuelta las partes de mí que había entregado. Pedí a Miguel que también cortara las conexiones con las entidades.

En ese momento, vi con claridad que el vacío que sentía siempre activado era también una especie de portal o un conjunto de ellos, unos sobre otros. Comprendí que por eso mi sensación era siempre la de un agujero sin fondo. Eran esos portales que las entidades me habían abierto alguna vez, que habían quedado como huella en mi campo emocional.

Estaba pensando en la forma de cerrarlos cuando, en ese justo momento, mi amigo Erwin me envió un mensaje por redes sociales para preguntarme cómo estaba. Cuando le conté lo sucedido me recomendó hacer la siguiente petición:

Pido a mi maestro y guías internos que activen todo los portales, tanto de esta encarnación como de otras, para que no puedan ocultarse. Pido que los inmovilicen a fin de que no puedan operar, y que al yo cerrarlos, sean transmutados e incorporados buenamente donde sea necesario, en esta vida o en otras. Y que traigan de vuelta, en luz y en conciencia, todas las partes de mi ser que yo perdí a través de ellos. Esto lo pido de manera perfecta, en armonía con todos los seres conscientes y en respeto a las leyes del amor y de la naturaleza.

Para la operación de cierre en sí, me recomendó colocar mis manos frente al plexo donde percibía el vacío, e intentar visualizar los portales todos juntos como un conjunto de anillos concéntricos. Luego los tenía que ir achicando con las manos, como quien cierra el diafragma de un lente fotográfico hasta hacer desaparecer la abertura. Allí debía pedir a Miguel que los sellara con su "espada azul".

Cuando lo hice, la sensación fue como si hubiera cerrado la escotilla de un barco por la que entraba el vendaval. Entonces entendí lo que los maestros me habían dicho meses antes. Las "entidades de vacío" no eran otra cosa que los mismos seres o entidades de oscuridad. Como habían rechazado al Padre-Madre Universal, eran parte del vacío, es decir, lo que está por fuera de la creación, del amor de Dios. Todo ser, humano o no, que rechazaba la Conciencia de Amor optaba por el vacío y quedaba excluido de la común unión con todos los seres de la creación. Era el camino de la perversión, y también el del "ego", que es la ilusión de estar separados y ajenos los unos de los otros.

A partir de ese día, el dolor angustioso en mi plexo solar se alivió notablemente. Aun cuando todavía lo sentía como un agujero muy profundo, al menos tenía fondo. Pude al fin distinguir en él emociones y sentimientos concretos: pena, minusvalía, soledad, pérdida, abandono, etc. Y sentí la extraña pero agradable sensación de estar siendo "más humano".

En ese momento concebí la idea de comenzar a llevar una especie de bitácora de mi viaje. Después de todo, yo había querido ser un explorador del alma y los exploradores hacen mapas y llevan diarios. Me animaba la certeza de que documentar la sanación de esta herida serviría a otros en similar situación. Sería el cierre para el libro que llevaba años pensando escribir sobre el sistema que había creado. En ese momento comprendí el sentido mayor de lo que estaba llevando a cabo, o lo que mi "maestro interno" quería que yo hiciera.

En los meses que siguieron comenzaron a activarse cientos de estructuras relacionadas con el dolor. Eran muchas heridas expresándose juntas, unas sobre otras, con un sinnúmero de bloques encima. A estos últimos los trabajaba renunciando a ellos y pidiéndole a los guías que los retiraran. Para las heridas pedía el bálsamo blanco de Gabriel con energía de amor, y Luis Alberto en la psicoterapia me sugirió trabajar con el niño herido.

—En todas esas heridas hay un niño herido y traumado —me dijo— que necesita mucha contención. Anda hacia dentro, encuéntralo y quédate junto a él. Dile que todo estará bien.

Podía sentir a ese niño PAS[160] y su sentimiento de tristeza. Para ayudarme en la conexión utilicé una foto mía de cuando tenía cinco años en la que aparecía con la mirada perdida en medio del patio de la casa de mis abuelos. Hice varios trabajos de imaginería donde me encontraba con él e intentaba hablarle. Paralelamente, tomaba esencias florales de sanación del niño interior.

Al principio la conexión se me hizo muy difícil porque noté que lo tenía muy bloqueado. Quizás cuántas veces lo rechacé para tratar de acallar las sensaciones incómodas que me provocaba. Dispuesto a sanarlo, hice muchos decretos donde anulaba el rechazo y lo pedía de vuelta. Después de eso, lo imaginaba a mi lado mientras yo lo contenía. Pedía a los seres de luz que lo llevaran a sanar, pero notaba que no lo hacían; parecían decirme que era yo quien tenía que hacerlo. De alguna forma, ese niño era una parte esencial mía que no podía ser "sacada".

Con el paso de las semanas comencé a sintonizar más y más. Conforme lo hacía, el dolor se mostraba con mayor claridad. El niño no sólo estaba triste,

---

[160] Persona Altamente Sensible.

sino que había también en él muchísima rabia. Por dentro sentía que poco a poco se desprendían pedazos de dolor como un gran glaciar que empezaba deshielarse. La situación se mantuvo hasta que un día desperté cerca de las siete de la mañana llorando y gritando: «¡Mamaaaá, no te vayas! ¡Por favor, no me dejes!». Mientras lo decía, algo similar a fuego brotaba desde mi pecho como si se estuviera liberando. Era como una catarsis. Debo haber permanecido dos horas en posición fetal mientras repetía la frase, dejando salir todo, hasta que terminó por llegar la calma. Me quedé respirando y meditando qué había sido eso. En la psicoterapia, que daba la casualidad de que era ese mismo día, Luis Alberto me preguntó quién sentía que era ese niño.

—Era un niño que perdió a su madre y se quedó solo —con plena certeza le señalé—. Al parecer era el hijo de un rey o alguien muy importante. La madre murió de una enfermedad. El niño se sentía muy solo.

—Te conectaste con el trauma de una vida pasada, entonces —me dijo—. ¿Y a esa madre, puedes reconocerla como alguien de esta vida?

Ahí mi entendimiento se nubló. No supe precisar si era alguien concreto de esta vida, si quizás mi expareja, mi hija o alguien más. Tampoco sabía si el recuerdo era real o una mera metáfora. Lo que sí sabía es que algo se había liberado y comencé a trabajar en pedir de vuelta las partes de identidad que ese niño había perdido en ese trauma, lo que se había ido con esa madre muerta. Aproveché también de pedir a los seres de luz que llevaran a sanar al yo de ese niño y lo trajeran cuando ya estuviera hecho. Sentí cómo venían por él y lo sacaban; el espacio que quedó pedí que fuera llenado de energía.

Por entonces estaba experimentando muchos ataques energéticos, o al menos lo que yo interpretaba como ataques. Me sentía vulnerable a las entidades, en especial por las noches. Amanecía con una sensación de tener el cuerpo molido y me la pasaba limpiándome. Eso se sumaba a todo lo que desde mi interior seguía saliendo. Me encontraba en un estado de hipersensibilidad emocional y nerviosa.

Habían pasado exactamente dos semanas y, debido a un sueño, desperté con angustia y rabia. No sé hasta qué punto estaba todavía medio dormido, pero en mi mente sentía que la culpa de todo la tenía la madre de mi hija. Se había alejado de mí y con eso se habían ido el hogar y la familia por los que tanto había luchado.

Recuerdo que declaré que deseaba que ella pagara por todo el daño que me había provocado y por un instante me vi desahogándome y dirigiendo hacia ella todo mi encono. Sin embargo, tras dos o tres minutos, tomé súbita conciencia de que estaba haciendo algo totalmente contrario a la Conciencia de Amor. Una cosa era sentir dolor o rabia, y otra muy distinta era proyectarla afuera como intención, lo que pasaba a ser directamente una agresión energética. Me arrepentí de inmediato y declaré que anulaba toda la energía de odio, maltrato o ataque que hubiese salido de mí. Avergonzado, pedí perdón muchas veces a Dios Padre-Madre Universal y a los seres de luz por haberme dejado llevar. Quedé muy conmocionado.

Una hora más tarde tuve mi sesión con Luis Alberto y le relaté lo sucedido. Le dije que me embargaban sentimientos de pena y angustia. Se me quedó mirando detenidamente y me preguntó si era capaz de reconocer de dónde venían. Específicamente, quería saber si había algún recuerdo de mi infancia o incluso de otra vida al que pudiera asociarlos.

—Conéctate con esa pena y esa angustia, y déjate llevar, como si flotaras, al primer recuerdo que te venga —me indicó—. ¿Qué es lo que ves o sientes?

Cerré los ojos y me dejé llevar. Me sorprendí al ver aparecer los pies de un niño avanzando rápido por un camino pedregoso. Los veía desde arriba porque el niño era yo. Sus ropas eran muy primitivas.

—¿Con quién está el niño? —preguntó pausadamente Luis Alberto.

—Está solo —le contesté, con una seguridad que me impresionó.

—¿Y dónde están sus padres, su familia?

—Los mataron —proseguí.

—¿De qué forma los mataron?

—No sé.

Luis Alberto esperó unos segundos y continuó:

—¿Será que vino una tribu o un pueblo rival y los atacó, como muchas veces ocurría en la antigüedad, y el niño fue el único que logró esconderse y escapar?

En ese momento me fue imposible contener las lágrimas. No estaba acostumbrado a llorar, pero era como si las palabras de Luis Alberto hubieran hecho volar el bloque energético que me impedía recordar. De pronto lo reconocí todo claramente: ese niño había perdido a su familia y se había quedado solo. Lloraba, y sentía nuevamente fuego que empezaba a salir de mi pecho y se soltaba. Me quedé mucho rato en silencio acompañando a ese niño asustado y huérfano, y finalmente pedí a los seres de luz que lo llevaran a sanar.

Yo estaba impresionado de hasta dónde me estaba llevando esta suerte de "viaje". Había llegado a una profundidad en la que estaba "echando fuera todo". Me estaba permitiendo entender por qué en esta vida me había sentido con poco hogar pese a tenerlo, y por qué me había aferrado tanto a proteger y proveer el que había formado con mi pareja y mi hija. Saturno en cáncer en casa IV en mi carta natal me mostraba que era algo que mi alma había venido a trabajar.

Si bien internamente esta experiencia me ayudó a entender que mi dolor tenía que ver con una pérdida antigua de hogar, las cosas continuaron muy revueltas. Tenía una mayor sensación de paz, pero por fuera sentía estar bajo una lluvia de ataques energéticos. Suponía que eran de entidades, o de personas de mi pasado que habían quedado enojadas o sentidas conmigo. Intentaba limpiarme, pero no conseguía sentirme mejor. Llegué a un punto en que el malestar se me volvió desesperante y decidí buscar ayuda. Esta vez quería la opinión de alguien que no estuviera al tanto de mi proceso y recurrí a Michelle, una alumna de Tony que también canalizaba auténticos seres de luz.

Sus palabras luego de chequearme fueron:

—Francisco, los maestros no me dan autorización para trabajar contigo. Me sugieren que trabajes con los renuncios que ellos me dicen que tú bien conoces. Debes permitirte soltar el pasado. Sólo así podrás hallar paz en tu corazón. No te culpes por los errores cometidos; estás aprendiendo de ellos.

—Pero ¿qué hago con los ataques que siento que estoy recibiendo? —me apresuré a preguntarle— A ratos se me vuelven insoportables.

—Yo no veo que estés recibiendo ataques; más bien es algo que tú mismo lanzaste, que rebotó y se te devolvió —me dijo—. Los maestros me dicen que las personas como nosotros, que tenemos conciencia de lo que es el uso correcto e incorrecto de la intención, no podemos permitirnos ciertas cosas. Tú ya tienes el conocimiento y eso te da una responsabilidad. Lo que proyectas fuera, se te devuelve.

Respondió amablemente todas mis preguntas y terminó su diálogo conmigo señalándome que los maestros estaban conscientes de mi esfuerzo y que debía tratarme con más amor.

—En este momento salir adelante es algo que sólo depende de ti. ¡Dale con todo porque tú puedes! —me dijo al despedirse.

Logué entender entonces que esos ataques que sentía llegar en realidad eran toda la negatividad que, en mi estado de crisis, yo mismo estaba "lanzando". Por ley se me terminaban devolviendo. Necesitaba urgentemente hacer algo con las emociones que estaban emergiendo desde mi herida. Pero ¿cuál o cuáles eran las energías que debía incorporar en ella para sanarla?

El vacío de valor

Llevaba ya muchos meses sanándome y sentía que había tocado fondo. Había transitado un largo pero necesario proceso de "demolición" hasta tocar la raíz misma del dolor. Como resultado, muchas estructuras que sostenían a mi yo del pasado se habían terminado por romper.

Sin lugar a duda, era la etapa que los alquimistas llamaban "nigredo" o "ennegrecimiento". En ella, la sustancia que experimenta el cambio se ennegrece por el fuego, por lo que puede purificarse y descomponerse en sus partes más básicas. Jung lo señalaba como el momento donde un evento suficientemente perturbador o traumático, o bien el mismo trabajo de la psicoterapia, nos hacía arrojar todo afuera para confrontarnos con nuestra propia oscuridad. Era la dolorosa disolución de la personalidad en la que se iba desechando todo lo "corrupto", es decir, lo no real desde el punto de vista del alma.

Sin embargo, a esas alturas (o profundidades), comencé a sentir que algo en mi interior pedía urgentemente empezar a construir. No podía quedarme eternamente reconociendo y abrazando mi dolor. El vacío o herida en mi tercer y cuarto *chakras* se había ido limpiando y pedía a los seres de luz todo tipo de energías para llenarlo, pero seguía muy presente. A ratos me asaltaba el temor de que nunca dejaría de estar y continuaría dependiente del amor de otros, en especial de una pareja.

Un día, viendo videos en internet, di con uno donde alguien mencionaba los libros que más le habían cambiado la vida. Uno de ellos era *Psicología del Éxito* del escritor y youtuber español Mario Luna[161], un autor de línea motivacional del cual había escuchado alguna vez. Yo siempre desconfié y, hasta cierto punto, desprecié la idea del "éxito" por parecerme superflua en comparación con la de "sanación". Sin embargo, había llegado a un punto en que estaba dispuesto a todo por encontrar respuestas. Me había dado cuenta de que ni la psicología profunda, ni las filosofías espirituales, ni lo que había aprendido sobre sanación me habían permitido sanar el vacío. E intuía que el problema era justamente que siempre había buscado en lo profundo y espiritual, cuando quizás debía hacerlo en cosas mucho más "terrenales".

Al empezar a leerlo, lo primero que me llamó la atención es que Luna habla del valor personal como una pieza fundamental para superar el dolor y la dependencia emocional. Sin embargo, se refiere al valor no en términos de ser un buen ser humano, sino más bien de «estar en demanda en el mercado sexual y romántico del amor». Tiene que ver, en definitiva, con ser y sentirnos "atractivos".

---

[161] Luna, M. (2015). Psicología del Éxito. Barcelona: Ed. Corre la Voz

Según el autor, aumentar nuestro valor romántico y sexual provoca que nuestra mente inconsciente nos genere sentimientos de satisfacción con nosotros mismos. Es algo para lo cual venimos programados biológicamente. Porque las cosas que percibimos como naturalmente valiosas, sin que debamos hacer nada, nos resultan estimulantes. Nos provocan emociones placenteras y queremos de algún modo poseerlas o estar cerca. Por ejemplo, la belleza y la feminidad en una mujer; o la capacidad de proteger o proveer, la convicción, la seguridad y la coherencia en un hombre; o el talento, la gracia, la cultura, el arte, el desplante o el cuidado de sí mismo en ambos sexos; son cualidades que resultan natural y altamente atractivas en el mercado romántico y sexual. Una sensación de alto valor propio significa, por ende, que la fuente de las emociones placenteras y estimulantes permanece en nosotros mismos en lugar de en otros. En vez de estar ávidos de que una pareja o alguien más nos las suministre, lo conseguimos por mérito propio. Al hacerlo, alcanzamos la verdadera "independencia emocional".

Este planteamiento de inmediato resonó en mí y me pareció brillante. Sabía que iba en contra del tan difundido "acéptate como eres", pero por lo mismo me interesó. Porque yo era de los que siempre había creído que el valor era algo intrínseco a cada uno. Pensaba y defendía que todos éramos ya valiosos sólo por ser seres humanos. Pero, ¿y si había estado equivocado y el valor era algo que se jugaba en la acción? ¿Acaso el valor propio, desde una "visión temática" no tenía que ver con el tercer *chakra* y éste a su vez con el "hacer"?

Tras meditar mucho, llegué a la conclusión de que la herida que nunca había podido curar era quizás fundamentalmente un "vacío de valor". No un valor espiritual o como alma, sino uno muy concreto en relación con lo romántico y lo sexual. Quizás había necesitado a las parejas para sentirme validado en ese ámbito. Recordé también lo que me había dicho la maestra de Victoria casi dos años antes: «Debes construir tu valoración personal porque no la tienes». El ejercicio que en esa ocasión me dio consistía justamente en, mirándome al espejo, decirme a mí mismo lo valioso que era por todo aquello de valor que había hecho o creado.

Entonces razoné que, si yo hacía cosas valiosas, pero no me estaba valorando por ellas, era porque históricamente le había dado muy poca importancia al propio valor. Probablemente había un rechazo consciente o inconsciente, de esta vida o de otras, a la idea de éste. Supongo que se debía a que valorarse a uno mismo es algo que puede fácilmente ser confundido con narcisismo o vanidad.

A partir de este entendimiento que sentía que aceleradamente mi alma me estaba brindando, empecé a hacer un trabajo de pedir las "partes" de mí que tenían que ver con el valor:

> Yo, Francisco, pido las partes de mi ser que corresponden a mi valor romántico y sexual, yo las pido de vuelta. Si en alguna vida pasada o en esta misma lo rechacé o entregué, ahora lo pido de vuelta. Pido de vuelta mi infinito valor, mi valor romántico y sexual como hombre. ¡Lo pido de vuelta!

Mientras ejecutaba el decreto, comencé a sentir opresión en el estómago, y me llegó de forma nítida una imagen en la que me veía vestido de monje junto a otros monjes en una especie de templo. Todos llevábamos túnicas naranjas a la usanza budista, y teníamos las cabezas rapadas. Estábamos en una especie de ritual o ceremonia donde debíamos renunciar a nuestro ego o personalidad terrenal. No sé si era un recuerdo concreto de vidas pasadas, o una metáfora, pero tenía certeza de su significado: había hecho algún tipo de voto en el que, por renunciar al ego, renuncié a mi valor.

Decreté que disolvía esos votos y pedí mi valor de vuelta. Sentí mucha energía entrando y, me di cuenta de que tenía que trabajar a fondo ese tema. Mi maestro[162] me "mostraba" que a partir de ese día era el camino que tenía que recorrer para sanarme. Sabía que la energía del valor solamente se incorporaría en la medida en que la fuera comprendiendo. Porque ninguna energía del campo emocional logra entrar sin que primero exista un entendimiento. Así que me di la tarea de ver y leer todo sobre el valor.

---

[162] Cuando me refiero a "mi maestro", debe entenderse el "maestro interno de mi propia alma".

Me puse en campaña también para que cada cosa que hiciera tuviera que ver con valorarme. Porque el valor en sí no puede crearse desde una mera afirmación. Al igual que un país no es más rico por el sólo hecho de imprimir más billetes, solamente declarar que uno es valioso no basta para serlo. Si alguien se mira al espejo y se dice: «qué valioso soy», pero está obeso y se la pasa todo el día mirando televisión, su mente inconsciente no se lo va a creer. Hay una incoherencia entre lo que se dice y lo que se hace, que impide que la energía del valor se reciba. En el fondo, no está habiendo aprendizaje de esa lección del alma.

Por consiguiente, es una incongruencia decirme «me amo» y no estar trabajando para aumentar lo que Luna llama "valor sólido" en las principales áreas vitales. Por ejemplo, mejorar nuestra salud y apariencia, potenciar nuestras finanzas, cultivar un propósito y llevarlo a cabo, desarrollar capacidades y aptitudes en diferentes campos, desarrollar y disfrutar aficiones, etc. Es por eso por lo que una terapia para mejorar la autoestima basada sólo en afirmaciones está destinada al fracaso. Se necesitan acciones concretas.

Y es acá donde entra en juego lo que Luna llama la "reinversión". Significa básicamente comenzar a invertir en nosotros todo lo que antes invertíamos en otros. Si antes poníamos tiempo, energía y recursos fuera, por ejemplo en una pareja, ahora lo vamos a empezar a poner en nosotros. Sin embargo, no es invertir en nuestro "ego", sino en nuestro valor: todo aquello que nos convierte en hombres o mujeres más atractivos y con más opciones. Continuamos dando al resto, pero ahora con la conciencia de que al hacerlo estamos a la vez aumentando nuestro valor.

Cuando por el contrario nos "dejamos estar" y ya no invertimos de forma consciente en nosotros, el resultado es una devaluación progresiva. En consecuencia, automáticamente nuestro atractivo baja y nos terminamos "perdiendo". Porque el valor es la sustancia de la identidad; saber quiénes somos implícitamente quiere decir conocer nuestro valor. Cuando nos regalamos todo el tiempo; nuestra mente subconsciente lo interpreta no sólo como tener un bajo valor, sino como un "no existir".

Al seguir reflexionando me di cuenta también de que la "reinversión" es el principio básico por el que operan los renuncios para el corte de lazos de dependencia. Porque con ellos, lo que buscamos es retirar las "partes psicológicas" que estamos poniendo en otros para traerlas de vuelta. El problema es que los renuncios no dan resultado mientras uno continúe percibiendo al otro como más valioso. Yo mismo durante años había hecho miles de renuncios y seguía sintiendo vacío y dependencia. Ahora entendía que se debía a que, por el solo hecho de no invertir en mi propio valor, inevitablemente terminaba "invirtiendo afuera". Me la pasaba haciendo cosas por, o pendiente de, otros a quienes percibía como más valiosos. No era que yo pensara que lo eran, pero inconscientemente terminaba percibiéndolos así desde mi propio vacío.

Entonces entendí que, al convertirme en padre y proveedor de una familia, mi mente inconsciente interpretó que eso era muy valioso y me llevó a invertir todo allí. Mi pareja, al convertirse en madre, mi inconsciente interpretó que ahora era mucho más valiosa y debía cuidarla por sobre todo. Inconscientemente se activó un miedo relacionado con la pérdida de madre y de hogar que —como lo había visto en mis regresiones— había experimentado en vidas anteriores.

La "reinversión" entonces no era algo superficial, sino un trabajo de "movimiento profundo de alma". Era algo energético y concreto a la vez que se tenía que dar a todo nivel, y no un mero "pensar positivo". Comencé a practicarla meditando, intencionando a través de decretos y, por supuesto, por medio de acciones.

Esto amplió enormemente mi entendimiento de la terapia. Ahora comprendía que la acción era también intención y, como tal, una herramienta poderosa para mover las estructuras. Yo mismo venía ya sin saberlo "reinvirtiendo" en mí para mejorar cosas como mi aspecto y mi salud. Había dejado ciertos alimentos como el azúcar, las carnes procesadas y las harinas blancas. Iba al gimnasio varias veces por semana a entrenar fuerza, había empezado a darme duchas siempre frías y practicaba el ayuno intermitente. En lo laboral estaba ya invirtiendo en el proyecto del libro y había retomado el contacto con viejos colegas. En lo social había vuelto a tocar música y a conectar con amigos de antes.

Pero no por haber hecho o estar haciendo cosas valiosas uno se siente automáticamente valioso. Porque hay que desarrollar una especie de "conciencia del valor" que permita reconocerlo. Mi maestro me mostraba que muchos estamos totalmente dormidos a esa conciencia. Peor aún, nos enseñaron que lo heroico y valioso estaba justamente en postergarnos y olvidarnos de nosotros mismos. Quizás es la principal razón de por qué tanta gente tiene heridas energéticas en el plexo solar, el *chakra* del autovalor.

Entonces, resumiendo, comprendí que el trabajo para integrar energía de autovalor se divide en dos: (1) esforzarnos conscientemente por desarrollar valor que nos haga hombres o mujeres más atractivos romántica y sexualmente; y (2) reconocer y hacer propio todo el valor que en ese ámbito ya tenemos desarrollado. Ambas cosas son difíciles y requieren disciplina.

Empecé a trabajar pidiéndole al maestro interno que me mostrara la energía que correspondía al entendimiento de mi valor. Hacía meditaciones todos los días con ese puro objetivo. Notaba que entraba energía a mi plexo como si un río empezara a fluir a través de un desierto. La mayoría de las veces no era más que un pequeño hilo de agua que, sentía, iba irrigando la zona muy de a poco. Pero el efecto era maravilloso, ya que por primera vez sentía que había dado con la energía faltante. No era la del amor incondicional a mí mismo, como había creído durante años. En todo ese tiempo me lo había entregado, pero no me había bastado para sanar la herida.

El efecto energético y emocional que experimenté, conforme iba trabajando y aprendiendo esta nueva "conciencia", fue sentirme mejor. Sin embargo, al mismo tiempo se me activaron muchísimas estructuras. Recuerdo que una de ellas llegó a ser tan grande que me cubría casi por completo. Era un bloque energético enorme, anclado justo en el centro de mi *chakra* solar. Su sensación era literalmente como si estuviese "hecho de dolor". Para sacármelo recurrí a mis guías; les pedí que lo retiraran y alejaran.

Al mismo tiempo, también se me empezaron a activar muchos parásitos, seguramente a consecuencia de la energía que empezó a ingresar a la zona del tercer *chakra*. Deben haber estado viviendo allí quizás por décadas, aprovechándose del vacío. Al activárseme, dolor físico y sentimientos de pena y bajo valor personal me invadían. También en este caso recurría a los guías para inmovilizarlos y retirarlos.

Pero mi dolor emocional estaba todavía lejos de desaparecer. A ratos la pena, la rabia y el abatimiento volvían sin que pudiera hacer demasiado. Sabía que sanar una herida era siempre transitar un duelo y podía percibir todavía dentro al niño que lloraba a su familia perdida. La herida del hogar perdido seguía estando presente y dolía profundamente. Me preguntaba si debía trabajarla aparte o al mismo tiempo de que me ocupaba de mi vacío de valor. En el fondo, sentía que ambas energías, la de hogar y la de valor, se hallaban conectadas.

El maestro lobo

Mientras indagaba sobre la energía del valor, un amigo publicó en sus redes la foto de un lobo con un texto que decía: «Le llaman calma, y me costó muchas tormentas». Era un meme motivacional, como cualquier otro, pero por alguna razón me conmovió. Sentía que esa calma, junto con la sensación de poder que transmitía, eran cosas que una parte de mí anhelaba.

A partir de entonces, la imagen de un lobo se me venía recurrentemente a la mente. Recordé que las visiones de animales eran una forma en la que en los tiempos primitivos se presentaban el maestro y los guías internos. Y hasta ese momento no le había dado importancia, pero en los últimos años me habían empezado a atraer mucho los lobos, pese a que nunca fui "de perros".

Me di cuenta de que algo se estaba moviendo desde lo profundo de mí mismo. Sentí que mi propio maestro me estaba mostrando una "energía" bajo la forma de un entendimiento que yo debía asimilar. Me decía: «Pero, fíjate, éste no es un lobo cualquiera, sino un lobo "alfa"».

Una extraña emoción me recorrió, como si estuviera accediendo a una memoria primitiva de mi ser. Siguiendo mi intuición, comencé a leer y seguir páginas con información, imágenes y videos sobre lobos. Vi documentales enteros sobre las manadas de lobos y su compleja organización social. En ellos se explicaba que los machos "alfa" no son los más tiranos y violentos, sino los más líderes. Guían más que mandan, y el resto los sigue porque parecen "saber" lo que la manada necesita. Su condición "alfa" se basa más en actitudes y en personalidad que en cosas como tamaño o fuerza. De hecho, cuando un "alfa" abusa de su poder (por ejemplo, agrediendo o provocando sin razón), rápidamente puede ser destronado y exiliado de la manada.

Las cualidades que hacen "alfa" a los individuos, tanto machos como hembras, a la vez les aseguran éxito reproductivo. Son características que les vuelven altamente atractivos, por lo que yo lo asocié de inmediato al tema del valor. Las encontramos inclusive en animales que son por naturaleza solitarios, como el oso, el tigre o el puma, de manera que sólo secundariamente tienen que ver con la jerarquía social. Por su parte, lo contrario de "alfa" es "beta": el que se somete o se mantiene en segundo plano. Los "betas" son percibidos como de menor valor dentro del grupo y tienen escaso éxito reproductivo.

Cuando conecté con todo esto, comprendí de inmediato que debía trabajar en pedir de vuelta mi "valor alfa". Me vi en vidas antiguas, de épocas tribales, renunciando a él o depositándolo en otros. Aun cuando muchas veces había ocupado posiciones de liderazgo, y me sentía un líder, había un espacio en el que me asaltaba la inseguridad. Tenía muchos talentos, sobre todo en lo que se refería a capacidades intelectuales, pero me faltaba el "instinto" de la auténtica autoconfianza. Era el famoso "síndrome del impostor" que, caía en cuenta, me había hecho hipersensible al rechazo y la crítica. Ahora me llegaba el entendimiento de que sanarme pasaba por recuperar y hacer de nuevo mío al alfa, que en ese momento signifiqué como «las partes salvajes e instintivas de mi propio valor».

Concentrándome en mí mismo, dije:

> Pido la energía de mi valor, mi energía y mis partes alfa que alguna vez rechacé o entregué. Yo anulo ese rechazo y esas entregas. Anulo todo acto de intención donde haya entregado o rechazado al "hombre alfa" que soy. Pido mi poder y mi energía alfa de vuelta. Los pido de vuelta, los pido de vuelta, los pido de vuelta.

Cuando lo ejecuté, sentí movimiento intenso en la zona de mi *chakra* solar y experimenté la clásica sensación de que muchas partes mías se estuvieran reintegrando. Sin embargo, lo más llamativo es que involuntariamente me cambió la postura: la espalda se me puso más recta, la cabeza y el pecho se me levantaron y extrañamente me sentí más alto. Esa semana me pareció que caminaba más consciente y que tendía a sostener por más tiempo la mirada. No era que yo me estuviera forzando a hacer estos gestos, sino que en la medida en que iba conectando con la "energía alfa", ocurrían de manera espontánea.

Esto a su vez movilizó muchas estructuras que me trabajaba yo mismo o pedía a mis guías que lo hicieran. La zona del pecho y el plexo solar empezó a percibirse considerablemente más llena, como si el vacío hubiese disminuido, lo que me permitía sentirme cómodo respirando más profundo y permaneciendo erguido por más tiempo.

Otra cosa que hice fue meditar en fotos de lobos. Algunas de ellas eran imponentes y sentía como con sólo mirarlas empezaban a mover energía. Pero sabía que para incorporarla no bastaba con la mera contemplación; también rogaba: «Maestro, muéstrame la memoria "alfa" de mi alma. Hazme consciente del "alfa" que soy e intégralo en mí».

Para mí, esta cualidad "alfa" no era un mero estereotipo, sino una energía del alma que se veía reflejada en la imagen de un animal. Era algo arquetípico, no concreto. Descubrí que con mis pacientes también podía trabajarla cuando tenían vacíos de valor. Les preguntaba qué animal salvaje resonaba con ellos y les inspiraba poder y sabiduría. Luego hacía que conectaran con su energía y pidieran al espíritu de ese animal que se hiciera presente, aun cuando yo sabía que también era su maestro interno actuando.

Por último, además de todo lo anterior, busqué poemas, mitos y leyendas sobre lobos para ver si al leerlos venían a mí entendimientos. Deseché rápidamente aquellos en que el lobo era simplemente el personaje malo o perverso y me quedé con otros donde era más bien un ayudante y hasta un guía sabio del héroe. Por ejemplo, en el cuento ruso El Pájaro de Fuego, el héroe Iván es asistido en todo momento por un gran lobo gris. En él se observa la dualidad entre bueno y, al mismo tiempo, salvaje y despiadado. Devora al caballo de Iván y a continuación le ofrece ayuda.

Por su parte, muchos relatos sobre hombres que se transforman en lobos, o que son medio humanos y medio lobos, parecen referirse a un deseo o nostalgia de lo salvaje. En *El Lobo Estepario*[163], novela de Hermann Hesse, aparece un motivo similar: el de un hombre con una naturaleza dual y hasta cierto punto perturbada. Pareciera en él haber un rechazo a los valores de una sociedad excesivamente domesticada, en la que no logra encajar.

Por entonces, también, un amigo con el que siempre hablaba me envió la historia de los dos lobos, atribuida al pueblo Cheroqui, de Estados Unidos. Ésta relata el diálogo entre un abuelo indio y su nieto pequeño:

—En el corazón del hombre —dice el abuelo— habitan dos lobos que luchan a muerte. Uno es negro y es el lobo de la ira, el odio, el miedo, el egoísmo y la arrogancia. El otro es blanco y es el lobo de la bondad, el amor, la serenidad y la humildad.

—¿Y cuál de los dos ganará? —pregunta el niño.

—El que elijas alimentar —responde el abuelo.

Una lectura fácil es que la historia habla sobre las fuerzas del bien y el mal en cada uno de nosotros. El lobo blanco estaría representando nuestras cualidades e impulsos buenos y el negro, los malos. La lección es básicamente que, aunque estamos determinados a siempre tener ambos, podemos elegir cuál fomentar y desarrollar.

---

[163] Hesse, H. (2011). El lobo estepario. España: Alianza Editorial.

Sin embargo, la interpretación que meditando me llegó era que no se trataba en el fondo del bien y del mal, sino de la "impotencia" versus la "potencia". Y esto tenía una implicación muy profunda a nivel de lo energético. De esta forma:

- Si invertimos en aquello que está fuera de nuestro control, derivamos tarde o temprano en una sensación de no poder. Quedamos presos en un sinnúmero de reacciones como abatimiento, frustración, resentimiento, ira y necesidad de control. Es el lobo de la impotencia, que luego se canaliza en destructividad y dolor.

- Por el contrario, si invertimos en nosotros y en lo que está en nuestro control, experimentamos una sensación de poder. El resultado es el incremento de nuestro valor. Es el lobo de la potencia: la "energía alfa".

La "reinversión" de la que habla Mario Luna es, por tanto, un acto donde decidimos alimentar al lobo alfa en lugar de al "atrapado". No sólo es optar por ser buenos, sino por desarrollar el propio valor. Porque éste es la base de toda autoestima y sensación de sano poder personal. Es la forma que me mostraba mi maestro de sobreponerme a las tendencias destructivas de la herida que sentía.

Porque yo venía durante meses experimentando a mi lobo negro. Era el niño herido, que incapaz de cambiar su pasado, se sumía en un profundo sentimiento de pérdida, traición e injusticia. Así, cada vez que aparecían la ira, el odio, el resentimiento, o incluso el dolor y la pena, tenía que tomar una decisión. Me decía: «Más allá de si tengo razones o no, ¿cuál es la versión de hombre en que quiero convertirme? ¿Voy a alimentar al lobo de la potencia o al de la impotencia? ¿Deseo invertir en el alfa o en el esclavo?».

Era literalmente la lucha a la que se refería el abuelo cheroqui. Me di cuenta de que todos la tenemos cuando estamos heridos. A veces a lo único que atinamos es a ser "betas", renunciando a nuestro poder y manteniéndonos en el conformismo. El "beta" es el individuo agradador que abraza la bondad y hace lo que se espera de él, pero reprimiendo y guardándose la falta. Se refugia en ideas espirituales o morales que adormecen su sensación de bajo valor. Dentro de todo beta hay un lobo negro destructivo agazapado.

Por ahora me concentraba en seguir trabajando y pidiendo mi valor y mi atractivo. Me ponía metas para mejorar la versión de mí mismo que, sentía, estaba construyendo.

Un corazón salvaje

Por ese tiempo también, llegó a mis manos el libro *Salvaje de Corazón* del estadounidense John Elredge[164]. El autor, de línea cristiana, aborda en él el tema de la masculinidad y presenta una tesis atrevida: en lo más profundo del alma masculina existe un llamado a lo salvaje, a la aventura y a la libertad. Sin embargo, según Elredge, en la medida en que hemos ido domando y haciendo cómodo el mundo alrededor, ese llamado se ha ido acallando. Para él, las iglesias son las principales responsables de esa pérdida, al proponer que la máxima aspiración del hombre cristiano es ser bueno e inofensivo. El cristiano actual es un hombre domesticado que ha perdido la pasión —plantea— y lo menos que se puede decir de él es que es "aburrido".

Conforme avanza el libro, el autor hace un viaje muy profundo, casi místico, hacia lo que significa la masculinidad, y ahonda en la herida genérica que su falta ha desarrollado:

> La masculinidad es una esencia difícil de explicar, pero que un muchacho ansía naturalmente, al igual que ansía alimento y agua.[165]

> Todo hombre tiene una herida. No conozco a nadie que no tenga una. No importa cuán buena pueda haberte parecido tu vida, vives en un mundo destrozado lleno de gente destrozada. [...] La mayoría de los hombres que encuentras viven un falso

---

[164] Elredge, J. (2003). Salvaje de corazón. Miami: Editorial Caribe.
[165] Idem, página 75.

yo, una representación que se relaciona directamente con su herida.[166]

Pero no es que falte la energía masculina en sí, sino que hemos construido una versión no auténtica de ésta. Estamos atrapados en dos posiciones: o sobrecompensamos la herida y nos volvemos ambiciosos (violentos), o nos hundimos hasta volvernos pasivos (retraídos). A menudo es una combinación de ambas.

Según Elredge, la herida se inicia en la infancia a y llega siempre con un "mensaje". Por ejemplo: «debes arreglártelas por tu cuenta», «cualquier cosa peligrosa o arriesgada es violenta y mala», «la insensibilidad te hace fuerte», etc. Desde ese lugar el niño hace un "juramento" y escoge una manera de vivir que hace que surja el yo de una falsa masculinidad.

De esta forma, sin darnos cuenta, la mayoría de los hombres estamos configurados desde un profundo vacío, pero con estructuras de un falso yo masculino por fuera. A partir de ese momento, comienza una larga historia de tropiezos que muchas veces deriva en adicciones. Éstas pueden ser: trabajar sin descanso, perseguir compulsivamente el éxito, o buscar sin cesar a la mujer que nos haga sentir hombres. En este último caso —para Elredge— la feminidad está siendo usada para "suscitar" masculinidad. El problema es que esto conduce a un callejón sin salida:

> Cuando un hombre lleva su pregunta a la mujer lo que sucede es adicción o castración. Por lo general ambas cosas.[167]

Al leer aquello, no pude evitar sentir una mezcla de entendimiento y dolor. Elredge reforzaba muchas conclusiones a las que yo mismo ya había llegado, e iluminaba otras: quizás una parte de mí había utilizado las relaciones para tapar mi vacío de valor.

---

[166] Ídem, página 81.
[167] Ídem, página 103

Finalmente, el autor propone que el hombre debe pedir a Dios o a Cristo que le inicie en una masculinidad real. Pero esa iniciación es dolorosa dado que primero la herida debe ser reconocida en toda su dimensión.

> Dios está ferozmente comprometido contigo, con la restauración y liberación de tu corazón masculino. Pero una herida que no has reconocido y que no ha supurado es una herida que no puede sanar. [...] por eso Brennan Manning dice: "La vida espiritual empieza con la aceptación de nuestro yo herido". [...] "Cualquier cosa que se niegue no se puede sanar". Ése es el problema. La mayoría de los hombres niegan sus heridas, niegan lo sucedido, niegan que les duele, y en realidad niegan que afecta hoy día la manera en que viven. Por consiguiente la iniciación que Dios hace de un hombre debe seguir un curso muy ingenioso; un curso que quizás parezca muy extraño y hasta cruel.[168]

Y remata el párrafo diciendo:

> Dios nos herirá en el mismísimo lugar en que hemos sido heridos.

Esto último se refiere a que el alma nunca nos dejará estar demasiado tiempo en la comodidad si con ello estamos eludiendo un aprendizaje importante. El dolor es una forma de "despertar" a la realidad. Es el misterio expresado en el arcano La Torre del tarot, el cual habla del derrumbe de lo corrupto y no verdadero desde el punto de vista del alma.

El autor ubica finalmente la respuesta en Dios. Sólo Él —dice— es quien una vez que nos hiere para que seamos conscientes, puede sanarnos. Le hemos de pedir que como Padre nos reconozca en nuestra masculinidad real. «Dios posee un corazón romántico y lleno de pasión —afirma— y nos creó de la misma forma. No para que seamos buenos e inofensivos, sino salvajes,

---

[168] Ídem, página 117

aventureros y peligrosos». Para él, «todo hombre anhela una batalla por pelear, una aventura por vivir, y una belleza por quien luchar»[169].

La idea a la que apunta Elredge no es para nada nueva. Es prácticamente la misma detrás del "viaje del héroe", señalado por Jung como el mito central de la psique humana. El héroe es el yo, y su viaje lleno de batallas y aventuras representa el Proceso de Individuación, que le va acercando cada vez más al encuentro con su Sí Mismo. Por medio del "viaje", el héroe abandona la conciencia de su pequeño y limitado ego (que para nosotros puede representar las miles de estructuras del campo emocional) y se abre al "sentido" de algo mucho más grande y real: el alma.

En ese momento, caí en cuenta de que yo muchas veces había sido ese hombre aventurero lleno de heroísmo, pasión e idealismo. Pero mis esfuerzos y batallas, aunque tenían un sentido, los había terminado luchando por y para otros. Y cuando esos otros por el motivo que fuera me dieron la espalda, había quedado nuevamente en el vacío. Y eso no se refería sólo a lo emocional; en muchos casos era también vacío y pérdida concreta: material y económica.

El valor de lo que hacía pasaba por mí como si yo fuera un canal, pero no se asentaba. Era una energía que quedaba sin integrar y su falta terminaba plasmándose literalmente como un vacío en el aura. Sobre éste, a su vez, cada vez que sobrevenían decepciones y pérdidas se iban acumulando heridas. Era como esos países ricos en recursos que, sin embargo, seguían pobres al irse toda esa riqueza al extranjero.

También comprendí que, sobre todo después de la revolución que significó conocer a Tony, me sentí desorientado. Las dudas que me surgieron sobre mi propio propósito acrecentaron mi temor a equivocarme. Sin darme cuenta, ese hombre atrevido que años antes había ido incluso al extranjero a enseñar su visión de la terapia se fue apagando. Me volqué a ser un "buen" profesor para mis alumnos, un "buen" padre de familia y un "buen"

---

[169] El autor no deja afuera a las mujeres en esto, ya que señala que también tienen un anhelo de aventura y pasión, aunque de forma levemente distinta a las mujeres. A ellas dedica otro de sus libros: *Cautivante* (2005). En él hace un profundo análisis del alma femenina.

compañero para mi pareja, pensando que ser amable y bueno era todo lo que ahora se me pedía. En cierta forma, terminé siendo uno de esos hombres mencionados por Elredge que, al olvidar su sentido y pasión, perdieron "su corazón".

Viaje al centro del valor

Me daba cuenta de que el viaje que estaba haciendo era único e intransferible. Era mi propia odisea y mi regreso a Ítaca, la "patria del alma". Y sentía que en el camino había "buceado" tanto en mi interior, que mi capacidad de conexión con el mundo y las energías emocionales había superado todo nivel previo. Sólo me faltaba rescatar la confianza. Todavía una parte mía decía: «si tú mismo no te sanas, ¿cómo pretendes sanar a otros?».

Sentía a la vez que mi maestro me decía que yo era también un "exorcista", pero no en el mismo sentido en que lo era Tony. En mi caso no eran los demonios externos los que debía extraer, sino los internos. Porque era la oscuridad del entendimiento, en un sentido psicológico y emocional, la que realmente "poseía" a los seres humanos. Y mi alma y los seres de luz me habían llevado también a conocer la oscuridad externa, probablemente para tener la visión completa. Pero esa oscuridad exterior, la de las "entidades oscuras", la mayor parte de las veces nos afectaba sólo por la dificultad que hombres y mujeres teníamos para lidiar con nuestras propias "sombras".

Aun así, ese verano tomé la decisión de que volvería a trabajar entidades en aquellos casos en que me sintiera capaz de hacerlo. Sabía que no era lo central para mí, pero lo consideré parte de la aventura. Si en las iglesias había gente que con menos conocimiento hacía exorcismos, cómo yo que contaba con mucho más no podría tomar casos que eran mucho menos graves. Tony me había enseñado las técnicas y confiaba en que los auténticos seres de luz me iban a ayudar.

Pero lo que más estaba provocando en mí una transformación era sin duda el trabajo con la energía del valor. Sentía que algo se despertaba y se liberaba en mí, como si un ámbito de realidad hasta ese momento inexistente estuviera emergiendo ante mis ojos. En mis meditaciones, el maestro de mi alma me empezó a pasar mucha información bajo la forma de entendimientos. Era como si me estuviera impulsando no sólo a sanarme, sino a desarrollar una especie de "teoría" sobre el valor que debía incorporar a mi entendimiento de la sanación. Me lo hacía comprender como una parte trascendental de mi misión y, por ende, también del sentido de este libro.

«Estás avanzando en un mundo en el que muchos ni siquiera han pretendido entrar», me hacía ver. Y es que la mayoría de las filosofías de índole espiritual, o no dan demasiada importancia al valor, o lo entienden de manera abstracta y llena de corrección política. Como dije antes, mucha gente espiritual o religiosa cree que el valor es algo que viene dado de nacimiento. Dichos como: «no necesitas esforzarte porque YA ERES infinitamente valioso» o «ningún ser humano es más valioso que otro porque todos somos chispas de Dios» no son más que una expresión de ese limitado entendimiento.

Pero esas frases tan bien intencionadas y espiritualmente "correctas", aunque sean repetidas hasta el cansancio, no nutren realmente al alma. La cruda realidad es que no venimos a este mundo siendo valiosos, salvo en un sentido general como miembros de la raza humana. Nuestro valor como individuos es algo que necesita construirse de manera consciente, y es una parte fundamental del aprendizaje que venimos a adquirir a este mundo. El "impulso al valor", por ende, constituye una motivación tan legítima como el hambre, la sed, o el deseo sexual. Al igual que éstas, requiere ser canalizada conscientemente para no volverse destructiva.

La vida es un juego donde inicialmente se nos entrega un cierto capital, biológico y espiritual, que tenemos que invertir para ir produciendo más valor en nosotros. Y cuando invertimos bien y los esfuerzos dan frutos, nuestra alma o mente subconsciente nos premia. A ese premio le llamamos "sentirnos bien con nosotros mismos", que es la base de la autoestima.

Entonces, el valor no es una mera invención del "ego", sino todo lo contrario: el "ego" aparece como una sustitución, llamémoslo un "sucedáneo", ante la falta del valor. Y es que a la psique o campo emocional no le gusta el vacío. Si lo que hay es un agujero de valor, construye encima corazas y bloques a modo de parche. Éstas terminan siendo esa identidad falsa a la que llamamos "ego": dura y rígida por fuera, pero por dentro vacía.

Ahora bien, en su sentido más profundo, el valor es algo así como el "peso" del alma. De esa forma al menos me lo hacía ver mi maestro, quien me mostraba que "valorar" era sinónimo de "sopesar". Además, en toda interacción, existían dos pesos: el peso del otro, y el peso propio.

La vida, entonces, es un continuo proceso de valorar/sopesar desde el alma. Cuando valoramos a los demás, pero no suficientemente a nosotros mismos, o viceversa, cuando nos valoramos a nosotros mismos, pero no suficientemente a los demás, se producen desequilibrios importantes. Porque todo peso puesto a un lado de la balanza necesita de un contrapeso en el otro.

Por eso, pasar por una crisis o duelo puede ser entendido como un proceso de "doble valoración". Por un lado, sobre todo en la primera parte del duelo, lo que hacemos a través del dolor es valorar el vínculo u objeto perdido. En la segunda parte, en cambio, toca valorarse uno. En otras palabras, el duelo es un proceso de desarrollar "peso" y "contrapeso", o valor del otro y valor de uno. Y tanto si devaluamos al otro autoconvenciéndonos de que era un desgraciado que no valía la pena, como si nos devaluamos a nosotros pensando que no hay nada bueno en nuestra persona, estamos fallando a la resolución del duelo.

Así, las heridas del campo emocional el maestro me las mostraba como "duelos hechos a medias". En muchas de ellas suele haber valoración del otro sin que exista el correspondiente contrapeso de valoración de uno mismo. En otras hay un intento de construir valor propio a costa de quitarle valor al otro.

Esto me hacía pensar en mi propia herida, y cómo en ella había un lamento constante por lo perdido: el hogar, la familia, las parejas que había amado. En el escenario interno, todo ello aparecía dotado de un peso/valor gigante mientras mi yo, mi persona, no tenía ninguno. Seguramente es lo que mucha gente experimenta ante la pérdida de cosas o seres muy queridos: los recuerdos de ellos aparecen llenos de luz y vida, contrastando con la oscuridad que se siente en el propio yo. La energía psíquica de la propia identidad está toda puesta afuera, mientras el propio yo está vacío.

—El valor personal es la solidez que el alma requiere crear acá para hacer frente al "peso del mundo" —me decía el maestro en mi interior—. El oro, además de brillo, posee "peso".

Recordé entonces que, en la alquimia, el secreto del oro estaba en el plomo o, mejor dicho, los alquimistas creían que en el plomo existía ya la potencialidad del oro. El plomo es tan pesado como el oro, pero sin su brillo. El peso, por ende, como cualidad fundamental precedía al brillo. El "movimiento profundo del alma", y los duelos como parte de éste, tenían como objetivo que emergiera en nosotros la auténtica conciencia del alto valor[170].

—Probablemente pocos amaron y desearon tanto el bien a sus seres queridos como tú lo hiciste —me decía—, pero no creaste el debido "contrapeso" en tu interior que diera sostén y consistencia a todo ese "peso" de afuera. Es por eso por lo que estás tan herido. Cada pérdida, cada separación, cada alejamiento ha sido quedarte en el vacío nuevamente.

—El objetivo de la vida es la encarnación —continuó—. Encarnar significa "in-corporar" la sustancia sólida del alma. Esto se hace a través del aprendizaje. Éste es básicamente valoración hacia otros (peso) y valoración hacia uno mismo (contrapeso). Esta incorporación lleva a la solidez, que es la principal característica de la sabiduría. El sabio es sólido, lo que se expresa en su ausencia de reactividad, es decir, su calma. La rigidez, por su parte, es la compensación que la psique desarrolla cuando no tiene solidez.

Confieso que a mí aún me resulta confuso explicar todos estos términos que mi maestro me mostraba. Me llegaban como una suerte de entendimiento instantáneo, en bloque, que yo debía ponerme a desglosar y decodificar para ir encajándolo con todo lo que había ido comprendiendo anteriormente. La psicoterapia con Luis Alberto resultaba crucial para lograrlo.

Dispuesto a llevar todo a la práctica, comencé a meditar intentando que mi maestro me mostrara la "solidez" de una forma energética. Le pedía así:

---

[170] No la que muchos declaran tener, que se basa más en la devaluación del otro.

Maestro, muéstrame la energía de mi valor, el peso, la solidez de mi alma. Incorpórame la energía sólida de ese hombre que soy.

Al hacer la petición, podía sentir el movimiento en mi aura. En especial en la zona de mi herida, lo experimentaba como una especie de "compactación". Sentía que me llenaba. Sin embargo, mi maestro me hacía ver que la solidez era algo que debía lograr no a través de simples decretos, sino despertando la conciencia del valor propio. En mi mente apareció la palabra *worthfulness*, que literalmente refería a la "conciencia plena del valor".

—Es la "conciencia del valor" la que te va dando el "peso" o solidez realmente. Es algo que obtienes haciendo cosas que tu mente profunda interpreta y reconoce como valiosas, y honrándote por ellas. Debes verlas como el espejo que te permite reconocerte en tu pleno autovalor.

Pero el entendimiento más profundo sobre el valor que en ese período recibí fue probablemente el que me llegó una madrugada. Escuché al maestro "decirme" que el valor no era sólo el tema del tercer *chakra*, sino que tenía que ver con el alma entera. Se relacionaba al propósito, el sentido de por qué estábamos aquí:

—El valor es la realización del alma —escuché que me decía—. Venimos a este mundo a realizar lo que ésta ES, pero que se halla en estado de "semilla".

—El valor es también lo que muchos filósofos han querido llamar "sentido" o "propósito" de la vida—continuó diciéndome—. Plantearlo en términos de valor lo baja a un nivel donde se hace más natural. Así, si alguien trabaja por desarrollar y reconocer su valor, no necesita estar cuestionándose demasiado por el sentido de su vida. No es que la pregunta carezca de importancia, pero deja de tener tanta sensación de herida y tormento detrás.

El maestro me mostraba que el pesimismo y el sentido trágico de la vida, de hecho, se alimentaban de la falta de valor. El vacío existencial y el nihilismo eran, en ese marco, sólo versiones modernas de la herida en el tercer *chakra*[171].

---

[171] De ahí que se llegue a experimentar a veces como una sensación física de náusea.

Los pensadores que sostenían esas ideas casi siempre eran gente con profundos vacíos allí.

El maestro me decía:

—El alma es pura "potencialidad de valor". Mientras más se actualiza en la personalidad, más aumenta nuestro valor real. Y eso llena el vacío del tercer *chakra*, y desde allí todos los demás.

Por supuesto, esto no significaba desatender los otros vacíos y heridas que pudiera haber en el campo emocional. Yo mismo había tenido primero que hacer consciente y trabajar mis propios traumas, así como a los yoes de esos niños heridos que había detrás. Probablemente, si no lo hubiera hecho, no habría podido dar el paso hacia el valor.

Valor humano y valor vital

El maestro entonces me habló de que era muy necesario hablar de dos tipos de valor, muy diferentes pero a la vez complementarios entre sí. Al primero le podíamos llamar "valor humano" o "valor moral", y era básicamente el nivel de humanidad de alguien, en términos de amor y empatía. Tenía que ver con cuán virtuoso y consciente era, desde el punto de vista de la Conciencia de Amor. Así, una persona con un "alto valor humano" era bondadosa, correcta, modesta, amable, respetuosa, consciente, generosa, etc.

Al segundo tipo de valor le podíamos llamar "valor vital", y se lo podía entender como el nivel de desarrollo y coherencia que alguien lograba en las áreas más importantes de la vida, relacionadas con la supervivencia y el progreso social. Era un tipo de valor directamente vinculado a un mayor "atractivo" o éxito reproductivo. Si bien había aspectos comunes a todos los seres humanos, sus parámetros entre hombres y mujeres eran algo diferentes[172].

---

[172] Eso quiere decir que, al menos de manera general, lo que hace más atractivo a un hombre heterosexual es diferente a lo que hace más atractiva a una mujer heterosexual.

De esta forma, en todo ámbito de la vida, podíamos encontrar personas con alto valor humano (empáticas, solidarias, amables, honestas, generosas, dispuestas a ayudar, etc.), pero con bajo desarrollo del valor vital; y personas con alto valor vital (éxito o reconocimiento social, profesional, político, financiero, empresarial, talento artístico, intelectual, deportivo, belleza y atractivo físico, etc.), pero que como seres humanos dejan mucho que desear (pueden llegar a ser egocéntricos, narcisistas y hasta perversos).

Simplificándolo al máximo, en el valor humano el énfasis está más en dar hacia los demás y por eso es por lo que es asociable al amor y el altruismo. En el valor vital, en cambio, el énfasis está más en dar hacia uno mismo, y es por eso por lo que es asociable al amor propio y, en su vertiente negativa, al ego, el narcisismo y la maldad.

Sin embargo, cuando alguien logra un alto desarrollo en ambos tipos de valor, podemos decir que ha logrado "valor integral". Sin lugar a duda, es el más escaso y el que debiera un ser humano buscar como fin.

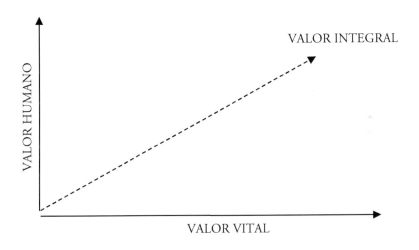

Por ejemplo, en las mujeres el aspecto físico es más crucial que el éxito profesional, mientras en el hombre es al revés. Esto no es un invento cultural, sino que está inscrito en nuestra biología. Querámoslo o no, un hombre fuerte y protector resulta más atractivo heterosexualmente que una mujer con esos mismos atributos. Si, por su parte, una mujer demuestra gestos "femeninos" será más atractiva heterosexualmente que un hombre con esos mismos rasgos.

En el fondo, lo que con este entendimiento mi maestro me mostraba era que, para ser valiosos (y de esa forma aprender la lección del tercer *chakra*), no era suficiente con ser amorosos o buenos; también necesitábamos ser atractivos. Bondad y atractivo eran las dos caras del valor: necesitábamos ambas para ser hombres y mujeres íntegros.

Por supuesto, cada alma es siempre libre de decidir qué tipo de valor es el que viene a aprender a esta vida. Algunas almas vienen a aprender principalmente la bondad, y en ese caso lograr valor vital es un aspecto secundario. Y es que amar y ser buenos, probablemente, sea el aprendizaje más necesario e importante para los seres humanos no destruirnos los unos a los otros. De hecho, los maestros de Tony siempre hacían énfasis en que lo principal que los seres humanos debíamos aprender era el amor al prójimo. Sin embargo, ahora mi propio maestro me mostraba que aquello, si bien era crucial, no bastaba para ser completos. Muchas almas que ya habían aprendido la lección de la bondad venían a aprender a ser vitalmente valiosos. Necesitaban trabajar su sentido de aventura, recuperar el lado salvaje de su ser, su poder personal y su atractivo.

Hacer crecer el valor vital es también clave para no perderse en el peligro que implica ser "sólo buenos". ¿De qué sirven el amor o la bondad si no se tienen capacidades y si se es impotente ante la vida? Una persona buena pero con bajo valor vital es frágil. Hay partes de sí misma que quedan en la sombra y terminan proyectándose en todo ese mundo al que no se ha atrevido a asomarse. Porque la bondad por sí sola no es suficiente para llenar la necesidad del alma (y de nuestra identidad). Alguien bueno, para tener una autoestima saludable, además necesita sentirse valioso en términos de éxito vital.

El valor vital, entonces, se nutre de nuestro nivel de inversión y logro en aquellos ámbitos de la vida que podemos considerar básicos, y vienen siendo valorados desde los albores de la humanidad. La salud, la economía y las finanzas, el amor y las relaciones, el trabajo y la realización profesional, etc., son algunos ejemplos de éstos. Cuando una persona invierte consciente e inteligentemente en desarrollarlos, se vuelve "valiosa" en lo vital. Si trabaja por su salud, está a la larga potenciando tener un cuerpo más bello, atractivo y saludable; si se esfuerza en mejorar financieramente, cosechará tarde o temprano éxito económico; si toma terapia y trabaja sus emociones, tendrá relaciones más exitosas; y así sucesivamente. Al haber frutos, su propia mente inconsciente le dirá: «eres mucho más atractivo que antes porque has ido creando un sistema de vida valioso». Y sólo por eso puede nutrir y sanar los vacíos y heridas relacionados con la identidad.

Ahora bien, dentro del valor vital hay un ámbito que, a diferencia de los antes mencionados, resulta único para cada persona. Es el que tiene que ver con el propósito o sentido. La mayoría de las veces, para sentirse altamente valiosas en lo vital, las personas necesitan tener un propósito o misión que cumplir para con el mundo. Esto ya lo señalamos cuando hablamos de los conceptos jungianos de la "individuación" y el "camino del héroe". Porque hombres y mujeres, de modo diferente pero complementario, necesitamos sentirnos útiles ante la vida y encontrar nuestro propósito dentro de un "nicho particular de valor".

No obstante, un propósito o sentido demasiado "ideal" puede terminar desconectando a la persona de su valor, ya sea humano o vital. Por ejemplo, alguien que da todo por una causa o ideología, puede acabar deteriorando su salud o finanzas, dejándose humillar o abusar, posponiendo el desarrollo de sus talentos o capacidades, o corrompiéndose moralmente. En todos los casos, lo que ocurre es que el sentido sacrifica al valor, mientras lo sano sería que ambos estuvieran totalmente alineados. Un auténtico sentido, por ende, siempre va a estar en armonía con el incremento del valor vital en las distintas áreas de nuestra vida. De lo contrario, es un sentido que debemos "revisar".

Además de lo anterior, el maestro me mostraba que en la mayoría de los seres humanos, más que la falta de valor o propósito, el problema era la falta de reconocimiento de éste. Aunque parezca un juego de palabras, era que «no le dábamos valor al valor». La lógica para aplicar era: «Si esto que realicé (o realizo) es valioso, entonces SOY VALIOSO» y «dado que me importan cosas que son valiosas, y las cuido y las cultivo, SOY VALIOSO».

Muchos hombres y mujeres hacen cosas valiosas y, sin embargo, en la práctica no se sienten realmente atractivos para sí mismos. Como no han trabajado conscientemente el reconocimiento de su propio valor, son dependientes de la validación ajena. Crean encima de su herida un falso "ego" que siempre es frágil. Basta una crítica, un comentario negativo, una desilusión, o la constatación de que se falló, y esa estructura se quiebra o desencaja.

Pensemos en alguien como Marilyn Monroe, que era no sólo una mujer de gran belleza, sino una muy talentosa actriz. Con un coeficiente intelectual altísimo, se dice que poseía también un gran corazón (es decir, valor humano). Pese a eso, sus biógrafos coinciden en que, debido a la infancia difícil que tuvo, su autoestima fue siempre muy baja. Fue pareja de hombres que abusaron emocionalmente de ella y se sabe que su dependencia emocional hacia ellos fue alta.

La pregunta no es acá si efectivamente ella era valiosa o atractiva, porque es evidente que sí. Más bien es si acaso ella lo sabía. Y la respuesta es que, con toda probabilidad, su persona nunca aprendió a reconocerlo. Y, al no haber reconocimiento, la energía del valor pasa de largo y no llena la identidad. En el fondo, era una mujer muy herida con grandes carencias internas. En su aura hubiésemos encontrado heridas y vacíos en varios de sus *chakras*, además de con seguridad entidades aprovechándose de ellos.

Entonces, el valor necesita ser "valor para uno" o no se integra; el atractivo, también. Si la persona no se reconoce como valiosa, a pesar de serlo, ese valor se pierde y a la larga los demás afuera terminan también dejando de reconocerlo. Por eso, uno de los principales y más importantes axiomas en torno al valor, establece que:

> Si yo no reconozco mi propio valor, los otros tampoco a la larga lo harán; y si yo mismo no veo mi valor ni me gusto, los otros a la larga, por muy guapo o talentoso que yo sea, tampoco me verán o gustarán de mí.

Así, al reconocer (y comprometernos en aumentar) nuestro valor vital, estamos literalmente absorbiendo los "nutrientes de valor" necesarios para una identidad sana.

El maestro me mostró que en el reconocimiento del valor había dos escenarios:

1. El primero es que, cuando me reconozco, descubro que tengo muchísimo valor que YA HE LOGRADO DESARROLLAR. Por ejemplo:

   Soy un gran terapeuta y mis pacientes siempre dicen que les ayudo muchísimo; o soy un gran músico y mi manera de tocar el piano es única; o soy alguien que con esfuerzo y disciplina ha conseguido salir adelante; o estoy cuidando mi cuerpo a través de hábitos saludables de alimentación y ejercicio; etc.

2. El segundo es que, cuando me reconozco, descubro que tengo muchísimo valor que siento que debiera haber desarrollado, pero AÚN NO DESARROLLO. Por ejemplo:

   Estoy con sobrepeso y mi conciencia me dice que no debiera estar así; o tengo talentos que no estoy poniendo en práctica; o apenas me alcanza el dinero para sobrevivir, pero en vez de invertir mi tiempo en algo que me ayude a salir de mi situación, me lo gasto en videojuegos, etc.

En el primer caso, lo que se siente es satisfacción y paz con uno mismo. La energía del valor nutre la identidad y es asimilada en el tercer *chakra*. Mientras más la persona ha desarrollado el valor de su alma, más energía entra luego de reconocerlo. En el segundo, en cambio, como el valor no está aún desarrollado, lo que sobreviene es inquietud. Esta puede incluso llegar a manifestarse como angustia existencial. Es común que las personas la experimenten en momentos de crisis, como yo también la había sentido en la mía, al no encontrar sentido o valor a la propia vida. La única solución a este tipo de angustia es «dejar de buscar excusas y ponernos a hacer lo que la conciencia de nuestra alma nos dice que hagamos».

Pero supongamos que el valor sí está desarrollado, o al menos una parte importante de éste, y no lo hemos reconocido. Estamos frente entonces a lo que podríamos llamar una "deuda de reconocimiento" para con nosotros mismos. Probablemente, algo está impidiendo que hagamos. En mi propio caso, había llegado a darme cuenta de que había creencias que desestimaban el valor, así como juramentos y votos de vidas pasadas, rechazo al valor, etc.

Honor y gloria

Mi propio maestro me mostraba que, para ayudarnos en el reconocimiento del valor, era útil trabajar con el sentido del "orgullo" y del "honor". En ese momento, me percaté de que durante mucho tiempo había creído que una persona humilde y espiritual debía rechazar tales cosas. Pero Mario Luna también lo señala al decir que el orgullo es en realidad "el músculo de la autoestima". Al igual que cualquier músculo físico, para desarrollarse requiere también ser ejercitado. Observar nuestros logros y enorgullecernos por ellos era una práctica más que saludable para aumentar la conciencia de nuestro valor.

Veía también que "honrar" era la operación a través de la cual socialmente reconocíamos a quienes estaban detrás de cualidades, acciones o resultados que considerábamos valiosos. Si alguien invertía su vida en algo valioso, merecía ser honrado. Con eso, se le permitía "cosechar" un fruto bajo la forma de energía de valor que entraba a integrarse como "identidad" en su tercer *chakra*.

Comprendí que una persona emocionalmente madura no debía depender de los honramientos externos; debía aprender a darse ella misma el honor. Dispuesto a llevarlo a la práctica, comencé a hacer decretos para honrarme a mí mismo por todo lo valioso que era o en mi vida había conseguido. Reflexioné que muchas veces había rechazado ser y sentirme honrado, y como consecuencia había alimentado más mi vacío.

El decreto que creé fue más o menos así:

> Yo, Francisco, aquí y ahora, declaro que me honro por todo aquello valioso que he hecho y que soy. Me honro por … [y nombraba cada cosa valiosa que sentía que había hecho]. Me permito recibir toda la energía de honor que le corresponde

> a mi yo por aquello. Pido a mi maestro y guías internos que me la entreguen.
>
> Pido también de vuelta todo ese honor que alguna vez rechacé. Anulo ese rechazo, y la energía de ese honor que me correspondía la pido toda de vuelta.

Si bien experimenté mejoría energética inmediata, a poco andar caí en cuenta de que no bastaba con honrar mis logros; también los fracasos debían ser honrados. Porque en los fracasos había mucha inversión de energía también y sin duda eran también parte del camino al éxito. Si no aprendía a darles el honor que merecían, toda esa parte mía que creyó en esos proyectos fracasados serían causa por siempre de vergüenza y deshonor, y se mantendrían como un vacío.

> Honro a cada parte mía que lo intentó, pero fracasó. Pido la energía del honor que no me permití reconocer por esos intentos. Pido la energía del valor que me corresponde por aquello. Concretamente, me honro por … [y enumeraba mis principales fracasos y equivocaciones]. Me honro porque estoy aprendiendo de todo aquello, y estoy haciendo el esfuerzo por cambiar y mejorar.

El maestro entonces me mostró que debía aprender sobre la gloria, un entendimiento que estaba estrechamente ligado al del "honor". En mi mente, de hecho, resonaba una y otra vez la frase de la misa católica: «Todo honor y toda gloria». Sentía que había un misterio en ella que necesitaba comprender. Busqué en internet y lo primero que me apareció fue o siguiente:

> "Gloria" es una de las palabras más comunes en la Biblia. En el Antiguo Testamento se usa para traducir varias palabras hebreas como *hod* y *kabod*; y en el Nuevo Testamento para traducir la palabra griega *doxa*. La palabra hebrea *kabod* originalmente

significa "peso" o "gravedad". La misma palabra se usa para expresar "importancia", "honor" y "majestad".

La alusión a su significado como "peso" inmediatamente me hizo pensar en todo lo que mi maestro me había explicado previamente sobre el valor. En el fondo, la Biblia entera era un tratado sobre el valor.

—Los seres de luz crean mundos —me susurró mi maestro—, mantienen proyectos en todo el universo y acompañan procesos de otros seres mientras llevan a cabo sus propios procesos de crecimiento y aprendizaje. Pero no lo hacen sin recibir nada a cambio. Porque hay un pago de honor y gloria. Mientras más necesario y difícil el trabajo, mayor gloria le corresponde, porque más es el valor.

—Por eso es por lo que la Gloria es el pago —continuó— que Dios Padre-Madre Universal hace por toda cosa valiosa que es realizada. La "misión de vida" es un ámbito especial del valor en el cual, al realizarla, el alma recibe gloria. Porque a través de sentirnos dignos de ella estamos participando de Dios mismo. Está mal hacer cosas que son valiosas y luego no sentir honor y gloria por ello. Es como si nos autoexcluyéramos por una falsa humildad ,y eso no es lo que Dios Padre-Madre Universal quiere para nosotros.

A partir de ese momento, decreté que anulaba todo rechazo al honor y la gloria que merecía por todas las cosas valiosas que había hecho. Y tuve un flashback de imágenes y sensaciones, de todas esas veces en esta vida y las pasadas en las que había rechazado el honor y la gloria que me merecía. Había salvado personas y pueblos enteros, había recorrido caminos de dificultad y aprendido habilidades, había escrito libros y me había asomado a comprender los misterios de la vida. Además de guerrero, había sigo médico, pensador y artista, y no había querido ver ni honor ni gloria en nada de eso. Podía ver el agujero que tenía debido a eso y era inmenso. Durante las siguientes semanas me mantuve trabajando el siguiente decreto:

> Pido todo el Honor y toda la Gloria que me he rehusado a recibir a lo largo de muchas vidas. Ahora, con humildad, me permito aceptarlo.

Sentía cómo muchas partes de mi ser volvían y llenaban el plexo solar. Un sentimiento de admiración hacia lo que yo era —que antes nunca había experimentado— me embargó profundamente. Era como si una conciencia nueva hubiera nacido, que me permitía contemplarme de una forma también completamente nueva.

El hogar interior

Un día, meditando en íntimo contacto conmigo mismo, sentí que mi maestro me llevaba hacia el plano interno que tenía que ver con mi herida. Pese a que muchas veces había hecho el ejercicio, en esta ocasión sentí que lograba verlo y sentirlo con mucho mayor detalle. Era un paisaje semidesértico, con mucha piedra y débilmente iluminado por un sol frío y anaranjado. La atmósfera parecía tener partículas de humo y polvo en suspensión, como las que quedan tras un incendio. Una sensación emocional de soledad y privación se percibía por doquier. Intuí que esas partículas eran el mismo dolor de la herida impregnando todo aquel "lugar".

De pronto pensé que ese páramo no se parecía al jardín hermoso que mi alma con seguridad tenía en los mundos de luz. Me vino la comprensión súbita de que era mi tarea crearlo. Pero lo imaginaba no sólo como un jardín, sino como todo un bosque con ríos, praderas de pasto, ríos y, sobre todo, mucha vida, que debía ser sembrado en lo profundo de mi campo emocional. Y repentinamente, no sé muy bien cómo, me "vi" como un artista dispuesto a transformar todo aquello.

La técnica de modificar planos la había puesto en práctica muchas veces con pacientes, pero conmigo mismo nunca conseguí demasiados resultados. En esta ocasión, sin embargo, tuve la certeza de que sería diferente. Lo que se me vino a la mente en ese instante fue que, en ese paisaje "de mi herida", los distintos elementos (la tierra, el aire, el fuego y el agua) estaban dañados y necesitaban ser restaurados. Sentí que mi maestro me animaba a probar algo que nunca había hecho antes: trabajar con los elementales de la naturaleza. Ellos eran los que habían dado forma a la vida y los paisajes del planeta y, aunque ya no estaban en esta dimensión, el maestro me hacía ver que en lo profundo de la psique humana existía un puente hacia ellos.

A decir verdad, la idea me pareció genial, pero me la tomé con mesura. Sabía que probablemente no se trataba de los seres elementales directamente, sino más bien de fuerzas emocionales o arquetípicas de mi propia alma que tenían que ver con ellos. Era como si esos espíritus de la tierra, el aire, el agua y el fuego estuvieran también dentro del ser humano como fuerzas psíquicas o "simbólicas".

Sin perder más tiempo, les llamé o —mejor dicho— pedí a mi maestro y guías internos que lo hicieran. Visualicé que se abría un gran portal en mi interior desde el cual comenzaban a surgir orbes de luz con destellos de diferentes colores y sensaciones. A los gnomos de la tierra, los imaginaba como orbes en tonos verdes y marrones que por instantes podían tomar forma de "hada" o de "enanito"; a los silfos del aire, como orbes azul celeste y violeta que a ratos tomaban forma de "seres alados"; a las ondinas del agua, como orbes color verde y turquesa que por instantes parecían "ninfas" y "sirenas"; y a las salamandras del fuego, como orbes amarillos y naranjas que a ratos tomaban la forma de "seres rodeados de llamas".

Pedí entonces a los elementales de tierra que transformaran toda esa piedra interminable que veía dentro y la volvieran suelo fértil. Imaginé a esos espíritus penetrar la roca y comenzar a molerla. Al mismo tiempo, pedí a los espíritus del agua, las ondinas, que hicieran correr ríos que mojaran toda esa tierra y la fueran haciendo fértil. A los espíritus del aire, por su parte, los visualicé soplando viento que dispersara el humo y dejara limpia la atmósfera. Por último, a los elementales de fuego les pedí que crearan vida vegetal y animal. Los imaginaba como flamitas de fuego animándolo todo.

Lo primero que me pareció percibir fue que ese paisaje árido y rocoso se volvía una especie de pantanal lleno de ríos y canales, y comenzaba a surgir vegetación. Me quedé por largo rato contemplando aquello, pues sentía que toda esa transformación era algo que estaba ocurriendo en mi plexo solar. Sentía frescor en la zona, como si la energía estuviera menos estancada. De pronto pensé en que ahora debía pedir nuevamente la ayuda de los elementales de la tierra, esta vez para secar los pantanos. Cuando iba a empezar a hacerlo, sentí a mi maestro diciéndome que por esa vez ya era suficiente y que debía continuar otro día, cuando las energías hubieran "decantado".

Sin embargo, antes de terminar, faltaba todavía algo que hacer. Supe que necesitaba inundar ese lugar con luz. Me imaginé que sólo podía hacerlo con la energía que tenía que ver con el valor de mi alma. Pedí entonces al maestro que encendiera un sol brillante que fuera la representación de todo ese valor que había venido reconociendo y trabajando esos meses. Al instante, un gran sol se prendió dentro e iluminó todo ese paisaje que los espíritus de los elementos habían creado. Pese a que aún era un lugar que debía seguir siendo transformado, había dejado de ser el páramo árido y triste de antes.

Algunos días después, conecté nuevamente con el plano que había estado transformando. Pude ver que el paisaje que había creado ya no era piedra seca y dura, sino un lugar con agua y pantanos. Me parecía que toda esa humedad era señal de que la energía emocional se había movilizado, pero todavía había estancamiento. Llamé de nuevo a los espíritus elementales y les pedí que trabajaran para transformar el pantano en tierra firme. Específicamente, les solicité que crearan un gran bosque a partir de muchas semillas que yo les entregaría. Imaginé que esas semillas representaban la energía de mi alma que ahora poblaría todo aquel lugar.

Cuando lo hice y durante largo rato, pude sentir la energía de los seres trabajando dentro, creando raíces, hongos y enredaderas que se extendían por doquier. Me dejaba llevar por la imaginación como si fuera un niño creando a través de ella. Luego, los "espíritus de la naturaleza" hicieron emerger tallos que se hacían más y más gruesos hasta convertirse en troncos. De ellos surgían ramas con mucho follaje. Asimismo, imaginé vida animal —insectos, aves, mamíferos, etc.— llenando el lugar.

En la medida en que el bosque crecía, el aire se hacía más puro y oxigenado, y la tierra, más fértil y olorosa. El agua, por su parte, se limpiaba y así cada elemento alcanzaba su equilibrio. El resultado era bello. Sentí muy dentro que lo que había creado era un hogar para mí. Era MI hogar, a imagen y semejanza de mi propia alma. Me quedé contemplándolo y sintiéndolo, y antes de regresar a mi presente agradecí a los espíritus de los elementos su ayuda.

Un trabajo similar realicé ese mismo mes con una exalumna a la que atendía como paciente. Al conectar con la herida de su tercer y cuarto *chakra*, visualicé un lugar pedregoso junto a un río. En su caso no se trataba de un sitio desértico, pues de hecho había vegetación y bastante agua. Sin embargo, no era un lugar bello; era un terreno erosionado en el que la lluvia había formado barro. Y allí, justo en medio, había una niña de unos 5 o 6 años que jugaba despreocupada. Lo reconocí como un yo de mi paciente que daba la impresión de ser muy pobre e inocente.

Decidí que ese lugar debía transformarse en un jardín y, de esa forma, en un verdadero hogar para esa niña. Solicité a mi maestro que llamara a los espíritus elementales para que equilibraran aquel lugar. Al hacerlo, sentí cómo el paisaje de mi visión empezaba a cambiar. Como en el lienzo de un pintor, los distintos elementos del paisaje empezaron a ordenarse y a armonizarse hasta tornarse más bellos. Veía crecer hermosas arboledas junto con pasto y flores. También se poblaba de fauna y en el cielo bellas nubes flotaban.

Me dirigí a la niña y le comuniqué mentalmente: «Este es ahora tu hogar. Ya no te sientas más en la privación». En ese momento mi paciente experimentó una gran expansión en la zona del pecho. Ella misma pudo sentir y visualizar —sin que yo le dijera— a la niña sonriendo, y pidió a su propio maestro energía de valor para entregársela. La herida en su campo se sintió notablemente más pequeña al terminar la sesión. Sin proponérmelo, había encontrado mi propia técnica para trabajar los planos internos.

Las semanas que siguieron al trabajo sobre el plano de mi herida, sentí que una gran cantidad de energía se desprendía desde ella. Parecía que alguien hubiera abierto un grifo, y mucha pena salía y me inundaba. De alguna manera, esa herida representaba mi indefensión frente a la pérdida. Era el hogar perdido. Me preguntaba si acaso ahora podría, con este trabajo que había hecho, sentir que al fin lo recuperaba.

Me venían, dolorosos, los recuerdos de mi hogar junto a mi hija y mi expareja. Me dolía cada cosa que yo creé con mi esfuerzo, tiempo y dinero, y que ya no estaba conmigo. En medio de la catarsis, me preguntaba por qué había entregado tanto. No tenía respuesta para ello; simplemente, como en las vidas pasadas, había partido al exilio dejándolo todo. No podía evitar sentir que la vida había sido injusta al arrebatarme la felicidad. Le pedía a mi maestro que me dijera si algún día podría sanar esa pérdida en mi interior. Y en ese momento, de manera súbita, escuché claramente su voz dentro de mí:

—Tu hogar es tu valor —me dijo— y tu valor, tu hogar.

Creo fervientemente que, de entre todo lo que en ese período mi maestro me mostró, estas palabras marcaron un clímax. Sentí que estremecieron de cabeza a pies. De alguna manera, me hicieron entender el sentido de lo que venía trabajando hasta ese momento: el verdadero hogar de un ser humano era su valor. El valor era la auténtica "morada del alma" que debíamos construir en este plano.

Enseñar la sanación

Durante ese período, y a raíz de todo lo que había aprendido sobre la energía del valor, mi trabajo como psicoterapeuta se potenció todavía más. Sentía que contaba con un entendimiento sobre las heridas de la identidad enormemente más amplio que el que tenía hace tan sólo un año atrás. A eso se sumaba una capacidad mayor de conexión y operación desde el plano energético. Con algunos pacientes incluso asumía también a veces un rol de "entrenador" o "mentor", ya que había entendido la importancia de la acción como manera de trabajar lo energético.

Ahora bien, en el trabajo con pacientes que venían con entidades, noté que no estaba teniendo los resultados que yo esperaba. Quizás el único caso de éxito fue cuando ayudé a un amigo quien hace años había presentado un episodio de paranoia. Un día me llamó angustiado diciéndome que sus síntomas habían vuelto y que sentía que lo seguían. Le pedí autorización para solicitar a los arcángeles que inmovilizaran al ente que sabía que tenía. Milagrosamente ese mismo día sus síntomas se atenuaron. En las siguientes semanas, trabajé debilitando al ser y finalmente se lo extraje. Mi amigo se sintió libre y volvió a la normalidad. Desde entonces no tuvo más delirios.

Sin embargo, en otros casos que atendía no pocas veces las extracciones fracasaban y me veía obligado a enviarlos con terapeutas como Erwin y Victoria, o inclusive al mismo Tony. Aquello me significaba un estrés constante, además de una mala sensación conmigo mismo. Incluso, a menudo, había una consecuencia energética directa: recibía ataques por parte de las mismas entidades.

Me sentía confuso, ya que por un lado veía mis avances en la operación de las estructuras emocionales, pero por otro me topaba con todas estas dificultades al intentar trabajar entidades. Pensé que probablemente estaba haciendo algo mal y quería saber qué era. Finalmente, tomé la decisión de consultar con Erwin y Victoria. Les pedí una hora formal para pedir orientación.

—Estuve canalizando con mi maestra acerca de tus preguntas y lo primero que debes saber —me dijo Victoria— es que tú no tienes permiso para sacar entidades. Es por eso por lo que los trabajos de ese tipo no te están resultando. Los seres de luz no están prestando su energía para eso. Lo que tú logras cuando pides que saquen a las entidades de los pacientes es que las debiliten, pero nada más. En lo demás se ve que has tenido un gran avance y debes seguir así. Los seres de luz te felicitan por tu sanación y todo el aprendizaje que has logrado.

Algo confundido por la respuesta, aunque una parte de mí se la esperaba, le pregunté cuál entonces según los maestros era mi propósito dentro del ámbito de la terapia. Victoria se volvió a concentrar y, tras unos segundos, me señaló:

—Tu principal propósito, me dice la maestra, es educar y enseñar. Por ahí va tu talento natural en la sanación. Debes enseñar y formar personas, y ayudarles a encontrar su camino.

—Y sobre las entidades, ¿puedo enseñar todo lo que sé? —me animé a preguntar.

—Puedes hablar sobre ellas, para que la gente sepa que esa realidad existe, mas no dar a conocer el método de operación. Este debe quedar restringido para ser enseñado sólo a las personas indicadas.

Mi principal objeción al mensaje era que cómo iba yo a enseñar sobre cosas que yo mismo no podía hacer. Siempre había creído que la autoridad para hablar con propiedad de algo la daba el que uno mismo fuese capaz de llevarlo a cabo. Sin embargo, Erwin en ese momento me dijo algo que me hizo sentido. Para él, yo era una suerte de entrenador de otros, y los entrenadores no tenían por qué ser capaces de hacer lo mismo que hacían sus atletas.

—Tú fuiste nuestro profesor muchos años —me dijo— y gracias a ti supimos que el aura tiene una visión estructural, una dinámica, y principios. Lograste algo que yo casi nunca he visto en el mundo de la sanación, que es teorizar sobre la realidad energética y su conexión con la mente. Le pusiste rigor y método, y nosotros te admiramos por eso. Luego, gracias a ti también conocimos a Tony. Posees una capacidad que pocos tienen de conectar y comunicar mundos.

Sus palabras me dejaron en silencio. Hablaban de mi valor justamente allí donde me había costado reconocerme. Emocionado, le dije que yo sólo había querido que las personas pudieran contar con herramientas para sanarse a sí mismas. Incluso era una de las razones por las que había querido trabajar entidades, aun sabiendo que no era el terapeuta más idóneo para ello. Secretamente pensaba en que quizás podría encontrar maneras alternativas para que los pacientes pudieran en ese ámbito ayudarse. Le confesé que me preocupaba que tuviesen que depender de terapeutas especializados cuando existían tan pocos.

Entonces Erwin, que tenía una amplia formación en ciencias, me señaló:

—Piensa solamente qué pasaba en el año 1700 cuando todavía faltaban más de dos siglos para que se inventaran los antibióticos. El que tenía una enfermedad infecciosa estaba obligado a luchar y salvarse por sus propios medios. Las almas que encarnaban en ese período de alguna forma sabían que ésas eran las condiciones. Yo creo que hoy es igual. Es cosa de tiempo para que exista más gente canalizando a auténticos seres de luz que pueda ejercer competentemente en el área de la demonología. Si tú hablas de estas realidades y enseñas la importancia de la canalización segura, estás abonando el terreno para que surjan más personas como Tony, Michelle o Victoria. Porque lo primero que hay que hacer es preparar las conciencias. Debes enseñar lo que has visto y entendido, para que otros también puedan hacerlo.

En ese momento comprendí que la premisa básica sobre la que en parte había construido mi sentido de misión, estaba equivocada. Había pretendido ser una especie de Prometeo, el titán de la mitología griega que robó el fuego a los dioses para dárselo a la humanidad. En mi caso había fantaseado con la idea de tomar los procedimientos y técnicas que había aprendido con Tony y enseñarlos para que pudieran otros ponerlos en práctica. El problema es que yo mismo me había estrellado muchas veces contra el muro de no tener ni las capacidades ni los permisos para ese trabajo. El costo había sido alto y era el mismo que a menudo pagaban quienes se meten en el terreno de las energías "oscuras". Por creer que saben y que todo es cosa de "vibrar alto", muchos acaban sacrificando su salud o sus relaciones. En mi caso sentía que, al igual que Ícaro al intentar volar demasiado alto, el sol a mí también me había derretido las alas. Los mitos de Prometeo y de Ícaro de alguna forma son un recordatorio de que nuestros propósitos filantrópicos jamás pueden pasar por encima de las leyes de los dioses (en este caso, de los seres de luz).

Luego de formular este entendimiento, la verdad pareció abrirse con claridad ante mí: mi lugar natural era mucho más el campo emocional que el magnético. El maestro interno me lo mostraba como cúmulos de información donde las estructuras eran sólo el fenómeno energético "de superficie". Así, cuando trabajaba con los pacientes, una vez que me conectaba a veces sólo me limitaba a permanecer quieto y en silencio. Mi sensación entonces era la de sumergirme en las estructuras y, desde allí, empezaba a moverme sólo con la intención de mi mente. Era un trabajo muy intuitivo, ya que a veces no sabía a ciencia cierta qué estaba haciendo.

Sólo me dejaba guiar e iba soltando o poniendo energías que mi maestro me mostraba. Los pacientes, empero, solían sentir como si estuvieran en un quirófano y les estuvieran operando físicamente. A ratos, cuando me percataba de alguna resistencia, hacía que el paciente ejecutara algún decreto o petición, y me detenía a explicarle lo que veía para que tomara conciencia.

La Terapia Energética Estructural del Aura, por lo tanto, me parecía a esas alturas mucho más un arte que una técnica concreta. Había visto reforzada la conclusión a la que había llegado antes, de que estaba mal entenderla como "del aura" cuando lo que estábamos en el fondo haciendo era movimiento "del alma".

—Ya te habrás dado cuenta también a estas alturas que el terapeuta del campo emocional —me decía además el maestro—, como tiene que ver con el alma, tiene que ser también un experto en el área del propósito (y por ende, del valor). Eso significa también conocer a fondo el "viaje del héroe", tanto en su versión femenina como en su versión masculina. Conocerlo en la experiencia, pero también en la teoría, y saber de los duelos y procesos dentro de él.

La energía alfa masculina

Era luna llena y el lobo se me volvió a presentar. Tuve una visión donde lo "veía" corriendo entre lomas pedregosas y de pronto se detenía y se me quedaba mirando. Parecía decirme: «Ven conmigo a la vida que te pertenece». Muy en lo profundo, supe de inmediato que era algo que tenía que ver con mi valor. Entendí que yo también era ese lobo y necesitaba volver al hogar con mi manada. Me "vi" corriendo y cazando en noches con otros lobos, con las estrellas encima. Una sensación indescriptible y ancestral me embargó.

Pero ¿qué significaba realmente aquel llamado? Inicialmente lo interpreté como un "volver a lo salvaje", y con eso pensé nuevamente en John Elredge. Para él, lo salvaje era el "lugar" donde el hombre recuperaba su corazón, su valor y su sensación de hogar. Hogar, valor y "salvajedad"[173] eran así tres conceptos unidos, tanto desde lo arquetípico como desde lo energético. Y recordaba a *Mujeres que Corren con los Lobos*, la obra de más de 700 páginas de la analista jungiana Clarissa Pinkola Estés[174]. Alienta a las mujeres a conectarse con su femineidad salvaje para recuperar la esencia instintiva que, afirma, el patriarcado les había quitado. En cierto modo, me parecía estar siendo la versión masculina de esa misma recuperación.

El lobo era así —pensé— un puente entre mi conciencia y la parte creativa y apasionada de mi alma, de la cual me sentía extraviado. Me invitaba a retomar mi camino, no sólo dentro de la sanación, sino también dentro del campo del arte y la música. Sabía que en esta nueva etapa retomaría aficiones que había dejado, como la escultura. Sin embargo, ¿por qué razón lo salvaje estaba vinculado con el valor? ¿cuál era el nexo? Según hace ver Mario Luna, muy influenciado por la psicología evolutiva, nuestro cerebro está programado biológicamente para reconocer como valiosos y atractivos algunos comportamientos que se dan en el contexto salvaje, pero que se tienden a perder en una vida demasiado "domesticada". Un hombre fuerte, intrépido, creativo, automotivado, emocionalmente resuelto, capaz de resolver problemas, resultaba atractivo hace 40.000 años y sigue siéndolo hoy. Una mujer con capacidad de cuidado de sí misma y de otros, cazadora intrépida, sensible pero contenedora, fértil y conocedora de su poder mágico y sexual, también era atractiva hace 40.000 años y también lo es hoy[175]. El valor no es algo que se invente, sino que lo reconocemos desde el instinto y a lo que despierta en nosotros le llamamos atracción.

Desde el punto de vista energético, podríamos decir que hay ciertas "energías" necesarias para nuestro desarrollo que en una vida demasiado atrapada en lo doméstico no logramos generar. Es por eso por lo que en el "viaje del héroe", lo primero que éste hace es salir de su zona de confort o

---

[173] Me tomé la libertad de inventar el término para referirme al estado o la cualidad de lo salvaje, ya que "salvajismo" me pareció que tenía una connotación negativa. "Salvajedad" en inglés sería "wildness".
[174] Pinkola, C. (2018). Mujeres que corren con los lobos. España: B de bolsillo Ed.
[175] Luna, M. (2015). Psicología del Éxito. Barcelona: Ed. Corre la Voz

"mundo ordinario". Desde allí, enfrentando sus miedos, cruza el umbral hacia lo desconocido e inicia su aventura[176].

Cuando me topé con estos entendimientos, me di cuenta de que estaba logrando finalmente unir todas las piezas del rompecabeza. Había descubierto: (1) que mi herida tenía que ver con una falta de hogar; (2) que esa falta al mismo tiempo era un vacío de valor; (3) que ese valor era de índole vital y, por ende, tenía que ver con lo romántico, lo sexual, lo instintivo y lo salvaje; y (4) que, a la vez, todo eso tenía que ver con el propósito o sentido de mi alma. Sin embargo, había todavía un quinto elemento en el que había reparado sólo tangencialmente. Se trataba de la energía masculina. Y no sé cómo no lo había visto antes, si incluso John Elredge hablaba de "lo salvaje" como un componente del alma del hombre. Entonces, lo que tan insistentemente mi alma me mostraba a través de la imagen del lobo, era también y quizás principalmente la integración de la energía masculina en mi identidad.

Al respecto, escuchaba a mi maestro decirme:

—Tu herida es ese valor que como hombre no te has permitido reconocer. De alguna forma, es tu masculinidad no vivida. No es algo que ocurrió ayer, sino que se viene arrastrando por vidas. Necesitas entender que el valor es inseparable de tu energía como hombre, y la necesitas para que éste se pueda asentar.

Esto fue muy revelador porque, si bien yo ya sabía que la energía que debía poner en mi tercer *chakra* era la del valor propio, todavía me costaba asimilarla. Sentía que necesitaba algo que me permitiera sintonizar con la frecuencia del valor de una forma más instintiva y corporal, que mental.

—Aun cuando hagas cosas valiosas, la energía del valor no se integra si no reconoces tu esencia masculina —siguió el maestro—. Porque la máxima expresión del valor vital está en el "valor como ser masculino" o "valor como

---

[176] Campbell, J. (2001). El héroe de las mil caras: Psicoanálisis del mito. México: Fondo de Cultura Económica.

ser femenino". Tiene que ver con la masculinidad y la femineidad consciente o alfa. Si te concentras en aumentar y reconocer tu valor "como hombre", la herida en tu identidad se curará.

Yo estaba asombrado y, de pronto, todo se volvió claro como el día: la mía había sido una masculinidad poco valorada y no conscientemente trabajada. A esa "falta", que probablemente tenía que ver con haber sido un niño más sensible que lo común y el único varón entre hermanas, tías y primas, se sumaba el hecho de que por muchos años me había dejado convencer por la idea feminista del patriarcado. Según ésta, los valores "masculinos" son los responsables de prácticamente todos los males del mundo, incluidos la guerra, la competitividad y las desigualdades sociales.

No obstante, ahora mi maestro me hacía ver que estas ideas no eran correctas, ya que tanto la masculinidad como la femineidad tenían sus "sombras" y sus versiones tóxicas. Y ésa era la verdadera igualdad de género: que tanto hombres como mujeres somos responsables del mundo que tenemos y que no hay un género que sea víctima y otro victimario. Los discursos de ese tipo, tanto los que colocan el mal en las mujeres y lo femenino[177] como los que lo colocaban en lo masculino, niegan una parte fundamental del valor vital y como sociedad terminamos no reconociéndolo. El autor y profesor de psicología canadiense, Jordan Peterson, a quien —lamentablemente— descubrí mucho más tarde, plantea algo muy similar:

> Si eres escéptico con los hombres y crees que nuestra sociedad es una tiranía patriarcal y que la historia es una lucha entre hombres y mujeres en la que los hombres son los agresores y las mujeres las víctimas, entonces no puedes evitar que la sociedad sea escéptica con los hombres. Este es el peligro.
>
> [...]

---

[177] Como el discursos religioso fundamentalista en algunos países árabes, y el el de muchos teólogos cristianos en la Edad Media.

> [Porque] existe un punto de vista del mundo según el cual nuestra cultura es una tiranía patriarcal. Esta idea se desarrolló a principios de los años 70 como una reconfiguración de viejas ideas marxistas sobre el proletariado y la burguesía. En realidad, forma parte de una narrativa más profunda relacionada con la idea de víctima y agresor que ha formado parte del pensamiento humano desde los tiempos de Caín y Abel. Lo de ahora es una nueva representación del mismo resentimiento. [178]

En uno de sus libros también analiza:

> Seguir el camino del *ressentiment* es arriesgarse a vivir con una amargura tremenda. En gran medida, es consecuencia de identificar al enemigo fuera, no dentro. […] Si el problema es la masculinidad, todo hombre (e incluso el concepto de varón) se debe atacar y denigrar. Esta división del mundo en el diablo exterior y el santo interior justifica el odio maniqueísta, exigido por la moralidad del propio sistema ideológico. Es una trampa terrible: una vez identificada la fuente del mal, es el deber de los honrados erradicarla.[179]

"Escepticismo" hacia la masculinidad es justamente lo que yo había experimentado y, en ese orden de cosas, no podía ni debía sentirme orgulloso o valioso por ser hombre. Todo lo contrario: sentía la "responsabilidad" de esforzarme por ser más consciente —léase más "amable" y "femenino"— que el promedio. Me había convertido en una suerte de "simp": apelativo de la jerga de internet utilizado para describir a alguien (principalmente hombre) que muestra un exceso de simpatía, atención o amabilidad hacia otros.

---

[178] Peterson, J., entrevista por Fernández, J., El Periódico (medio digital). Barcelona: 17 de noviembre del 2018. Actualizada 18 de noviembre del 2018.
[179] Peterson, J. (2021), Más allá del orden, 12 reglas nuevas para vivir, pág. 217. Santiago de Chile: Planeta Eds.

Ser amable está muy bien si te dedicas a cuidar seres vulnerables, como niños o personas dependientes. Pero cuando has de negociar tu futuro, la amabilidad no te aporta nada. Es mejor ser capaz de dar un puñetazo en la mesa. Solo si eres capaz de darlo, podrás evitar hacerlo.[180]

—Un hombre agradador nunca podrá empoderarse de su valor, aunque lo tenga —me decía el maestro—. Porque el valor solamente se ancla en una energía masculina o femenina suficientemente "alfa".

—Esa pena que sientes en tu interior —continuó—, que luego se vuelve rabia y resentimiento, es tu herida de "simp". Porque todo "simp" tiene una herida de rechazo y abandono que intenta suplir amando y entregándose a fondo.

A partir de ese momento, comencé a trabajar día y noche intentando conectar con la energía "alfa" de mi alma masculina. Buscaba en libros, videos y páginas de internet información que me pudiera dar pistas, y meditaba pidiendo a mi maestro entendimiento. El lobo, en ese sentido, era un símbolo que me permitía acceder rápidamente a ese contenido desde el inconsciente. Pedía:

> Maestro interno, muéstrame la energía masculina alfa de mi alma e intégrala en mí. Si alguna vez, en esta vida o en otras, la rechacé o la negué, anulo ese rechazo, y anulo todo acto de intención a través del cual pude haberlo llevado a cabo. Y la pido de vuelta, la pido de vuelta, la pido de vuelta. Maestro interno, lobo interno de mi alma, dame la energía masculina del hombre que yo soy.

Y podía sentir cómo el plexo se me iba llenando y mi estómago sonaba físicamente como si algo dentro se acomodara. La sensación era similar a un deshielo, como si, en la medida en que la energía entraba, grandes témpanos

---

[180] Peterson, J., entrevista por Fernández, J., El Periódico (medio digital). Barcelona: 17 de noviembre del 2018. Actualizada 18 de noviembre del 2018.

se fueran desprendiendo. Y entonces venían a mi memoria las palabras de los maestros, que Erwin me había transmitido hacía mucho más de un año: «Cuando consigas dar con el origen del vacío, te darás cuenta inmediatamente porque te sentirás notablemente mejor». De algún modo, tenía la impresión de que ese día al fin estaba llegando.

En la medida en que la energía se incorporaba, tuve la extraña sensación de que hasta cierto punto todas las cosas me daban un poco lo mismo. Me refiero a lo que era externo a mí y que estaba fuera de mi control. Esas mismas cosas, que antes sentía que me afectaban y hacían que me sintiera pequeño e impotente, ahora significaban muy poco. Mi maestro me hacía entender que era el efecto natural de la energía "alfa" (masculina en este caso), que generaba "temple". De alguna manera, venía a corregir la hipersensibilidad en la que yo había estado debido a la falta. Recordé entonces a Tony diciéndome que yo no permitía que mi herida sanara porque conectaba demasiado con el dolor todo el tiempo, y le daba demasiada importancia. Reflexionaba que esta hipersensibilidad se producía debido a una energía femenina mal colocada.

—Un hombre que no trabaja conscientemente su valor masculino —escuchaba dentro a mi maestro— se termina volviendo femenino de una forma como no debe. Esto ocurre por defecto y no porque se lo proponga. Pero esa energía no le sienta bien y le termina restando. Le debilita en lugar de potenciar su sensación de valor. Por su parte, una mujer que no trabaja conscientemente su energía femenina se termina volviendo masculina allí donde no debe serlo. Tampoco en este caso la energía le sienta bien, y le resta también valor. Esto era también la razón de que muchos hombres buscaran mujeres con rasgos bien femeninos para, por polaridad, sentirse masculinos. O, viceversa, mujeres buscaran hombres muy masculinos para sentirse femeninas. Pero si, en una relación, un hombre se despolarizaba de su propia energía masculina, de alguna forma obligaba a la mujer a adoptar esa energía que a la larga a ella le resultaba incómoda. En el caso contrario, si una mujer se comportaba poco femenina, algo en el hombre se siente también incómodo, ya que le obliga a él a asumir dicha energía.

Lo importante era entender acá que femenino y masculino no son meros constructos sociales, como muchas veces se ha pretendido, sino esquemas que funcionan a nivel arquetípico e instintivo[181]. Determinan posibilidades de experiencia que el alma elige al encarnar. Podríamos decir que son también "energías" que deben hacerse conscientes para ser integradas como aprendizajes a nivel del campo emocional.

Por supuesto, sería rígido decir que todo individuo biológicamente hombre está obligado a identificarse con la energía masculina, o que toda mujer biológica está obligada a identificarse con la femenina. En ese sentido, cada alma tiene la libertad de elegir si quiere ceñirse al patrón que le propone su sexo biológico o no. De lo que se trata es de conectar con nuestro interior más profundo para saber.

—Cada ser humano es una versión única de masculinidad o femineidad y esas energías encierran un enorme misterio —me señalaba el maestro—. Constituyen una fuente inagotable de entendimiento y desarrollo de valor.

Lo interesante es que la atracción sexual y romántica está dada por el juego de las polaridades. Si en la profundidad de mi ser me identifico como femenino, sentiré atracción (y veré como valioso) a quien me haga experimentar y conectar con esa feminidad en mí. Al revés, si profundamente me identifico como masculino, sentiré atracción (y veré como valioso) a quien me haga experimentar y conectar con esa masculinidad. Ésa era la razón, probablemente, de que yo mismo como hombre había buscado siempre mujeres de un "alto valor femenino".

El rey herido

Mientras procesaba estos entendimientos, vino a mi mente la película *Excalibur*[182], del director británico John Boorman. Sentí a mi maestro insistiéndome en que debía volver a verla.

---

[181] Para C. G. Jung, instinto y arquetipo son dos caras de la misma moneda. El arquetipo es la psiquis lo que el instinto es al cuerpo, señala (Jung, XXXX)

[182] Boorman, J. (1981), Excalibur. Gran Bretaña y Estados Unidos: Orion Pictures.

La película, en opinión de muchos una obra maestra, trata sobre el mito del rey Arturo desde una perspectiva donde prima lo simbólico. Su primera parte narra el nacimiento de Arturo y su ascenso como rey y líder de los caballeros de la Mesa Redonda; su segunda, su decadencia.

Aunque el rey como arquetipo representa el nivel más alto de realización al que puede aspirar un ser humano, también nos muestra su tendencia a la "inmovilidad". Esto está bien representado en el ajedrez, donde el rey se mueve apenas un cuadro a la vez. Así, al asegurarse alguna posición en la vida (o algo que defender o mantener), muchos hombres pierden o sacrifican el verdadero propósito o misión de su alma. Aunque parezca paradójico, la principal causa de su fracaso termina siendo a veces el mismo éxito que han logrado. Un trabajo, una familia o una relación pueden ser la trampa en que quedan atrapados. Son cosas valiosas en sí mismas, pero que pueden hacer que postergue, entregue o pierda su propio valor.

En el filme, una vez que consolida su reino, Arturo va sucumbiendo cada vez más a las rutinas que su cargo le impone. Mientras se esfuerza por mantener el orden y hacer siempre lo que se espera de él, su esposa Guinevere comienza a sentirse atraída por Lancelot, el mejor de los caballeros. De alguna forma, es este último quien ahora encarna al hombre aventurero, valiente y con propósito que alguna vez fue Arturo.

La reina intima con Lancelot y, al descubrirlos, el rey abandona su espada dejándola clavada junto a ambos. A partir de entonces, se sume en una profunda depresión en la que no sólo él enferma, sino también todo el reino. Los campos y ríos se secan, las cosechas se pierden y un perpetuo invierno convierte la tierra en un lugar triste y vacío. Ni siquiera Merlín está ya para salvarle o guiarle; el viejo mago, su consejero, antes de desaparecer le había dicho:

> No puedo decirte nada. Mis días están contados. Los dioses se han ido para siempre. Es el tiempo de los hombres. Es tu tiempo, Arturo.[183]

---

[183] Ídem, minuto 85.

A partir de ese momento, los caballeros parten en una búsqueda desesperada del Grial, la copa sagrada de la cual se dice que puede sanar a quien beba de ella. En el camino muchos son asesinados por Mordred, el hijo incestuoso de Arturo, que intenta conquistar el reino. Finalmente es Perceval, el más puro e inocente de los caballeros, quien consigue el Grial y se lo lleva a Arturo. Cuando bebe de ella, este último exclama: «No sabía lo vacía que estaba mi alma hasta que fue llenada». Ya sanado, se levanta, recupera su espada y parte a su última batalla en la que derrota y mata a Mordred, pero muere también él.

Las palabras de Merlín me sonaron casi idénticas a lo que los maestros seres de luz me habían hecho entender al comenzar mi proceso. Es decir, no había ni magia ni energías que hicieran por mí lo que yo por mí mismo debía hacer. Era un tiempo en el que solamente yo, y no una pareja, un grupo, un maestro, o cualquier cosa externa, podía traerme "de regreso". Era el invierno del alma, la noche oscura en la que el sentimiento de soledad y el de abandono se hacían presentes.

Investigando, descubrí que en esta última parte de la película Boorman fusiona a Arturo con otro mito: el del Rey Pescador, también conocido como el Rey Herido o Tullido. Aparece mencionado en las sagas artúricas como un misterioso rey que había perdido su movilidad debido a una profunda herida en su ingle. A raíz de eso, todo su reino se había vuelto una tierra baldía e infértil. En su castillo tenía al Grial, pero no le estaba permitido disfrutar de los dones de éste debido a la herida. Una profecía anunciaba que, un día, un caballero puro de corazón llegaría y formularía la "pregunta correcta" que permitiría al rey ser sanado.

Podría decirse que tanto el Arturo de Boorman como el Rey Pescador son reyes inmóviles[184]. Perdieron la conexión con el alma y se volvieron estáticos como los bloques del campo emocional. Dejaron de ser los "héroes" de su propio camino y quedaron atrapados en un yo falso desprovisto de auténtico

---

[184] Es el mismo motivo que aparece en muchos cuentos de hadas: el de un rey viejo y enfermo que envía a sus hijos o caballeros en una misión que le sanará.

valor. Es la razón por la que están heridos: tienen, en el fondo, un profundo vacío en la identidad.

Sin embargo, si energéticamente las heridas de identidad y valor se suelen situar en el tercer *chakra*, ¿por qué el Rey Pescador la tiene en la ingle? Una explicación plausible es que, en el fondo, simboliza una herida que le castra, es decir, le priva de las partes que lo hacen masculino. Por lo tanto, en lenguaje coloquial, el rey se ha quedado "sin huevos", o sea, sin testículos para recorrer como un hombre su individuación. Se ha quedado en un estado de niño siempre herido, pasivo e inmóvil, pese a que por fuera posee la estructura de un adulto maduro. El jungiano Robert Johnson, de hecho, señala que el Rey Pescador es un mito cuyo tema central es justamente el sentimiento de herida en la psique masculina. Es un hombre herido al que sólo le alivia salir a pescar, o sea, sumergirse en el océano de los sueños y la inspiración. Según él, "pescar" puede tomarse como una metáfora de hacer algún tipo de arte, sanación o práctica espiritual, así como también de algunas adicciones. En todos los casos el individuo entra en contacto con la mente subconsciente y puede, por un rato, distraerse de su dolor.[185]

Así, el niño herido y el rey enfermo eran prácticamente las dos caras de un mismo yo dañado. A lo largo de los años en que había estado terapiándome, había podido tomar contacto con ambos en mi interior. Sin embargo, sanarlos no pasaba por intentar darles sólo amor y consuelo. Recién ahora entendía que «una herida de amor (propio) no se sana con solamente amor, sino también (y principalmente) con valor. El niño interno en realidad necesitaba desarrollar "huevos", es decir, conectar y empezar a invertir en él como hombre hasta hacerse con el Grial, símbolo del valor de su alma. Era a ésta a la que, como hombre, necesitaba conquistar sexual y románticamente antes que a cualquier mujer externa.

En el mito, aunque el rey tiene el Grial, la paradoja es que no puede directamente hacer uso de él. Es lo que muchas veces nos ocurre cuando damos para otros, pero no para nosotros. Todos se benefician e incluso puede

---

[185] Johnson, R. A. (1997), *El rey pescador y la doncella sin manos*. Barcelona: Obelisco Eds.

que hablen de lo valiosos que somos, pero ese valor no queda a nuestro propio alcance.

Lo que rompía el hechizo y lograba sanar al rey era formular la pregunta correcta, y ésta era «¿a quién sirve el Grial?». En su primer intento, Perceval fracasa porque se queda callado. Años después, comprende su error y regresa, y al hacer la pregunta una voz le contesta: «El Grial sirve al Rey del Grial». Al instante, la herida del rey se cura y su reino vuelve a florecer.

Esta parte del mito es fascinante, porque nos muestra que la herida del yo sana cuando somos capaces de hacer la pregunta sobre el valor. Traducida psicológicamente, ésta podría ser: «¿A quién pertenece el valor [de todo lo que hago]?». Y la respuesta sería: «Pertenece al Yo», al alma. De ahí el ejercicio de mirarme en el espejo y reconocerme por todo lo valioso que yo había hecho en mi vida. En el fondo, todos somos reyes miserables hasta que somos capaces de hacer este reconocimiento.

Por último, el Rey Herido era para mí una versión más de Quirón, el centauro que como arquetipo representa la "herida del alma". En el cielo es un asteroide que tarda alrededor de medio siglo en dar la vuelta al sol. Los astrólogos señalan que su posición en la carta natal determina el ámbito de la vida en que estamos heridos y hemos venido a ayudar a otros. En mi caso, dado que lo tengo en aries y en el ascendente, indica con doble énfasis que la mía era más que ninguna una "herida del yo". El año en que conocí a Tony, sin que yo supiera, Quirón había justo entrado nuevamente en aries, lo que significaba que iniciaba para mí el período conocido como "retorno de Quirón". Anunciaba que por varios años mi herida se volvería mucho más activa y, en consecuencia, haría crisis.

La energía primordial

Trabajar conscientemente la energía alfa de mi masculinidad, permitió un anclaje mucho mayor de la energía del valor a nivel de mi tercer *chakra*. De alguna manera, el proceso de integración se hacía considerablemente más fácil y no era necesario casi pensar en valor. En lugar de eso, me concentraba en permitirme ser lo más masculino posible en cada situación. El maestro me mostró que para ello podía llevar la atención a mis genitales e intentar sentirme (e intencionar) desde allí.

> Soy un hombre "con huevos". Soy masculino. Pido a mi maestro interno la energía de mis testículos. Pido mi "valor testicular". Si alguna vez en alguna vida lo entregué, lo pido de vuelta, lo pido de vuelta, lo pido de vuelta.

El cambio era notorio, ya que podía estar sintiéndome desmotivado o temeroso, pero hacía el decreto y una corriente de energía me inundaba de valor. Allí comprendí por qué en el lenguaje coloquial un hombre valiente es alguien con "huevos" o "cojones" (testículos).

—El valor llega naturalmente al reconocer las energías de la propia genitalidad —me decía el maestro—. Para una mujer tiene que ver con su útero y ovarios, los tenga o no físicamente; para un hombre, con sus testículos[186].

De esa forma, con mis pacientes mujeres, el proceso era prácticamente el mismo. A aquellas con las que venía ya trabajando el tema del valor, les hacía pedir su útero y su "valor ovárico". Al hacerlo, también experimentaban notables movimientos y cambios energéticos.

Pude de esta manera constatar que lo alfa, masculino o femenino, proveniente de esta genitalidad, generaba sensación de aplomo y seguridad. Las cosas, y especialmente los problemas, parecían importar muchísimo menos. Pero no es que fuera así realmente, sino que lo que parecía ocurrir era que el valor personal ya no dependía de validación externa. Porque muchos de nuestros miedos e inseguridades en realidad son vacíos en el tercer *chakra* y las energías genitales, llevadas hasta ahí, provocan calma y

---

[186] En el caso de los individuos que se autoperciben de un sexo diferente al de su biología, mi opinión es que pueden intencionar conectarse con los genitales que sientan que les identifican. De hecho, energética y arquetípicamente, un hombre también cuenta con útero y ovarios, y una mujer, con testículos.

sensación de potencia. Era una especie de actitud estoica, es decir, de imperturbabilidad, inducida de una forma natural y "corporal".[187]

El maestro me lo hacía ver como una pirámide de tres pisos en la que la identidad, ubicada en el tercer *chakra*, está en la punta. Inmediatamente por debajo se halla la energía del segundo *chakra*, lo genital-instintivo. Por último, más abajo y en la base, está el primer *chakra* representando al cuerpo, nuestra biología. La pirámide simboliza que la identidad se apoya naturalmente en las energías masculinas o femeninas de nuestro instinto, y éstas a su vez en la energía de un cuerpo sano y activo.

En mi caso, de hecho, para potenciar el trabajo con la masculinidad alfa, entrenaba en el gimnasio varias veces por semana. Levantar pesas resultaba una especie de ritual de conexión y "movimiento de alma" desde justamente la base de la pirámide: el cuerpo. Podía sentir la testosterona fluyendo por mis venas, y lo aprovechaba para conectar conscientemente con la energía de mi masculinidad. Otras cosas que hacía con ese mismo fin eran meditar, dar paseos conscientes y exponerme a diario al agua fría.

Pero ¿qué era realmente la energía alfa y por qué mi maestro insistía tanto en que hablara de ella? Ciertamente no se refería a alfa como la mayoría lo entiende, es decir, como sinónimo de "dominante".

—Alfa —me decía— es otra forma de llamarle a las energías originales *yin* y *yang* (masculina y femenina) provenientes de Dios Padre-Madre Universal. Éste por una parte es Conciencia de Amor, pero por otra es masculinidad y femineidad. Son fuerzas que están presentes en cada átomo de la creación y se expresan también en todos los seres, de esta y otras dimensiones. El despertar de la conciencia, por tanto, no sólo apunta a la Conciencia de Amor, sino también al entendimiento y la integración de estas energías "polares". Es por esto por lo que masculinidad y femineidad están relacionadas al valor. El valor es la potencialidad vital del alma y se expresa como atractivo. Y el atractivo es la tensión entre los polos, que origina y

---

[187] Sin embargo, que no nos importe el resto o seamos indiferentes a los problemas no siempre es indicador de tener integrada la energía alfa. Simplemente puede estar indicando que soy alguien superficial o con bajo nivel de conciencia.

sostiene la vida misma y toda la creación. Mientras más atractivos somos, por ende, más vivos nos sentimos.

Ahora bien, lo contrario a alfa es beta, que es la versión "atrapada" o "domesticada" de estas energías primordiales.

—Para el ser humano —me mostraba el maestro— entrar en la dinámica social implicó una pérdida. Significó entrar en el juego de la empatía, que es básicamente aprender a postergar los propios deseos e impulsos en función de un buen convivir. Esto posibilitó el desarrollo de la Conciencia de Amor, es decir, la bondad y el amor. Pero a la vez significó que lo masculino y lo femenino quedaran en una versión "domesticada" en la que la conexión con lo instintivo empezó a ser reemplazada por roles de qué era ser un hombre o una mujer suficientemente "buenos".[188]

Esa versión donde debo postergarme por el otro, a veces llena de disposiciones morales y roles, es lo que podemos denominar "estado beta". Éste posee a la base una programación a ser buenos, amorosos, y correctos, y a poner como fin la armonía con los demás.

Lo alfa, entonces, es la "energía primordial" sobre la que se asienta el auténtico valor vital mientras lo beta es la energía o conciencia sobre la que se asienta el valor humano. Es, a mi modo de ver, la diferencia entre "imperativo moral" e "imperativo vital" (o lo que Nietzsche llama "voluntad de poder").

Lamentablemente, como estado rígido, beta puede considerarse como sinónimo de "atrapado" o, hasta cierto punto, "sometido". Así, beta es aquella persona buena que sin embargo ha extraviado la conexión con la energía de su "salvajedad". Suele ser alguien a quien se le dificulta mucho decir que no, y tiende a confundir la conexión emocional con el estar siempre disponible y ser siempre amable para el otro. Es el chico o la chica buenos, responsables y cumplidores. Es el hombre o la mujer neuróticos de muchos chistes y comedias, con frecuencia sometidos a una pareja que los

---

[188] Freud presenta una tesis similar en su clásico ensayo *El Malestar de la Cultura*. En él señala que el hombre culto es aquel que ha renunciado a una porción de su libertad pulsional a cambio de seguridad.

controla, un trabajo que odian y un jefe que los humilla. En resumen, todos somos betas en la medida en que estamos, y nos sentimos, atrapados en estructuras de corrección.

El problema es que el beta cree en una promesa que finalmente —al menos por sí sola— no resulta cierta: «Si te sometes a las reglas y te esfuerzas por ser bueno, serás feliz». Y termina confundiendo el valor humano (ser moralmente correcto) con el valor vital (ser atractivo). De esa forma, le queda un auténtico agujero en el tercer *chakra*. Porque una persona sometida a reglas de corrección, o que lo da todo sin dejarse nada para sí, nunca va a ser atractiva. Y alguien cuya máxima aspiración es ser bueno es también alguien que, como dice Elredge, ha perdido su esencia salvaje y apasionada.

Podríamos decir que, en un sentido simbólico, beta es la inocencia de Adán y Eva en el Edén. Si bien era un estado ideal, estaba sostenido más desde la obediencia que desde una auténtica elección. La serpiente, un elemento salvaje en medio del jardín, probablemente representa que el instinto y el impuso sexual no obedecen reglas. La expulsión de la pareja debe ser entendida principalmente como una toma de conciencia. Es darse cuenta de que lo bueno, y todas las estructuras aprendidas al respecto, no bastan para llenar el impulso de crecimiento del alma. Éste también precisa que entremos en el juego vital y seamos los héroes o heroínas de nuestro propio "viaje". «Te ganarás el pan con el sudor de tu frente», de hecho, es una frase que desde un sentido positivo puede ser entendida como «ganarás tu valor a partir de tu esfuerzo». El valor es el nuevo hogar, es decir, la Tierra Prometida del alma que, a diferencia del Edén, no es regalada sino que el yo debe conseguirla a través de un trabajo intencionado y consciente. Pero si la mentalidad sigue siendo beta y rechaza el valor propio, aquel designio de Dios se convierte en atrapamiento. Empezamos a sentir que el esfuerzo y el trabajo son cosas malas en las que estamos "atrapados".

Darlo todo por otro, ser alguien que se pospone y humilla al máximo por amar o complacer, ser un caballero cumplidor de los códigos y normas, etc. son comportamientos típicos de una conciencia beta que muchas veces son mostrados como algo heroico. Sin embargo, a la larga, la propia mente inconsciente no lo reconoce como atractivo. Tarde o temprano, el sujeto puede acabar sintiéndose vacío y estafado. Y tenemos al enamorado o la enamorada que hizo todo para complacer a su pareja y ésta de todas formas se marchó con otro(a); o la madre que entregó su vida por unos hijos que después se olvidaron de ella; o el empleado que lo dio todo por la empresa, pero nunca fue promovido; o aquel buen amigo que siempre ayudaba a todos, pero cuando él necesitó le dieron la espalda. Su pecado no fue la maldad, sino todo lo contrario: una "bondad beta".

Podríamos decir que este estado de atrapamiento se tiende a incrementar cuando tenemos hijos o familia. Allí el instinto paternal o maternal a menudo puede jugar en contra al hacer que el individuo entre en una especie de piloto automático en el cual se pospone a sí mismo aun cuando esto no sea imprescindible. Si ya nos podía estar costando acordarnos de trabajar el propio valor, al convertirnos en padres o madres lo olvidamos todavía más.

El maestro, a todo ese respecto, me habló de la conexión con el alma, y me mostró que existen dos formas de perderla:

1. La primera y más evidente es a través de la maldad, es decir, lo que los maestros de Tony llamaban "perversión". Básicamente significa rechazar la Conciencia de Amor, o sea, el amor, el respeto y la empatía por el prójimo. Implica una pérdida de "humanidad", es decir, de valor humano.

2. La segunda, mucho menos obvia, es a través de la bondad, y es el "atrapamiento beta". La persona es buena, pero pierde la conexión con su esencia salvaje o alfa. Implica una pérdida de atractivo o valor vital.[189]

En otras palabras, nos podemos perder siendo "malos", pero también siendo "buenos". Esta cruda verdad, cuando la comprendí, me resultó tremendamente iluminadora. Decía que, si alguien sacrifica su valor vital por amor o bondad, pierde igualmente una parte de sí. Esto podría estar justificado en casos extremos, pero si tan sólo es producto del descuido hay allí una conciencia que debe ser despertada. De alguna manera, explicaba por qué tanta gente buena y

---

[189] También podemos entenderla como una falta de pasión o espíritu aventurero.

que lo entrega todo es profundamente infeliz. En ellos observamos muchos vacíos y heridas emocionales.

—Todos somos beta allí donde estamos heridos —me decía el maestro—. En el fondo, son nuestras partes heridas que se sienten impotentes y faltas de hogar. Por eso es por lo que el beta se afana en entregar aquello que tanto busca: el amor incondicional. Entrega toneladas de amor porque es lo que espera recibir de vuelta. Intenta ser bueno para volver al "paraíso" que siente que en algún momento le fue arrebatado.

—Por lo mismo, al beta no hay que rechazarlo —continuó—, porque queda un vacío. A esas pobres partes de uno hay que llamarlas de vuelta, honrarlas y entregarles todo el amor que merecen. Pero hay que también mostrarles su valor alfa, para que dejen de ser esos niños en estado de inocencia, victimismo y necesidad.

También el maestro me hacía ver que existían dos tipos de beta:

1. El primero era desde una posición donde lo masculino o femenino se presenta débil. El individuo busca agradar, cumplir las normas, ser bueno, amable y simpático. Suele no sentirse atractivo, pero no le da mucha importancia.

2. El segundo era desde una posición donde la masculinidad o feminidad se muestra fuerte o soberbia desde la agresión o algún tipo de posición dominante. El individuo pretende estar en una posición alfa, pero lo logra sólo superficialmente, ya que por dentro sigue siendo beta (débil). Por eso es por lo que busca controlar e imponerse.

En ese sentido, la maldad o perversión es una de las vías para escapar del atrapamiento beta. Es la razón por la cual los "malos" son, en cierta forma, atractivos. Ser el malote, la *femme fatale*, el sinvergüenza, el gánster, el machista, el que desprecia las reglas y actúa egoístamente, o el hombre o la mujer que va por sus deseos sin importarle el resto, genera cierta atracción instintiva. Nuestra mente inconsciente lo lee como "valor", aunque luego nuestra conciencia nos haga razonar que no queremos a alguien así en nuestras vidas.

Un amigo que hace obras de teatro infantil me contaba que en sus presentaciones los niños solían identificarse con el personaje malo. Muchos querían ser el pirata, el bandido o el lobo feroz, pese a ser los antagonistas de la historia. Yo le decía que eso se debía a que el malo siempre es naturalmente más atractivo que el bueno, y que si quería que los niños quisieran ser el bueno, debía dotarlo con características alfas.

Pese a todo, la "conciencia beta" es un aprendizaje fundamental para el alma. A través de ella adquirimos la bondad y la empatía, reconociendo nuestro ser vulnerable y necesitado de amor. Es una lección que nos ha costado milenios, y toneladas de dolor, y aún en muchos aspectos estamos al debe como humanidad. Jesús de Nazareth y muchos otros grandes maestros y pensadores nos han mostrado ese camino, el del amor entendido como reconocer y respetar al otro como un legítimo otro. Al volvernos perversos y egoístas, estamos desconociendo esa lección y, con eso, a la propia Conciencia de Amor de Dios Padre-Madre Universal. Acabamos perdiéndonos en la oscuridad de nuestro falso ego y nos convertimos en el "lobo negro".

> En las zonas donde el cristianismo apareció hace dos mil años, las personas eran mucho más bárbaras de lo que son hoy en día. El conflicto estaba por todos lados. Los sacrificios humanos, incluso de niños, eran algo común hasta en sociedades tecnológicamente sofisticadas como la antigua Cartago. En Roma, los deportes que se practicaban en los anfiteatros eran competiciones a muerte donde solía derramarse sangre. La probabilidad de que una persona moderna de un país democrático funcional mate o muera asesinada es infinitamente baja en comparación con lo que ocurría en las sociedades más antiguas (o con lo que ocurre todavía en áreas anárquicas y desorganizadas del mundo. Por entonces la preocupación moral principal a la que se enfrentaba la sociedad era el control del egoísmo violento e impulsivo, así como de la codicia descerebrada y la brutalidad que lo acompañan.[190]

---

[190] Peterson, J. (2018). 12 reglas para vivir. Un antídoto al caos, pág. 66. Barcelona: Planeta Eds.

Así, renunciar a la barbarie llevó en la mayoría de los casos adoptar una conciencia beta. Fue rechazar y reprimir lo salvaje por miedo al "lobo negro" de nuestros impulsos destructivos. El problema es que por dentro esos impulsos siguen existiendo y requieren que nos hagamos cargo de ellos. Porque la conciencia beta, pese a su tremenda importancia, puede derivar fácilmente en atrapamiento cuando se rigidiza. Porque, cuando se transforma en "estructuras", nos hace perder la conexión real con el valor que somos en términos vitales.

La forma positiva de trascender este estado, entonces, es la conciencia y energía de lo alfa. Ésta es un recuperar la esencia salvaje y hasta cierto punto peligrosa contenida en lo instintivo, pero —y ahí está la clave— sin perder la bondad. Implica invertir en el propio valor y entrar a conectar con nuestra masculinidad o femineidad de manera consciente. A través de la energía alfa, el bueno toma las características del "chico malo", por ejemplo, su rebeldía, su intrepidez y su pasión, y se hace también atractivo. La diferencia es que no se vuelve ni perverso ni manipulador.

Lo alfa, en ese sentido, representa la integración entre lo bueno y lo rudo[191] o, simbólicamente, entre oveja y lobo. La energía alfa le permite a beta salir del "rebaño de la corrección" y alcanzar un estado donde ambos se hacen uno. Es como lo dice el poeta chileno Manuel Silva Acevedo[192]:

> El lobo es lobo, luego se vuelve en oveja.
>
> La oveja es oveja, luego se vuelve lobo.
>
> La oveja es lobo.
>
> El lobo es oveja.
>
> […]
>
> Yo era una oveja mansa
>
> Siempre miré hacia el suelo
>
> Yo era sólo una oveja rutinaria

---

[191] En Chile, se dice *brígido*. Es una palabra de la jerga juvenil que significa rudo, salvaje o peligroso.

[192] Silva Acevedo, M. (2009) Lobos y Ovejas. Santiago: Ediciones UDP

Yo era un alma ovejuna
sedienta de aventuras
Yo era en el fondo
una oveja aventurera
[...]
No seré más la oveja en cautiverio
El sol de la llanura calentó demasiado mi cabeza
Me convertí en la fiera milagrosa
Ya tengo mi lugar entre las fieras
Ampárate pastor, ampárate de mí
Lobo en acecho, ampárame

De esta forma también, encontramos que prácticamente todos los héroes y heroínas de los cuentos, novelas y películas de acción que nos parecen atractivos, poseen características alfa, unos más que otros. Algunos desde lo masculino, como Hércules, Batman o Indiana Jones, y otros desde lo femenino, como Psique (de Eros y Psique) o Bella (de la Bella y la Bestia). Nos resultan atractivos porque poseen al mismo tiempo bondad y cierta rudeza salvaje que los hace estar más allá de las reglas y convenciones. Son buenos pero a la vez priorizan sus propios objetivos.

Por el contrario, el beta es un individuo que se esfuerza en crear "paraísos" para otros, de los cuales él mismo termina autoexcluyéndose por no dar importancia a su propio valor. Es así como entrega todo por una familia, una pareja, una religión, un trabajo, etc., y acaba con grandes vacíos en la identidad. Moralmente puede ser alguien intachable, pero vitalmente se halla completamente "endeudado" por haber malgastado el capital vital de su alma. Y son esa sensación de endeudamiento y la constatación de que se ha volcado todo en otros lo que hace que se sienta tan estafado cuando los demás no le retribuyen. En la vida encontramos todo el tiempo gente beta desencantada y enojada que se pregunta «por qué fui tan bueno» y «qué gané con entregar tanto». En ese estado, es fácil luego volverse violento o destructivo.

Ahora bien, pensemos por un instante en dos hombres que tienen un trabajo en el cual están sometidos a las mismas tareas, horarios y rutinas. El primero cumple con todo, pero vive quejándose de lo atrapado y aburrido que se siente, y de lo injustas e incoherentes que son algunas situaciones. La mayoría del tiempo se la pasa cansado y tratando de distraerse de alguna forma de esa pesada carga que es para él la vida que lleva. El segundo, por el contrario, si bien cumple con su trabajo, ha preferido invertir su atención en cosas que potencian su atractivo, como ir al gimnasio, cultivar aficiones que le gustan, comprarse ropa en un estilo propio y estudiar una carrera. ¿Cuál de los dos es más libre?

Aun cuando ambos están en la misma situación, más libre siempre es aquel que, al centrarse en aumentar su propio valor, experimenta menos atrapamiento. Lo alfa provoca sensación de libertad, calma y potencia, y nos saca adelante. Es una energía que, si sabemos llevarla al *chakra* solar, puede curar las heridas y vacíos de autoestima que allí hay.

Con este ejemplo, estamos en condiciones de entender más a fondo la lucha de los dos lobos en el interior del ser humano. Uno es el lobo en estado de impotencia, que puede derivar fácilmente en sentimientos destructivos y perversión. El otro es el lobo en estado de potencia. Representa a aquellos hombres y mujeres que, a través de un trabajo de ponerse en contacto con las energías alfa masculinas o femeninas, obtienen un sentimiento de logro y libertad.

En este punto, podía ver cuántas veces me vi enfrentado en el pasado a esta elección y simplemente estallé o colapsé. Al percibir mi herida, de hecho, muchas veces recuerdo haber sentido dentro el grito desgarrador de alguien, un yo "atrapado", al que no lograba ayudar. Volverse perverso en esas condiciones, y optar por la violencia o la venganza, es fácil y sé que fue mi elección en más de una vida pasada. Sin embargo, con la conciencia que ahora tenía, sabía que no podía permitírmelo. Y aunque podía seguir lamentándome hasta el fin, también percibía el impulso de mi alma por salir adelante. Podía invertir en potenciar mi valor, o quedarme por siempre en la sensación de estar herido.

De hecho, a ratos todavía aparecían la pena, la rabia y la frustración acompañadas de sentimientos de profunda tristeza y soledad. Era una especie de "procesión" interna que amenazaba con sumirme nuevamente en una espiral destructiva. Pero ahora, sentía que la conciencia de mi energía masculina venía en mi auxilio. Al conectar con ella desde mis genitales, dejaba de ser ese yo al que estaba acostumbrado, y era el instinto el que me guiaba y sostenía. Era una especie de "conciencia" mucho más antigua y vasta que mi yo de ahora. En ella percibía la memoria colectiva de todos los hombres y seres masculinos antes que yo. Sin duda era la poderosa energía del arquetipo.

Es por eso por lo que concluí que masculino y femenino son energías altamente espirituales, al menos potencialmente. Permiten al alma tener aprendizaje espiritual desde lo instintivo. Ahora podía entender mejor a qué se referían los maestros seres de luz cuando recomendaban a una persona «hacer un camino "desde lo terrenal"».

Las energías alfa masculina y femenina, vividas desde la conciencia, resultaban de tal abundancia que permitían al yo desarrollarse completamente con independencia de una pareja u otras personas. Acababan con la dependencia emocional porque producían contento pleno. Eran las energías del Padre y la Madre Universales, respectivamente. Por tal motivo, al dirigirme a ellos empecé a llamarlos simplemente "Padre Alfa" y "Madre Alfa".

> Padre Alfa Universal, intégrame la energía masculina alfa de mi alma. Muéstrame mi masculinidad primordial.
>
> Madre Alfa Universal, muéstrame mi propia energía femenina alfa. Intégramela también.

—Es muy importante también comprender —me hacía ver el maestro— que las energías primordiales debieran serles enseñadas a cada niño o niña por sus padres. Para eso debían ellos mismos estar cultivando conscientemente su propia energía alfa. Porque un padre o una madre en estado de atrapamiento o impotencia no pueden brindar real contención. Los padres betas no tienen la capacidad de crear niños alfas, y menos aún aquellos que son "lobos negros" maltratadores o narcisistas.

De esta forma, lo alfa (que por definición integra la parte positiva de lo beta) es lo único que puede entregar contención verdadera a otros y, por ende, también a uno mismo. Si nuestros padres no nos mostraron la energía [del valor] alfa y sólo nos mostraron atrapamiento, seremos adultos heridos con poca o nula capacidad de darnos autocontención. Con esto, mi maestro me ayudaba a entender la razón de cierta rabia y resentimiento que yo tenía con mis propios padres. Siempre me había preguntado el motivo, si ellos no habían fallado en cuanto a cariño y bondad. No obstante, de alguna forma, desde el ejemplo que me daban, me habían transmitido sensación de atrapamiento. Había mucha neurosis beta en el hecho de estar reaccionando, aconsejando o necesitando controlar.

Por lo tanto, la conclusión a la que llegué fue que un padre y una madre no debían ser sólo suficientemente buenos en cuanto a intención bondadosa, sino también suficientemente alfas. Debían enseñar a los hijos la energía de la potencia. Sobre ésta, el maestro me dijo:

—La potencia es la esencia de la energía alfa y, como tal, del valor vital, pero debe asentarse sobre una base beta de amor y responsabilidad moral. En ningún caso debe ser confundida con el sentimiento de "poderlo todo". Porque hay cosas que no se pueden hacer porque escapan completamente de nuestro control. La "omnipotencia", por ende, es más que nada una ilusión del ego para compensar su falta de potencia. Ser potentes más bien es convertirnos en el animal que se siente dueño y señor de su propio territorio, es decir, asumir nuestro propio valor.

Sombra y anima/animus

Otra cosa que a esas alturas se me hizo evidente, fue el nexo de la energía alfa con los planteamientos de C. G. Jung, específicamente lo relacionado con los arquetipos de la sombra y el *anima/animus*. Yo estaba muy familiarizado con ellos, por haber sido por años ayudante de ese ramo en la universidad.

En su teoría sobre la psique humana, Jung llama arquetipo de la sombra al "lado oscuro" de nuestra personalidad: esos rasgos y actitudes que el yo consciente no reconoce como propios y en consecuencia rechaza. Son todos aquellos sentimientos, capacidades e impulsos que nos parecen incómodos y desagradables, y nos resultan conflictivos. A menudo somos ciegos a ellos en nosotros, pero no en los demás. Es el clásico «ver la paja en el ojo ajeno y no la viga en el propio».

A simple vista, podría pensarse que la sombra es sólo lo malo y perverso de uno, pero en muchas ocasiones contiene también aspectos positivos. El mismo Jung afirma:

> Si hasta el presente se era de la opinión de que la sombra humana es la fuente de todo mal, ahora se puede descubrir en una investigación más precisa que en el hombre inconsciente justamente la sombra no sólo consiste en tendencias moralmente desechables, sino que muestra también una serie de cualidades buenas, a saber, instintos normales, reacciones adecuadas, percepciones fieles a la realidad, impulsos creadores, etc.[193]

Por su parte, en *El Hombre y Sus Símbolos*, Marie-Louise Von Franz señala que «La sombra tiene dos aspectos, uno peligroso y otro valioso»[194]. Esta

---

[193] Jung (2019), Recuerdos, sueños y pensamientos, p. 495. C. de México: Paidós, Planeta Eds.

[194] Von Franz, M. L., en Jung (2023) El hombre y sus símbolos (cap. 3: El proceso de Individuación), p. 175. Barcelona: Paidós, Planeta Eds.

dualidad significa que lo mismo que puede hacernos crecer es lo que eventualmente puede llegar a destruirnos, y viceversa. Son nuevamente los dos lobos del relato cheroqui. Por ende, para que sea a favor del alma, el encuentro con nuestra sombra siempre debe ser guiado conscientemente. No puede ser simplemente dar rienda suelta a los impulsos instintivos.

Para Jung, hacernos conscientes de nuestra sombra es un paso fundamental en el Proceso de Individuación. Es el momento en que el héroe se ve enfrentado a un duro adversario que le pone a prueba más de una vez. Termina siendo una suerte de "maestra", ya que le muestra al héroe partes, entendimientos o poderes que él también necesita. A mi modo de ver, cualquier duelo profundo y prolongado es una crisis en la que luchamos contra los propios demonios —metafóricamente hablando— y aprendemos de ellos. Esa lucha contra nuestra sombra no la ganamos rechazándola o exiliándola, sino reconociéndola. Y esto implica necesariamente pasar por la "prueba del desierto" o "noche oscura del alma". Quien atraviesa el duelo, el "doliente", es así también un héroe "ensombrecido".

El arquetipo del *anima/animus*, por otra parte, es la figura del otro sexo dentro de cada uno de nosotros. Según Jung, *anima* es el lado femenino del hombre, su mujer interna, y *animus*, el masculino de la mujer, su hombre interior. Traducido a energías, serían la energía femenina en el hombre y la masculina en la mujer. Esto sería así porque la psique es siempre completa: contiene *yin* y *yang*. Si nuestro yo consciente elige ser masculino, dentro por necesidad según Jung nuestro inconsciente será femenino, y viceversa.

Ahora bien, lo que suele ocurrir es que estas energías de nuestro otro polo se suelen proyectar fuera en nuestras fantasías románticas. *Anima* es así la fantasía de "mujer perfecta" que todo hombre heterosexual proyecta sobre una mujer que él considera deseable, y *animus*, la fantasía de hombre ideal que toda mujer heterosexual proyecta sobre los hombres que le atraen.

Por supuesto, para que estas proyecciones puedan darse, la brecha entre fantasía y realidad debe ser pequeña. Muchas veces pasa que, al descubrir con el tiempo que la persona real es muy diferente a nuestra *anima* o *animus*, la atracción que estábamos sintiendo por ella termina. O sea, podríamos decir que aquello que consideramos valioso y atractivo en el otro —y por extensión en nosotros mismos— está determinado por estos arquetipos.

Porque la fantasía acá no debe ser vista necesariamente como algo negativo. Yo mismo en mi psicoterapia había hecho el ejercicio de conectar conscientemente con mi *anima* para observarla e intentar interactuar con ella. Podía verla como una mujer bella, caucásica, de pelo oscuro, , curvilínea, delgada y menuda de tamaño. Algo en ella era una mezcla entre sensualidad, sensibilidad artística y ternura, y emanaba una suerte de poder mágico o "psíquico". Podía ver en ella a la mayoría de las parejas de las que había estado enamorado.

En el fondo, la fantasía es un mecanismo que guiado conscientemente le permite a la psique asimilar las "energías" que le son importantes. Sólo cuando no hay conciencia, el *anima* o el *animus* se vuelven negativos y en vez de contribuir al desarrollo de la psique, acaban convirtiéndose en motivo de tropiezo. Se terminan proyectando fuera de manera acrítica, lo que nos coloca en una posición de dependencia emocional.

De esta forma, el conflicto observado afuera con ese polo opuesto a menudo es el fiel reflejo de las dificultades con esa energía dentro de la propia psique. Las quejas de los hombres en contra de las mujeres (o de personas con cualidades femeninas) o de las mujeres en contra de los hombres (o de personas con cualidades masculinas) con frecuencia sólo muestran cuánto les está costando lidiar con "su otra parte".

Ahora bien, si bien estos conceptos pueden ser válidos para heterosexuales, ¿qué ocurre en el caso de otras orientaciones y preferencias? El asunto es todo menos simple y personalmente creo que no existe una única respuesta. Por ejemplo, Jung sugiere que los homosexuales serían hombres que se identificaron con su *anima* y por ende desarrollaron una identidad femenina. De esa forma, estarían proyectando un *animus* y no un *anima*. Sin embargo, es muy probable que, dado que la realidad es tan compleja como diversa, esta explicación hoy en día en el mejor caso resulta parcial. De hecho, en la actualidad existe mucha discusión al respecto en la que se ha llegado a proponer la utilización de una forma neutra a la que podríamos llamar simplemente *animi*. Después de todo, lo que Jung quiere decir es que, dado que los hombres heterosexuales típicos no nos relacionamos demasiado conscientemente con nuestros rasgos femeninos (o "energía femenina"), esos rasgos aparecen en nuestras fantasías bajo la forma de un "ideal de mujer". Por su parte, dado que las mujeres heterosexuales típicas tampoco se relacionan tan conscientemente con sus rasgos masculinos ("energía masculina"), esos rasgos aparecen bajo la forma de un "ideal de hombre". Pero lo que está detrás, en un sentido amplio, es la idea de que el inconsciente adopta la forma del "otro lado", cualquiera sea, y la termina proyectando en quienes nos atraen. Y estos últimos pueden ser del sexo opuesto o del idéntico a nosotros.

En quienes no somos tan conscientes de nuestras energías genitales, y por ende no las tenemos trabajadas, el *anima* y el *animus* pueden fácilmente manifestarse como "posesión". Un hombre heterosexual puede así volverse inadecuadamente femenino y una mujer, inadecuadamente masculina. Esto en ningún caso quiere decir que no debe haber energía femenina en el hombre ni masculina en la mujer. Más bien hace alusión a que, si nuestra alma elige una identidad masculina o femenina como expresión, no está bien convertirse uno en lo opuesto por descuido. En cierta forma era lo que sentía que, sin darme cuenta, me había ocurrido: me había vuelto un hombre víctima de su propia *anima*.

A menudo esta posesión se da en relación con una pareja. Ocurre cuando le dejamos la tarea de hacernos sentir valiosos como hombres o mujeres[195]. La interacción sexual y romántica en ese sentido siempre nos conecta con la energía alfa que nuestra alma busca. Aun cuando sea momentáneamente, despierta en nosotros algo de esa "salvajedad" vital que hemos dejado de lado que nos hace sentir valiosos y atractivos.

De esta forma, al comprender sobre la energía alfa, tanto el concepto de sombra como el de *anima/animus* tomaron un significado nuevo. Porque mientras el *anima/animus* es siempre de sexo opuesto al que se identifica el

---

[195] En el caso de las personas homosexuales les queda a ellas la tarea de descubrir qué pueden estar buscando que una pareja les haga sentir.

sujeto, la sombra según Jung siempre es del mismo. Es por esto por lo que puede concluirse que la sombra, al menos una parte de esta, en el fondo tiene que ver con la energía reprimida o excluida de la propia sexualidad. En mi caso era todo lo masculino que consciente o inconscientemente yo había rechazado u omitido. Y esto no tenía que ver solamente con mi ámbito particular, sino también con lo que colectivamente la cultura tiende a rechazar. Es decir, en la sombra está implícito el conflicto entre "salvajedad" y "domesticación".

—Integrar la energía alfa es lo mismo que integrar la sombra —escuchaba a mi maestro decirme—. Porque alfa es la energía de la potencia positiva contenida en todo lo salvaje que quedó fuera al volvernos civilizados, humanos y "buenos". Pero quedar fuera no es desaparecer, porque los impulsos de nuestra esencia salvaje siguen actuando desde justamente la sombra. Si no la aprendemos a manejar, nos convertimos en los lobos destructivos de la maldad o el ego y, si sí aprendemos, en los lobos de la potencia alfa positiva. Y no importa cuál o cuáles sean los ámbitos vitales donde consigamos triunfar sobre nuestra sombra, el resultado siempre será volvernos más alfas, es decir atractivos.

Pero es justamente aquí donde yo veía una pregunta clave: ¿atractivos para quién? La respuesta desde lo que estamos discutiendo es simple: para nuestra *anima* o *animus*. En otras palabras, mientras mayor es el valor vital que vamos logrando, más empezamos a conquistar a la contraparte sexual que existe dentro de nosotros.

De este modo, ser de un alto valor masculino beneficia a un hombre heterosexual porque le permite conquistar a su *anima* o mujer interna, que es la imagen de su propia psique inconsciente. Al volverse atractivo para ella, el intercambio energético es creado en su propio interior y no necesita depender de validación o compañía femenina externa. Esto le libera de la sensación del "atrapamiento beta" y cura las heridas que en la identidad pueda tener. Por extensión, se convierte en un hombre que alcanza la seguridad sin estar necesitando poseer, devaluar o violentar a las mujeres.

Por su parte, en una mujer heterosexual ocurre lo mismo, pero en sentido opuesto. Al integrar su energía alfa femenina, se vuelve más atractiva para su propio *animus*, el cual es también la imagen de su propio inconsciente. De esa forma, consigue no necesitar ser esclava de la atención de los hombres ni ponerse a competir con ellos de igual a igual. El intercambio energético masculino-femenino se logra en su propio interior y también la libera de la sensación del atrapamiento.

De esta manera, para el hombre que siente dependencia hacia las mujeres, lograr una versión alfa de su masculinidad le permite liberarse del "hechizo" negativo de su *anima*. Para la mujer que siente dependencia hacia los hombres es exactamente lo mismo: encontrar se feminidad alfa le permite liberarse de la tiranía de su *animus* negativo. Ni él se siente ya intimidado o conflictuado por las mujeres ni ella por los hombres.

Porque en el estado beta, el *anima* y el *animus* muchas veces se vuelven fuerzas negativas y hasta cierto punto perturbadoras. En la psique del hombre, el *anima* en su aspecto negativo se presenta como una mujer seductora pero caprichosa, manipuladora, cambiante e hipersensible. En la mujer, el *animus* negativo es un hombre seductor pero opresor, dominante y excesivamente crítico. Esta es la raíz de muchos conflictos de pareja o con las personas del otro sexo. En el estado beta, los hombres heterosexuales no son lo suficientemente masculinos como para hacer frente a esa fuerza avasalladora de su *anima*, y las mujeres también heterosexuales no son lo suficientemente femeninas para hacer frente al *animus*. Podríamos decir entonces que en el estado beta la masculinidad auténtica de un hombre es prisionera de su *anima*, y la femineidad auténtica de una mujer lo es de su *animus*.

Asentando los cambios

Había transcurrido casi un año desde la visión del lobo y poco más de seis meses desde descubrir el trabajo consciente con la energía masculina. Las transformaciones que en ese lapso experimenté se tradujeron en un estado de cada vez mayor bienestar y seguridad. Incluso sentía que mi rostro, mi cuerpo y mi gestualidad habían cambiado. Ahora, era otra la energía que sentía estar proyectando: una que tenía que ver mucho más con el alma que yo realmente era. Y aunque estaba consciente de que tenía por delante un largo camino, sabía que al fin había encontrado lo que tanto había buscado: comprender mi herida y dar con lo que la sanaba. No podía evitar pensar en el dios Odín, que para beber del pozo de la sabiduría tuvo que arrancarse un ojo. La metáfora era que a veces voluntaria o involuntariamente nos tocaba perder lo más valioso para ganar otra cosa que lo era aún más. Y eran los entendimientos, y no las operaciones energéticas, los que finalmente habían resultado clave en mi sanación. Es decir, aunque lo energético era también muy importante, estaba directamente supeditado a las comprensiones que había ido logrando.

—Las cosas no podían haber sido de otro modo —me susurraba el maestro—. Éste era un viaje que no podías hacer acompañado. El dolor es el gran iniciador por el que no se puede no pasar. Eres un sanador y un artista del alma, y necesariamente te tocaba recorrer el mismo camino que haces recorrer a otros. En esto no hay ni excepciones ni pendientes.

También comprendía que los maestros seres de luz me habían dejado solo como a un estudiante que rinde examen. Apenas unas cuantas pistas fue todo lo que me brindaron como si quisieran que, luego de eso, abandonara la dependencia hacia ellos. Y ahora veía con claridad que no era mi camino ni mi misión haber entrado en el mundo de Tony. Había aprendido enormes lecciones de él y le estaba eternamente agradecido, pero percibía a mi maestro diciéndome: «Por ahí no es. Lo que debías aprender sobre el valor vital y la energía alfa él no puede ni podía mostrártelo». Y cuando me conectaba con el nuevo estado que percibía estar alcanzando, comprendía que desarrollar e integrar la energía alfa era algo que mi alma había venido no sólo a aprender, sino también a enseñar. Era una parte sustancial del sistema de sanación que había creado.

—Tu verdadera naturaleza es ser un lobo solitario; nunca parte de un rebaño —me señalaba el maestro—. Lo que pasa es que ahí donde estabas herido fuiste beta, porque toda herida siempre nos hace betas. Por eso es por lo que has hecho este largo camino, para recordar quién eres realmente. Viniste a ser autosuficiente y a enseñar a otros a también serlo desde el encuentro con la energía primordial. Y para hablar desde el ejemplo es que has tenido esta iniciación a través del fuego del dolor humano.

Ciertamente la energía alfa generaba un bienestar muy diferente al de la devoción o la contemplación espirituales. La sentía más bien como una mezcla entre poder, vitalidad y plenitud terrenales. Era la sensación casi biológica de estar experimentando (y disfrutando) al hombre que yo era.

Porque una de las cosas más importantes para la integración de la energía alfa era la actitud de valoración consciente del propio ser sexual o "sexuado". En ese sentido, con mi amigo Claudio, terapeuta en el sur del país, reflexionábamos sobre cuán distinta se percibía la afirmación «soy un hombre (o mujer) valioso(a)» en comparación con solamente «soy una persona valiosa». La primera poseía un poder o peso energético enormemente mayor, quizás debido a que hombre y mujer eran palabras que con seguridad ya existían en las primeras formas de comunicación desarrolladas por el ser humano. Estaban ancladas directamente a una especie de "memoria somática". En cambio, el término "persona" como lo entendemos hoy es probablemente mucho más reciente. Sin duda es también importante, pero opino que apunta más al valor humano que al vital.

Sin embargo, la integración en la identidad de una energía, cualquiera sea, no era cosa de sólo decretos. Precisaba también de actitudes y acciones en todo momento coherentes con ese aprendizaje en particular. Y eso a la vez demandaba un trabajo de reeducación emocional y mental que necesariamente debía ser guiado por la conciencia. En particular en el caso de la energía alfa había que poner muchísimo cuidado en evitar dejarse llevar por estereotipos de índole machista o feminicista. Para eso era necesario someter toda conclusión a profunda reflexión. Y es que con el valor vital y las energías masculina y femenina ocurre lo mismo que con el valor humano o moral. Cuando falta reflexión y el entendimiento es por ende deficiente, se cae inevitablemente en normas. Y así como la conciencia moral termina a veces siendo una serie de disposiciones morales, la "conciencia alfa" se acaba desvirtuando en reglas que dictan lo que supuestamente debe ser o no ser un hombre o una mujer. Inevitablemente lo normativo es siempre una trampa que hay que aprender a esquivar.

Al respecto, mi maestro me mostraba que esas reglas de género no eran más que un camino a medio hacer hacia el reconocimiento real de las energías masculinas o femeninas primordiales. Acababan cristalizándose en estructuras que no eran sino otras formas de atrapamiento.

—Toda estructura es un entendimiento que se quedó a medias, en lo superficial —me decía.

Decidido a profundizar mi comprensión, me avoqué entonces a investigar y meditar aún más sobre qué significaba ser y comportarse como un individuo alfa, masculino o femenino. Algo que de entrada entendí, es que no debe pensarse que existe una versión única de esto para todos. Las energías primordiales femenina y masculina son complejas, se expresan diferente, y cada alma las hace suyas de un modo particular. Es cierto que al igual que para el valor existen líneas generales[196], pero en términos de arquetipos encontramos una amplia variedad. En *Las Diosas en Cada Mujer*[197] y *Los Dioses en cada Hombre*[198], la analista jungiana Jean Shinoda Bolen explora distintas facetas del valor femenino y masculino.

—La energía alfa es donde vemos lo único de una persona —me decía el maestro—. Cada ser humano es una combinación diferente y particular de masculinidad y feminidad.

A partir entonces de lo que pude constatar y mi propio maestro me mostraba, había una serie de conductas concretas, aparte de los cambios que en mis rutinas de alimentación y ejercicio físico, que tenían la virtud de provocar un efecto energético contundente sobre las estructuras de la identidad. Éstas tenían que ver directamente con la conciencia alfa:

- Cultivar un propósito y metas acordes con él.

---

[196] Siempre debe considerarse que "general" no es sinónimo de "*absoluto*".
[197] Shinoda Bolen, J. (1994), Las diosas en cada mujer. Barcelona: Kairós.
[198] Shinoda Bolen, J. (2002), Los dioses en cada hombre. Barcelona: Kairós.

- Acabar con la tendencia de estar constantemente buscando agradar para ser aceptado o validado.
- Dejar de regalar mi atención a otros.
- Sólo avanzar en una relación cuando la otra parte está siendo recíproca.
- Caminar erguido y totalmente consciente de la energía que estaba proyectando.
- Siempre que fuera posible, aprender a decir no a aquellas cosas que instintivamente sentía que me restaban valor o atractivo
- Invertir en proyectos o actividades que tenían que ver con mi propósito y mis metas, o me sumaban sensación de valor.
- Desafiar a mi propio ego, sostenido por mis estructuras, para evitar estar encantando o siempre quedando bien.
- Practicar el hábito del orgullo hacia mí mismo.
- Alejarme o poner límites frente a quienes sentía que no me aportaban valor o derechamente me lo quitaban.
- Alejarme de las personas que en el pasado me habían dañado, traicionado, engañado, o se habían aprovechado de alguna forma de mí.

Si bien casi todas eran cosas que había comenzado a hacer progresiva y disciplinadamente desde el momento en que inicié el trabajo sobre mi valor, con lo de la energía masculina alfa se potenciaron aún más. Era mi propio "guerrero" y esta batalla no iba a tener otro final para mí que no fuese recorrer el camino que sentía que mi maestro interno me mostraba. De todo, sin embargo, había un aspecto de lo alfa que sobre todo en su versión masculina adquiría una relevancia particular. Éste era el de la responsabilidad como idea fundamental que permitía dar significado y valor a la vida. Básicamente, tenía que ver con ser y actuar responsablemente con uno mismo por propia voluntad y no por imposición desde fuera.

—Una persona empoderada desde la energía alfa —me decía— no es la que actúa sólo exigiendo sus derechos, porque ése sólo es la mitad del aprendizaje. El verdadero espíritu de la energía alfa está en la responsabilidad, que abarca tanto lo moral como lo vital.

Al respecto, Jordan Peterson señala:

> ¿Y qué hace que algo valga la pena? ¿Los derechos? Es casi imposible describir qué tan mala es esa idea. La responsabilidad: eso es lo que le da el significado a la vida. Es como levantar una carga. Luego de eso puedes tolerarte a ti mismo, ¿cierto? Porque mírate: inútil, fácilmente dolido, fácil de destruir, ¿por qué deberías tener respeto propio? Ésa es la historia de la Caída [de Adán y Eva]. Recoge algo y cárgalo. Recoge algo lo suficientemente pesado para que así puedas pensar: «Bueno, con lo inútil que soy al menos podría mover eso desde ahí hasta ese otro lugar». [...] y es muy interesante ver a los jóvenes cuando les hablas a ellos acerca de responsabilidad. Ellos están realmente apasionados por esto. Simplemente me deja boquiabierto. Es como... ¿en serio? Ésa es la contracultura: crece como un demonio y haz algo útil. «De verdad yo puedo hacer eso? Estoy tan emocionado con esa idea» Nadie se los había mencionado antes.[199]

Junto con eso, la práctica psicológica fundamental para una transformación vital dentro de la conciencia alfa, era la del "no atrapamiento". Para que funcione debía ser hecha desde un estado mental y emocional de "potencia", el cual —me volvía a decir mi maestro— facilitaba no crear más estructuras y disolver las que ya existían. Sanaba las heridas y llenaba los vacíos. Porque si caíamos en el atrapamiento, que en el fondo es un "dejarse atrapar" olvidando nuestra verdadera naturaleza potente, hasta lo bueno terminaba siendo malo. De esa forma, podíamos quedar atrapados en deberes morales o inclusive en la propia responsabilidad. En ese sentido, cuando la bondad o la responsabilidad no generan un sentimiento de potencia en uno, sino

---

[199] Peterson, J. (2017). 2017 Maps of Meaning 11: The Flood and the Tower, 2h25m48s, video disponible en www.youtube.com/@jordanbpeterson

más bien de atrapamiento, es señal clara de que hemos quedado "atrapados" en una posición beta.

En mi caso, tenía la sensación de que ese "hacerme cargo" de potenciar mi propio valor y el estar ayudando a otros a también hacerlo eran la responsabilidad con la que voluntariamente me había comprometido. Era difícil y demandaba esfuerzo, pero por lo mismo el valor y el sentimiento de potencia que me entregaba resultaba incalculable. Con él estaba construyendo un nuevo ser que poco a poco había ido reemplazando a mi yo de antes. El cambio a nivel de las estructuras de mi campo emocional era completamente notorio. A partir de éste, a ratos sentía que un estado de mucha imperturbabilidad me invadía, como si no hubiera nada capaz de provocarme. Aquello me sorprendía porque yo siempre había sido alguien muy propenso a la ira. Meditando, descubrí que dicha ira era inversamente proporcional a la energía de "potencia" que era capaz de experimentar. Mientras más sentía que integraba la energía alfa, por tanto, mayor era mi serenidad.

Sin embargo, el maestro me mostró que aún dentro de mí continuaba habiendo toneladas de enojo. Éste se sustentaba en el hecho de haber entregado tanto por tanto tiempo a personas que luego se habían aprovechado de mí o en el mejor de los casos simplemente se habían alejado. Al respecto el maestro me dijo:

—Las entregas y concesiones que hace el ego cuando está desconectado del alma no son legítimas y pueden ser anuladas. Si en el pasado, por amor o por lo que fuera, entregaste cosas que luego te diste cuenta de que nunca debiste haber entregado, puedes hoy pedirlas de regreso. Y si invertiste a conciencia en desarrollar y hacer progresar a otros, pero luego esas personas te desecharon o te dieron la espalda, tienes todo el derecho de pedir de vuelta tu energía. Eso incluye tanto el esfuerzo como los bienes materiales e intelectuales que dejaste en manos de ellas.

Mi maestro insistía en que este pedir de vuelta era fundamental ahora que me encontraba invirtiendo a tope en mi propio valor. Porque, aun cuando yo conocía los renuncios y muchas veces antes los apliqué, hoy mi conciencia era mucho mayor. Me indicaba que debía anular esas entregas como si nunca hubieran sido hechas y me sugería hacerlo con todas las personas, sin excepción, con las que había estado y que —sentía— se habían llevado algo mío. Eso abarcaba grupos, antiguos colaboradores y exparejas, incluida la madre de mi hija.

El maestro a ese respecto me hacía ver que las entregas eran similares a las promesas porque, aunque hubieran sido hechas hacía mucho, continuaban vigentes mientras no se las anulara. Las energías entregadas debían ser recuperadas si es que uno hoy estaba en el trabajo de desarrollar su propio valor.

—Toda entrega pasada es también una entrega que continúa en el presente —me decía—. Retirar y recuperar el amor y la energía que entregaste alguna vez a personas que decidieron ya no estar contigo es un acto de profunda justicia y valoración hacia ti mismo. A través de él no sólo estás recuperando tu energía, sino que le estás enviando tu propia mente inconsciente un fuerte mensaje que dice que ahora vales y ni tu amor y ni tu entrega están disponibles todo el tiempo.

Cuando en terapia le comenté de esto a Luis Alberto, me sorprendió que él tuviera una opinión muy parecida. Para él, las entregas que hacíamos en el contexto de una relación tenían que ver sólo con esa relación. Si la relación desaparecía, lo entregado podía perfectamente ser pedido de vuelta.

—Si yo le regalo un libro a un amigo —me dijo—, pero después él me hace algo que acaba con esa amistad, yo estoy en todo mi derecho a pedirle que me devuelva el libro. Porque ese libro lo regalé a mi amigo y no a esa persona en la que él posteriormente se convirtió. Y lo mismo ocurre cuando trabajamos en una empresa y ésta nos pasa un escritorio, un computador y un auto. Al momento de dejar de ser empleado, estos bienes la empresa me los pide de vuelta porque fueron entregados a nosotros mientras ocupábamos ese rol.

Una vez que hube reflexionado sobre este entendimiento, durante tres semanas me aboqué a anular las entregas y pedir mi valor de vuelta. Para el trabajo medité mucho y utilicé decretos y visualizaciones, y los potencié con velas. Fue una inmensa cantidad de energía la que sentí que volvía a mí.

Literalmente fue como si un pedazo de mi alma volviera a entrar en mí y me comencé a sentir de nuevo fuerte, inspirado y creativo. El maestro entonces me dijo:

—Pide también la energía de tu masculinidad alfa que quedó cautiva en cada persona y cada relación en la que te comportaste como un beta.

Y me mostró cómo amar tanto sin conciencia de mi propio valor me había llevado a dejar mi energía alfa en manos ajenas. Era una especie de "castración" en la que el "lobo" se había convertido en un lindo perrito faldero.

Así fue como la mayor parte de la ira acumulada se terminó por extinguir, junto con el dolor y la pena. La zona del plexo solar estaba —ahora sí— mucho más "llena", como nunca hasta entonces. Es cierto que de vez en cuando el dolor volvía, y cierta sensación de rabia también, pero era infinitamente menor a la de antes. Sobre esto el maestro me señaló:

—No esperes no tener emociones hacia esas pérdidas de tu pasado. Y allí donde la confianza quedó rota, no corresponde que tengas "ni cercanía ni simpatía". Aunque ya es muy poco el vacío que queda debajo, una parte de tu corazón sigue "quebrado". Son dolores que sólo el tiempo y la conciencia alfa repararán.

Y mientras me decía esto, a mi mente llegó la vívida imagen de un tronco de árbol cortado en medio de un bosque, en el que nuevos brotes estaban comenzando a crecer. Era la forma cómo el maestro me hacía ver que el amor [hacia una pareja] volvería a mi vida, pero de una forma mucho más sana. Por ahora mi tarea era continuar trabajando en realizar el valor de mi alma desde la energía alfa.

—Tampoco esperes ser alguien exento de rabia y violencia —me mostraba el maestro— porque lo alfa contiene en sí mismo un grado de violencia y agresión como parte de su "salvajedad". Si los animales salvajes y la misma naturaleza se comportan agresivamente en ciertas circunstancias, ¿por qué el ser humano debiese ser distinto? Es sólo que debe ocuparse de mantener esa violencia siempre bajo control para que no convertirse en perverso. En esto lo que importa es la intención y el tipo de conciencia que está detrás de una respuesta agresiva, y su proporcionalidad frente a la situación que se está enfrentando.

Algo muy similar señala Jordan Peterson en una entrevista de 2018 con John Stossel, comentarista de la televisión estadounidense:

> Hay una sentencia en el Nuevo Testamento que dice: «los mansos heredarán la tierra», pero "los mansos" no está bien traducido. En su lugar debería decir «aquellos que tengan espadas, sepan cómo usarlas, pero las mantengan enfundadas heredarán el mundo». Es una mejor manera de pensarlo. Debes ser poderoso, formidable y luego pacífico, en ese orden. No es lo mismo que ingenuo, débil e inofensivo, lo cual los jóvenes están siendo motivados a ser. Esa es una idea muy mala porque la ingenuidad y debilidad significan que no puedes soportar las tragedias de la vida. […] La combinación de la capacidad del peligro con la capacidad de controlar es lo que lleva a la virtud. De lo contrario confundes debilidad con virtud moral: «Soy débil y por lo tanto soy bueno». No, así no funciona. Si eres inofensivo, eres débil; si eres débil, no serás bueno. No puedes serlo porque se necesita fuerza para ser bueno. Es muy difícil ser bueno.[200]

Para mí, estaba claro que a lo que Peterson se estaba refiriendo era casi a lo mismo que yo entendía como energía alfa. La diferencia es que él habla en términos de "ser fuertes", mientras yo lo hacía en los de "valor" y "atractivo". Pero la fuerza es potencia, la cual es en último término también una cualidad valiosa y atractiva.

De esta forma, aceptar la energía alfa significaba entender que la violencia existe y es también un recurso del alma. incluso Jesús había recurrido a ella cuando desalojó a latigazos a los mercaderes del templo en Jerusalén. Y Miguel arcángel la utilizaba también para combatir a las entidades. Lo que

---

[200] Jordan Peterson: the full interview, video disponible en www.youtube.com/@stosselTV

no debemos permitir es su uso como un mero desahogo o reacción a partir de sentirnos miserables e impotentes. Ese camino sólo lleva a disminuir nuestro valor y es la antesala hacia perdernos en la perversión.

La energía femenina

Las cosas llegaron a un lugar donde una madrugada sentí que el maestro me indicaba que debía trabajar en pedir la energía femenina de la Madre Universal.

—Finalmente son ambas energías, la masculina y la femenina, las que debes hacer tuyas en su versión alfa —me decía—. Es sólo que primero te toca consolidar la de tu propia identidad, la masculina. Sólo así la otra energía logra integrarse de manera positiva para sanar y nutrir lo que corresponda.

Lo que hice fue orar y pedir mentalmente a la Madre Universal que me transmitiera su energía alfa femenina para llenar con ella todo lo que necesitara ser llenado. Para potenciar la petición, trabajaba con una vela blanca pidiendo a Gabriel arcángel su intermediación, ya que es él el encargado de transmitir los mensajes urgentes desde y hacia el Padre y la Madre. En ningún caso quiere decir que no podamos hablar directamente con ellos, pero en mi experiencia me ha parecido que la energía de Gabriel resulta de gran ayuda.

Lo primero que me llamó la atención de esta energía cuando la sentí llegar fue su suavidad. Producía una sensación de mucho alivio y descanso, como si no hubiese preocupaciones o necesidades. Literalmente era como estar en un útero, o al menos ésa era la "imagen" que llegaba a mi mente en ese momento. Era el sentimiento de estar profundamente contenido. Percibía también fuerza, pero muy diferente a la masculina que era mucho más de acción. Mi impresión fue la de que esta energía iba llenando una especie de recipiente o receptáculo en mi interior. El maestro me decía: «Ese recipiente es lo que has creado con tu energía alfa masculina. Es lo suficientemente fuerte y sólido como para recibir la energía *alfa* de lo femenino».

El final

Transcurrió el tiempo y una noche llegó una nueva visión del lobo en la que lo veía devorando a mi antiguo yo. Me produjo tal impacto que estuve días reviviendo la imagen, como si intentara asir a fondo su significado. Lo conversé en terapia con Luis Alberto y éste me decía que el símbolo no podía ser más claro: era la muerte de mi vieja identidad que ahora daba paso al nuevo estado de ser que en mí estaba naciendo. Investigando, descubrí una imagen muy similar, perteneciente a la alquimia, en la que un gran lobo gris aparecía devorando a un rey para luego arder en una gran pira en la que el rey vuelve a la vida, transformado. Según se explica, el lobo es símbolo del antimonio y de saturno, cuyas propiedades alquímicas son fijeza y solidez y se contrapone a las del mercurio, de naturaleza volátil. A mi lobo lo había percibido siempre con esas mismas propiedades: las de aportar sensación de calma y solidez.

De hecho, diez días después y saliendo una noche de haber ido a entrenar me sentí repentinamente invadido de un sentimiento de gran calma. Pero no era una calma típica, como la que se siente cuando todo está tranquilo. Ésta, más bien, era una calma poderosa, es decir, llena de potencia, salvajedad y desafío.

Y es que levantar pesas y barras de hierro se había vuelto uno de mis rituales preferidos para trabajar la energía alfa. Me lo tomaba como una especie de lección donde yo era el discípulo y mi cuerpo, el maestro. Y ese día en particular sentía que había logrado una mayor conexión y un mayor "movimiento" de la energía, quizás más que cualquier vez anterior. Percibía mi aura expandida y compenetrada, pero a la vez fuerte y concentrada desde una suerte de "actitud" o "intención" que tenía que ver con la energía de midel valor masculino alfa. Y al salir y caminar por el parque que me llevaba de vuelta a casa tuve esta sensación de paz y calma. Junto con ella, me llegó la certeza de que, pasara lo que pasara en adelante, yo había triunfado. Y me llegó la visión, por un instante, de que un gran lobo gris caminaba junto a mí a mi lado derecho con su pelaje duro y pesado. El maestro entonces me habló, como siempre intuitivamente:

—Lo has conseguido —me dijo—. Llegaste al final del camino que es a la vez el inicio de otro. Tu herida mayor está sanada y ahora te toca seguir con tu misión. Tu herida, aunque todavía quedan energías que deben seguir incorporándose, está ya en su mayor parte sanada y te toca continuar con tu misión. Antes, empero, debes terminar de recuperar tu vida. Acaba y publica el libro que estás escribiendo, recobra tus finanzas y el lugar que te corresponde dentro de la sanación, y déjate también un espacio para la expresión personal. Porque no olvides que el arte y la música son también parte de ti los necesitas para realizar la verdad de tu alma.

—Porque la sanación es sólo una parte o, mejor dicho, tiene también otras vías —continuó— distintas a la terapia. De hecho, lo que llamas sanación en realidadsu sentido más profundo es hallar el camino de vuelta al alma, y la humanidad necesita mucho de ello. La terapia no es la única vía. Cada vez que realizas tu valor, inspiras a alguien a llevar a cabo su camino. Y eso es también ayudar a sanar el mundo.

Y así fue como el viaje que había iniciado con mi propia búsqueda de sanación, este libro finalmente concluyó. Un último mensaje que el maestro quiso que dejara en el libro fue:

—El sistema de la T.E.E.A. que has desarrollado, de hecho, es quizás una de las guías más completas sobre el aura que haya existido, y tiene la virtud de provenir directamente desde de la experiencia. Debes enseñarlo y continuar haciéndolo crecer. Sin embargo, en el terreno del alma, el conocimiento está por doquier. Psicólogos, artistas, escritores, poetas, músicos, filósofos, místicos, científicos y pensadores en general e incluso las personas comunes, son creadores de entendimiento y de significado que aportan en este gran proyecto que es la humanidad. Y es mucho lo que allí queda por hacer.

Made in the USA
Columbia, SC
17 June 2024